中国社会科学院学部委员专题文集

ZHONGGUOSHEHUIKEXUEYUAN XUEBUWEIYUAN ZHUANTI WENJI

欧洲的经济改革

裘元伦◎著

中国社会科学出版社

图书在版编目(CIP)数据

欧洲的经济改革/裘元伦著 . —北京:中国社会科学出版社,2013.1
(中国社会科学院学部委员专题文集)
ISBN 978 - 7 - 5161 - 1751 - 4

Ⅰ.①欧…　Ⅱ.①裘…　Ⅲ.①经济改革—欧洲—文集
Ⅳ.①F150.1 - 53

中国版本图书馆 CIP 数据核字(2012)第 271560 号

出 版 人　赵剑英
出版策划　曹宏举
责任编辑　冯　斌
责任校对　孙洪波
责任印制　戴　宽

出　　　版　中国社会科学出版社
社　　　址　北京鼓楼西大街甲 158 号(邮编100720)
网　　　址　http://www.csspw.cn
　　　　　　中文域名:中国社科网　　　010 - 64070619
发 行 部　010 - 84083685
门 市 部　010 - 84029450
经　　　销　新华书店及其他书店

印刷装订　环球印刷(北京)有限公司
版　　　次　2013 年 1 月第 1 版
印　　　次　2013 年 1 月第 1 次印刷

开　　　本　710×1000　1/16
印　　　张　22.25
插　　　页　2
字　　　数　353 千字
定　　　价　68.00 元

前 言

哲学社会科学是人们认识世界、改造世界的重要工具，是推动历史发展和社会进步的重要力量。哲学社会科学的研究能力和成果是综合国力的重要组成部分。在全面建设小康社会、开创中国特色社会主义事业新局面、实现中华民族伟大复兴的历史进程中，哲学社会科学具有不可替代的作用。繁荣发展哲学社会科学事关党和国家事业发展的全局，对建设和形成有中国特色、中国风格、中国气派的哲学社会科学事业，具有重大的现实意义和深远的历史意义。

中国社会科学院在贯彻落实党中央《关于进一步繁荣发展哲学社会科学的意见》的进程中，根据党中央关于把中国社会科学院建设成为马克思主义的坚强阵地、中国哲学社会科学最高殿堂、党中央和国务院重要的思想库和智囊团的职能定位，努力推进学术研究制度、科研管理体制的改革和创新，2006 年建立的中国社会科学院学部即是践行"三个定位"、改革创新的产物。

中国社会科学院学部是一项学术制度，是在中国社会科学院党组领导下依据《中国社会科学院学部章程》运行的高端学术组织，常设领导机构为学部主席团，设立文哲、历史、经济、国际研究、社会政法、马克思主义研究学部。学部委员是中国社会科学院的最高学术称号，为终生荣誉。2010 年中国社会科学院学部主席团主持进行了学部委员增选、荣誉学部委员增补，现有学部委员 57 名（含已故）、荣誉学部委员 133 名（含已故），均为中国社会科学院学养深厚、贡献突出、成就卓著的学者。编辑出版《中国社会科学院学部委员专题文集》，即是从一个侧面展示这些学者治学之道的重要举措。

《中国社会科学院学部委员专题文集》（下称《专题文集》），是中国社会科学院学部主席团主持编辑的学术论著汇集,作者均为中国社会科学院学部委员、荣誉学部委员,内容集中反映学部委员、荣誉学部委员在相关学科、专业方向中的专题性研究成果。《专题文集》体现了著作者在科学研究实践中长期关注的某一专业方向或研究主题,历时动态地展现了著作者在这一专题中不断深化的研究路径和学术心得,从中不难体味治学道路之铢积寸累、循序渐进、与时俱进、未有穷期的孜孜以求,感知学问有道之修养理论、注重实证、坚持真理、服务社会的学者责任。

2011 年,中国社会科学院启动了哲学社会科学创新工程,中国社会科学院学部作为实施创新工程的重要学术平台,需要在聚集高端人才、发挥精英才智、推出优质成果、引领学术风尚等方面起到强化创新意识、激发创新动力、推进创新实践的作用。因此,中国社会科学院学部主席团编辑出版这套《专题文集》,不仅在于展示"过去",更重要的是面对现实和展望未来。

这套《专题文集》列为中国社会科学院创新工程学术出版资助项目,体现了中国社会科学院对学部工作的高度重视和对这套《专题文集》给予的学术评价。在这套《专题文集》付梓之际,我们感谢各位学部委员、荣誉学部委员对《专题文集》征集给予的支持,感谢学部工作局及相关同志为此所做的组织协调工作,特别要感谢中国社会科学出版社为这套《专题文集》的面世做出的努力。

《中国社会科学院学部委员专题文集》编辑委员会

2012 年 8 月

目　录

作者的话 ·· （1）

第一编　欧洲的经济改革

欧洲的改革：理论解析与实际进展 ···························· （3）
欧元：倡导新的主题，唤起新的敏感 ························ （28）
欧洲前途系于联合与改革
　　——从全球化、一体化、现代化三个视角考察 ········ （48）
欧盟经济的现状与未来 ··· （72）
欧盟 50 年的存在价值 ·· （111）
欧盟对华政策调整中的经济因素 ····························· （129）
欧盟国家的经济改革 ·· （144）
欧盟会衰下去吗 ·· （202）

第二编　欧洲改革的历史回顾

欧洲国家工业化过程中的技术创新与扩散 ·················· （213）
200 年发展观：欧洲的经历 ···································· （234）

第三编　德国在经济改革问题上的 若干观点与做法

联邦德国的小私有制经济 ······································ （275）
德国中小企业政策 ··· （292）

德国社会市场经济理论特点　···························（308）

德国社会的收入分配与再分配　·······················（319）

德国在欧债问题上的立场　···························（327）

德国经济历来注重稳定增长　·························（338）

作者的话

一、本人真诚感谢中国社会科学院及其学部主席团领导作出的一项决定，组织学部委员与荣誉学部委员各自编辑一本"专题文集"，由学部主席团成员组成的编委会审定后，分期分批先后正式出版委员们的这套文集。这对本人而言，也许是最后一次难得的机会，因此十分珍惜，并尽力投入大量劳动与心血，一定要把这件事情做好。

二、本人是国内较早提出"欧洲前途系于联合和改革"命题的学术研究人员之一，并侧重于"改革"，主要是经济改革。这一命题的意义是不必赘言的。这次本人把"欧洲的经济改革"作为自己文集的书名，应当说，是有相当的研究基础的。这一课题属国际问题研究范畴。考虑到国际问题研究的特点，除了某些领域属纯学术理论性研究之外，绝大多数课题都具有相对的时效性。为了尊重读者的关注和兴趣，本人在这本文集中选录的 16 篇研究论文，除了 3 篇是发表于 20 世纪 90 年代的作品以外，其余 13 篇全部是进入新世纪之后才写成和发表的，有的是最近几个月刚问世的。

三、这本文集的第一编是本书的重点，因此所占篇幅比较大。在这一编所选录的 8 篇研究论文中，往往同时提到欧洲的经济改革和欧洲的一体化进程，因为欧洲一体化自身也是一场重大的改革，而且迄今为止主要是涉及到经济领域的改革，从煤钢联营、关税同盟到欧洲经济共同体，再到欧洲经济货币联盟，直至最近与欧洲主权债务危机相联系的、目前已经被提上议事日程的建立财政联盟和政治联盟问题，实际上都是欧洲改革一步步深入的进程，特别是在经济改革领域。

四、本人在这本文集的第二编中，之所以收录了两篇有关欧洲工业化时期的研究论文，是因为欧洲工业化本身就是一场大的革命性改革，本人则侧重阐明其经济问题的若干方面。这场改革奠定了"欧洲现代经济"的基础，埋下了后续改革的伏笔。

　　五、本书第三编收录了有关德国对其本国和整个欧洲经济改革问题的若干理论观点和实际做法的 6 篇文章，这是因为德国对欧洲实在重要，而且作者相信，德国的社会市场经济理论与实践，其基本思想，最后终将被欧洲大陆多数国家在经济改革和管理中所接受或参照。

　　六、本人严格遵循学术道德规范，对这本文集中所选录的所有研究论文，原则上都以其首发时的原文提供给大家，除了对一些错别字加以必要的修正、特别是对注释按规范要求作出相应的调整之外，其他均未改动。因此，个别不当之处在所难免，敬请读者谅解、指正。至于某些学术性观点，见仁见智，乃正常现象。大家的目标是一致的：为中国的社会主义建设事业服务。

　　七、最后，本人还要特别感谢我的亲属刘学，没有他在电脑技术、校对等方面给我提供的帮助，这本文集是根本不可能完成的。如果这本文集得以出版，将是领导、同行和我的亲属给我留下的一份珍贵记忆。

裴元伦

2012 年 8 月 31 日

第一编

欧洲的经济改革

欧洲的改革：理论解析与实际进展[*]

欧洲正在进入一个新的历史发展时期。旧大陆追求新前途。未来欧洲的前途系于欧洲联合与欧洲改革。事实上，自70年代末、80年代初以来，特别是在最近三五年间，欧洲的这两个轮子在同时向前推进。然而，由于媒体所作的不对称的中介，世人对欧洲联合进程的声声步伐似乎听得比较真切，而对欧洲经济改革的种种努力至今仍感不大清晰。笔者拟借本文，对欧洲经济改革的动力与阻力作出自己的理论解析，并向读者介绍迄今为止它所取得的实际进展。

一　欧洲改革的动力与阻力

欧洲经济改革一直是在动力与阻力的交互作用中进行的，但是动力终究大于阻力，欧洲经济改革的效应正在渐渐显现出来。

（一）动力

欧洲目前的这一轮经济改革，来自多种动力。第一，自1974—1975年世界性经济危机以来，西方世界特别是欧洲国家曾长期陷入"滞胀"之中。它们为改变现状、开创未来，必须探索新的发展道路，这为欧洲改革提供了第一个动力。第二，在"滞胀"的背景下，70年代末80年代初英国撒切尔夫人和美国里根总统上台执政，他们所推行的新自由主义经济理论与政策，对1945—1973年在欧洲占主导地位的凯恩斯主义提出了挑战，促使欧洲国家作出适应形势的调整，这为欧洲改革提供了第二个动力。第

---

　　* 本文所讨论的"欧洲经济改革"，主要涉及欧洲联盟成员国。

三，在上述环境的催促下，欧洲联合（一体化）进程得到了新的推动。80年代上半叶和下半叶所提出的一系列重要倡议，最终开花结果体现在1993年年初建成的欧洲内部统一市场和1999年年初问世的欧洲统一货币欧元之中，它们又反过来要求欧盟与欧元区国家作出一连串相应的除旧布新，这为欧洲改革提供了第三个动力。第四，随着80年代末90年代初东欧和苏联地区出现的政治剧变，世界经济也发生了重大变化。如果说，1945—1958年间的"世界经济"实际上是美国经济，1959—1991年间的"世界经济"主要是西方经济，那么1991年以后的"世界经济"乃是全球市场经济，在此基础上，经济全球化得到了有力的推动。而在这一进程中，同美国相比，无论是综合国力、国家制度、社会结构，还是企业竞争力，欧洲都处于更不适应的状态，除了改革没有出路，这为欧洲改革提供了第四个动力。第五，科学技术的突飞猛进是另一个半自然、半强制的因素，它也驱使欧洲社会经济结构和体制发生种种变化，包括推动"新经济"的发展和企业重组，特别是在高科技领域为新老企业的创新发展创造条件。在这方面，欧洲显然也相对落后了。遥想80年代上半叶"欧洲衰落论"、下半叶"日本可以对美国说'不'"论盛行时，西方不少学者著书立说谈论未来世界高新技术发展前景时，往往只提日本和美国，不经意地忘却了"欧洲"二字（据说在26个最重要的高新技术领域中，欧洲只有7项可与美国持平或胜出），至今人们还印象深刻。加上90年代特别是1995年以后美国"新经济"一枝独秀，欧洲相形见绌。不过欧洲人很快就意识到了这一点，这就为欧洲改革提供了第五个动力。

（二）阻力

尽管欧洲改革动力不小，而且已经经历了相当一段时间，也取得了不少进展，然而，欧洲改革的成就迄今似乎还没有给世人留下深刻的印象。原因何在？这是因为对欧洲经济改革来说仍存在着许多阻力。

第一，在经济合理性与政治可行性之间存在着错综复杂的矛盾，加上在欧洲基本上还处于一派"和平与繁荣"景象的情况下，惯性与惰性力量依然很大。在当今信息四通八达的时代，欧洲人自然知道欧洲长期以来所处的相对不利境况：增长率下降，欧元区由1966—1973年GDP年均增长

5.0%经1974—1990年的2.3%，而至1991—1998年的1.7%（美国相应为3.2%、2.7%和3.0%）；失业率上升，欧元区由1982—1991年均为9.7%升至1992—2001年的10.6%（美国相应为7.0%和5.3%）；在世界货物出口中所占的市场份额萎缩：德国、法国、英国、意大利四国合计由1982年的25.4%减少到了2000年的22.2%，而美国由11.5%增至11.8%。[1]欧洲头号经济强国德国的全球竞争力位置由90年代初的第5位下降到了1997年的第25位，如此等等。显然，即使仅仅为挽回颓势，欧洲也必须进行改革。但当改革真的动手时，特别是触及到社会福利项目时（这方面在欧洲位置居中的德国，其社会福利费用支出1999年占到GDP的33.7%。），[2]往往是困难重重，民意难违。

第二，欧洲大陆莱茵模式的基本价值观，最近20年来，虽然受到美国模式价值观的挑战与动摇，但在欧洲内外对这两种模式的评价一直存在分歧。撒切尔夫人2000年7月19日在胡佛研究所发表讲话时说，21世纪，占主导地位的大国是美国，全球通用的语言是英语，普遍流行的经济模式是盎格鲁—撒克逊资本主义。[3]与此相反，德国社会民主党前主席拉方丹则反对认为新自由主义是对经济全球化的正确回答。[4]看来欧洲多数人仍然认为应当信奉自己的基本价值观。在西方制度的三要素中，即经济上的资本主义（私有制、市场、竞争等），政治上的民主主义（分权制与民主制）和社会上的自由主义（人权等），欧洲至少在后两个方面并不落后于美国。即使在经济上的"资本主义"中，欧洲人也还是认为他们所信奉的"效率＋公正"的价值观是更可取的，尽管近些年来也不得不在某些方面采纳了美国模式中的企业至上、金融市场、股东价值等某些理论与实践。

诚然，欧洲确实也愿从美国模式中学到一点东西，例如它的活力与灵

---

①　世界银行"Global Economic Prospect 2000"；国际货币基金组织：《世界经济展望》2000年5月；OECD "Economic Outlook No. 67" 2000年6月。

②　［德］Deutsche Welle（德国之声），2000年12月21日。

③　［英］《每日电讯报》2000年7月20日。

④　［德］Oskar Lafontaine und Christa Mueller："Keine Angst vor der Globalisierung"（拉方丹等：《不必畏惧全球化》），Dietz（狄兹出版社），1998，S. 16（第16页）。

活性等；同时又想竭力避开它的一系列弊病，包括过大的社会分配不公、贫富悬殊与世风日下等。因此，欧洲人对美国模式始终怀着矛盾的心态。这种心态，加上根深蒂固的欧洲社会结构体制，使欧洲人不想学也学不到美国模式中的许多内容。例如，为什么美国失业率远远低于欧洲？一是因为美国的劳工市场比较灵活，工资、工时制度也不那么死板，不像欧洲企业那样难以解雇员工，且要为雇员支付高比例的保险费。在欧洲，由于社会立法规定的工资和其他社会福利措施，欧洲最底层10%的低收入者的工资和美国同类相比要多80%，其结果是一系列低薪工业和服务业能在美国生存发展，却不能在欧洲生存发展。① 近几年来，欧洲的劳工市场、工资工时制度也在向"灵活"方向改革，但它绝不会走到美国那种程度。二是欧美的家庭观念不同。美国家庭观念较弱，不可能让年轻人住在家中等待就业。相反，德国或意大利的许多年轻人，他们会待在舒适的家中，等待一项理想的职业——行业要合适，技术水平要相当，工资比较满意，还要离家近一点。三是对工作态度不同。美国人在失掉工作之后，远比欧洲人更愿意接受一项较低的工作，前保险公司的中层官员去送比萨饼，宇航工程师开出租汽车，在美国不足为奇。四是福利保护方面的差异。美国失业人员中长期失业者较少，因为政府至多只发放6个月失业保险金，身体健全的人必须及时去寻找新的工作；而在荷兰，失业救助金可达2年，法国、英国和德国也至少一年。五是经济结构方面的不同。例如法国服务业就业人员在全国就业总数中所占的比重比美国少10个百分点。六是欧洲限制较多。在法国，由于申请执照费用很大或者根本拿不到执照，所以法国缺少雇主。此外，由于得不到受到非常严格限制的特许经营权，新的银行、投资公司等各种各样的融资机构建立不起来。② 再如，为什么美国人能容忍贫富悬殊？首先是因为在美国法律的执行常常是很严格的。正是强有力的法律"刹车系统"维持着美国消费者、企业员工、供应商、大企业和较小竞争者之间的平衡。尽管微软公司为美国经济作出了巨大贡献，也

---

① ［美］莱斯特·瑟罗：《资本主义的未来》，周晓钟译，中国社会科学出版社1998年版，第37页。

② ［美］爱德华·勒特韦克：《涡轮资本主义——全球经济中的赢家与输家》，褚律元译，光明日报出版社2000年版，第129—138页。

根本打动不了司法部,微软公司成为司法部反托拉斯局的主要目标。其次是美国人受加尔文主义①价值观的广泛影响。他们崇尚企业家,尊敬成功者,仰慕高收入的赢家;而输家则往往自愧不如,有认输的自卑感甚至犯罪感,他们只怪自己而不责怪社会制度(这一点在欧洲不同),他们怨恨自己而不怨恨赢家;至于输家中那些不安分的人,那些文化程度低而又不能依法表达不满、最后走上犯罪道路的人,将注定要在监狱中终其一生。据1997年美国司法部司法统计局的资料,全国有180万名罪犯,大多数都是没有职业的人,另有370万人处于假释期或取保候审,因此,美国犯罪人数总共达到550万人,占美国成年人总数的2.8%。② 欧洲人甚至把美国的这种生活方式称之为"野蛮的"和"变态的"。1999年,美国有4260万人没有医疗保险。没有一个发达国家的收入分配像美国那么不均衡。据美国《商业周刊》报道,1999年美国大公司的首席执行官的平均收入为1240万美元,比蓝领工人的平均工资高出475倍;而德国公司的首席执行官的收入仅为制造业工人平均工资的13倍。③ 笔者引用上述数据和观点,并不意在分出欧美两种模式孰优孰劣,而只想表明,美国模式中的许多东西,是欧洲人所接受不了的,否则,欧洲将不再会有社会民主主义及其政党。至于有些美国人所说的,在当今世界中,只有美国式的"适者生存"的资本主义——"第一条道路"才行得通,"第二条道路"共产主义制度已经随着苏联的瓦解而自行消亡,"第三条道路"欧洲社会福利国家,虽然还没有完全崩溃,但基本上也已经是破产了,至少是在退却之中,对此,欧洲人也是不会同意的。大多数欧洲人的共识是,欧洲莱因模式不需要美国化,而需要现代化。但是究竟如何"现代化",恰恰是欧洲所面临的难题。

第三,欧盟(欧元区)层面上的不少自由主义与成员国层面上的不少国家干预主义之间的矛盾以及各国观念之间存在差异。最近25年欧洲经济的步履维艰,欧美两种模式竞争中欧洲显露出来的相对弱势,美国成为

---

① 基督教新教加尔文宗的神学学说,16世纪宗教改革运动时,由法国神学家加尔文所倡导。

② [美]爱德华·勒特韦克:《涡轮资本主义——全球经济中的赢家与输家》,褚律元译,光明日报出版社2000年版,第3、9—28页。

③ [英]《观察家报》2001年2月25日。

世界唯一超级大国的现实，以及经济全球化所带来的种种强制，推动着欧洲一体化事业的进展。欧盟委员会前主席、欧洲内部统一市场的倡导者之一德洛尔指出，欧盟发展的目的之一是给"一个创造了全球、民主和人权观念的（欧洲）大陆在地缘政治和经济上的退步"画上一个句号①。德国前外长金克尔则说："欧元自身并不是一个终点，它对于使欧洲在世界经济的第一等级里占有一席之地是不可或缺的。"② 对于"美利坚帝国"的概念的拒绝曾成为、至今依然是把欧洲右翼和左翼知识分子——从戴高乐将军到拉方丹——联合起来的信念。至于经济全球化，它给欧洲带来的强制远大于美国：全球化使国家的作用变得更为复杂、更为矛盾，欧洲国家的社会从本质上看是"民族化"的，而随着经济全球化，欧洲国家的社会将被迫"国际化"，这与欧洲的民族国家传统相悖；全球化到处冲击、破坏各国现存的社会契约，在欧洲尤甚；全球化使人时刻生活在发展与不稳定并存的状态之中，这对于长期习惯于过安逸日子的欧洲人来说需要适应；全球化使企业竞争与国家竞争变得比过去剧烈得多，尤其是企业竞争，因为全球化趋势实际上"首先是由私营实体付诸实施的"③，而欧洲企业竞争力较差。在这些背景下，欧洲必须加强联合，加强改革，推进一体化，至少在欧盟和欧元区内部加深经济自由度。统一市场与统一货币大大提高了区内的自由主义成分。

然而，欧洲层面上的这种自由主义经常与成员国层面上的国家干预主义发生矛盾。例如，内部统一市场要求商品、劳务、资本、人员在区内自由流动，这是欧盟层面上的法律规定；但实际上，欧盟成员国之间还远未达到真正的市场一体化，大到各国的能源、电力、电信、运输等领域至今还不够开放，小到许多商品价格差异依然不小。例如福特汽车公司一辆Mondeo牌汽车在德国的售价比在西班牙的售价几乎高出50%，在比利时买麦当劳的一个巨无霸比西班牙便宜20%，不管是轴承还是复杂的工业设备，价格差别高达40%—50%是很平常的事，至于政府干预发挥巨大作用

① ［英］约翰·格里宾等著：《历史焦点》，朱善萍等译，江苏人民出版社2000年版，第89、90页。

② 同上。

③ ［法］雅克·阿达：《经济全球化》，何竟、周晓幸译，中央编译出版社2000年版，第73页。

的药品，最贵和最便宜的国家之间的差价可能高达 300%。诚然，通过欧盟一级的立法和政治决定，给各成员国的干预行为正在形成日益强化的约束，例如即使对欧洲一体化最三心二意的英国，据其贸工部说，目前影响英国商界的大约 70% 的立法都是在布鲁塞尔制定的。① 但是，各成员国的观念差异，毕竟仍是限制欧洲联合与改革进程的一个不可忽视的因素：法国人怕"极度自由的欧洲"，英国人怕"社会主义的欧洲"。这种歧见在欧元问题上也可以看出来。欧元问世已近两年半，但欧元区成员国之间的金融市场规章制度依然千差万别。难怪英国人暂时还不愿加入。让·莫内说过："你们这些英国人，你们从不会参加只有一个抽象目标的组织，你们只会参加一个正在（有效——笔者注）运行的机制。"② 可以预言，欧元"成熟"之日，将是英国加入之时。

第四，新自由主义本身内含着一系列两难问题，在欧洲经济改革中的某些新自由主义因素自然也回避不了这些难题。70 年代中期发生的世界性经济危机以及随之而来的长期"滞胀"，导致西方国家的经济理论与政策主流由凯恩斯主义转向新自由主义，美、英最甚，欧陆也不可能不受到深刻影响。法国经济学家米歇尔·阿尔贝尔指出，美国不是埋葬了凯恩斯的唯一国家。在欧洲，通过扩大消费振兴经济的政策，即 1975 年雅克·希拉克和 1978 年赫尔穆特·施密特实施的政策都失败了。从这些失败中得出的教训同过去根深蒂固的看法背道而驰，同所有大学讲授过的内容也大相径庭。这确实是一种经济思想遭到了淘汰性的打击。取而代之的，是一些刚冒出来或重新冒出来的新思潮，这些思潮非常激进，里根主义则是它们的先锋。由米尔顿·弗里德曼领衔的供应学派理论家和货币主义者提出了一系列政策，它们挖苦凯恩斯主义原则是"小儿科"。他们使用的关键词是减轻税收、严格控制货币、放弃管制和实行私有化。③ 莱斯特·瑟罗则从经济全球化的角度对凯恩斯主义政策的失势作出了解释，认为"全球

---

① ［英］《经济学家》周刊 1998 年 5 月 2 日。

② ［英］约翰·格里宾等著：《历史焦点》，朱善萍等译，江苏人民出版社 2000 年版，第 76 页。

③ ［法］米歇尔·阿尔贝尔：《资本主义反对资本主义》，杨祖功等译，社会科学文献出版社 1999 年版，第 10 页。

性经济的发展已使一国凯恩斯主义的政策成为不可能"。[1] 例如，以充分就业为竞选政纲的法国社会党在 80 年代初获得权力时，试图使通货重新膨胀，用传统的凯恩斯主义货币财政政策让法国恢复充分就业。但是他们彻底失败了，他们尚未真正开始这么做就被迫实行经济紧缩政策。10 年之后，一个保守的法国新政府为克服失业而采取行动，但是到了 1995 年末，该政府也只好实行经济紧缩政策。实际上，欧洲多数国家大致上从 80 年代初开始都先后在不同程度上至少是暂时地转向了新自由主义——虽然在正式纲领性文件中谁都不会承认这一点。

　　然而，新自由主义本身内含着一系列两难问题，这就注定了欧洲经济改革只能在困难重重之中逐渐地向前推进。例如，在最近 20—25 年的经济困境下，通过自由化、私有化、现代化，对提高欧洲经济增长速度和缓解严重的失业问题正在多多少少的起着一些积极作用，但是欧洲社会对这些手段并没有真正达成普遍的共识，更难以预见它们的效用能否持久可靠。又如，在经济活动中为效率、竞争、活力让路，这在理论上是无可指摘的，但在实际生活中却可能会为此付出加深社会分裂等巨大代价，出现一小堆富有的赢家和一大群贫穷的输家，这对社会民主主义观念与势力强大的欧洲来说是一种严峻的挑战。再如，在新自由主义理念的指引下，从医院与出版社到长跑比赛，越来越多地变成为尽可能盈利的企业，这固然可能会使那些组织改善经济状况，但同时却会使它们"走形"变质，结果是导致一种不合理的颠倒：是社会为经济服务，而不是经济应为社会服务。

（三）动力终究大于阻力

　　在上述讨论中，笔者之所以把重点放在"阻力"上，是为了加深读者的印象：在欧洲这样一个民族国家集中、民主国家典型的地区，加上经常发生的国内政治变动（倒如面临大选等），要想在经济改革方面迅速取得大的进展实在不容易。"民族特性"的门槛是很难迈过的，"民主制度"

---

　　[1]　［美］莱斯特·瑟罗：《资本主义的未来》，周晓钟译，中国社会科学出版社 1998 年版，第 211 页。

则更是一件十分麻烦的事情。但是无论如何人们应该看到，欧洲经济改革的积极效应正在逐渐显现出来。据世界银行预测，1999—2008 年欧元区GDP 年均增长率将达到 2.8%，[①] 这将是刚刚过去的 25 年后欧洲与美国第一次并驾齐驱。欧元区的失业率已从 90 年代中期的峰值近 12%下降到2000 年的 8%，通货膨胀率近年来一直控制在 2%以下（剔除石油价格上涨因素），年度财政赤字占 GDP 的比率由 1997 年的 2.6%降至 2001 年的0.9%。整个宏观经济框架条件呈良好态势。欧洲的这种前景包含着欧洲人近些年来在结构性改革与制度性改革方面所作的一系列努力。

二　结构性改革

欧洲经济的结构性改革主要在下述三个领域展开，即大力发展"新经济"，积极推进企业重组（包括加强扶持中小企业），以及致力于发展经济多样化。

（一）大力发展"新经济"

发展"新经济"，包括技术、资本、人才等方面，这里我们仅以信息技术及其相关问题为例。目前欧洲在总体上不及美国：2000 年在世界各地电脑使用方面，美国 2.7 亿人口中有 1.641 亿人使用电脑，占全球的28.32%；而在欧盟的经济四强德国、法国、英国、意大利 2.6 亿人口中，使用电脑的人数总共为 0.959 亿人，合计占全球的 17%。有人分别估计欧洲在电子商务、因特网、个人电脑等方面要赶超美国大约需要 2—10 年时间。

虽然如此，欧洲已经具备赶上来的条件。第一，欧洲有自己的强项。目前在移动通信、智能卡、互动电视等领域，欧洲已在世界市场上占主导地位。欧洲试图从移动通讯技术等领域突破。据欧洲信息科技委员会的人士预测，未来数年内，欧洲互联网将有急剧增长。到 2004 年，欧洲网络业的产值将增至 1.2 万亿美元，比 1999 年的 530 亿美元增长 20 多倍。仅

---

① 世界银行"Globfal Economic Prospect 2000"。

从 2000 年 3 月以来的不到一年时间内，欧洲上网家庭的比例就由 18% 上升到 30% 以上，其中德国为 33%，在丹麦、瑞典和荷兰，上网家庭的比例已超过半数，高于美国 41% 的水平。虽然欧洲多数国家的网民占它们各自国家总人口的比例还低于美国，但欧洲网民在利用因特网进行在线交易方面却领先于美国。据调查，在家中利用因特网进行电子交易的德国网民占全体网民的比例为 44%，法国为 33%，英国为 31%，而美国为 28%。[1] 第二，欧美企业相互大量投资，通过这些资本与技术的交流，彼此为对方的发展提供了动力。在过去的两年中（1999—2000），欧洲人用 4000 亿美元并购了大约 1900 家美国公司。[2] 欧美企业这种广泛而又深入的相互交织，决定了它们之间的技术差距不会被拉得太大。第三，在现今的技术成就下，欧洲企业取得新进展理应比当年美国企业起始时要相对容易一些。瑞士联合银行的一份报告指示，1993 年美国企业在信息产业领域投资了 1430 亿美元；而今天，由于电脑、半导体以及大量其他信息技术产品价格的下跌，欧洲和日本公司只要投资 140 亿到 600 亿美元即可以在技术方面取得同样的进展，而且还可以根据产品的质量进行选择。[3] 第四，筹资也比过去方便且较便宜。"新经济"不仅是技术革命，它也是金融革命。开始时，创业的美国企业也要等待较长的时间，才能吸收到资金。在不少情况下，它们甚至要付出一笔风险保险费。但情况很快发生了变化。美国信息产业的高速发展，得益于风险资本基金和公司上市所筹集的资金。而德国等欧洲国家，虽然也可能得到同美国一样的技术，但它们的信息产业总体上都落在美国的后面，其基本原因之一就是它们不具备与美国金融市场一样的巨额的风险基金，也缺乏承受巨大风险的能力。而现在，从事"新经济"的欧洲企业在资本市场的处境得到了改善，因为信息技术的成就是人所共知的，资本市场的投资者愿意把资金投向刚刚上市的"新经济"企业。欧洲的风险投资和二板市场，虽然同美国相比还处于"不太发达"的阶段，但发展相当迅速。据欧盟委员会统计，1999 年欧盟风险投资总额比

---

① 《经济参考报》驻德国柏林记者吕鸿，2001 年 3 月 1 日报道。

② ［美］《基督教科学箴言报》2000 年 11 月 28 日。

③ ［德］F. A. Z.（《法兰克福汇报》）2000 年 6 月 26 日。

1998 年增长了 70%，达到了 120 亿欧元（美国 330 亿美元），得到投资的公司达 7300 家。欧洲二板市场总市值 2000 年已达 2300 亿欧元，其中一半（1150 亿欧元）在德国"新市场"；在德国"新市场"上挂牌上市的公司到 2000 年底已有 338 家，其中 1999 年挂牌上市 132 家，2000 年133 家。

更为重要的是，虽然"新经济"迄今为止还尚未在整个欧洲形成一股高涨的热流，但欧盟及其成员国都在致力于发展"新经济"。在欧盟一级，2001 年 3 月于斯德哥尔摩举行的峰会上，首脑们再次重申欧盟新世纪头 10 年的经济发展要依照 2000 年 3 月里斯本首脑会议上所通过的总体战略，争取实现在发展知识经济的基础上，让欧盟成为全球最具竞争力和最有活力的地区组织，从而使欧盟达到经济稳定增长和充分就业的目标。欧盟尤其需要在网络经济领域加大培养和引进人才的力度，以在 10 年内在信息技术领域赶上或超过美国。为实现这一目标，欧盟需要在尽短的时间内培养造就 160 万名电子信息人才。事实上，在里斯本首脑会议之后不久，欧盟委员会便根据该会议精神，提出了"建设欧洲网络指导框架"的设想，将信息和网络化作为欧盟最优先发展的产业，并为此制定了一系列从技术到服务的扶持措施。欧盟各职能机构已分别向欧委会提出了 40 多项计划与建议，以配合上述战略与目标的实现。欧盟的具体目标是，让欧盟每一家企业、每一位研究人员、每一个大学生，都拥有一套能够迅速进入互联网的电脑，为他们架设通往信息时代的桥梁，从而把欧盟的经济技术发展引入快车道。在整个世界信息通信技术市场 2000 年的 17390 亿欧元营业额中，欧盟为 5110 亿欧元，占 29.4%，份额有待提高。在各成员国一层，法国在过去 4 年，经济增长的 1/5 得益于信息通信技术；预计在今后 3 年中，信息通信技术对经济增长的贡献率每年将达 0.6—1.6 个百分点。1998 年法国信息通信技术创造的增加值已占其 GDP 的 5.5%，2000 年估计为 6.8%（美国为 8.3%）。1998 年，信息通信技术部门的就业增长幅度比法国全国就业增长幅度高出 8 倍。预计在今后 3 年中，该部门每年将为法国创造 7—19 万个就业岗位。在生物技术领域，法国科研部已决定建立生物技术新兴企业启动基金会。成立这个基金会的目的是要筹集 3000—4000 万欧元的资金以帮助人们在生物技术领域、环境领域和农产品食品工业领域创办新企业。一般将为每个项目投资 100 万欧元，在今后 3—4 年内资助创办 20—25 家新兴企业。① 在德国，急于打入市场的电信公司 2000 年投入了 460 亿美元，以买下 6 张第三代移动电话的执照，这种电话将在更宽的波段上使用被称为"通用移动通信系统（UMTS）"的高速协议。预计在 2001 年 UMTS 便会在欧洲进入实用阶段。德国 2000 年的这场 UMTS 使用频率执照拍卖活动持续了两个多星期，于 8 月 17 日才落下帷幕。此次拍卖活动过程中共进行了 173 轮竞标，最后总成交价近千亿马克，其竞争激烈程度和报价之高，都远远超出了当地新闻媒体的最初预料。德国电信公司不惜举债担险，使自己的资产负债率（负债÷资产）升至 127%，② 目标旨在占据信息技术的制高点。施罗德总理 2000 年 9 月在汉诺威世界博览会上说：信息技术已经成为德国最具活力的经济行业和创造就业机会的原动力，从业人员已达 180 万；在未来 10 年，再增加 75 万个就业岗位不成问题；德国已有 1900 万人上网，在欧洲处于领先地位。德国还从 2000 年 8 月开始实施绿卡制度，决定在 2 年内从欧盟以外的地区引进 2 万名信息技术人才。在芬兰，新型电子和信息等高新技术已经成为推动芬兰经济增长的主要动力。1999 年芬兰 GDP 增长 3.5%，其中一半的增长率来自高新技术产业。最近 5 年，芬兰 GDP 一直保持 5% 的年均增长率。以生产移动电话为主的诺基亚集团一家就改变了芬兰整个出口产品结构，使电子产品在芬兰出口中所占的比重达到 20%。专家认为，如果没有移动通信产业，芬兰经济增长率至少会降低 1/3。预计在今后 5 年该产业对芬兰经济增长率的影响将保持在 1/4 左右。日内瓦世界经济论坛 2000 年《全球竞争力报告》中增加了一个着眼于目前状况的"当前竞争力"指数，由于拥有诺基亚手机和因特网活动，芬兰被列为第一，美国居第二位。在非欧盟成员国瑞士，到 2000 年底，73% 有劳动力的人都拥有自己的个人电脑，全国共计 470 万台，其中 210 万台安放在工作场所，比率高于美国。

---

① ［法］《回声报》2000 年 7 月 12 日。
② 《经济参考报》驻巴黎记者杨明柱 2001 年 2 月 1 日报道。

(二)积极进行企业重组

企业重组首先表现在大企业的并购浪潮上。这些并购主要发生在西方发达国家和它们相互之间。2000 年全球对外直接投资 1 万亿美元,其中 3/4 成交于西方世界。1999 年,被收购的美国公司价值 2930 亿美元,被收购的英国公司为 1230 亿美元。2000 年 1—7 月,美国公司并购欧洲公司的金额为 570 亿美元,欧洲公司对美国公司的并购金额则达 1130 亿美元。在西方世界,跨国兼并所占比重呈上升势头。在 1999 年总数为 2.4 万件、金额达 2.3 万亿美元的全球并购中,跨国并购已占到 1/3。1999 年比 1998 年这类并购猛增了 50%,其中 3/4 的交易与西欧公司有关。自 1995 年至 2000 年 9 月,欧盟经手的跨国和跨境兼并案每年以 30% 的速度递增。1999 年初至 2000 年 11 月,欧洲跨国并购的总资产达到 1.75 万亿美元。[①] 2000 年欧洲大企业并购的典型例子有:在工业领域,欧洲空中客车工业集团 6 月 23 日在巴黎宣布改制,使这家由法国、德国、英国、西班牙四国公司组成的世界民用客机第二大生产商,由过去的那种松散结构和经营方式,改建成一个统一领导和自主经营的经济实体;1998 年由德国戴姆勒—奔驰公司和美国克莱斯勒公司合并而成的戴姆勒—克莱斯勒公司,2000 年 3 月宣布将收购日本三菱汽车公司 34% 的股份,并和三菱公司共同开发排气量在 1 升至 1.5 升左右的小型轿车,于 2002 年面向欧洲和亚洲进行生产和销售。在金融部门,德国德意志银行和德累斯银行于 2000 年 3 月宣布了合并意向计划,它们分别是德国最大和第三大商业银行,合并一旦成功,其资产总额将达 11600 亿美元,员工 14 万人,在全球拥有分支行 3800 多家,将成为世界上最大的银行机构;7 月,德国联合银行与奥地利银行达成合并协议,它们分别是奥地利和德国的第一和第二大金融机构,合并后拥有 6500 亿欧元资产、2000 多家分支机构和 6.5 万名员工,成为欧洲的第三大银行集团,而在欧洲中部地区则是规模最大的一家商业银行,这一合并主要意在东欧市场。如此等等。但是同时应当注意到,并购并不一定都能达到人们所预期的效果。例如,戴姆勒—克莱斯勒合并后

---

① [美]《商业周刊》2000 年 11 月 20 日。

问题不少：预计克莱斯勒公司三年内将裁员 26000 名，关闭 6 座工厂；三菱将裁员 9500 人，削减生产能力 20%；同时，集团还将逼迫两公司的零部件供应商在三年之内降价 15%。

　　企业重组的另一项重要内容是企业内部调整，核心是制定新的管理战略，其三根支柱是削减成本费用，密切关注外部动态并及时作出内部适应调整，以及追求世界级创新。为此，德国西门子公司卖掉了 170 亿马克的不景气企业（该公司 1999 年的总销售额为 1340 亿马克），并提出了把成本降低 40%—50% 的目标。定出这一目标的依据是：第一，目前西门子公司的产品成本比竞争对手高 20%—30%；第二，竞争对手也在努力削减成本；第三，西门子公司需要利润。[①] 为追求世界级创新，除了在技术领域作出努力外，欧洲公司正在日益变得更加对外开放。目前在欧洲实力最雄厚的 200 家公司中，有 40 家公司由非本土首席执行官管理，由于欧洲公开上市公司的约 1/4 股票已由外国人持有，对国家的忠诚已不再束缚持股人的手脚，他们想要的只是那些能够带来经济效益的经理，而不管他（她）持有的是哪国护照[②]。

　　企业重组第三项要务是促进中小企业的创立、生存和发展。欧洲的中小企业大约有 1800 万个，按照欧盟制定的标准，员工人数在 250 人以下的都是中小企业。这些企业占据欧洲经济部门的主要成分。占欧盟非农业企业总数的 99.8%，其就业人数占欧盟全部就业人数的 2/3。[③] 他们对欧洲的政治、社会稳定和经济、科技发展都具有极其重要的意义。在经济全球化过程中虽然国家权力依然强大，但同时又在部分地向上（国际机构、区域组织等）和向下（地方、企业、家庭、个人等）转移权力的时候，在知识经济发展为中小企业提供更大的活动余地之际，欧洲几乎所有国家都在为扶持中小企业而努力。这是欧洲支持中小企业的主要渠道。至于在欧盟一级，为保证欧洲中小企业在新环境中能够生存与发展，也为了保障和扩大欧洲人的就业，欧洲优先把希望寄托在发展中小企业上，这一点已从

---

①　［英］《金融时报》2000 年 8 月 8 日。
②　［美］《商业周刊》2000 年 11 月 20 日。
③　［法］《论坛报》2000 年 6 月 23 日。

2000 年 6 月欧盟委员会通过的 2001—2005 年第四个企业发展计划的大致
轮廓中得到了证明。欧委会强调，必须保证使尽可能多的中小企业实现可
持续发展（在已建立的企业中，有一半企业存活率不超过 5 年）；为创新
提供资金，使那些有创新的企业得到发展，为此还要促进技术转让；以提
供担保和贷款的方式为中小企业提供一个好的金融环境，并对提供风险资
本给予支持。这项为期五年，已在欧盟成员国及申请入盟的国家（总共有
30 多个国家）中实施的计划将为中小企业的发展提供大约 2.3 亿欧元的
资金资助。

（三）致力于发展经济多样化：

致力于发展经济多样化，是欧洲经济结构调整的又一项重要内容。在
这方面，我们可以把卢森堡和德国鲁尔地区作为突出的例子。卢森堡大公
国成功地克服了一度辉煌的钢铁业的衰落所带来的困难，实现了经济的多
样化，成为世界最大的金融中心之一，形成了以服务业为主导的高度发达
的经济。与此同时，卢森堡国家领导人及时地告诫人们，卢森堡决不应过
分地依赖它的金融部门，避免出现金融部门形成新的"一统天下"的危
险——像几十年前钢铁行业在卢森堡经济中占主导地位那样。不过，卢森
堡金融业仍在继续迅猛发展，1999 年该行业的受雇人数增加了 7%，有 7
家新的银行开业，使卢森堡的银行总数达到 213 家，这些银行的资产余额
增长了 10%，达到 6000 亿欧元。卢森堡投资基金部门目前是欧洲最大的，
到 2000 年 4 月底，所管理的资金达 8488 亿欧元。[①]

德国鲁尔地区历史上长期是欧洲乃至世界著名的煤钢生产地区。直至
"二战"后的头 10 年，鲁尔地区依然是当时联邦德国经济发展的火车头。
但自 50 年代末以来，鲁尔这个"煤窝子"和德国第二大采煤区萨尔州的
发展越来越受到下跌的石油价格和便宜的进口煤的阻碍。采煤业就业人数
不断减少。德国的硬煤开采业 1957 年有 60 万名职工，到 1997 年只剩下 9
万名左右。他们和钢铁工业加在一起合计只占到德国全部就业人数的
0.4%。平均年龄只有 35 岁的矿工们担心失业，于 1997 年 2 月初上街游

① ［英］《金融时报》2000 年 6 月 15 日。

行。后经联邦政府和采矿业之间达成协议,决定由联邦政府和鲁尔地区所在的北莱因——威斯特伐利亚州政府共同出资,限时至 2005 年再给煤矿补贴 650 亿马克以帮助它们销售煤炭;同时,煤矿部门则答应在过去已把 140 个矿井减少到 14 个的基础上,到 2005 年再关闭 7 座煤井,并将职工人数进一步降至 4 万人。鲁尔地区经济的第二根支柱——钢铁工业中的工作岗位也在大量减少:从 1957 年的 40 多万人减少到了 1997 年的 7 万人。钢铁企业有的合并,有的转产,有的关闭。例如赫赫有名的蒂森、克虏伯、赫施这几家钢铁康采恩合并成为欧洲最大的扁钢生产者。在鲁尔地区经济转向多样化的过程中,有一些教训特别值得人们记取。直至 60 年代,由企业、工会和政界组成的卡特尔曾经人为地阻碍经济结构的改善,致使煤钢康采恩错过了机会,贻误了做好准备迎接芯片时代以及通过多样化来确保自身未来的时机。大康采恩后来才逐渐意识到要为自己开辟新的经济领域,首先是在贸易和服务业之中。经过长期的努力,如今服务部门雇用的职工已多于生产性行业。1986 年埃森关闭了原来 22 个矿井中的最后一个。目前鲁尔地区全部就业人员中的 3/4 在服务业领域里工作。这样,鲁尔地区的 540 万人在经历了一二十年从煤钢转向高技术和服务业的经济改造、他们社会地位的重新定向以及城市与环境的变化之后,总算有了一个初步的积极结果。而这些结果的取得,是同人们采取的一系列有效措施密不可分的,其中最重要的是重视培养新的人才。鲁尔大学是联邦德国第一座新建的大学,从 1965 年起该地区逐渐发展成为欧洲人口最稠密的大学区。6 所综合大学和好几所专科大学,130 多个专业和 15 万名大学生最有力地表明了从传统工业劳动到脑力劳动的过渡。建立这些大学的意图之一就是要为改变经济结构作出贡献。同时,人们还致力于加强大学和经济界的联系。多处成立了帮助大学生和教授们同经济界挂钩的"转让处",它们给学校和经济界介绍真正对口的伙伴、关心资助经费和专利服务。鲁尔大学还建立了一个把本校的研究成果推向市场的企业。与此相联系,直接与大学为邻,还建立了一系列技术中心和技术园区。1985 年以来,在北莱威州的绿草地上或在原矿井上出现了 60 多个技术中心,有 35000 个新的工作岗位。仅多特蒙德技术中心以及与之接壤的技术园区就吸引了 150 多家企业来此落户。为了留住企业和人才,鲁尔地区还相当重视形成丰富多彩的文化氛围：每隔 15 公里就有一座公共剧院，每隔 10 公里有一座音乐厅，每隔 5 公里有一座博物馆或画廊①。

三　制度性改革

制度性改革是欧洲改革的重点和难点。它主要涉及五个方面，即调整国家与市场的关系、调整政府与企业的关系、调整国家与公民的关系、调整雇主与雇员的关系以及"股东文化"在欧洲的兴起。

（一）调整国家与市场的关系

欧洲国家普遍的方向是："多些市场，少些国家"和"改进国家，改进市场"，主要办法是"自由化"（打破垄断、开放市场、放松限制、促进竞争）、私有化（国有经济部门公司企业）和调整国家作用。自由化与私有化经常联系在一起。西班牙政府于 2000 年 6 月通过了 52 项旨在"消除垄断时代"的自由化经济措施，核心目标是深入改革生产体系、减少公共赤字和增加经济投入。私有化也有类似的目标。据 OECD 资料，国有企业私有化正在全球范围内广泛进行，1997 年出售国有企业收入 1570 亿美元，1998 年 1320 亿美元，1999 年 1450 亿美元，其中 2/3 发生在 OECD 成员国，意大利最为突出，最近五年由此年均收入 160 亿美元。自 1993 年以来，意大利通过私有化总共筹资约 900 亿美元，1999 年意大利卖掉了该国最大的电力生产者国家电力公司 34.5% 的股份，仅此一项就获资 180 亿美元。在法国，自 1997 年以来私有化每年为该国带来约 100 亿美元的收入。在德国，1999 年在全欧再次出售德国电信公司股份，获资 100 亿美元。在葡萄牙，国有经济在整个经济中的比重由私有化进程开始前（即 1988 年）的 19.7% 减少到了 1998 年的 8%；就银行、保险业而言，公共成分所占的比重分别由 1987 年的 99.9% 和 72.5% 下降到了 1998 年的 21.7% 和 10.7%。把自由化与私有化结合在一起的最具有象征意义的领域也许是电信部门。直至不久前，欧洲的国有老"垄断"企业仍占着大多数

---

① 参见［德］"Deutschland"杂志（中文版）1997 年 6 月第三期（原文如此），第 7—11 页。

国家该部门业务量的大约90%。它们价格贵，且互不联网。针对这种现状，德国、英国、奥地利、丹麦、意大利、荷兰、葡萄牙、法国等都已在着手进行改革，目标是从2001年开始，欧盟成员国的电信市场向所有其他成员国开放。当然，要真正做到打破垄断、开放市场、促进竞争，需要一段时间。在1999年欧盟委员会保护竞争的机构对255项企业合并案的裁决中，只有一项被拒绝①。国家不愿忍受丧失权力。欧盟委员会当年负责竞争问题的委员马里奥·蒙蒂说："在处理合并的问题上，我们已经有了10年经历，（在这10年中）委员会总共只作出了11项否定性的决定。"②

　　同时，我们还要强调指出，在调整国家与市场的关系问题上，并不是只向"少些国家"一个方向运动的。法国经济、财政和工业部长法比尤斯认为，改革既包括国家权力下放，又包括国家在重要部门加强管理。③ 事实上，在有些领域，国家的作用不仅没有削弱，而是在进一步加强。例如在加强建设"搬不动"的经济与社会基础设施方面和大力培养"流不走"的知识人才方面，欧洲各国都在投入越来越多的人力、财力和物力；人们对国家调控日益复杂的宏观经济和社会生活的能力要求，不是在降低，而是在提高。

（二）调整政府与企业的关系

　　首先是放松政府对企业在开业和营业等方面的某些限制；其次，减少政府对国有企业的补贴，例如亏损大户德国铁路股份公司2001年要求从联邦政府得到85亿马克的补贴（约合43.5亿欧元），为此，正在进行谈判，主要涉及对该公司的联邦补贴允诺的期限。铁路股份公司要求至少要有5年的补贴保证，而联邦财政部只答应至多再给3年资助;④ 第三，最重要的是减税。近来欧洲特别是欧元区国家似有出现减税潮之势，其内容与影响大同小异，这里我们主要以德国为例，兼及其他。德国的税收改革

---

① ［德］《时代》周报2000年7月13日。
② ［法］《世界报》1999年10月12日。
③ ［法］《世界报》2000年8月25日。
④ ［德］《商报》2001年2月18日。

方案早在 1994 年就已提出，经过 6 年时间的争论和妥协，终于在 2000 年先在联邦议院，后在联邦参议院获得通过，其主要内容与影响大致可概括如下：

1. 内容

这次税收改革始自 2001 年 1 月，终于 2005 年底，分 2001、2003、2005 年三阶段进行。

（1）关于个人所得税

a. 基本免税额：目前为年收入 13499 马克。2001 年 1 月 1 日起，提高到 14093 马克，也就是说，月均个人收入中大约有 1200 马克原则上可事先扣除免予纳税。到 2005 年基本免税额再增至 15011 马克。这里说的是"基本"免税额。如果再加上例如多子女家庭享受的种种优惠，实际免税额还要更大些。拿四口之家来说，从 2005 年起，其年收入超过 4.03 万马克才必须缴纳工资税（雇员）和所得税（非雇员）。

b. 最低与最高税率：最低税率将从目前的 22.9%，经 2001 年的 19.9% 和 2003 年的 17%，降至 2005 的 15%；最高税率则相应从目前的 51%，经 48.5%、47% 而至 42%。显然，这对高收入者有利。为了社会平衡，规定将来 10.2 万马克以上的年收入者就要按最高税率纳税，也就是说，年收入中，凡超过 10.2 万马克的那部分均须按最高税率纳税，这个"坎儿"比目前实行的 12 万马克降低了。而许多有专长的雇员的收入也完全能达到 10.2 万马克这个水平。

（2）关于企业税

a. 公司所得税：从 2001 年起，股份公司和有限公司只须为其盈利支付 25% 的税收。而目前是供分配的利润的税率为 30%，不予分配的利润的税率为 40%；改革后，不再存在这种区别。但是改革后的 25% 的企业所得税将成为不能返还的确定税收；而目前是持股者可以将企业事先向国家缴税的公司所得税折算到其个人所得税上（全额折算方法），也就是说，低收入者可以从财政局收回与自己份额相当的公司所得税，改革后则不再存在这种做法。改革后股份公司整个税收负担（包括工商税和两德统一附加税）将从目前的大约 52% 减至 38.6%。

b. 股息和股票价盈利问题：在公司所得税从 40% 降到 25% 而成为不

能返还的确定税收之后,作为对股东的补偿,股东只须为其股息的一半付税;股票价赢利也只有一半要纳税,每年且有 1000 马克的免税额。

c. 公司企业在出售股份时不再需要为其出售收益付税,而目前在出售股权时必须支付 40%—50% 的资本收益税。税收改革的这项内容,意义重大。此外,企业主出于年老等原因出售企业,其免税额从 6 万马克提高到 10 万马克;同时,出售企业的人将不再需要为所有的出售收益付税,而是只需要为一半出售收益付税。

d. 工商税:到 2005 年这次税收改革结束时,个人所得税最高税率 42% 和 25% 的公司所得税率之间差额很显著,作为补偿,企业将来可以将工商税折算到个人所得税上。

e. 其他税种:对中小企业来说非常重要的特许折旧和积攒折旧仍可能存在。

2. 影响

德国的这次税收改革究竟能减轻企业和个人多少税负,说法不一。德国《世界报》的估计数字似乎比较接近实际:这次税收改革的减税总额大约为 600 亿马克;如果再考虑到 1998 年后决定的措施和到 2005 年前还要增加的措施,那么减税总额可能达到 900 亿马克,按现汇率折合约为 450 亿美元,相当于德国一年 GDP 的 2% 左右。这个数字不可小视,它不仅表明了施罗德政府的政治航标,而且具有一系列重要的经济影响。

a. 促进经济增长和就业增加:1999 年德国经济只增长了 1.5%,2000 年为上年的两倍(3%)。税收改革将使德国 2001 年经济增长增加 0.25%,在未来 3 年内则可增加 1 个百分点。除了刺激消费和投资之外,德国这次税收改革的重点目标之一是帮助那些能够创造就业岗位的企业,这将使德国就业状况进一步好转。德国经济 2000 年度的良好表现之一是失业率下降,从上年的 9% 减到 8.6%。随着税收改革所带来的良好气氛,失业问题还会得到进一步缓解。预计 2001 年度失业率将进一步降至 8.1%。

b. 提高企业竞争力:由于高成本,德国的竞争能力相对处于不利地位,是该国的一个已经争论了一二十年的问题。税收改革将改善德国的竞争地位。从 2001 年 1 月起,德国企业所得税税率将从 40% 降到 25%,这意味着德国的企业税率将低于法国、意大利、日本和美国。据德国财政部说,在欧洲,将只有爱尔兰、英国和荷兰的企业税率低于德国。到 2005 年,德国的最高个人所得税率将从现在的 51% 下降到 42%,低于除了英国之外的其他西方发达国家。

c. 促进企业并购:德国税收改革计划中最重要的内容之一是,到 2002 年,取消向其他企业出售股份的德国企业现在所须缴纳的 40%—50% 的资本收益税。预期这项改革将在德国掀起一股出售资产、股份转移和企业并购的浪潮。德国企业现在相互拥有的股份金额约为 2300 亿—2400 亿美元。这种相互拥有股份(包括银行和企业之间相互拥有股份)的方式曾帮助德国企业在第二次世界大战结束后筹措资金,因为银行都要在拥有这些企业股份之后才同意向它们提供贷款。但是,这种方式现在已变得有碍于竞争和股东利益。相互交错的董事会在美国被彻底否定,但它却是德国公司的特点之一。但这些银行家和大亨们现在已认识到,在竞争日益激烈和日趋全球化的世界上,这种"亲密无间"的关系助长了懈怠。但是,出售股权必须支付巨额资本收益税(40%),在这种情况下,如何消除交叉持股现象呢?现在,它们能够摆脱这些障碍了,而且不会付出任何代价。预计,德国工商历史上最激烈的结构调整将会进行。德国许多公司都将获得大量不用纳税的现金,准备投入到报酬最高的冒险之中。

d. 推动国内外改革:税收改革只是德国整个社会经济关系改革的重要一步。德国的劳动力市场仍然有许多限制,劳动力成本仍然是全球最高的国家之一。虽然劳工的能力相差很远,但工会仍然对雇主们制定了通用工资制度,而不考虑不同企业之间的利润率或失业率。德国的就业制度仍然使企业难以解雇员工。倘若你想因他不称职或裁员需要而解雇一位长期供职的雇员,那么你得支付可能高达 6 位数的解聘费用。住房市场也严重僵化:如果你想卖掉自己的出租房产,你得为目前住在里面的房客找到一处租金不多的、不比现在差的住处,而且还得为他支付搬家费。德国还必须开始对养老金制度进行更为艰难的改革。德国的这次税收改革还将对欧元区其他成员国造成压力,促使这些国家也降低税率。法国财长法比尤斯 2000 年 8 月 31 日已在巴黎宣布了一项三年减税计划,减税总额将达到 1200 亿法郎(约合 180 亿欧元),这是近半个世纪以来法国历届政府削减税收幅度最大的计划，其中个人所得税减税幅度在 1.5—3.5 个百分点之间，最高税率将从目前的 54% 降到 3 年之后的 52.4%；企业税则将从目前的 37% 降到 33.3%，对于年营业额在 5000 万法郎以下的中小企业，2001 年的企业税降到 25%，2002 年进一步降到 15%。意大利政府 2000 年 9 月初表示，即将推出一项减税计划，并且宣称减税的幅度绝对不比德、法两国小，主要目标是削减目前税率为 41.3% 的企业利润税，此外还将免除税率为 12.5% 的资产税，削减税收的总额大约相当于 230—260 亿欧元。比利时内阁最近又宣布了一项 3 年减税计划，连同此前已经作出的另一项减税决定，总额约合 50 亿欧元。荷兰最近也提出了相应减税计划。

e. 有利吸引外资：外国对德国的直接投资在停滞了近六年之后，近来开始大幅增加。2000 年上半年，包括企业兼并活动在内的外国对德国投资总额高达 1700 亿马克（按现汇率折合约为 850 亿美元），远远高于 1998 年的 500 亿马克和 1997 年的 190 亿马克的水平。税收改革将有利于刺激外国对德投资。在德国新税制生效后，美国 35% 的企业税将高于德国的企业税。

（三）调整国家与公民的关系

这里主要涉及的是社会福利国家问题。欧洲的社会福利制度所内含的人道主义、社会和平与社会公平等本意都具有积极意义。但是，随着时间的推移和内外环境的变化，平均高达 28% GDP 的社会福利费用支出已使欧盟国家不堪重负（其中 1999 年德国为 33.7%，[1] 1998 年瑞典为 33.3%，法国为 30.5%，丹麦为 30%[2]）。改革势在必行。改革的基本思路是：保持社会福利制度的基本理念与核心部分；杜绝滥用；节减某些项目；让社区、家庭和个人承担更多的责任；只援助在努力奋斗的 "自助者" 和真正需要救助的人。布莱尔说："一个只知道从福利国家领钱，而对他们所处的社会却毫无责任心，这种现象是不能容忍的。"施罗德认为："那些不尽其力、不尽其责的人应当丧失他原来享有的社会团结即国家资助的权利。

---

① ［德］Deutsche Welle（德国之声），2000 年 12 月 21 日。
② ［法］《费加罗报》2000 年 12 月 17 日。

我认为这就是社会正义。"① 法国经济、财政和工业部长法比尤斯表达了同样的意思:"应该掌握一个基本原则,就是劳动总要比不劳动得到更高的报酬。我们已经取消了好多项失业救济,还有一些需要取消。"② 在欧洲领导人的这些思想指引下,各国都在对社会福利制度进行改革。以德国养老金改革为例,虽然它将仍以法定养老金为主(雇员在职时须缴纳其月收入10%—11%作为养老保险费),但同时开始重视辅以私人补充养老金(雇员在职时须向有关保险机构缴纳月收入的4%左右),后者可得到政府补贴;在按规定做到了这一切之后,待退休之后,可领到在职时收入的百分比为62%左右(目前大约为65%)。在法定的医疗保险方面,改革之后,给付将降低到一种基本保障的水平,并提高投保人自我负担的额度,打破雇主与雇员等额分担保费的格局,减轻雇主负担。③ 这些改革的目的之一还在于减轻政府的财政负担。德国政府决心到2006年时最终实现预算平衡(2000年年度财政赤字占GDP的1.2%)。

(四)调整雇主与雇员的关系

在世界市场和欧洲内部竞争日益加剧的环境中,欧洲国家昔日一切限于民族国家范围内的雇主与雇员的关系正在日益遭到削弱。过去为实现社会平等和互助而去统一调控不同行业和不同企业中的劳资关系的能力正在下降。国际资本流动日益频繁扩大,资本流向选择权的增强,使雇主与雇员的力量对比关系发生变化,分配关系明显朝着有利于资方的方向倾斜,实现普遍的、规范的规则的机会减少,结果是在雇主与雇员的关系中出现了愈来愈多的"自愿性"、"灵活性"和多样化。但是雇主与雇员都在寻找适应新形势的妥协途径,包括除了重视收入分配之外,让雇员更多地实现"资本参与"之类。例如德国奔驰公司1998年第一次尝试向员工发放"盈利股票",即在公司盈利至少达到15亿马克时,每盈利1亿马克,付给每个员工红利38马克;至于"职工股票",已经实行20多年,有

① [英]《新政治家》周刊1999年5月24日。
② [法]《世界报》2000年8月25日。
③ [德]《商报》2001年2月15日。

40%—50％的员工利用了这种优先购买股票权。1996 年起，公司把每一位员工每年的认购股票权从 10 股增加到 30 股，认购的股票越多，得到的补贴也越多，最高可达 450 马克。① 为了社会平衡，特别是安抚雇员，德国社民党政府不顾经济界反对，仍打算改革已实施了近 30 年的"企业织组法"，拟将适当扩大"企业委员会"的数量，在拥有 200 名，而非目前规定的 300 名员工的企业中即可产生企业委员会代表劳工利益的专职委员（同时，大企业的企业委员会人数将减少）。在工时、工资制度改革方面，荷兰比较典型。在那里，每周工作平均 27 小时，这是因为非全日制就业人数大大增加了；从 80 年代初起，还规定工资的增长速度要比用于技术进步的资金增长慢；失业保险制度越来越严，凡拒绝接受"可令人接受"的就业机会的失业人员将自动失去国家提供的帮助。其实欧洲许多国家都在这样做。据估计，由于劳工市场等"弹性"的增强，欧洲自 1997 年以来已经创造了 500 万个新的就业岗位。显然，对于现今的欧洲雇员来说，有没有工作岗位，比工资多增一点还是少增一点更为重要。为了扩大就业机会，欧洲还在提倡为欧洲人所欠缺的创业精神，不久前的一项调查显示，90％以上的美国人认为企业家是受人尊敬的；在加拿大，这个数字是86％；而在欧洲，即使在最类似于美国的英国，这一比率也只有 38％。② 为了鼓励创业，2000 年 12 月，欧洲议会在其通过的 2001 年预算中，启动了一项为期 5 年的"创业精神"就业计划，拨款 4.5 亿欧元。

（五）"股东文化"在欧洲兴起

欧洲各国的股市加起来大约只及美国的 1/3。2000 年年中，在欧元区，股票价值在家庭财富中仅占 5％左右，而美国为 30％左右（1999 年美国家庭总资产净值 38 万亿美元；同年底，美国家庭直接拥有或通过信托基金、养老金基金等机构投资者间接持有的股票资产余额共为 13.2 万亿美元）。③ 但是近几年来，欧洲股民正在迅速增加，股东利益日益受到重

---

① ［德］《商报》1998 年 1 月 10 日。
② ［美］《华尔街日报》1999 年 9 月 27 日。
③ ［日］《日本经济新闻》2000 年 11 月 17 日。

视，股票投资规模不断扩大，有价证券交易在经济生活中作用提高，因此有人说，欧洲也正在兴起"股东文化"。例如在西班牙，"股东文化"的发展已经超过好几个邻国。该国的共同基金投资业在 5 年内增长了 3 倍多，达到 2800 亿美元。在西班牙的 4000 万人口中，已有近 800 万人是股票持有者，约占总人口的 20%。希腊股民已占总人口的约 1/3。德国目前已有股东 800 万人，第一次超过工会会员人数。[①]

　　"股东文化"的兴起将给欧洲带来意义深远的影响。首先，它已经开始改变自"二战"结束以来一直深受社会民主主义影响的西欧政治，政治家们要比以前较多地考虑股东的利益，而不再总是迎合包括工会在内的"压力集团"的要求。其次，政府将减少对企业的管束。与美国公司相比，欧洲受其政治哲学的支配，历来对企业管束较严。随着全球化竞争的加剧，加之欧洲公司公众所有权的增强，企业管理者将日益抵制政府的管束压力，理由是他们的主要职责是对股东负责。最后，欧洲公司企业的筹资渠道将逐渐发生转变。在投资者将更容易获得范围更广泛的股票的同时，上市公司将有更多的机会利用各种公共基金，欧洲企业将从过去倚重银行贷款的筹资方法向发行股票等有价证券的融资方法转变。所有这些转变一方面固然会增加企业的经营风险，但另一方面将会大大提高企业灵活性、适应能力和创新精神，欧洲企业迫切需要这种生气和活力。当然，考虑到欧洲社会关系的盘根错节，这种变化只能是渐进的。

　　总之，欧洲正在通过改革试图建立一种既非美国模式的资本主义，又非旧欧洲模式的资本主义。但在现实生活中，完全不偏不倚是不可能的。IMF 总裁、德国人克勒在谈到欧洲改革问题时所说的一番话颇有意思："欧洲应该走自己的路。……但是也不能过于偏离领跑者美国的路线。"[②] 最终结果究竟如何，还待来日检验证明。

　　（本文首发于中国社会科学院欧洲研究所《欧洲发展报告（2001—2002）》
主题报告，郑秉文主编，社会科学文献出版社 2002 年版，第 3—30 页）

---

① ［英］《金融时报》2001 年 2 月 9 日。
② ［德］《世界报》2000 年 8 月 9 日。

欧元：倡导新的主题，唤起新的敏感

自 1999 年 1 月 1 日欧元作为账面货币问世以来至今已逾三年，基本上取得了成功。从 2002 年 1 月 1 日起，欧元纸币与硬币开始正式投入流通，其初始表现也比较正常，荷兰已于 1 月 28 日完成了从"国币"到统一货币欧元的转换工作，法国定于 2 月 17 日完成，欧元区十二国其他国家至迟将在 2 月 28 日结束双币流通期，从 3 月 1 日起，欧元将成为欧元区国家唯一的统一法定流通货币。尽管有这些了不起的成就，但仍有许多世人和国人迄今仍对欧元抱着"再等等看"的心理，有的甚至还怀疑其最终能否取得成功。引发这种心理和怀疑的表征性原因也许是不少人认为欧元区、欧盟乃至欧洲缺乏真正统一的政治空间和经济空间。笔者认为，欧元正式流通无论对欧洲还是对世界经济政治，都是一件历史性的大事；虽然它既意味着倡导一系列新的主题，又意味着唤起一系列新的敏感，给欧洲和世界的发展进程新注入了一些错综复杂的因素，其中包括某些不确定因素，但无论如何欧元的诞生是一项非凡的事业，尽管它可能还会经历一系列曲折。为了要说明这一点，我们认为有必要先来讨论一下中国人应如何观察欧洲一体化事业（包括欧元）的方法论问题。

一　方法论建议：中国人应如何观察欧洲一体化（包括欧元）进程

（一）要有历史感

要了解一点欧洲分与合的历史，这样才能更深刻地理解"二战"后的欧洲联合进程（"欧洲联合"比"欧洲一体化"的含义更宽广一些）。在欧洲历史上，人们曾作过多次统一的尝试。从公元前 6 世纪以后，希腊各城邦从西西里岛到西班牙的欧洲沿岸建立了众多的殖民地。从公元前 4 世纪开始,罗马的军事力量在地中海欧洲的地理范围内兴起并在初期获得成功。4 世纪,处于希腊——罗马文明之外的"野蛮人"的多样性战胜了西罗马帝国的欧洲统一性。大约 400 年之后,法兰克国王查理大帝作了统一欧洲的又一次尝试。他于公元 800 年年底,作为政治首脑与当时作为教权首脑的利奥三世合作,在欧洲联合思想的引导下,建立了基督教的罗马帝国,随着查理大帝的去世,经过半个世纪的一系列战争,欧洲在政治上又分裂为许多"蛮族"王国。16 世纪的查理五世和 17 世纪的路易十四继续梦想建立一个统一的欧洲帝国政权,而后,18 世纪末浮现过拿破仑的欧洲帝国之梦。到了 20 世纪上半叶,希特勒做了短短一阵子日耳曼帝国之梦。与历史上这些主要基于军事帝国基础之上的欧洲统一相比较,第二次世界大战后的欧洲联合具有完全不同的背景、动力与目标。20 世纪两次世界大战的创伤、30 年代经济危机的教训、"欧洲世纪"的最终结束、超级大国的欺凌以及欧洲自身生存与发展的需要,使阿登纳、舒曼、德加斯佩里等欧洲政治家们认识到,如果未来的欧洲不是作为一个统一体出现,就没有在世界上应有的地位。在欧洲历史惯力、国际竞争压力、实际利益引力、主要国家推力、倒退成本阻力和欧洲发展潜力的共同作用下,应当说,这一轮的欧洲联合具有较为坚实的基础。

可以预期,欧洲人决不会轻易放弃他们已经为之奋斗了 2500 多年的联合与统一事业。建立在终止欧洲流血战争历史愿望基础之上的新政治文化、盼望欧洲经济统一带来的物质利益以及巩固与推广在历史中发展壮大起来的欧洲社会模式,为这一事业提供了强大的动力。这些动力给欧洲人带来了百折不挠的勇气和力量。仅就货币统一问题而言,欧洲历史上既有过失败的货币联盟,也有成功的货币联盟。到 19 世纪末,欧洲领导人已签署过六项货币共享协议,主要包括 1865 年的《拉丁货币联盟》协议和 1874 年的《斯堪的纳维亚货币联盟》协议。这两个货币联盟的失败都源于在艰难时刻缺乏中央协调和政治决心。但欧洲也有著名的成功例子。19 世纪的其他两个货币联盟十分成功,它们一直作用到今天。1815 年德意志联盟由 39 个独立国家组成,每个国家都有自己的货币制度标准。1859 年,在意大利统一前两年,多达 90 种不同的金属货币在今天的意大利领土上流通。这些货币联盟的成功有着显而易见的原因：强大的中央政府控制着国家开支，大多数时间内只有一国控制印钞机。① 而今的欧洲统一货币欧元，欧洲人也已为之奋斗了半个世纪，至少 30 年：1969—1970 年的"维尔纳计划"，1979 年的欧洲货币体系，1991—1992 年的《马斯特里赫特条约》，1999 年欧元作为账面货币问世，2002 年欧元纸币与硬币正式流通。1999—2001 年欧元已经经受了三年考验。虽然欧元对美元的汇率曾从 1∶1.18 的高点跌至 1∶0.82 的低点，跌幅超过了 30%，目前仍只低稳在 1∶0.90 上下，仍比高点时低 20% 以上，但汇率并不是衡量欧元这三年成败得失的决定性标准。欧元在欧洲联合、欧洲经济和欧洲改革中所起的积极作用，欧元在国际货币体系中已经站住脚跟，这是欧元基本取得成功的主要标志。当然，即使在欧元正式流通后，它还将继续面临一系列考验，例如在短期因素方面包括兑换过程可能产生的问题；双币流通期可能出现的混乱；政府和企业须承担的转换成本（约占工商企业销售额的 0.3%—0.5%②）；公民和企业的适应状况；由调整价格尾数之类而可能引起的某些物价上涨问题；伪钞、抢劫、黑钱、境外欧币、与地下经济相关的货币沉淀外露等导致的货币安全问题；还有美国联邦政府与美联储的美国货币政策走向问题等等。中期不确定因素包括世界首先是美、欧经济形势（增长率、利润率、劳动生产率等）；欧洲内部方方面面的协调与改革（欧洲中央银行必须强化职能，欧洲金融机构和金融市场仍较僵化必须继续加速改革，"欧洲"的货币政策与"国家"的财政政策必须协调等）；欧盟第 5 轮扩大对欧元产生的影响；欧元作为"没有政府"的货币和欧元区国家政府成了"没有货币"（指原"国币"）的政府，在这些背景下，欧元要想成为堪与美元相比的强币尚需时日，其强大地位的确立有待于争得全世界对它的信任，这符合历史逻辑。

（二）要有现实感

这主要是指要了解西欧地区国家和民族的特性。在刚刚走完的 20 世

---

① ［美］《国际先驱论坛报》2001 年 12 月 29 日文章《欧元唤起欧洲统一之梦》。

② ［英国］《经济学家》周刊 2001 年 12 月 1 日欧元系列文章之一《进展中的工作》。

纪,欧洲人取得了成功,也经历了失败,他们从上半叶的失败中,觅得了下半叶的成功之路:联合与改革。在过去的50年里,欧洲人在联合的道路上每每迈出脚步时,就有不少人预言"他们成不了"。遥想1992年《马斯特里赫特条约》正式签订时,有多少人真的相信欧洲能在1999年统一货币?然而,欧洲人基本上做成了。人们不应忘却,西欧各国曾是民族国家的典型,西欧地区是一个民主国家集中的地区。"民族特性"和国家主权是一个很难迈过的门槛,而"民主国家"更是一种十分"麻烦"的制度。因此,欧洲联合只能一步一步朝前走。欧洲改革同样如此。和美国相比,欧洲不是以变化为前提的社会,战后的欧洲变革(包括联合),有的并非出自其历史传统的内在因素,而是人为建立的制度。但在经济全球化、地区一体化、科学技术迅速发展和宏观经济理论变化等因素的驱使下,尽管困难重重,尽管欧洲联合至今尚未有明确的目标——是走向欧洲合众国或欧洲联邦?还是形成欧洲邦联或"祖国的欧洲"?国家联盟或主要是一个自由贸易联盟?但欧洲联合与改革的进一步发展势在必行。

　　正因为西欧地区的国家和民族具有上述特性,因此,伴随着过去半个世纪的欧洲一体化进程经常发生关于欧洲联合前途问题的讨论或争论。在目前,欧洲人几乎都承认,欧洲一体化正处于同时存在四种选择的岔路口上。第一种前途是欧洲联盟虽然主要依旧是以主权国家为基础的联合体,但它必定会朝着超国家思想和联邦主义的方向发展,为此,还应作出实质性的主权转让(和共享),制定欧洲宪法条约,构筑欧洲政府权力。第二种前途是使欧洲联盟朝着邦联主义的方向发展,是"祖国的欧洲",是"政府间的合作"——尽管这些合作不时含有某些超国家因素,这个欧洲主要是接受一种深化了的、强大的自由贸易区形式。第三种前途是使欧洲联盟内部变成"有能力先行者可以先走一步,滞后者可在日后逐渐跟上来"的多种速度的欧洲,这里的"多种速度"有人又把它细分为只有"一个核心"的一体化进程的阶梯化方案,具有"多个核心"或称"可变几何体"(随涉及的领域不同而异)的一体化进程的差异方案,在"祖国的欧洲"思想指引下的"各取所需的方案",以及把成员分为"部分成员资格"和"优先成员资格"方案等。① 最后第四种前途是欧洲一体化的崩溃。② 笔者认为，欧洲未来的前途不会是上述四种中的任何一种，而是前面三种的混合体，即欧洲联盟是联邦主义、邦联主义和自由贸易联盟三者的结合。欧元的正式流通给欧洲一体化事业注入了一个强有力的联邦主义因素。人们也许可以大胆设想未来欧元区可能会出现某些改组，但欧元是不会垮台的。退一万步说，即使欧洲陷入第四种前途——一体化崩溃，欧洲也决不会因此而跌进黑暗的时代，因为，经过半个多世纪的欧洲联合的努力，欧洲的政治经济社会乃至文化地图已经发生了极大的改观，它们的千丝万缕的联系和已经植入肌体的变化仍将通过别的途径和形式表现出来。没有悲观的理由。

也正因为西欧地区的国家和民族具有上述特性，在过去半个多世纪欧洲一体化进程中，它们之间所发生的争论和矛盾，大多数最终都能找到解决的办法。诚然，民主制度是一种相当"麻烦"的制度，一项提案从提出，经讨论辩论，修改再修改，到通过、签署，直至最后生效，通常要经过几年、十几年甚至几十年时间。仅就欧洲统一货币而言，我们且不说1969年2月欧共体海牙首脑会议作出的到1980年将启动欧洲经济与货币联盟的决定（后来因故流产），仅为欧元正式流通欧洲人就奋斗了13年：1989年4月，"德洛尔计划"规定了分三步实现欧洲经济与货币联盟；1990—1991年，关于政治联盟和经济与货币联盟的两个政府间会议为《马斯特里赫特条约》做好了准备；1991年12月，欧共体当时12个成员国的国家或政府首脑在荷兰的马斯特里赫特通过了该条约；1992年2月，这些国家的外交部长正式签署该条约；后经各国议会和相关机构批准后，该条约才于1993年11月正式生效（"欧洲共同体"也从此正式改称"欧洲联盟"），比原先预想的生效日期几乎晚了两年。但是不管怎么说，欧洲人还是成就了事业。欧洲民主国家在一体化进程的纷繁复杂的矛盾中，通常总是能找到出路，其原因和手段在于：首先，它们彼此之间从不寻求

---

① 参见［德］克劳斯·吉林《灵活性原则》一文，刊于［德］维尔纳·魏登费尔德等主编《欧洲联盟与欧洲一体化手册》，赖志金等译，中国轻工业出版社2001年版，第77—83页。

② 参见［德］约瑟夫·雅宁《欧洲联盟的未来》一文，刊于［德］《德国》杂志（中文版）2001年12月—2002年1月一期，第36—40页。

"同化对方"，但也不是简单的"共处"，而是尽力找出一种"与他人团结"的模式。其次，它们之间往往作出单方或互相让步以达成妥协。1951—1952 年的欧洲煤钢联营之所以能够成立，反映了法、德两国都怀有"欧洲再也不要发生战争"的意愿，从而把当时仍被视为重要战争资源的煤钢生产部门交由共管机构监督；1957—1958 年欧洲经济共同体之所以能够开始运转，因素之一是德国和法国在工业和农业部门的利益上达成了相对均衡；1999—2002 年欧元之所以得以问世，因素之一是德国以放弃"国币"马克的货币优势以换取法国对德国统一的支持，同时，德国联邦银行的货币理论和政策方针实际上已为欧洲国家普遍接受，如此等等。第三，采用"一揽子"谈判的策略。1997 年的《阿姆斯特丹条约》就是一例。该条约拟制出了一个范围宽泛的一揽子改革计划，它包括对有的条约组成部分进行大量改善和革新，以及共同体权限和程序的扩展。同时还作出了大量的例外规定及保障可行性。第四，实行灵活性原则。一体化进程中的灵活性原则，为那些希望并有能力加快一体化进程的国家提供了在一体化进程中走在其他国家前头的可能。在这个进程中，不同的国家在时间先后上，并且因此而在成员国资格的层次上也有所不同。这是一个向心的原则，目的是使更多的国家参加到一体化进程中来。但这一原则也怂恿了与此相反的倾向，因为那些没有参与共同政策或不愿意采取共同措施的成员国，可以随时脱离而去，[①] 或一开始就不加参与，欧元区目前只包括欧盟 15 个成员国中的 12 国就是一例。英国在社会政策上也选择了"放弃"，脱离了共同体政策的一个核心领域。第五，对不同领域采取不同的秩序模式。《马约》不追求处处事事统一的秩序模式。这反映出各国不同的欧洲一体化观念。欧洲一体化有"三大支柱"。在第一支柱（欧洲经济与货币联盟）中，自 1957 年始选择的道路在本质上得到了延续，2002 年欧元正式流通乃是一个新的里程碑；在第二支柱（内政司法）和第三支柱（外交安全）中则相反，主要采取的是一种国家之间的协调模式，其中第三支柱似乎还不及第二支柱那么协调紧密。

---

① 参见［德］克劳斯·吉林《灵活性原则》一文，刊于［德］维尔纳·魏登费尔德等主编《欧洲联盟与欧洲一体化手册》，赖志金等译，中国轻工业出版社 2001 年版，第 77—83 页。

在观察欧洲一体化进程时，如果能合理地考虑到上述历史感与现实感，那么我们就能理解或预测，在过去的三五十年间欧洲统一货币——欧元的诞生过程和今后几年、十几年甚至几十年欧元的成长过程，为什么必定会是曲折复杂的。

（三）要有战略观

为了能够比较正确地观察和对待欧洲一体化进程，中国人还需要更多的战略眼光。其实欧洲领导人在设计和推进欧洲联合时，始终是有深远的战略考虑的。远的不说，仅在欧元作为账面货币问世两年半取得基本成功之后，法国总理若斯潘就在 2001 年 5 月 28 日的一次演讲中明确地提出了欧洲一体化新的战略目标。他把这种"欧洲生活方式"称为政治大业的组成部分："直至不久之前，欧盟的努力都集中在建立货币和经济联盟上……然而，今天需要的是更宽阔的视野，要不然，欧洲就会蜕变成一个纯粹的市场，就会在全球化中一败涂地。因为欧洲绝不仅仅只是一个市场，而是一种在历史中发展壮大起来的社会模式。"① 这些话语中隐含着欧洲人对一个更加独立、更加强大和更能在世界经济与国际政治中发挥重大影响的欧洲的追求。欧洲要成为世界生活中真正有分量的一极。这一极并不专门针对美国霸权，更不追求欧洲自身霸权，也不企图把美国"独家垄断"变为（包括欧盟在内的）几家"寡头垄断"。欧洲所不愿看到的是美国过于称雄，这不利于维护世界其他地区和国家的利益，不利于国际合作，不利于国际新秩序的民主化、合法性和世界生活的多样性。在当前形势下，人们没有价值去讨论"多极化并不一定能保证世界和平与经济繁荣"之类的空洞理论命题，而是要作出努力去对这个太过失衡的世界作某些必要的修正。为此，欧盟正在形成自己的塑造"全球秩序"的思路与战略。诚然，欧洲与美国具有基本一致的价值观和一系列重大的共同利益，但欧洲与美国方案的不同之处至少有下列六点：②

---

　　① ［德］于尔根·哈贝马斯：《欧洲需要一部新宪法吗?》，刊于［德］《德国》杂志（中文版）2001 年 12 月—2002 年 1 月一期，第 63 页。

　　② 参见迪克·梅斯纳《欧洲联盟在新的世界政治中的前途》一文，刊于［德］《国际政治与社会》杂志 2001 年第 1 期。

（1）社会模式：盎格鲁—撒克逊和大陆欧洲的市场经济与民主概念有重大差别。大多数欧洲人仍相信自己的社会模式，同时也认识到需要加以改革，使之适应新的内外基本条件。

（2）地缘经济：欧盟出于自身的政治与经济原因，支持地区合作和一体化的方案。欧盟认为，稳定和充满活力的世界经济是以世界各地区经济紧密结合为基础的。而美国则寄希望于市场开放原则、自由贸易区和与其"战略伙伴"建立双边经济关系。

（3）地缘政治：以有行动能力和关系密切的地区内以及有效的地区间合作模式为基础的全球管理结构符合欧洲一体化的逻辑。美国则更喜欢松散的地区联合（因为在这种联合中，美国可以尽可能地发挥重要作用）或者与其战略伙伴的合作，以便在全世界各地加强自己的政治影响。

（4）多边主义：在世界政治中，欧洲寄希望于多边主义，它强调共同利益、权利分享、相互关系和与其他国家协调利益，并以有约束力的共同游戏规则与合作为准则，美国自20世纪90年代中期以来更喜欢推行实力政策，保护与其战略伙伴的双边关系，越来越多地推行单边主义以及拒绝建立全球规则。

（5）安全观：欧洲人在经历两次灾难性的世界大战后，他们从内心深处感到，不易受伤害是一种幻想。而美国，由于其地理位置和相信可以用技术（例如通过导弹防御体系）来解决威胁问题，因此认为自己不易受伤害。由此产生了不同的安全政策基本信念。就国际危机而言，欧洲人更多地考虑经济合作、建立公民社会结构、奉行缓和政策以及建立减少冲突的多边机构，较少考虑通过军事干预来摧毁"敌对结构"。欧洲人的易受伤害和相互依赖的意识与"共同安全"的思想相符。而美国则相信自己的军事优势，在对外政策中军事反应明显得多，冷战时代的敌我友范畴仍居主导地位。

（6）国际组织：欧盟支持有行动能力和有效率的国际机构，认为联合国等国际机构越来越重要。而美国多年来一直在遵循削弱联合国的方针。

欧洲能在多大程度上实现其塑造"全球秩序"的思路战略，其关键因素是欧洲联合与欧洲改革的成功程度，以及欧洲领导人的政治意志。而欧元将在其中起极其重要的促进作用。笔者认为，中国应比过去更加重视欧盟及其统一货币欧元。

二　欧元对欧洲本身和外部世界的重要影响

　　欧元是欧洲一体化伟业中的一项目前尚未最终成功，但将来很有希望
获得成就的大业，因此，在讨论欧元对欧洲本身和外部世界的影响问题
时，具有某些不确定性。尽管如此，欧元的重大影响在许多方面还是清晰
可辨的，主要是：欧元将促进欧洲的政治稳定和经济繁荣，将进一步推动
欧洲一体化，欧元是促使欧洲改革的催化剂，以及给世界经济特别是国际
货币体系注入重要的新元素。

（一）欧元将促进欧洲的政治稳定和经济繁荣，而欧元自身也需要得到后者的支持

　　冷战后欧洲的政治稳定主要取决于欧洲联盟的健康发展。欧元正式流
通象征着欧洲联合事业的巩固与进步，意味着欧洲联合与欧洲改革将得到
新的有力推动，预示着欧洲联盟吸引力的进一步增强，欧洲将比过去更加
牢固地聚集在欧洲联盟的金星蓝旗之下。

　　至于欧元促进欧洲经济繁荣，这首先来自它的直接影响：欧元区内货
币汇率风险的消失、兑换费用的节省、相关财务成本的降低、各国严格遵
守《马约》规定的条件而形成的相对良好的宏观经济环境、欧洲中央银行
推行的低利率政策等等，都有利于欧洲的经济发展。此外还有人认为，随
着"隐藏"的欧币马克、法郎等被迫拿出来使用，经济可能增长。其中一
些来路不明的钱会被用来购买艺术品、新厨具等，而不是换成崭新的欧
元。在欧元区外的货币必须花掉或换掉。梅里尔·林奇判断大约有500亿
欧元（约450亿美元）会通过这种方式注入经济，可为2002年的经济增
长拉动0.8%。① 不过这种一家之言尚待证实。其次，更为重要的是，随
着欧元正式流通，始于1993年的欧洲统一市场将进一步得到完善，欧洲

---

　　① ［美］埃里克·普凡纳《经济势将反弹，但90年代风光不再》，刊于［美］《国际先驱论坛
报》2001年12月19日。

金融市场也将逐渐统一建立起来。这对欧洲经济前途关系重大。迄今为止，欧盟与欧元区内价格差很大，例如治疗癌症和流感的药物在英国的售价要比希腊和葡萄牙高出 60% 以上，一般商品差价在 30%—50% 之间。①统一货币将使价格透明度大大提高，企业竞争更加激烈，效率得到提高，竞争力也会改善。欧元对区内贸易影响，人们作出了不同估计：由美国伯克利加州大学经济学家安德鲁·罗斯领导的一项研究认为，建立单一货币会使欧洲内部贸易量很快翻番，甚至增加到原来的 3 倍；而法国经济学家叙布拉马尼安·郎冈则认为，由边界造成的多种不连贯性（包括行政规章与标准、社会与宗教现象、地理与自然资源等能力条件、经济发展水平与基础设施、信息差异、语言障碍等等）不会随着货币统一而自然消失。欧洲人还需要作出努力。② 第三，究竟欧元能在多大程度上促成经济繁荣，关键在于它在欧洲联合与欧洲改革两方面能起多大作用。世界许多著名经济学家在这一问题上几乎观点一致。美联储主席格林斯潘认为："欧元今后作为国际货币的前景如何，很大程度上将取决于欧元区国家能否达到美国的投资收益率。"同时，"欧元区国家必须消除它们在法律和法规方面存在的差异"③。货币学家罗伯特·芒德尔 2002 年 1 月 9 日在对法新社记者谈到欧元时说，未来，欧元对美元的比价将取决于这些货币克服各自弱点的情况。美国的主要弱点是国际收支逆差，欧元的弱点则在于欧元区各国政府"过于开支"的倾向。经济学家丹尼尔·平托前不久发表了题为《缺乏欧洲主权的欧元作用不大》的文章，分析了为什么欧元难以抗衡美元的主要原因是欧洲存在着政治与金融两大"真空"。他认为，政治上的真空是目前对欧元的最大威胁。当上万亿美元每天以光速通过世界每个角落的电脑系统进行交易时，信用就是经济决策者和中央银行家们的主要武器。任何中央银行（包括美联储）的现金储备在国际金融流动中只是沧海一粟，无法成为支撑某种货币或某个股市的有效工具。在美国，信用是熟练地建立在美联储和财政部负责人紧密合作的基础之上的。格林斯潘和保

---

① ［英］《经济学家》周刊 2001 年 12 月 1 日一期刊登欧元系列文章之六《期待万能药》。
② ［英］《经济学家》周刊 2001 年 12 月 1 日一期刊登欧元系列文章之五《边界与壁垒》。
③ 王建生报道，见《国际经贸消息》2001 年 12 月 4 日。

罗·奥尼尔联手创造了融为一体的经济和货币政策。相比之下，新生的欧元是个"孤儿"。围绕欧元的金融真空更为严重，因为它影响到欧洲资本主义的结构。与美国的一个明显对比是，欧洲大多数国家仍然实行由政府控制的退休机制，因此无法依靠大批的公共机构投资者，尤其是养老金管理机构。在欧洲，盎格鲁—撒克逊人，主要是美国人的公共机构填补了这个缺口，成为一股强大的力量，有时在工业部门持有相当大的股份。欧洲股票市场40％以上的股份是由盎格鲁—撒克逊投资者控制的。这种新的统治打破了欧洲资本主义老式的、小团体性质的模式，带来了几年前还不可思议的一种新的企业精神。但它同时也加深了欧洲和美国金融市场之间的相互依赖，这种状况往往会有损于欧洲公司。在遇到当前这样的经济衰退时，欧洲公司还缺少它们的美国竞争者在结构和文化上的灵活性，即通过大幅度调整员工数目形成快速应付的能力。结果它们受到了不公平的处罚。在欧洲，缺少有力的国内投资者基础意味着全球金融市场对欧洲公司来说不再是一个平等的竞争舞台。① 德国慕尼黑 ifo 经济研究所所长汉斯－韦尔纳·西恩在对欧元正式流通后欧元汇率的走向作估计时说："在现钞转换后，欧元将迎来一个强势期。"② 原因是：逃税者把大量的黑钱投资到了美元之中，以便他们在欧元转换时不至于被财政局逮住。此外，有许多东欧人把德国马克换成了美元，这是因为他们还不相信欧元。但当共同货币实实在在存在后，人们的信心会增加，由此流动资金又会回流到欧元区。不过，西恩更一贯强调必须致力于改善德国和欧洲经济的基本面，特别是必须大力改革劳动力市场等等。

（二）欧元将进一步推动欧洲联合和欧洲改革，而欧元自身同样也需要得到后者的支持

1. 关于欧洲联合（欧洲一体化）

欧洲联合自 20 世纪 80 年代中期以来，无论从哪方面看，都在取得步

---

① 参见［美］丹尼尔·平托《缺乏欧洲主权的欧元作用不大》，刊于［美］《国际先驱论坛报》2001 年 12 月 19 日。

② 参见［德］《世界报》2002 年 1 月 3 日报道。

步进展且有进一步发展趋势，表现在：

——欧洲一体化的性质长期来在发生从量变到质变的变化。"二战"后欧洲联合始于法德和解。选择斯特拉斯堡这个欧洲伤口最深的断裂处，设立欧洲委员会（它现有成员国43个）的总部，作为一个联合的和平欧洲的象征地，真是一种绝妙的安排。而今，欧盟已发展成为一个联邦主义、邦联主义和自由贸易联盟的混合体，其中联邦主义的因素在逐渐增多。欧元就是这种发展趋势的一个最新的、最凸显的、最有说服力的体现。虽然也许500年之后欧洲也不可能出现象像利坚合众国那样的欧洲合众国，但合众国的因素会在今后进一步增加。2004年新一轮政府间会议可能会成为一个转折点。

——欧洲一体化的涉及领域在明显扩展。欧洲联合的开拓者，在"二战"后实际上走的是一条从经济到政治的一体化道路，迄今所取得的成就主要发生在经济领域。但自20世纪90年代初签订《马约》以来，经过1997年的《阿姆斯特丹条约》、2000年12月的尼斯会议和2001年12月的拉肯会议，在"经济欧洲"正在向统一市场与统一货币深入发展的同时，"公民欧洲"、"社会欧洲"、"政治欧洲"、"军事欧洲"乃至"大欧洲"也日益被提上议事日程。在这里，2001年12月15日通过的《拉肯宣言》值得一提。欧盟各国首脑在该宣言中宣布成立新一轮欧盟机构改革的筹备机构——欧盟制宪筹备委员会，它将于2002年3月1日开始工作，其主要任务是，第一，对欧洲政治前途问题进行深入探讨，为将于2003年底或2004年初举行的下一届欧盟政府间合作会议提出政策建议。第二，根据2000年12月尼斯欧盟首脑会议的安排，欧盟国家将于2004年再一次修改欧盟条约（这将是继1985年《单一欧洲法令》、《马斯特里赫特条约》和《阿姆斯特丹条约》之后的第四次修改），以明确界定欧盟机构和各成员国的权利范围。第三，使欧盟及其条约更贴近欧盟的普通民众。显然，欧元问世和欧盟所面临的新形势将促使欧洲一体化进一步深入发展。

——欧洲一体化在机构、机制方面也在逐步改善。机构、机制改革，统一市场与统一货币的日渐进展，使欧盟进一步向着制度化甚至宪制化的方向发展。在1999年初欧元已作为账面货币问世的背景下，2000年12月的尼斯会议为欧盟的机构、机制改革提出了初步框架。第一，关于欧盟委员会席位问题。会议商定，欧委会的规模将随着新成员的加入而扩大，暂定每个国家各占一个席位。德、法、英、意、西班牙五大国也是各出一名委员。随着欧盟的逐步扩大，委员达到 27 名后，再商议是对委员人数加以限制，还是由成员国派人轮流担任。这种安排显然是迫于小国的压力而作出的妥协，对小国而言，有委员名额，不仅关系到有机会对欧盟施加影响，而且象征着国家尊严。第二，重新分配各成员国在决策结构部长理事会的表决票数。尼斯协议制订了一套复杂的数字，规定了各国在以多数表决制进行决策时应当拥有的相对权利。它考虑到了人口因素，以保护大国利益，避免众多小国入盟后仅以国家个数计票，大国容易被多数票击败。据此，德、法、英、意掌握的票数各增加了两倍，各 29 票，西班牙 27 票，荷兰 13 票，爱尔兰和丹麦各 7 票；在未来的成员国中，波兰加入后，将拥有 27 票，马耳他最少为 3 票。当成员国数目达到 27 个时，总票数将为 345 票。德国放弃了要求增加投票权以反映其人口较多状况的立场，但在其他两方面得到了补偿：一是决策投票时要考虑到人口因素。由于上述安排仍对小国比较有利，因此协议中写入了一个被称为 "人口净值" 的条款，规定一项决策必须得到至少占欧盟人口 62% 的国家的批准，这样，德、法、英联手就能阻止任何一项决策。二是德国还将在扩大后的欧洲议会中获得更多的席位，即在 738 席位中占到 99 席，而法国、意大利和英国均为 74 席。第三，增加有效多数表决制。20 世纪 50 年代欧洲经济共同体实行的一般是 "一致同意" 制，后来逐渐引进某些多数表决制，以提高决策效率。尼斯会议前，这个比例是 71.2%，现在定为 73.9%，即一项措施必须得到 255 票才能被通过。为了保护小国利益，尼斯协议还规定，必须得到一半成员国以上同意才能通过一项决策。同时，把采用有效多数表决制的事项扩大到约 40 项。但在某些领域，各国还是坚持保留本国一票否决权。例如英国坚持要求保留在征税和社会保障方面的否决权，德国保留了在避难和移民问题上的否决权，法国把文化和音像服务排除在有关商业政策的条款之外，西班牙要求欧盟到 2007 年再决定是否对地区援助采用有效多数表决制。第四，关于 "加强合作" 问题。欧盟某些国家在各种领域推进一体化的观念在尼斯协议中得到正式认可。这就是说，有些国家可以 "先行一步"。事实上，欧洲统一货币欧元已经这样做了。今后

"加强合作"将进一步扩大到其他领域,并且只需有效多数表决制度做出决定,其他不愿参加者无权否决。而且,这种"加强合作"可视不同领域而出现不同的利益组合。

尼斯会议的上述决定把欧盟的深化与扩大又向前推进了一步,但存在的问题依然不少。此次会议开了4天,是43年来欧盟最长的一次首脑会议,这一事实本身就表明了问题的复杂性。协议内容纷繁复杂,其实际操作效果尚待观察。还有一系列问题尚未解决,如权利隶属问题、德法矛盾、德法与英国矛盾、大国与小国矛盾、某些公民舆论反对欧洲一体化问题以及土耳其候选国资格问题等等,都将留待以后甚至2004年再议。欧元正式流通将会加快这一进程。

——欧洲一体化的地理范围一次又一次扩大,今后几年将经历第五轮扩大。从2003—2004年开始,东扩与南扩的结果,将使欧盟在今后10—15年内成为一个拥有至少27—28个成员国、土地面积500万平方公里、人口5亿、GDP11万亿美元的世界上购买力最强的一体化地区。目前欧盟正在同12个国家进行入盟谈判,按照进展程度高低排列,它们依次是塞浦路斯、匈牙利、斯洛文尼亚、爱沙尼亚、斯洛伐克、捷克共和国、立陶宛、波兰、拉脱维亚、马耳他、保加利亚和罗马尼亚,其中除了最后两个国家,其他10个国家均认为自己会在不久之后成为欧洲联盟成员国。而欧盟则认为,31项入盟谈判议题必须逐项进行、完成,如农业政策、结构政策等等;目前,所有申请国均已符合入盟的政治标准,然而符合经济标准的只有马耳他和塞浦路斯(截止2001年11月)。欧元正式流通将大大增强欧盟的吸引力。

2. 关于欧洲改革

在过去的1/4世纪中,欧洲社会渗透着惰性,欧洲经济缺乏活力。因此,欧洲社会—经济迫切需要进行改革,特别是制度性改革。欧元正式流通将为这些改革提供新的强大动力,而欧元自身也需要得到这些改革所带来的进步成果的有力支持。

欧洲的制度性改革包含三个层次的内容:首先是欧盟与欧元区的机构、机制和立法等方面的改革;其次是欧盟与欧元区国家对这些改革的适应性调整,其中包括把众多的欧盟法真正转化为成员国的国内法;再次是欧盟与欧元区各成员国内部的经济改革。

欧盟与欧元区的机构、机制和立法等方面的改革，目标是适应欧洲一体化深化与扩大的新形势，以进一步推进欧洲联合的进程；其达标手段主要是通过修改欧盟条约，包括围绕为真正实现统一市场与统一货币所作的各种立法和机构机制调整。欧盟条约的四次修改意义深远：第一次于1985年公布《单一欧洲法令》，为1993年建立欧洲统一市场奠定基础，并为后来的统一货币提供了必然的发展逻辑；第二次1991年通过《马斯特里赫特条约》，欧洲领导人决定为建立政治联盟和经济—货币联盟而努力，使1999年欧元作为账面货币问世和2002年欧元正式流通成为不可逆转的事业；第三次1997年通过的《阿姆斯特丹条约》，它使《马约》得到补充、完善和更加平衡；第四次是指拟在2003年年底至2004年年初举行的新一轮政府间会议，它将对欧盟条约作出新的修改，使欧洲的政治前途更加明确。

欧盟与欧元区国家对欧盟与欧元区一级机构、机制和立法等方面的改革所作的适应性调整已经取得巨大进展，但现状还不十分令人满意。虽然欧盟各成员国目前有一半以上的经济立法来自欧盟总部，但实际上在欧盟范围内迄今尚未建立起真正统一的市场机制。对此，欧委会2001年4月17日发表专门报告，批评成员国经济改革进展缓慢。欧委会在报告中对15个成员国改革市场机制的情况进行了评估：在可量化的36个改革项目中，仅有20项，即占55%的项目能在2001年6月前按预定的时间完成。所幸的是，欧盟成员国都仍在为建立真正统一的市场而继续努力，例如进一步开放能源市场（目前"开放度"约为20%—30%），把加快金融市场一体化作为一项重要的议事项目（欧元正式流通势必加速这一进程），调整已经不堪重负的欧盟农业政策（2001年欧盟总预算为930亿欧元，其中用于农业的占去了430亿欧元），通过立法来推动电子商务的发展以适应"新经济"进步的需要，如此等等。

欧盟与欧元区各成员国内部的制度性的经济改革主要涉及下述五个方面：

第一，调整国家与市场的关系：在这方面，欧洲国家的普遍选择是："多些市场，少些国家"和"改进国家，改进市场"。其主要办法是"自由化"(打破垄断、开放市场、放松限制、促进竞争)、私有化和调整国家作用。例如,自2000年以来,欧盟各国3分钟以内的国内通话费下降了11%;10分钟以内的国内通话费下降了14%,[1] 这是由于目前欧盟电信市场上各国电信垄断的状况已被打破,多家电信公司同台竞争的结果,它不仅使价格更为合理,而且服务也比过去更加周到。

第二,调整政府与企业的关系:适当放松政府对企业创业、开业和营业的限制,减少对国有企业的补贴,减税。例如,在德国正在实行的税务改革中,有一项条款,允许公司出售在其他公司拥有的股份时不必再缴纳资本收益税。这项改革将会促使德国经济进行结构调整,因为德国公司的资产负债表中含有因长期拥有其他公司的股份而形成的巨额隐形储备。例如,当初1974年以每股相当于8欧元购买的西门子公司的股份,如今在购买者的资产负债表上体现出来的仍是每股8欧元,尽管其价值实际已上升了许多倍。在实施税收改革之前,人们不愿出售这类股份,因为资本收益的50%要缴税。今后出售这类股份将享受免税。考虑到德国股市目前约有一半股份属于交叉持股,一旦对有关法律加以修改,这部分股份将可以转卖。这就是说,今后几年随着资产交换和重组,将有高达5000亿欧元的股份可能易手。从理论上说,由此带来的效益将意味着德国可能使其较低的投资资本平均回报率有所提高。这将对整个欧洲也有利。[2]

第三,调整国家与公民的关系:保留欧洲社会福利制度的基本理念和核心部分,排除滥用,节减某些福利项目。欧洲国家平均约占GDP 30%的社会福利费用不仅财政上难以为继,而且使欧洲更难以应对经济全球化提出的挑战。欧洲的主要问题是创造就业机会不足,高昂的工资成本使公司不愿雇用新的员工,宽厚的福利补贴使失业者不愿去寻找工作。据欧委会报告,在比利时、法国、德国和奥地利,15—64岁的人口大约有一半接受政府补贴,而美国的相应数字仅为欧洲的一半。[3] 欧洲是到了该减少滥用社会福利制度的时候了。

---

[1]　《经济日报》2001年12月4日报道。

[2]　[英]《经济学家》周刊2001年12月1日一期刊登欧元系列文章之八《现在是大力推动欧元的时候了吗?》。

[3]　[美]罗伯特·塞缪尔森:《复苏为何如此缓慢》,刊于[美]《新闻周刊》2002年特刊。

第四，调整雇主与雇员的关系：增加灵活性、自愿性、多样化，同时继续顾及"社会平衡"。僵化的劳工市场，或许也是形成欧洲社会惰性的因素之一。人们正在努力通过多种途径加以改革。目前，在德国3250万雇员中已有630万人是非全日工，他们在就业总人口中的比例已从1991年的14%上升到2000年的20%。2001年元旦，德国一项新法律生效，联邦政府想通过该法律来促使未来10年内非全日工所占的比例上升到30%。①

第五，发展"股东文化"：欧洲的"股东文化"不及美国发达。欧洲各国的股市加起来大约只及美国的1/3—1/2。2000年年中，在欧元区，股票价值在家庭财富中仅占5%左右，而美国为1/3左右（1999年美国家庭总资产净值38万亿美元；同年底，美国家庭直接拥有或通过信托基金、养老金基金等机构投资者间接持有的股票资产余额共计13.2万亿美元）。②近几年来，欧洲"股东文化"发展迅速，但与美国相比，依然落后。据高盛公司报告，持有股票的家庭占全国家庭总数的比例，在美国为50%，德国为17%，法国为20%。欧洲企业的外部资金来源主要依靠银行贷款，较少通过有价证券市场（股票和债券），这一方面固然使欧洲企业相对降低了一些风险，但另一方面这也成了它们失去活力的重要因素之一。随着欧元正式流通和欧洲金融市场的发展壮大，这种局面将会逐渐改观。

（三）欧元与外部世界

欧元对外部世界影响的正负大小，主要取决于欧元及欧元区在上述诸方面所取得的成功程度。同时，欧元也需要得到外部世界的支持。

1. 欧元给包括国际货币体系在内的世界格局注入了新的因素

欧元作为欧洲一体化进程的重要组成部分，实际上也是欧洲人对全球化，特别是经济全球化作出的一个反应。德国前总理科尔在欧洲领导人1998年5月3日作出了批准11国从1999年起启用欧元的历史性决定时

---

① ［德］米夏埃尔·齐普夫：《在新经济中生存》，刊于［德］《德》杂志（中文版）2001年10—11月一期，第40—47页。

② ［日］《日本经济新闻》2000年11月17日。

说，货币联盟是我们对全球挑战的回答。这种回答和反应，不只是"防御性"的，即遏制欧洲竞争力的滑落、抵御对欧洲福利制度的挑战以及阻止欧洲在全球经济地位的进一步相对下降，而且也是为了追求加强欧洲在全球的经济存在与政治影响。欧洲自然首先考虑的是自身的利益。但在当今的国际格局下，欧盟的存在与发展壮大也关系到世界和中国的利益：第一，欧盟的存在与发展，给世界和中国提供了另一种可供参考的模式，包括社会模式、地区内国家间合作的模式以及地区间关系的模式。第二，欧盟的存在与发展给世界与中国提供了多种选择，不仅在政治安全方面，而且在经济货币方面。第三，欧盟的存在与发展给世界与中国提供了一种较为平衡的世界格局。它有助于遏制独家称雄，有助于减轻日益变得危险的经济上，特别是"政治上"的两极分化，有助于增进国际秩序的民主性和合法性。第四，欧盟给世界和中国提供了一个应予重视的塑造"全球秩序"的思路方案。诚然，欧盟首先也是从自身利益出发的，但是我们还是应该注意其中的一系列积极因素，找到共同语言。第五，与欧元正式流通相联系的欧洲在经济、联合与改革等方面所取得的进步，将会给欧洲与世界和中国相互之间提供争取许多实际经济利益的机会。

欧元也给国际货币体系及其改革注入了一个重要的新因素。虽然美元目前和今后一段时间内仍将是国际主导货币，但欧元决不是附庸，它将日益成为国际货币体系中的一根重要支柱。历史证明，一种货币的国际意义是逐步形成的，那种一开始便期待欧元启动就能迅速对美元形成真正的竞争，实际上是夸大了这种意义。但是，欧元的路子是正确的。事实上，价值已达7.5万亿美元的欧元债券，已经成为世界大牌融资工具。欧元正式流通后，它已成为真正意义上的完全货币，美元将面临一个逐渐壮大的对手的挑战。那种仅以最近几年欧元对美元的汇率相对疲软来判断欧元的观点，大多都是出于生意人一切都是为了赚钱的思想。历史还表明，世界由一国货币主宰是维持不了多久的：显赫多年的英镑终因无力兑现黄金而退落；不可一世的美元也终因相似的原因而在20世纪60年代末—70年代初一再经历危机。大约仅占世界经济总量1/4的美国（由于近些年的高估美元，按美元计算，有人认为美国经济目前占到世界经济的1/3）、经常项目收支逆差超过GDP 4%的美国、对外净债务数以万亿美元计的美国，不可能由它的货币长期独家左右世界。相反，世界大多数人都承认欧元有巨大的潜力。对此，"人们需要耐心"①。

2. 欧元正式流通，不仅会加深与扩大欧洲地区本身的一体化进程，而且还可能引发全球范围内新一轮的"地区化"热潮

冷战消失后，人们原本以为，欧洲会从苏美争霸对象的第三者变成欧美直接面对面的第二者，欧洲的地位将会提高。但是后来的事实表明不尽然。特别通过"9·11"事件，北约被撂在一边，欧洲国家的主动响应"拔刀相助"遭美国冷遇，欧盟大国各自为政而且缺乏军事政治实力，所有这一切都在促使欧洲人反思，欧洲一体化的深化与扩大进程必须加速，欧洲改革必须加强，而欧元将为此提供一种强有力的催化剂。世界其他地区也会从中得出包括加强本地区合作等的重要结论。

欧盟一般也支持别的地方"地区化"进程，例如建立有效的东亚地区的合作机制。欧盟之所以这样做是因为：第一，欧洲人愿意看到亚太地区的和平与稳定，这是欧亚关系的关键性基础。第二，东亚地区合作有助于该地区经济增长和发展进步，并逐步走向富裕。欧洲在亚洲所寻找的伙伴国家是那些能够与之保持富有成效的经济关系的国家，而保持富有成效经济关系的一个前提条件是要达到高度发达的工业社会。第三，东亚合作有助于推进市场自由化。这就是为什么欧洲国家赞成亚洲国家加入 OECD 或WTO。第四，"9·11"事件后，各国都处在政治上重新定向的阶段，希望其结果是加强彼此间的合作。而欧盟除了同亚洲各国分别打交道之外，它作为一个整体，更愿意同也作为一个整体的合作的东亚打交道。②

3. 欧洲货币统一为世界其他地区考虑货币联盟与合作开创先河，提供了一种"榜样"的力量，包括给亚洲也提供了一种参考

至于在欧洲地区将更是如此。在地区货币合作问题上，人们不仅应看到阻力，更应发掘潜力。看看美国，"它的 13 个州于 1791 年创立了美元，当时各州之间的差别比我们现在欧元区 12 国之间的差别还要大。可是美

① 欧盟驻华大使安高胜 2002 年 1 月 17 日在中国社会科学院《欧洲发展报告（2001—2002）》发行式上的演讲。
② 德国外交部亚太事务专员福尔克·施坦策尔博士 2002 年 1 月 31 日在中国社会科学院所作的题为《"9·11"事件之后德国的对华及亚洲政策》的演讲。

元一直用到了现在"①。

4. 欧元对外部地区的经济影响

在外贸方面,有利因素是:欧元有助于欧洲经济繁荣,可望增加世界其他地区对欧出口;简化了贸易手续;方便了贸易结算;汇率风险集中,财务管理得到简化。可能的不利因素是:欧元区、欧盟内部竞争加强,竞争力提升,使局外人更处于不利地位;新贸易保护主义威胁,例如随着价格透明度提高,欧洲人更容易找到反倾销借口;需要支付一笔与货币转换有关的费用;过去在欧洲地区可以采用的差别价格策略难以为继;经济形势意外恶化等等。在直接投资方面,随着欧洲统一金融大市场的形成,投资可能更多转向区内;但另一方面,规模巨大、效率提高、流动性好、利率低稳的资本市场也将促使企业考虑长期投资计划,包括对外投资。在商业银行贷款方面,由于汇率风险消失,更乐于在欧元区内贷款;但另一方面,随着区内金融一体化,商业银行将大规模重组,它们的规模和对外贷款能力都将扩大。在金融市场筹资方面,由于汇率波动的风险分析难度大大降低,将会出现更多形式的投资者和金融工具,整个金融市场的流动性增加,市场容量扩大,从而为外部机构、企业筹集资金提供更加广阔的场所,同时由于欧洲中央银行推行低利率政策,发债成本较低。

总之,欧元正式流通为欧洲经济、欧洲联合、欧洲改革以及外部世界倡导出一系列新的主题;同时,在这些新的主题背后潜伏着许多不确定性因素,从而也可能会唤起一系列新的敏感。但是笔者相信欧元终将成功,人们只是需要耐心,而且可能还是较长时间的耐心。

（本文首发于中国现代国际关系研究院《现代国际关系》（月刊）2002年第4期头条,发表时题目被改为《如何认识欧元》,且有删节）

---

① ［法］《论坛报》2002年1月22日刊登欧洲中央银行行长威廉·德伊森贝赫的访谈录。

欧洲前途系于联合与改革

——从全球化、一体化、现代化三个视角考察

欧洲前途取决于它对全球化的全面适应能力,取决于它对一体化的创新吸纳程度,取决于它在新现代化进程中所取得的实际成就。而欧洲联合和欧洲改革正是它达到这些目标的可靠途径。本文拟从全球化、一体化与现代化三个角度,说明欧洲前途系于其联合与改革。

一　欧洲联合与欧洲改革:"欧洲车"应对全球化的两个轮子

(一) 欧洲必须面对的全球化新形势

欧洲人在过去 40 多年时间内,一次又一次地克服了种种艰难险阻,先后建成了欧洲经济共同体、欧洲共同体和欧洲联盟,实现了作为迄今欧盟主要支柱的统一市场和统一货币,把欧洲一体化事业逐步推向新的高度。尽管如此,由于时代的变迁,特别是 20 世纪 80—90 年代之交苏联瓦解、世界格局变动、接着发生的主要由美国发动的一连串战争以及与之紧密相关的全球化在最近十来年的全面迅猛发展,使欧洲人及其欧洲建设而今再次面临并且必须适应新的生存与发展环境。

全球化被法国前总理若斯潘称为"世界化",并明确指出了它的含义:世界化是我们发展所面临的现实。不过,这种现实具有双重意义。首先,它促进了全球的经济增长,但同时也伴随着越来越多的不平等。其次,它有利于发现人类的多样性,但本身又孕育着同一性的危险。最后,它释放

出一定的能量，但也导致一些需要控制的消极力量。① 在这里，我们想强调指出的是，在上述三方面的"两重性"中，欧洲人目前在全球化的新形势下所须应对的消极力量显然大于美国人。

——多年来，欧洲的经济与就业增长不及美国，而伴随这些增长的不平等却比美国复杂，除了世人通常说到的世界各地区之间、各国之间以及各国内部愈益加剧的收入、财富之类分配方面的不平等之外，还有欧美国际竞争力等方面的"不平等"正在进一步变得对欧洲不利。

——欧洲虽然一直致力于保持人类的多样性和欧洲内部的多样性，但它自己同样也面临着被逐渐"同一性"的危险，即世界范围内的社会模式、文化生活和意识形态日渐受美国损蚀的苗头也在影响着欧洲。

——欧洲通过外部加强国际交流和内部推进私有化、自由化等政策，一方面固然释放了一些新的能量，另一方面也出现了一些需要面对和控制，却又难以驾驭的消极力量。这里除了需要稳定国际金融、全球公平贸易和世界需要和谐分享财富之类的全人类的共同目标之外，欧洲人还特别必须被迫面对美帝国企图（除了主要依靠暴力）还用资本的意志"创造"世界的威胁。2003 年 3 月美国速胜的伊拉克战争，进一步加速并强化了（至少是暂时的）以华盛顿为中心的这种全球政治经济秩序的形成和发展，向欧洲提出了一系列全新的挑战。

显然，欧洲人今天又到了 1956 年德国总理阿登纳对法国总理摩勒说的，现在是建设欧洲的时候了。欧洲人没有退路，他们只能以努力推进欧洲联合与欧洲改革，在经济、社会和政治各个领域予以应对。在经济领域，核心问题是提升欧洲的国际竞争力，包括国家竞争力、企业竞争力和产品竞争力，扭转欧洲经济颓势，加强欧洲在世界经济中的存在与影响；在社会领域，维护和改进以社会福利制度为核心的欧洲社会模式，通过改革使之适应新的形势，继续为全世界提供一种有吸引力的、可供选择的制度模式；在政治领域，巩固和提高欧洲的国际地位，努力在全球治理中作为重要一极发挥积极影响，让多边主义起更大作用，避免在这个世界中只有单边主义、双边协议和区域建构。

---

① ［法］《回声报》2001 年 4 月 10 日。

（二）全球化使欧洲经济的国际竞争力面临新考验

自 20 世纪 70 年代中期以来，与美国和其他某些国家相比，欧洲经济的国际竞争力总体趋向下降，包括国家竞争力、企业竞争力和产品竞争力。在国家竞争力方面，我们仅以在世界货物出口中所占的份额为例，德国、法国、英国、意大利欧洲四大国合计由 1982 年的 25.4% 减少到了 2000 年的 21.5%，而美国由 11.5% 增至 12.3%。[①] 在企业竞争力方面，我们仅以"在世界专利使用费收入中所占比重"为例（专利权主要属于企业），美国为 57%，欧元区为 15.2%。[②] 在产品竞争力方面，我们挑选了世界药品市场。在过去 10 年中，欧洲在世界药品市场上所占的份额从 32% 下降到了 22%，而美国却从 31% 上升到了 43%。[③]

欧洲人清楚地意识到，随着冷战消失后美国式全球化的大踏步挺进，欧洲经济的国际竞争力将面临更大的新考验。作为应对，他们必须进一步推动欧洲联合与欧洲改革。欧洲人首先致力于在三个层面上进行改革，即欧盟的机构与机制改革；欧盟成员国遵循欧盟的制度、法律法规和相关政策，做好适应性调整，把欧盟的立法真正转变为成员国的国内立法；以及欧盟各成员国本身的内部经济与社会改革。同时，欧洲人还寄希望于欧洲联合的进一步发展，包括扩大，尤其是深化，特别是大力完善统一市场与统一货币，使之对欧洲经济起更大的积极作用。

欧洲人力图用本地区一体化作为对全球化的一种有力回应，这在理论上和实践上都是有充分依据的。区域经济一体化的所有理论，都从不同角度阐明了它将会带来的利益。无论是巴拉萨把经济一体化定义为既是一个过程，又是一种状态，[④] 柯森从生产要素配置的角度将解释一体化的过程和状态，[⑤] 丁伯根将经济一体化分为"消极的一体化"和"积极的一体

---

① 世界银行：Global Economic Prospect 2000；国际货币基金组织：《世界经济展望》，2000 年 5 月；OECD，Economic Outlook No. 67，2000 年 6 月。

② ［墨西哥］雅克·琼乔尔：《世界经济实力》，刊于《全球化》月刊 2002 年 12 月号。

③ ［法］《费加罗报》2001 年 7 月 16 日。

④ Balassa, Bela, *The Theory of Economic Integration*, London：Allen&Unwin, 1962, p. 1.

⑤ Curson, Victoria, *The Essentials of Economic Integration*, New York：St. Martin's Press, 1974.

化",① 还是库珀强调的应以行为条件而不是法律条件来衡量一个区域是否实现了经济一体化,② 这些理论至少从三个方面给不少欧洲人以期待,希望借助区域经济一体化来有效地应对经济全球化:首先,像欧盟这样的区域经济一体化可以使期望的外部利润内部化,减少不完全市场的不确定性,降低交易成本,市场的扩大将带来规模经济效应,一体化成员之间不但可以获得产业内贸易带来的收益,而且还可以获得产业间贸易带来的利润;其次,竞争的日趋激烈化,还会迫使欧盟及其成员国认真审视自身的竞争力,并为提高自己的竞争力作出种种努力;最后,国家对经济主权控制力的削弱为一体化制度的建设提供了客观可能性,而一体化组织拥有与一体化发展阶段相适宜的经济控制权有利于稳定地区经济。

不仅如此。有的经济学家还对欧洲经济一体化的具体好处作了预测计算。众所周知的切克契尼1988年报告估计,统一大市场在一定程度上促进了各成员国经济结构的调整进程,由于提高了资源配置效率,统一大市场的形成将使欧盟的收入增加2.5%—6.5%。伯德温认为,切克契尼忽视了统一大市场带来的动态效应,如果考虑到统一市场的动态效应,中期的生产增长将使欧盟收入的增长为静态效果的两倍以上。而从长期来看,经济增长的效果更为明显,欧盟的经济增长率还将在静态的基础上再增加0.2—0.9个百分点,产出的增长总共约为10%—25%。③ 这些计算还是在统一货币(欧元)问世前进行的。据估计,使用多种货币带来的交易成本约等于20世纪80年代中期欧共体GDP的0.5%,而且汇率风险还将进一步加大资源配置成本,这使欧盟国家不可能从单一市场中充分获益。④ 另外,弗兰克对外汇交易的全球支出所作的研究得出,该成本占世界贸易的6.5%,其中欧盟的外汇交易成本达欧盟GDP的0.8%。⑤ 实行单一货币则

① Tinbergen, Jan, *International Economic Integration*, Amsterdam: Elsevier, 1965.

② Cooper, Richard N., *The Economics of Interdependence: Economic palicy in the Atlantic Community*, New York: McGraw – Hill, 1968, pp. 8—10.

③ Baldwin, Richard, *The Growth Effecfs of* 1992, Economic Policy, Vol. 9, pp. 248—270.

④ European Commission: *European Economy—One Market, One Money, An Evaluation of the potential Benefits and Costs Forming an Economic and Monetary Union*, No. 44, Oct. 1990, p. 20.

⑤ Frankel, J. and Rose, A., *The Endogeneity of the Optimum Currency Area Criteria, NBER working paper* 5700, 1996.

不仅能够维护单一市场计划的成果，还可以避免巨大的汇率风险和兑换成本，提高价格透明度，实现货币、资本市场的一体化，进一步扩大规模经济效益，产生更具活力的一体化效应。

然而，实际成效与上述预期相去甚远。1996 年，欧盟委员会提交了一份内容丰富的报告《单一市场的影响和效益》，报告由 38 篇独立的论文和一份对 1.3 万家企业的咨询调查组成。据此，在 1987 年到 1993 年间使收入增长率从 1.1% 提高到 1.5%，而且，这些评估还不能确定"实现单一市场"是促进这一经济增长的唯一因素。[①] 欧洲经济一体化实效与预期，在 20 世纪 70 年代以来之所以相去甚远，主要是因为欧洲联合还远未落实——当前集中体现在统一市场与统一货币的作用上，同时欧洲改革处处受阻。在欧洲联合方面，欧盟各成员国所作的适应性调整还远远不够。虽然欧盟各成员国目前已有一半以上的经济立法来自欧盟总部，但实际上在欧盟范围内迄今尚未建立起真正统一的市场机制。在欧洲经济改革方面，虽然也取得了不少成绩，但阻力重重，进展滞缓。首先是在经济合理性与政治可行性之间存在的矛盾。其次是在欧洲内部对欧美两种模式的评价一直存在分歧，欧洲人还是认为他们所信奉的"效率＋公正"的价值观是更可取的，不愿改变现状。再次是欧盟（欧元区）层面上的自由主义成分与成员国层面上的国家干预主义之间的矛盾，以及各国观念之间的差异。最后是欧洲有些国家大致上从 20 世纪 80 年代初开始都先后在不同程度上或至少是暂时地向新自由主义倾斜，而新自由主义本身存在着一系列两难问题。欧洲尚需在联合和改革两方面作出新的努力。

（三）全球化向欧洲社会福利制度提出新挑战

对于欧洲来说，有人认为，没有哪个领域比社会福利制度更受国际资本流动和贸易增加的影响了。例如，政治学家约翰·格雷就把福利国家的死亡看成是全球化的一个直接结果。他认为："以为过去的社会市场经济可以在向下协调力量的作用下原封不动的保留下去，这是与全球市场有关

---

① ［德］维尔纳·魏登费尔德等编：《欧洲联盟与欧洲一体化手册》，赖志金等译，中国轻工业出版社 2001 年版，第 272—273 页。

的许多幻想中最为危险的一种。相反，社会市场体制正在逐渐被迫自己毁坏自己，以便它们能在比较平等的条件下与社会和劳动成本最低的经济体进行竞争。"① 诚然，格雷正确地指出了全球化对于欧洲社会福利制度问题的重要性，但就其所面临挑战的结果与原因分析而言，格雷的判断似乎有些夸张了。

但无论如何，全球化向欧洲社会福利制度提出的新挑战是相当严重的。这里我们仅以资本转移的威胁为例。在全球化条件下，资本成为可以自由流动的了，如果国内经济政策和税收体制威胁到在其他地方也可以获得的收益，资本可以马上转移。为了留住本国资本、吸引外国资本，各国竞相进行"税收竞争"。为吸引投资而竞相降低税率的做法使各国税收政策越来越趋于一致，这也会给税率造成下调的压力，进一步限制政府利用税收政策提供社会保障的能力。对14个主要工业化国家的公司税率的调查已经表明近年来税率大幅度下降：由1985年平均约46%降到了1999年的33%。② 对个人的税率也有类似的下降。值得注意的是，欧盟在这场竞争中的处境并不那么有利。由于欧盟市场上企业盈利状况欠佳，同时也为了巩固和加强欧洲大公司在国外市场上的竞争地位，欧洲资本大量外流。欧盟统计局2001年7月公布的一份报告显示，2000年欧盟成员国对外直接投资总额达7700亿欧元，其中4620亿欧元为欧盟15个成员国相互间的投资，3040亿欧元为对区外的投资，而同年从区外吸引的直接投资仅为1250亿欧元。③ 德国公司宁愿投资国外，据计算，在德国有大约2000家美国公司，为50万人提供了就业岗位；而德国则有3000家企业在美国，雇用的美国员工超过100万人。④ 在最近几年中流出法国的资本是流入法国的资本的三倍。法国33家最大的公司从1997年至2000年增加的国内就业机会约4.5万个，而它们在国外增加的就业机会是12万个。⑤

① 转引自［英］保罗·赫斯特等《质疑全球化——国际经济与治理的可能性（第二版）》，张文成等译，社会科学文献出版社2002年版，第202页。
② ［美］《外交政策》双月刊2001年7—8月号。
③ 《经济日报》2001年7月18日报道。
④ 《光明日报》2003年4月8日报道。
⑤ 美国企业研究所网站2002年6月12日刊登该所研究员詹姆斯·K.格拉斯曼6月6日在柏林美国德国马歇尔基金会上的演讲稿。

　　为了应对这种局势，欧洲人首先应该加强推进一体化，不仅建设"经济欧洲"，而且致力"社会欧洲"。然而，欧洲联合本来就是一个艰难的历程。《马斯特里赫特条约》与《阿姆斯特丹条约》再次表明了这一点。这两项条约再一次体现了欧洲一体化进程中历来所遵循的程式：成员国之间相互作出政治让步，或求得最小公分母，或作出例外规定，有的成员国可以据此选择放弃，或采取"一揽子"解决方案，或在无最终目标的情况下，先实现局部目标。① 这套程式为建设"经济欧洲"提供了比较可行的路径。但是"社会欧洲"情形有所不同。赫斯特等人认为，暂时还不可能形成统一的"社会欧洲"，向上协调或向下协调均不可能。

　　因此，目前恐怕须更多地着眼于欧洲改革，尤其是各成员国层面上的改革，因为在欧盟一级上有关社会问题的改革特别困难。欧盟委员会在2003年1月14日发表的一份报告中指出，在欧盟一年前通过的有关推动市场一体化进程的16项改革措施中，只有天然气和电力市场、政府公共采购等6个方面的改革得以如期进行，而在养老金、税收、专利一体化等关键领域，各项改革措施几乎毫无进展。与此相对照，多数成员国各自在社会领域的改革，尽管困难重重，但毕竟在谨慎前行。例如在瑞典，人们改变了法团主义谈判方式和治理安排。瑞典的特色在于，它的制造业出口导向型程度很高，几个高度集中的大公司在面向国际的部门中占据着主导地位，它们高度多国化，有将近一半的产品在国外生产。因此，瑞典大公司早就开始不断地利用它们的国际化地位来反对瑞典模式中的一些与众不同的特点。大雇主开始拒绝直到20世纪80年代还对他们很有用处的社团主义谈判，并在1991年完全退出了由政府、雇主和工会三方组成的经济治理制度。大公司动辄威胁政府和工会，如果不照他们开的政策方子下药，他们就搬到国外去。丹麦自20世纪90年代初以来，似乎阻止住了福利国家走向危机的趋势，其主要办法是：重视并支持在经济中占突出地位的为数众多的中小企业，它们能够适应国际市场变化，且没有高度集中的社团主义结构，没有集中化的全国工资谈判制度；维护普遍性福利体制与

① 参见〔德〕维尔纳·魏登费尔德等编《欧洲联盟与欧洲一体化手册》，赖志金等译，中国轻工业出版社2001年版，第57、58、61、62、65页。

劳动市场高参与率结合，大多数适龄家庭有一个半职工或双职工；既有"消极"的收入分配转移，又有积极的劳动就业措施，保证失业者不被边缘化；丹麦的公共服务部门吸纳了 30% 的劳动力，它是一个公共服务密集型而不是津贴密集型的福利国家，丹麦人缴的税费不少，但从中也受益多多，这样的福利国家获得广泛的政治支持。在荷兰，人们用改变就业模式、节制工资和发展服务业来予以应对。荷兰的就业模式已经改变，从一个人挣钱养家糊口的家庭模式转变为平均每个家庭有 1.5 个人工作的家庭模式，新增岗位大多数是临时性的，非全日制的，或每周少于 35 小时的。工资政策是荷兰在国际竞争中的一个重要武器，20 世纪 80 年代后半期的就业增长有 2/3 是节制工资的结果。这种节制工资有助于提高制造业的竞争力，而大部分新增就业岗位则是服务业创造的。在意大利，与所有的预期相反，从 20 世纪 90 年代初以来，意大利的产业界、有组织的劳工和政府签订了一系列关于工资的确定、劳资关系以及福利改革等方面的协议，取得了相对的成功。如果考虑到意大利的经济治理有严重依赖地方的特点，意大利是一个为政党利益集团所控制和瓜分的"弱势国家"和短期的弱势政府，意大利的法团主义是由质地稀松的材料建构的……意大利居然表现出采取协调一致行动进行改革的可能性，这确实让人吃惊。[1]

　　总之，虽然全球化向欧洲社会福利制度提出了新挑战，但欧洲国家依然有广泛应对的活动余地，即使在欧盟的约束范围内，只要国家拥有政治资源，它们还可以做出各种明确的选择。但欧洲人还必须进一步为此作出更大的努力，首先是国家领导人的政治意志和全社会的基本共识。

（四）全球化对欧洲的国际政治地位产生巨大冲击

　　全球化的新形势对欧洲的国际地位造成的巨大冲击首先来自政治领域。以法、德为代表的主流欧洲同当今美国之间在伊拉克问题上所出现的重大矛盾，其最根本的直接原因是欧美之间的力量严重失衡。欧洲虽然主

---

　　① ［英］保罗·赫斯特等《质疑全球化——国际经济与治理的可能性（第二版）》，张文成等译，社会科学文献出版社 2002 年版，第 208、209、214、215、216、220、221、223、225、226、227、231 页。

要在军事力量上明显不及美国，但欧洲有自己的重要利益和价值信仰，在某些方面也有一定优势，例如经济实力、集团优势、南北桥梁和道义原则等。冷战后的欧洲，它的目标已经不再是先前的"结束过去"，而是"追求未来"，伸张欧洲国家的自我意志日益成为进一步推动欧洲一体化的重要动机。围绕伊拉克问题，欧美矛盾实质上暗含着它们彼此之间的、事关根本的激烈竞争，即为塑造国际新秩序而展开的竞争，包括国际新秩序所必须遵循的法律、原则、理论、道德、机构、标准、路径等等。

欧洲所受到的国际地位压力还来自世界经济领域。伊拉克战争后，从全球角度来观察的世界经济生活中可能出现三个值得注意的现象，它们都会影响到欧洲未来的国际地位。首先是整个世界经济在很大程度上有赖于美国经济的状况会继续下去甚至暂时会有所加强。2001 年世界 GDP 30 多万亿美元中美国约占 30%（其中包含汇率影响），比欧盟 15 国之和还多 20%；2002 年第三季度末，全世界外汇储备总额价值 22940 亿美元中，以美元形式的储备占 3/4，约为欧元的 3.5 倍左右；[1] 在世界专利使用费收入中，美国所占的比重为 57%，几乎相当于欧元区 15% 的 4 倍。正是在经济总量、货币力量与科技能力明显占优势的基础上，摩根斯坦利公司估计，20 世纪最后 5 年美国拉动了 40% 的世界 GDP 增长。伊战后，如果再考虑到美国可能会进一步加强控制中东石油，其对世界其他地区影响、后果之大难以预料。其次是地缘经济关系可能发生某些重要变化。美国—亚洲关系将继续加强：由于亚洲经济增长较快，美国经济依然最为重要，伊战后"大中东"、中亚、南亚和东亚将成为进一步吸引美国注意力的"问题地区"。实际上，美国—亚洲经济关系近些年已经有了长足的发展：整个亚洲出口的 26% 流向美国（中国约为 30%）；在 2002 年美国经常项目逆差 4980 亿美元中，亚洲获得盈余 2040 亿美元，西欧盈余 1150 亿美元（其中欧元区 450 亿美元）；在 2002 年第三季度末世界外汇储备近 2.3 万亿美元中，其中 73% 是美元形式的储备，全球储备 58% 在亚洲，其中 75% 用于购买美国有价证券。[2] 在某种程度上可以说，正是亚洲人为了刺

---

①　［英］《金融时报》2003 年 2 月 19 日。

②　同上。

激出口、保值美元资产等需要，愿意看到强势美元。美国—亚洲关系的这种发展，有其积极与消极两面。但是不管怎样，出于安全与经济考虑，它们还会进一步发展。与此相对照，欧洲—亚洲关系将继续相对平稳：欧盟近些年虽然也在致力于对外开放，但毕竟是封闭性依然较强；第五轮扩大（即东扩）后，今后一段时间内将不得不把较多精力放在内部问题上；主要由于结构性问题，欧洲社会的经济改革困难重重，经济增长相对滞后，活力不及美国；欧亚之间还相对缺少更强有力的经济纽带，包括彼此为对方提供市场、加强货币合作，以及"缺少一种具有紧迫性的、被赋予了战略意义的价值"（比利时驻华大使马利国语）等。但欧亚关系仍有许多有利条件和巨大发展潜力。亚洲与中国应特别重视提升亚欧与中欧关系。至于欧美关系，看来将会有所褪色。诚然，在经济、安全和价值观三方面，欧美的共同交汇点还是相当多且重要的。欧美经济利益相互渗透、相互依存也很强。但是，由于地缘政治与地缘经济的变迁，今后欧美关系会稍许减色一些。最后是经济全球化进程可能会有所放慢。全球化一直受到世界范围的反新自由主义力量的掣肘，世界经济普遍困难，"反恐"影响国际人员、商品、资本、思想等交流，由美国带头的"国家利益至上"而不顾及其他，将起到分割世界的作用，使全球对话谈判更加困难。然而，所有这一切都不会减少今后至少一段时间内全球化进程中的暂时的"美国味"，不会减轻对欧洲的压力。

　　面对全球化新形势给欧洲国际地位造成的冲击，欧洲人必定会更积极、更灵活地推进欧洲的联合与改革。欧洲联合本来就是一项伟大而又艰难的事业。正如施密特所说："虽然迄今已经过去了近50年，但是到欧盟最终建立起来，仍然需要几十年时间。到21世纪前25年的后期，欧盟才可能成为一个有全面的行动能力的强大组织——如果在此期间一切顺利的话。"① 虽然今后未必会"一切顺利"，但欧洲联合与改革的前进脚步是谁也阻挡不住的。

---

① ［德］赫尔穆特·施密特：《全球化与道德重建》，柴方国译，社会科学文献出版社2001年版，第25页。

二 欧洲联合与欧洲改革:"欧洲建设"的两块基石

(一) 欧洲联合本身往往同时也是欧洲改革

"欧洲建设"通常被认为与欧洲一体化相关。本文作者则按照自己的逻辑思路,把"欧洲建设"理解为欧洲人为适应全球化、推进一体化和提高现代化三方面所作的努力及其所取得的成果。而欧洲联合与欧洲改革就是"欧洲建设"的两块基石。这一节主要讨论在"欧洲建设"进程中欧洲联合与欧洲改革二者的相互关系。

首先,欧洲联合本身往往同时也是欧洲改革。这从理论与实际两方面都可以得到解释和验证。从理论上说,欧盟的性质、欧盟的发展路径以及欧盟的实际进程,这三点都决定了欧洲联合往往同时也是欧洲改革。保罗·赫斯特、罗马诺·普罗迪和欧盟驻华使团大使安高胜等人在谈到欧盟的性质时意思大同小异,都认为欧盟不符合既定的宪政体制。它不像单一制国家,不像联邦制国家,也不像邦联制国家;相反,它最好被称作一个正在形成中的、由一个公共权力来行使某些治理功能的国家联合体。它应当被看成是一个由共同的机构、成员国和人民组成的复合政体。① 欧盟的性质决定了它的发展路径。无论是像戴维·米特朗尼、厄恩斯特·哈斯这样的新旧功能主义者,还是像让·莫内这样的实践者,他们都认识到,在现实世界中,由于人们对宪法和公约的轻视,以及难以割舍的民族主义,为避免国际冲突而建立世界政府是根本不可能的。而一种功能性的途径,即欧洲一体化如果把政治发展的重点放在提高这个国家联合体的一系列共同决策程序上,而不是放在试图取代国家层面的政治机构上,它也许最有可能获得成功。因此,欧洲人基本遵循了功能主义的一体化路径,即由个别的经济领域,进而发展到更多领域,再进而建立广泛的联盟,直至追求逐步走向政治联合。所有这些都触及到成员国的方方面面的改革。上述欧洲一体化的发展路径得到了欧盟实际进程的印证。例如,《罗马条约》的

---

① [英]保罗·赫斯特等著:《质疑全球化——国际经济与治理的可能性(第二版)》,张文成等译,社会科学文献出版社 2002 年版,第 296 页。

实施从 20 世纪 60 年代中后期起就开始变得困难起来。这是因为条约没有考虑到经济政策中的其他方面，因此，有必要进一步建立经济与货币联盟，以避免由于各国政策方向不同而出现危险。这就要求欧洲人必须进一步同时推进联合与改革。

欧洲联合同时也是欧洲改革，这一点，在欧洲一体化的实践过程中表现得更为清楚。1985 年通过的《单一欧洲法令》，规定至 1992 年建立欧洲内部统一市场，消除现存的、阻碍内部自由市场的所有因素，并为此制定了总体战略。《单一欧洲法令》不仅修改了《罗马条约》，而且还意味着各成员国必须作出相应的广泛而又深刻的改革。1992 年通过的《欧洲联盟条约》即《马斯特里赫特条约》（简称《马约》），是在《单一欧洲法令》之后对欧洲共同体法进行的第二次全面改革。"马约"作出了一系列重要规定：欧洲联盟至迟在 1999 年实行一种共同的欧洲货币；以共同外交与安全政策取代在欧洲政治合作中实施的松散的外交协调；欧洲联盟各成员国加强在司法与内政领域的合作。除了新的经济与货币政策权限之外，欧洲共同体还通过《马约》获得了其他实质性职权，与此同时，也确认了与这些活动领域中的这些实际扩展相对立的辅助性原则。1997 年通过的《阿姆斯特丹条约》是继《单一欧洲法令》和《欧洲联盟条约》之后为修订欧洲共同体条约而进行的第三次一揽子改革计划，它包括对所有的条约组成部分进行大量的改善和革新，及共同体权限和程序的扩展，但是，与这些进展相应的却是大量的例外规定以及保障的可能性；采取更为紧密的合作，即所谓灵活性原则，新写进各条约的一体化的灵活性原则有助于避免那些无能力进行一体化或者不愿意进行一体化的成员国对欧洲一体化可能造成的障碍。2000 年通过的《尼斯条约》决定进一步改革欧盟机构及其运行机制，包括欧盟委员会席位问题，重新分配各成员国在决策机构部长理事会中的表决票数，扩大有效多数票表决范围，以及关于"加强合作"问题，即在推进一体化过程有些国家可以"先行一步"；尼斯会议还把欧盟第五轮扩大（即东扩）问题具体化了，既规定时间表，又明确候选国；最后尼斯会议正式决定要组建一支欧盟快速反应部队，影响深远。为此，欧盟已作了大量的改革准备工作。完全可以预言，在欧盟机构改革、各成员国一级的相应改革以及市场领域诸多改革取得重大进展之日，也将是欧洲联合"更上一层楼"之时，它们二者之间具有相当的同一性与同步性。

（二）欧洲联合一般都要通过欧洲改革得到落实

首先，如上所述，欧盟与民族国家的宪政体制完全不同。欧盟的大部分权力来自成员国之间缔结的条约。它的许多立法取决于成员国一级对共同体框架协议的吸收，而且还取决于这些国家的行政部门对共同政策的贯彻。欧盟各成员国还保留着许多基本的、独特而又重要的政府管理功能，各国拥有自己的语言、文化传统和法律体制，这些东西将继续使完全的欧洲一体化难以进行。即使欧盟在几年后，形成共同外交与安全政策之后也是如此。一句话，欧洲一体化的任何重大决定，都必须经由成员国及其所作出的适应、调整加以贯彻；或者换言之，欧洲国家的联合必须经由欧洲各国的改革得到落实。

其次，欧盟的多元复合结构，既表明了欧洲一体化的复杂性，又决定了欧洲联合的进程在很大程度取决于欧洲改革的成就。在欧洲一体化进程中，我们看到的是一幅错综复杂的图像："高"经济与"低"政治并存，欧盟与"欧洲经济区"之类共生，欧盟创始成员国、老成员国、新成员国与"联系国"之类齐列，双速甚至多速欧洲客观存在，如此等等。这些多元复合结构现象，既给欧盟的深化与扩大提供了实际可行的机会，又使欧盟必然走向某些松散性、开放性、灵活性，增加改革难度，使欧洲的任何改革都必须同时适应三个"结合"，即原则性与灵活性结合、集团性与开放性结合以及一致性与多样性结合。例如，欧盟走向开放性，对内表现为一体化的日益深化，即用开拓新领域的自由化来体现开放性，欧洲一体化从煤钢联营、关税同盟、共同市场到经济货币联盟走的就是这条道路；对外则表现为欧盟扩大和加强对外关系，用扩展"成员资格"等等来展示其开放性，同时，设法压低内部壁垒，作出各种"自由贸易"安排，包括与非加太地区发展中国家签订《洛美协定》，为地中海南岸国家制定的"新地中海战略"，向南美洲南方共同市场提出的建立"欧盟—南方共同市场地区联盟"的倡议，以及亚欧会议等。而在欧盟逐渐增强内外开放性的同时，则是各成员国在不断作出新的调整、适应与改革。可以设想，如果欧洲改革能导致欧洲国家在更多领域、更大程度上趋同，欧盟的多元复合结构将会变得比较简洁一些。

最后，制度安排与经济融合密不可分。任何的区域一体化安排要在长期保持效率就必须有市场动力的支持，制度的结合离不开成员国在经济上一定程度的融合和各种经济壁垒的消除，否则区域一体化安排很可能夭折。"相应的制度安排和实质性的经济融合是推进一体化的两种力量，二者交织贯穿于一体化的整个发展过程中"。① 欧洲统一市场与统一货币之所以能取得相当进展，来源之一就是各成员国有了一定程度的经济融合；而它们的成就远未达到人们本来设想的要求，原因也正在于它们之间的经济融合还远远不够。

不过，欧洲人正在通过经济改革和融合来逐渐弥补缺陷。这些经济融合其实质是，在欧洲一体化制度安排框架下，通过改革寻求市场动力的支持；其目的是，在世界和欧洲形成一个相对均衡稳定的经济货币金融制度与市场，并在其中有欧洲自己的形象和分量。

（三）在新形势下，欧洲联合的发展更需要得到欧洲改革进步的支持

目前欧洲内外面临的新局势，与 20 世纪 80—90 年代之交已大为不同。在外部，1989 年前后苏东剧变时，当时欧洲曾有人怀抱希望，以为苏联瓦解之后，欧洲与美国将成为"平等"伙伴。然而，经过 1991 年的海湾战争、接着几年在前南斯拉夫地区的战争、2001 年的阿富汗战争以及 2003 年的伊拉克战争，"美帝国"不仅已在理论上得到创建，而且在生活中正在付诸实践，欧洲看来至少暂时已不再可能成为美国的全面"平等"伙伴。但"美帝国"毕竟至今立足未稳，而且也未必能长久恒定，它依然不时需要盟友和伙伴，欧洲国家仍属前选。因此，当今欧美关系正处于极其微妙的状态，其今后走向将对欧洲未来的政治经济产生极大的影响，包括欧洲一体化。在内部，过去 10 年中欧洲联合取得不少进展：1993 年欧洲统一市场初步建成，1999—2002 年欧元正式面世，2004 年欧盟将从 15

---

① 汤碧：《两种区域经济一体化发展趋势比较研究》，博士研究生毕业论文，南开大学，2002 年，第 79 页。

国扩增至 25 国，欧盟机构改革持续进展，共同外交与安全政策势在必行，欧盟某些国家的军事合作已经列上日程，既有象征意义、精神价值，又有重大政治作用，但却前途未卜的"欧洲宪法"正在制定，所有这些，在欧洲一体化历史上几乎都有里程碑式的意义。然而与此同时，欧洲又正在遭受政治同质性的削弱、经济萎靡不振、美国分裂欧洲、内部分歧凸显以及迄今为止作为欧洲一体化主要成果的统一市场与统一货币并未给欧洲经济就业增长带来人们预期效果等等事实的损蚀，不利于欧洲联合进程的进一步发展。在这种背景下，欧洲联合当前更需要得到欧洲改革方面成就的支持。

具体说来，主要是政治与经济两个方面。在政治上，欧洲一体化的历史已经表明，经济领域的欧洲联合即使今天已高度统一市场与统一货币，也不会自动导致政治联盟。迄今为止，大多数拥护欧盟的人都假定或希望，经济一体化将不可避免地会导致政治联盟接踵而来。现在似乎正好相反，情况越来越表明，欧盟未来有力且有效的经济治理在很大程度上还将取决于欧盟及其成员国领导人的政治决断以及主要政治机构机制的改革。不存在什么不可避免的、理所当然的经济逻辑会把欧洲进一步联合起来。统一市场的建立和统一货币的诞生并没有像寄望于欧盟事业的人所期待的那样促进整个欧洲经济与就业的增长，市场开放本身也没有在多大程度上减轻地区不平衡和社会不平等。因此，今后一段时间，欧盟及其成员国在政治领域采取行动并取得成就，是推进"欧洲建设"的关键所在，也是欧洲内外关注的焦点。在经济上，欧洲人应着力完善统一市场与统一货币。时运不济，欧洲货币联盟来得不是时候。目前的货币联盟进程尽管已经成功地启动，但要它带来巨大的经济实效尚需时日。欧洲的政策决策者建构货币联盟的措施本身是紧缩通货性的，可是它们又正好赶上欧盟有些国家经济出现普遍不振，有的国家为了重建或保持其竞争力还必须进行艰难的内部调整，特别是德国。这种情况有可能导致已在一定程度上统一的欧洲经济陷入长期的不振之中。欧洲人极需看到一体化的更大更多的实际成果。为了应对，除了欧洲中央银行在一旦欧元站稳脚跟之后，似应适当修改其职权范围之外，即在坚持稳定币值的同时，还应重视推行以增长为导向的政策。为此，欧洲中央银行还必须设法通过成员国协调社会公约等行动来遏止通货膨胀。但是，欧洲中央银行的作用毕竟有限。更为重要的是，欧洲人必须在共同体制安排的框架下，大力推动欧盟及其欧元区各成员国的内部改革。

三　欧洲联合与欧洲改革：推动"旧大陆"革新即走向新现代化的有利因素

（一）欧洲人需要适应改革

欧洲各国内部的社会经济问题迫使旧大陆必须改革，即使没有欧洲联合。而欧洲联合则为此提供了一股强大的推动力，尽管有时仍会遇到某些国家和集团的种种抵制。欧洲国家改革的目标是适应全球化、适应一体化某些趋同以及革除那些已经不合时宜的种种社会—经济弊端，以促进经济增长繁荣；改革的对象主要是"欧洲模式"中的那些落伍的经济政策与社会政策，以在思想意识与生产方式上更适应于"后福特主义"时代。

说到"思想意识"，欧洲人也许确实需要在某些方面作出一些调整适应，尤其是德国人。德国人对"稳定"不惜代价的尊崇，有时阻碍着改革。例如，由于过于严厉的解雇保护法，致使公司企业不愿雇佣员工，宁愿投资国外，并使地下经济"兴旺发达"，未注册的工作和其他黑市活动占 GDP 的比重由 1995 年的 13.9% 上升到了 20—21 世纪之交的 16%，跟踪研究黑市活动的奥地利林茨大学的施奈德教授说，2001 年未纳税的经济活动约为 3630 亿美元。德国人仍习惯于安逸，依然自觉富有，并不认为他们的制度某种程度上在衰败，有的工业在悄悄地衰退，不希望政策发生重大改变。① 第二次世界大战后德国在政治经济政策决策中凡事都根据"一致意见"，这在一定意义上也已经不再适合新的形势。联邦银行前行长蒂特迈尔认为，在政治决策方面"重视一致意见"，这是导致改革滞后的原因之一。在追赶外国成为重要经济发展阶段的情况下，一致意见型的政治决策会发挥作用。但是，在实施旨在减少既得利益、需要个人自己负责的改革时，就难以作出一致意见型的政治决策。对此，需要巨大的冲击才

① ［美］《商业周刊》2003 年 2 月 17 日。

会带来变革,然而德国人抗冲击能力很强。① 德国人长年来还受种种恐惧支配,有碍于技术进步。施密特说,德国人有一种容易变得恐惧的心理倾向和拒绝改变的心理倾向。尽管目前大多数德国人的物质生活条件比第二次世界大战结束时要好得多,却经常出现一些忧虑重重的、教派式的运动。它们把矛头指向核电站、核废料、褐煤开采、风力发电设备、高速公路建设、基因技术、吸烟、欧元、外国人等等,围绕能源政策的争论充分证明了这样的事实,即德国的公众讨论经常并且在很大程度上受到种种恐惧的支配。"歇斯底里者"们还日益使自然保护变味。现代技术本来可以帮助缓解空间紧张的问题,可是,过去的灾难预言给德国人造成了恐惧,使他们对几乎所有技术进步——从超高速铁路到数据存储——都充满反感。这种情况如果发展下去,有可能使德国在经济、社会和心理等方面都陷入一种日益危险的形势中。② 看来,德国人和欧洲人应把目光更多地投向提高自己的竞争力。欧洲与美国相比,虽然美国前些年在多个领域稍稍领先,例如它在创造工作岗位方面成绩较佳并由此带来较低的失业率,但只要欧洲能够改革并取得成效,包括完善统一市场与统一货币,再加上欧洲原先的优势,例如劳动力平均技能比美国高,欧洲仍有可能超过美国。从这个意义上说,欧盟2000年通过的《里斯本战略》是完全正确的,它承诺加快经济改革、创造更多的就业机会,并在2010年前使欧盟成为世界上最具竞争力的经济体之一。实现《里斯本战略》将提高欧洲人的信心。但结果难料。

　　说到"生产方式",欧洲人理应早该认识到,对于发达国家来说,福特主义,即由大型的统一公司从事的大规模、标准化生产的一种工业体系作为主流已经基本过时,而以弹性为特征的"后福特主义"时代已经来临。但欧洲人缺乏的恰恰就是"弹性"。欧洲人习惯的高生产、高消费和稳定就业的时代已经结束了,取而代之的是经济全球化、快速的技术变迁、后福特主义和自由市场政策广泛采用的新时代。与战后的"黄金"年

---

① ［英］《金融时报》2002年12月27日。

② ［德］赫尔穆特·施密特:《全球化与道德重建》,柴方国译,社会科学文献出版社2001年版,第72、73、88、90页。

代相比，它们带来的最终结果就是弱化了劳动的交易权利，使到处不断增长的雇员承担起失业的风险和工作条件变化的压力，从而减少了工作场所的自治权，增加了生活的不稳定感。同时，全球人口的不断增加，已经越来越陷入并依赖于资本主义的以利润为取向的市场体系而维持自己的生活。① 对于大多数欧洲人来说，这也许是一种不大讨人喜欢的生产方式，但却是一种无法回避的现实。欧洲人必须进一步适应它，特别是要理智地面对正在进行中的经济政策改革和社会政策改革。

（二）经济政策改革

欧洲国家某些经济政策之所以需要改革，有的与经济全球化压力有关，有的与欧洲一体化需求有关，有的则与祛除欧洲的一些社会—经济弊病有关。这些改革的实质内容大致上可以分为三类，即有的是根据欧盟或欧元区的制度安排，在欧盟一级或成员国一级作相应的调整改革；有的是旨在释放市场力量；有的则是为了在宏观、中观或微观层面上改革经济结构。

在根据欧盟的制度安排作相应的调整改革方面，我们仅以财政—金融为例。欧盟及其成员国的财政政策问题长期来一直是人们议论最多的话题之一，目前在欧元区某些国家（包括法国、葡萄牙、德国）年度预算赤字超过 GDP 3% "红线"的情况下，更是如此。这使欧洲国家在此之前早就开始的财政改革变得更为迫切，也更为困难。以德国为例。德国 2000 年通过的、以减税为核心内容的 2001—2005 年税收改革方案，本意是促进经济增长和就业增加、提高企业竞争力、促进企业重组、推动国内改革以及有利吸引外资，由此也有助于做到遵守欧元区规定的严格的财政纪律。但德国经济形势恶化却使其财政问题变得更为严重。在这种背景下，德国正在考虑实行幅度更大的新一轮税收改革。联邦财政部长汉斯·艾歇尔的顾问建议把个人所得税的最低税率从目前的 19.9% 降到 2006 年的 9%；最高税率则从 48.5% 减少到 29%。同时取消 240 亿欧元的几种税收优惠。

---

① ［英］罗宾·科恩等：《全球社会学》，文军等译，社会科学文献出版社 2001 年第 1 版，第 92、104、112 页。

政府的赤字通过减少政府开支使其从 2003 年可能占 GDP 的 4% 降低至 2006 年的零。显然，德国为清除经济不振所造成的负面影响，必须同时解决减税和减债两大难题，但两者兼顾的难度很大。

在欧洲和欧盟，由于税制不同还普遍存在境外储蓄存款问题。几经协商，2003 年 1 月，欧盟 15 国财长就境外储蓄存款税收法规达成妥协，为取消银行保密制度和打击逃税与欺诈行为铺平了道路（但有关妥协方案还尚未形成统一的立法原则）。根据协议，反对征收境外存款储蓄税的卢森堡、奥地利和比利时在今后 6 年中继续维持本国的银行保密制度。作为交换条件，这三个国家必须对非本国居民的储蓄存款征收所得税，征收税率的幅度最初为 15%，2007 年起增加到 20%，2010 年起增加到 35%。新法规的确定将使存款人难以利用不同税收制度和银行保密制度逃税。

在金融领域，德国公有银行所面临的改革压力颇具代表性。公有银行是德国银行界最大的国内力量。主要由市政府所有的 537 家储蓄银行，由州政府和储蓄银行联合会拥有的几家地区银行，共占有国内零售、公司存款的 39%，银行贷款的 35%。而 4 家最大的私人银行（德意志银行、裕宝集团、安联保险公司、商业银行）只占 14% 的存款、15% 的贷款。公有银行面临的改革压力，首先来自由富裕国家银行监管者组成的巴塞尔委员会的新资本规则，该规则最早可以从 2007 年开始实行。新规则将使公有银行对其借款人的真实信用和它们自己的客户分类更加敏感，也使它们可能对赢利更加热心。公有银行过去对高回报的漠不关心和对政治人物干涉的易感性，其借款倾向于"关系"借贷者，而忽视私人竞争。德国公有银行面临的改革压力还来自欧盟。2001 年，德国政治家最终屈服于来自欧盟委员会的压力，公有银行的州政府担保人开始离去。在欧洲联盟竞争规则下，它们的借款成本可能升高。这对公有银行已经有了一些影响。几家地区银行已经决定重组，其中 2 家 2002 年已经合并。在理论上，新的公有银行结构将对私人股东开放。①

在释放市场力量方面，其主要办法是"自由化"和私有化。在私有化方面，最为突出的是意大利，最近 5 年年均收入达到 160 亿美元。1993 年

---

① 参见国务院体改办国际合作中心《国际借鉴》2003 年 2 月 20 日第 4 期，第 14—15 页。

以来，意大利通过私有化总共筹资约 900 亿美元。1999 年意大利国家卖掉了最大的电力生产者—国家电力公司 34.5% 的股份，仅此一项就获资 180 亿美元。在法国，自 1997 年以来私有化每年约为该国带来约 100 亿美元的收入。在德国，1999 年在全欧再次出售德国电信公司股份，获资 100 亿美元。在葡萄牙，国有经济在整个经济中的比重由私有化进程开始前（1988 年）的 19.7% 减少到了 1998 年的 8%；就银行、保险业而言，公共成分所占的比重分别由 1987 年的 99.9% 和 72.5% 下降到了 1998 年的 21.7% 和 10.7%。

　　自由化和私有化往往是结伴而行的。把自由化与私有化结合在一起的最具有象征意义的领域也许是电信部门。直至不久前，欧洲的国有老"垄断"企业仍占着大多数国家该部门业务量的大约 90%，它们不仅价格贵，而且互不联网。针对这种状况，德国、英国、奥地利、丹麦、意大利、荷兰、葡萄牙、法国等都已在着手进行改革，目标是从 2001 年开始，欧盟成员国的电信市场逐步向所有其他成员国开放。当然，要真正做到打破垄断、开放市场、促进竞争尚需要一段时间。

　　改革经济结构是欧洲经济改革中的又一项重要内容。如果我们借用罗伯特·阿特金森等人对"新"、"旧"经济特征所作的划分，欧洲经济中的"旧"因素似乎要比美国多一点。无论从宏观经济角度来考察市场竞争强度，从中观经济角度来考察部门经济结构，还是从微观经济角度考察企业管理体制，欧洲都有一些缺陷需要弥补和改革。而事实上，在经济全球化与欧洲一体化的促动下，欧洲人也正在努力。

　　从宏观角度来看，欧洲经济中的竞争强度不及美国。欧洲人已经注意到了这一点。英国从 2001 年 6 月采取强硬手段对付不正当竞争行为，也可以算作是对此作出的一个反应。以往，英国对企业间的垄断行为只处以罚金，而且罚金的最高限额是销售额的 10%。新措施实施后，涉嫌垄断价格的业主和主管人员将被处以更重的罚金，甚至可能被判入狱。而至今除了美国之外，在欧洲只有爱尔兰和荷兰对垄断行为可采取刑事处罚。

　　从中观经济角度来看，欧洲一些国家的部门经济结构至今仍带着 19 世纪工业化完成后的若干特征。德国、法国等的服务业与美国相比尚欠发达。目前德国服务行业的就业人员约占全国就业总人数的 63%，法国为

70%，而美国已经超过75%。德国过于倚重于制造业、相对轻视服务业，是导致该国经济与就业问题的因素之一。现代德国问题信息与研究中心负责人策特尔·迈尔指出，德国有四个部门在世界市场上长期居统治地位。它们是电气、化学、汽车和机器制造。然而，正是由于德国在这些部门具有商业优势，它对新的工业化国家的竞争视而不见。德国觉得这些部门居领袖地位，它们的产品卖得好，卖得贵，那么为什么要做改变呢？历史学家阿尔费雷德·格雷塞尔也指出，德国的银行家们没有发现新的潮流。德国就这样没能搭上生物技术和通信技术的火车。① 当然，德国也并没有完全错过机会：对鲁尔等老工业地区的改造和德国南部诸州经济的兴旺发达，表明德国的部门经济结构正在朝新现代化的方向进行改革。

　　欧洲也在加紧进行微观经济改革。一个令人关注的例子是德国正在进行的税收改革。改革方案中包括一项条款，即允许公司出售在其他公司拥有的股份时不必缴纳资本收益税。这项改革可能将在欧洲最大的，但是目前不大景气的德国经济中引起一阵结构调整之风，因为德国公司的资产负债表中含有因长期拥有其他公司的股份而形成的巨额隐形储备。举个例子说，1974年以每股相当于8欧元购买的西门子公司的股份，如今在购买者的资产负债表上体现出来的仍然是每股8欧元，尽管其价值已上涨许多倍。在实施税收改革之前，人们不愿出售这类股份，因为资本收益的50%要缴税。今后出售这类股份将享受免税。德国商业银行伦敦分行的分析家马克·廷克认为，德国股本市场目前约有一半股本属于交叉持股，一旦对有关法律加以修改，这部分股本将可以转卖。这就是说，今后几年随着资产交换和重组，将有高达5000亿欧元的股本可能易手。从理论上说，由此带来的效益将意味着德国可能使其较低的投资资本平均回报率有所提高。这也将对整个欧洲有益。②

（三）社会政策改革

　　社会政策改革也许比经济政策改革更为困难，因为它不仅涉及各社会

---

① 〔法〕《论坛报》2001年8月8日。
② 〔英〕参见《经济学家》周刊2001年12月1日系列文章之八《现在是大力推动欧元的时候了吗？》。

阶层、集团、家庭、个人的直接利益，而且还影响到人们的心理状态、思想意识乃至社会平衡、社会稳定。因此，须更谨慎地考虑改革的指导思想原则。主要是下述四点：第一，继续维护欧洲的社会福利国家原则。但是同时要减少直至消除被"滥用"现象。第二，继续强调兼顾权利与义务，但现在比过去更多强调社会成员的个人责任，人人都必须承担对社会、对自己的责任，即在"互助"和"自助"两者之中，比过去更多地强调"自助"。第三，继续强调确保机会均等，但比过去更多地强调发挥个人努力，以及或由社会、或由自己提供更多的个性化服务。第四，社会各阶层、集团、家庭、个人都应适应新形势，特别是在产业界、劳工界、政府三方之间达成的"社会妥协"应合时宜。在目前的形势下，施密特对劳资协议中灵活性条款的看法也许是有点道理的。他认为："灵活性条款是指允许人们稍微偏离劳资协议条款。我们应当使工资政策更加亲近于企业。"① 为了贯彻上述各项原则，欧洲国家领导人目前最需要的是改革的政治意志，以及在实际工作中把改革放在优先地位。并力求达到社会多数共识。

欧洲国家社会政策改革的重点在社会福利制度和劳动力市场两个方面。就社会福利制度而言，改革的核心是其以养老、医疗、失业为主体的社会保险制度。在这三个领域，欧洲各国的改革措施大同小异。先以德国为例，首先是增加某些税费。在 2003 年，例如，养老保险的保险费率 1 月 1 日起从 19.1% 上升到 19.5%。其次是增加选择性。医疗保险的投保人将来应可以在带有不同个人缴费额的不同费率之间进行选择的可能性，例如引入基本服务和可选择服务体制。再次是压减某些福利。例如在养老保险方面，如果德国财政税收收入减少了，退休人员在将来必须放弃养老金按净工资增长所进行的调整。在失业保险方面，随着旨在改革劳动力市场的"哈茨方案"的实施，把失业救济金降到近乎社会救济金的水平。另外，人们还打算限制领取失业保险金的时间。在医疗保险方面，吕鲁普委

---

① ［德］赫尔穆特·施密特：《全球化与道德重建》，柴方国译，社会科学文献出版社 2001 年版，第 42 页。

员会建议提高个人承担比例，并把牙科治疗和换牙的医疗保险服务逐步减少。① 在法国，2003 年 4 月，政府经过长达近一年的酝酿，正式提出了退休制度改革方案，并提交劳资双方协商。该方案共 82 款，其核心内容：一是把法定退休年龄从目前的 57.5 岁在 5 年内延长至 59 岁（从欧盟各国的实际平均退休年龄看，最高的葡萄牙为 64.5 年，最低的卢森堡为 57.5 岁）。二是劳动者缴纳退休保险费的年限将逐步延长。目前，法国退休保险金缴纳的年限私营部门为 40 年，公共部门为 37.5 年；2008 年，公私部门年限拉平，均为 40 年，至 2012 年再提高至 41 年，2020 年提高至 41.75 年。三是退休金的计算将参照退休前 3 年而不是退休前 6 个月的工资水平以及物价指数。至于今后缴纳的退休保险费是否增加将，将取决于失业保险金开支的降幅。上述改革方案提出不久，5 月 13 日，数百万法国人走上街头表示抗议，要求政府撤销该方案。

劳动力市场改革的目的是减少失业、增加就业、刺激投资、促进经济增长。在某种意义上可以说，它是提振欧洲经济的关键所在。由于德国劳动力市场在欧洲较为僵硬死板，因此，以它的改革来说明问题依然是相宜的。德国劳动力市场改革的主要途径是多合作、多形式、多流动、多劳动、多学习和多生育。所谓"多合作"，主要是指放宽劳资协议、减少解雇保护、刺激企业投资和增员用人。最近德国政府就放宽解雇保护问题达成一致意见：将来 5 名员工以下的小企业可以额外通过订立有期限的劳动合同来雇用原则上数量不受限制的新员工，对于这样企业的这类新员工不适用解约保护。② 反对党要人施托伊伯甚至建议，仅对有 20 名以上而不是目前 5 名以上雇员的企业给予解约保护。③ 所谓"多形式"，主要指的是在工时、工资制度上采取灵活多样的办法，例如增加非全日工。1991 年至 2000 年，德国非全日工占雇员就业总人数的比例从 14% 上升到 20%。2001 年元旦德国一项新法律生效，联邦政府想通过该法律来促使未来 10 年内非全日工比例上升到 30%。④ 所谓"多流动"，指的是须增强欧洲劳

① ［德］《世界报》2003 年 1 月 3 日。
② ［德］《世界报》2003 年 3 月 14 日。
③ ［德］《商报》2003 年 3 月 18 日。
④ ［德］《德国》，中文版，2001 年 10—11 月一期。

动力的流动性。弗里德曼甚至认为，劳动力流动起来，货币联盟才能发挥作用。① 这的确很重要，但很困难。所谓"多劳动"是指欧洲人尚需多干活。2001 年，德国、法国、意大利的平均每小时产出分别比美国高出6%—17%，但平均每个国民所得却只有美国的 70% 左右。究其原因，是因为这些欧洲国家的人均工时只有美国的 70%—80%，而且劳动参与率也比美国低。国际货币基金组织报告据此分析，只要欧洲人愿意提高工时，多工作几个小时，经济增长就可能突破"瓶颈"。② 所谓"多学习"指的是改革欧洲的教育制度、培训制度等。据 2001 年 6 月 OECD 的一份报告称，目前德国相应年龄层的人只有 28% 进入大学学习，低于国际平均水平。备受赞誉的德国职业培训制度，在本国却广受批评，联邦审计署认为培训者之间已不存在竞争，培训内容和授课方式没有受到应有的审核，对于费用与成效几乎不受监控。哈茨委员会决心改变这一现状，使之不仅对失业者是一种激励，同时也将激发培训行业的积极性，使他们努力向企业的实际需要靠拢，加强实践培训，降低费用，并提高培训行业市场竞争的透明度。所谓"多生育"虽与当前的劳动力市场改革没有十分直接的关系，但对欧洲国家的社会与经济发展前途影响巨大。出生率低、寿命延长、人口老化、流动性差是欧洲国家的经济增长不及美国的一个重要因素。有的研究认为，仅仅因为人口因素，美国的经济增长就会比德国高出2 个百分点。③

总之，在欧洲一体化过程的各种离心力中，最严重的是欧盟似乎已经失去经济增长和繁荣的前景，而它们是欧盟的最大促进统一者和提供抚慰者。当今欧洲极需在联合与改革两方面相互促进，给旧大陆赋予更多的新活力。但是前进的道路依然困难重重。

（本文首发于《经济活页文选（理论版）》（月刊），中国财政经济出版社 2003 年第 7 期头条）

---

① ［德］《经济周刊》2002 年 7 月 15 日一期。
② （台湾）《天下》杂志 2002 年 12 月 15 日一期。
③ ［德］《世界报》2001 年 4 月 15 日。

欧盟经济的现状与未来

欧盟在当今世界经济中占有重要地位。但与美国相比,欧盟经济力量具有更大的局限性。"老欧洲"的这些局限性突出表现在生产增长力、经济竞争力和模式吸引力三方面暂时都不及"新大陆";而其主要原因则是,欧洲最近大约30年,特别是20世纪90年代以来未能及时有效地做好三个适应,即经济全球化、欧洲一体化和重新现代化。然而,欧洲正在从进一步推动联合和改革两大方面作出艰难的努力,并逐步取得新的进展,欧洲经济的未来并不悲观。

一 欧盟在世界经济中的重要地位及其局限性

(一) 欧盟在世界经济中的重要地位

1. 欧盟是当今世界最大而且最先进的经济力量之一

2003年,按当期本币对美元汇率折算的世界GDP为355990亿美元,其中欧盟占103750亿美元,美国为108750亿美元,欧美几近相等。下表统计数字表明,自1980年以来的25年中,欧美经济规模相较,经常此消彼长,而且有时幅度还很大:例如在20世纪80年代,欧盟GDP占世界的比重1980年达29.5%,比美国的份额23.8%高出近6个百分点,而1985年,美国占32.9%,比欧盟的22.1%高出10个多百分点;在90年代,欧盟、美国1995年各为25.5%和32.4%,美国又反超欧盟近7个百分点。如此反复消长,除了经济增长率、通货膨胀率等差异因素外,主要是汇率变动所致。20世纪90年代的统计表明,在欧元对美元汇率大致在1∶1.10附近的正常历史常态下,欧盟与美国的经济总量不相上下。

表 1　　　　　　　　　1980—2004 年欧盟、美国与日本 GDP

（按当期本币对美元汇率折算）　　　　　　　单位：亿美元

国家或地区	1980	1985	1990	1995	2000	2001	2002	2003	2004
世界	117280	128230	226070	291340	314110	310860	321770	355990	372510
比重（%）	100	100	100	100	100	100	100	100	100
其中：									
欧盟	34560	28280	67520	86290	79160	79370	86530	103750	107400
比重（%）	29.5	22.1	29.9	29.6	25.2	25.5	26.9	29.1	28.8
德　国	8260	6400	15470	24610	18750	18570	19220	23820	24360
法　国	6820	5360	12200	15560	13130	13220	14370	17380	17990
英　国	5370	4600	9950	11350	14410	14300	15670	17620	18270
意大利	4550	4280	11040	10980	10780	10930	11880	14540	15060
西班牙	2220	1720	5120	5850	5630	5840	6550	8250	8700
日　本	10730	13690	30520	53020	47660	41760	39860	41910	41950
比重（%）	9.1	10.7	13.5	18.2	15.2	13.4	12.4	11.8	11.3
美　国	27960	42130	58030	74010	98250	100820	104460	108750	114370
比重（%）	23.8	32.9	25.7	25.4	31.3	32.4	32.5	30.5	30.7

笔者根据下列资料来源汇编计算：World Economic Outlook2003 年 9 月 18 日数据库（http://www.imf.org，国际货币基金组织网站）。

在国际贸易中，欧盟所占份额更大。在 2002 年世界出口贸易总额 48453 亿欧元中（不包括欧盟成员国之间的区内贸易），欧盟占了 9973 亿欧元，占世界 20.6%，明显大于美国的 14.7% 和日本的 8.5%；如果把欧盟成员国之间的区内贸易 16070 亿欧元计算在内，2002 年世界出口贸易总额则为 64523 亿美元，其中欧盟的总体比重达 40.3%，遥遥领先于美国的 11.1% 和日本的 6.4%。在进口方面，欧盟的总体比重同样突出，但是如果仅就欧盟的区外贸易而言，不及美国，这就是说，美国约为世界提供了大约 1/4 的市场，而欧盟接近 1/5（参见表 2）。

在对外直接投资方面，无论是流量还是存量，欧盟均居世界首位。1991—1996 年，世界对外直接投资流入量为 2453 亿美元，其中欧盟 876 亿美元，占 34.4%；日本 9 亿美元，占 0.3%；美国 468 亿美元，占 19.1%。1997—2002 年间合计，世界对外直接投资流入总量为 51150 亿美元，其中欧盟 17010 亿美元，占 33.3%；日本 429 亿美元，占 0.8%；美国 10492 亿美元,占 20.5%。1991—1996 年,世界对外直接投资流出量为 2806 亿美元,其中欧盟 1278 亿美元,占 45.5%;日本 209 亿美元,占 7.4%;美国 671 亿美元,占 23.9%。1997—2002 年间合计,世界对外直接投资流出总量为 41756 亿美元,其中欧盟 30326 亿美元,占 72.6%;日本 1643 亿美元,占 3.9%;美国 8023 亿美元,占 19.2%。流量如此累积的结果是,欧盟在对外直接投资方面既是最大吸收者,更是全球遥遥领先的资本输出地,进出相抵,欧盟是当今世界对外直接投资的最大净输出地(参见表 3)。

表 2　　　　　　　　　2000 年世界贸易及欧盟、美国、日本进出口

	出　口	进　口
	价值(亿欧元)	
世界总计(不包括欧盟区内贸易)	48453	52568
其中:欧盟(区外贸易)	9973	9893
美国	7136	12359
日本	4129	3422
世界总计(包括欧盟区内贸易)	64523	67661
其中:欧盟(区内贸易)	16070	15093
	比重(%)	
世界总计(不包括欧盟区内贸易)	100.0	100.0
其中:欧盟(区外贸易)	20.6	18.8
美国	14.7	23.5
日本	8.5	6.5
世界总计(包括欧盟区内贸易)	100.0	100.0
其中:欧盟(包括区外、区内贸易)	40.3	38.1
美国	11.1	12.4
日本	6.4	5.1

笔者根据下列资料来源计算汇编:European Commission:External and Intra—European Union Trade(Monthly Statistics),12/2003,p. 17。

2. 欧盟是世界经济中的重要平衡力量和稳定力量

约瑟夫·奈的"三维棋局"观点认为,不宜全面过于高估美国的力量,而低估欧洲等地区国家的力量。他写道,在信息全球化时代,战略实力根本不会这样高度集中。相反,它像复杂的三维棋局那样分散在各个国

家之间。在棋盘的顶层，美国的军事实力基本上无人匹敌；但是在经济这层棋盘上，美国并非霸权或帝国，举例来说，如果欧洲联合起来，美国想和它平起平坐也绝非易事；在位于底层的跨国关系棋盘上，权力被杂乱无章地分散，使用单极、霸权或美帝国这样的字眼毫无意义。[①] 欧盟委员会委员拉米则从另一个角度阐明了这一问题，他说："对发展中国家来说，欧洲是建立一个更平衡的世界的希望，是建立更公正的国际关系的希望。"[②] 欧洲的这种平衡作用，同时也发挥着稳定的影响。

表3　　　　世界及欧盟、美国、日本对外直接投资流入存量与流出存量

（截至 2002 年底）

单位：亿美元

国家或地区	流入存量	%	流出存量	%
世界	71225	100.0	68663	100.0
其中：欧盟	26239	36.8	34343	50.0
德国	4516		5778	
法国	4013		6521	
英国	6386		10330	
意大利	1265		1945	
荷兰	3146		3557	
西班牙	2178		2161	
日本	596	0.8	3316	4.8
美国	13511	19.0	15014	21.9

笔者根据下列资料来源汇编计算：UNCTAD, WorldInvestment Report, 2003 年 9 月 4 日（http://www.unctad.org，联合国贸发组织网站）。

虽然近些年来欧盟经济增长缓慢，货币与科技力量也暂时不及美国，但却始终比较稳定，它在世界经济中起着某种"锚定"的作用。我们以欧洲统一货币——欧元为例。诚然，迄今为止，欧元和欧元区依然面临重重困难，但是它还是为世界经济和国际货币体系的相对稳定作出了与亚洲地区国家不同角度的贡献。欧元的问题在哪里？首先，欧元区并不是一个"理想的货币区"。欧元区成员国之间的贸易，尽管绝对值颇大，但仍只占该地区 GDP 的 15%，远远不及美国联邦各州之间的密切和方便程度；其

①　［美］约瑟夫·奈：《美国真正的是帝国吗？》，刊于新加坡《海峡时报》2004 年 1 月 28 日。
②　［法］帕斯卡尔·拉米：《以欧洲的名义》，苗建敏译，中信出版社 2003 年版，第 21 页。

次，欧元使成员国失去了各国经济政策最重要三个工具中的两个：独立的货币政策和灵活的汇率政策，而第三个工具预算政策也受到了"稳定与增长公约"的限制；此外，当欧元区一个国家遭受未影响欧元区其他国家的独立打击时，欧元区难以应付；欧元区各国选举日程的差异加剧了欧元区各国的经济不同步，因为选举往往伴随着扩大预算的政策；集中的货币政策与分散的预算政策在各成员国之间形成了本来就已存在的通货膨胀差别，使欧元在各国的购买力不同，且不大可能用原来国家可用调整货币政策或升贬汇率来缓解。① 一句话，欧元似乎依然面临着一个"可持久生存"的问题。这与美元大为不同。尽管如此，欧元、欧元区及其欧洲中央银行，仍以其特殊的方式，对始自 2002 年春的新一轮美元贬值起到了某种"疏通"的作用，从而为世界经济货币的稳定作出了自己的贡献。最近两年呈现的美元贬值、欧元升值之势是世界经济不可避免的一种调整的组成部分。全球经济已变得过于依赖于美国的高额贸易逆差，这使外国人手中的美元（对美出口所得）超过了他们希望持有的数额。抛售美元导致欧元、日元和其他一些货币升值。② 有人说，与亚洲国家相比，欧盟对美元贬值基本上采取了置之不理的态度，至今（2004 年初春）未对汇市进行干预，对购买美国国债也无很大兴趣，虽然美元贬值同样对欧盟出口带来冲击。欧盟这样做，显然是不想承担购入美元而带来的经济损失。③ 这样说，看来确是事实，但却是一个未被完全正确解读的事实。试想，如果欧洲人与亚洲人一样，也大力支撑美元，那么新一轮美元汇率调整过程就难以完成。在这里，欧元实际上起着一种为美元释放巨大压力，并有助于美元无虞的排气阀作用。自然，亚洲人自有亚洲人的贡献。看看亚洲国家地区，虽然对美国的贸易顺差居高不下，但这些顺差很大部分又以购买美国债券的方式返回到了美国，为维护美国财政的正常运行和物价的稳定发挥着积极的作用，同时还承担了美元贬值和利率下降而造成的收益损失。

3. 欧洲为世界提供了一种不同于美国的、可供参考的经济模式

---

① 参见《欧元的日子屈指可数了吗?》，刊于［法］《世界报》2004 年 1 月 15 日。
② ［美］罗伯特·塞缪尔森：《欧洲的困境》，刊于《华盛顿邮报》2004 年 2 月 4 日。
③ 胡后法：《亚洲巨额外汇储备"惠四方"》，刊于《经济日报》2004 年 2 月 13 日。

　　欧洲以德国为典型的社会市场经济与美国的自由市场经济不同。欧美经济模式的表征差异表现在它们的各自特征上。美国模式的主要特征是：资本积累的决策权，主要在私人公司；公司企业自由地追逐短期利润目标；主要通过金融市场获得资本；劳动者只能享受有限的、法律明文规定的劳动所得和社会福利；人们对社会政治和道德的总体认识，是个人主义和自由主义。德国模式的主要特征是：在这种资本主义模式下，积累的决策权同样也在私人公司，国家对资本积累的直接干预程度可能比较小，但政治体制严格地确立了一整套劳工权利和福利措施，使得有组织的劳工拥有一个颇有影响的市场和直接参与劳资谈判的能力；在这种资本主义模式里，主流文化是社会民主主义。欧美经济模式的实质区别集中在劳工的权利和资本的权力问题上。在美国模式下，政府相对于资本固然也有相对独立性，但其行为主要倾向于资本，因而在处理国家与市场、政府与企业、雇主与雇员、国家与公民、企业与资本市场等五对关系问题时，自然会偏好市场、企业、雇主、强调公民自我负责以及重视直接融资的资本市场。而在欧洲模式下，政府拥有更强的独立性，其行为自然也重视资本利益，但同时又强调劳资协商和社会平衡。一句话，欧美模式的实质区别在于：美国不但信奉市场经济，而且实行市场社会；而欧洲固然也十分重视市场经济，但不听任市场社会。

　　欧美经济模式各有长短。对欧美经济模式的判断，首先取决于人们的价值取向。在受加尔文主义提倡的"允许经营致富，贷钱取利"影响的"自由的"美国，对于那些有财富、有权势或有才能的各路"社会精英"，自由市场经济也许是一种较为适宜的模式，在那里，资本财富受到尊敬，普通劳工遭到贬抑，政府只是作为一种"不可避免的祸害"而被人接受。而在欧洲，由于有长期的阶级斗争背景、战争历史以及社会民主主义广泛深入人心，人们普遍愿意接受相对的社会公正和社会公平，在那里，代表国家和公民的机构一般都不互相敌对，人们力求在资本、劳动和政府的协同作用下，长期维护社会和平。欧美经济模式都有成功的机会，也都有表现不佳的时候。对它们的评估，还同选择测量方法有关，例如时间段的选择和指标的选择。以时间段选择而言，20世纪50—70年代欧洲模式（"德国奇迹"等）也曾相当风光；80年代末日本成了世界的"学习榜样"；只是到了90年代后半叶，美国模式才"出人头地"。但这决不是定式。竞争并未终结。从选择不同的测量指标来说，如果按"时均"GDP（每个工时生产的GDP）计算，90年代上半叶美国只居第9位，排在前8名的，除了加拿大之外，都是欧洲国家——比利时、法国、荷兰、德国、挪威、瑞士和奥地利。在后来接着的几年里，情况也没有发生大变化。

在最近十年里，由于政治与经济原因，美国模式显得暂居"上风"。在政治方面，随着苏联解体，美国政府和商界精英妄图使美国成为21世纪控制全球主要政治与经济局面的强权国家。为此，除了使用武力之外，它们还试图用两种新的办法来实现这一目标：一是在世界范围内推广作为美国模式"灵魂"的新自由主义，以改变其他国家包括某些欧洲国家的内部秩序；二是大力推进明显带有美国味的全球化进程，以改变其他国家包括欧洲国家的外部环境。应当说，美国大力倡导的上述两项"运动"取得了一定的进展。在经济方面，由于欧洲内外的原因，作为欧洲模式根基的社会福利制度面临着严峻考验，使目前欧洲在欧美模式之争中暂居不利地位。但是，欧洲人决不会，也决不可能放弃欧洲模式的核心部分，它将依然是可供世人选择的、颇有成效的社会—经济模式之一。

4. 欧盟在国际关系中发挥着重要的作用

这不仅是它自身的目标利益追求，而且也是国际社会的普遍期待。对于国际秩序，欧盟主张多极的世界，多边对话的世界，开放的世界，有规可循的世界，重视联合国等国际组织和国际条约；对于国际规则，特别在世界贸易领域，欧盟往往是最重要、最积极的倡议者、监护者和执行人之一；对于发展中国家，欧盟力图担当"南北桥梁"的角色，这是美国无缘充任的。为此，欧盟在作种种努力。例如欧盟提供的官方发展援助一直占整个西方的一半以上：2000年在发达国家提供给发展中国家的外援中，欧盟占51.9%，日本占27.7%，美国占20.4%；1993—2000年8年合计，欧盟15国提供的官方发展援助总共达2006亿欧元，日本为860亿欧元，美国则为633亿欧元，在三方提供的外援总额3499亿欧元中，欧盟占57.3%，日本占24.6%，美国占18.1%。不过，值得注意的是，虽然迄今欧盟的官方发展援助仍超过美国、日本之和，但因欧盟所提供的外援增长速度有所下降，因此，比重也呈现减少。

国家或地区	1993 年		2000 年		
	金额（亿欧元）	比重（%）	金额（亿欧元）	比1993年增加%	比重（%）
欧盟 15 国	255	58.4	274	7.5	51.9
日本	96	22.0	146	52.1	27.7
美国	86	19.6	108	25.6	20.4
合计	437	100.0	528	20.8	100.0

表4　　　　　　　　　　欧盟、日本、美国的官方发展援助

笔者根据下列资料来源计算汇编：European Commission：Eurostat Yearbook 2003，《欧盟统计年鉴（2003）》，p. 25。

（二）欧盟力量的局限性

1. 经济、货币、科技、文化力量方面的局限性

诚然，如上所述，欧盟力量十分重要。但它的局限性，至少在目前，似乎要比美国更为突出。

在经济力量方面，虽说欧美 GDP 规模大致相当，但含义却很不一样。美国是单一国家、单一力量，它的资源可集中调度使用，以实现重要的国家目标；而从 2004 年 5 月 1 日起将有 25 个成员国的欧盟，却相对缺乏这种能力。例如，尽管目前欧盟 15 国中央与地方财政支出平均已达 GDP 的48.4%（其中德国为49.4%，法国为54.4%，英国为42.8%，意大利为48.5%），但欧盟的财政资源是分散在各成员国使用的，只有相当于 GDP1.2% 集中在欧盟一级统一调配，而美国联邦一级财政却占了 GDP 20% 左右（美国各州财政合占 GDP 的15%），这极大地影响着欧盟经济力量的有效使用。欧盟委员会主席普罗迪 2004 年 2 月 10 日向欧洲议会提交了2007—2013 年欧盟共同财政方案的建议草案，据此，2007 年欧盟一级财政预算将为 1246 亿欧元（目前约为 1000 亿欧元），2013 年将增加到 1431亿欧元。根据计算，在欧盟东扩后的 7 年间，欧盟预算将提高40%，总金额达 1 万亿欧元，与欧盟 GDP 相比，份额仍在 1.22% 上下（欧盟规定其预算总额上限不得超过其 GDP 的1.24%）。围绕这个预算，净出资国与净得益国经常争吵不休，其使用方向也几经调整。东扩以后，欧盟预算资金将优先投于三大用途：一是优先用于实现欧盟的可持续发展战略；二是优先用于欧盟内部各项政策的贯彻实施，以及欧盟全体公民所应该享有的各

项社会权利和义务；三是优先用于国际事务，以便使欧盟在国际舞台上发挥更大作用。可以想见，很难期望从中获得对欧盟经济发展本身会有多大动力。

在货币力量方面，始于 2002 年春的美元贬值，这不会动摇美元地位的根基。而欧元则有所不同。尽管在过去两年中它对美元汇率大幅上升，也确实抬升了欧元的国际地位，但欧元至今依然存在着一个能否扩大影响力和持久生存力的问题。美元的巨大影响力缘于国际社会普遍接受它。欧元之所以现在还达不到这种程度，主要也在于它尚缺乏足够强大的外部影响力。从内部长期来看，美元将受美国国际收支赤字和政府财政赤字的拖累，而欧元则会受欧盟国家巨额社会负担（这也是一种债务）的拖累。美国与欧盟面临的都是结构性难题，要想着手缓解，看来欧洲比美国也许更为困难。因为一切都取决于经济增长的潜力，而这方面欧洲在短期内未必能胜于美国。此外，欧元要想逐步成为强势货币，还必须致力于进入美元的势力范围，特别是进入原材料市场（计价、结算等）和各国央行的外汇储备（目前世界外汇储备中大约 80% 是美元）。在所有上述方面，欧元还任重道远。

在科技力量方面，无论在基础还是应用领域，目前美国对欧盟的优势都相当明显。各国科技的基础发展水平可以通过获得诺贝尔物理学、化学和医学奖这三个自然科学奖的次数来衡量。从 1901 年诺贝尔奖首次颁奖到 1940 年第二次世界大战爆发，有 36 名德国科学家、22 名英国科学家、16 名法国科学家和 14 名美国科学家获得了诺贝尔自然科学奖。而从 1941 年到现在（2004 年年初），美国逐渐成为世界第一强国，也是获得诺贝尔自然科学奖最多的国家，共获奖 198 次。其次是英国 56 次，德国 31 次，法国 10 次。从 1901 年到今天，美国的获奖次数比英、德、法三国的总和还要多。迄今为止，美国在科研领域中的经费占全世界投入科技研究的资金的 40%。[①] 而在 2003 年全球 390 亿美元的高科技投资中，美国以 257 亿美元占了投资总额的 60%。排在第二位的英国为 24 亿美元，不及美国的

---

① ［阿根廷］《民族报》，2004 年 2 月 15 日报道。

1/10，法国和德国则分别只有 15 亿美元和 8 亿美元。① 在应用科技领域，我们以国际专利申请为例。在世界知识产权组织 2003 年收到的 110114 件专利申请中，美国有 39250 件，占 35%；日本 16774 件，占 15.2%；德国 13979 件，占 12.7%；英国和法国则分别只占 5.5% 和 4.3%（比较资料：中国 1205 件，印度 611 件，南非 376 件，巴西 221 件，墨西哥 123件，这就是说西方五大国合占 73.4%，而发展中世界"五大国"合占 2.3%）。就美、欧比较而言，则是美国的 35.7% 对德、英、法三国合占的 25.0%。

在文化力量方面，欧洲文化虽然高雅、深厚，但在美国大众、实用、商业文化面前似乎也有些抵挡不住。目前在欧洲的文化市场中有 70% 的美国电影和系列片，美国电影每年在欧洲的电视里播放 5 万次个节目。而在美国的文化市场上，外国影片的比例很难超过 3%—4%，人们需要起早贪黑，才能在美国的电视里看到欧洲电影。近来国内外有人经常提到欧洲的"软实力"，含义并不清楚，无非是指影响力和吸引力。确实，我们应当重视包括欧洲文化力量在内的欧洲"软实力"，但同时现实生活还表明，如果缺乏硬实力的支撑，"软实力"也将难以充分发挥作用。

2. 欧盟目前正面临着两大难事，即如何"消化"好第五次扩大和富有成效地推进社会—经济改革

欧盟的第五次扩大，从长期看可能会提高欧盟在国际政治与世界经济中的地位：扩大后的欧盟，它将在欧洲 7.3 亿人口中占 4.5 亿人，在 1000多万平方公里面积中占 400 多万平方公里，在 44 个国家与地区中占 25个，在 11 万亿美元 GDP 中占 10 万亿美元，显然，东扩后的欧盟将进一步成为整个欧洲政治、经济中的主导性力量，但西翼欧洲毕竟不等于整个欧洲，与其相对的东翼欧洲（包括俄罗斯等）的重要性依然不可小视 。不仅如此，扩大后的欧盟，其内部政治形势可能会出现种种变化，新入盟的原"东欧国家"内部局势如何发展，新老成员国在观念、制度、发展水平差距、实际利益分配等方面能否在短期内较为顺利地融合；在欧盟外部，欧美、欧俄关系将如何演变，特别是美国对欧洲—体化的立场和政策将如

---

① （台湾）《天下》杂志，2004 年 2 月 15 日报道。

何运作，所有这些问题目前都还是未定之数，而它们的安排布局将对未来欧盟政治经济发展产生难以预期的影响。欧洲正处于十字路口。只是有一点可以肯定，欧洲无论如何都不可能出现像美国那样的"合众国"。法国历史学家让·贝希勒尔认为欧洲从未真正产生过囊括全欧的"帝国"；欧洲联盟的未来发展，如果能进一步把欧洲引进一个旧大陆各国之间持久而又深入的"和谐共存"时代，那就将是欧盟对欧洲乃至人类的一项史无前例的伟大贡献。① 普罗迪的志向则更宏大。他认为，欧盟并没有采取旨在创造一种欧洲民族身份的融合道路，相反，它追求一种"多样性中的统一"的概念。这就意味着，"我们的宗旨是通过分享主权赋予欧盟实现其目标所需的有效行动的能力，但同时寻求保留我们的公民倍加珍视的那些民族、地区或种族身份"。东扩不会改变上述指导方针。但是，伴随着东扩所带来的一系列复杂问题，它使欧盟制度结构这一问题变得更加突出：欧盟原有的制度结构已经不再适合新形势。为了应付扩大的欧盟以及 21世纪带来的挑战，欧洲必须改革它的机构机制。而欧盟宪法草案正致力于为此指明方向。普罗迪预期，2004 年 6 月中旬有望完成对该宪法草案的最后修订。② 在社会经济改革方面，早在 2000 年欧委会就已提出的要在 10年内把欧盟建设成为世界上最具竞争力的知识经济体之一的目标，德国施罗德政府 2003 年正式提出的"2010 年议程"，英、法、德三国 2004 年 2月 18 日提议在欧委会内设专管经济改革的专员或副主席一职，以及在不少成员国内已经付诸行动的大量改革措施，都预示着欧洲人正在为其社会经济改革而努力，但步履维艰。这里特别需要强调指出的是，欧洲的社会经济改革不仅仅是迫于已经相当厚实积重的社会经济难题，而且是欧洲要实现参与建立世界新秩序的一个不可或缺的前提条件。德国基督教民主联盟党前主席朔依布勒写道："如果德国和作为整体的欧洲打算参与塑造世界新秩序，就必须进行彻底的改革。欧洲必须加强其结盟的能力，必须在政治上达成一致，重新赢得经济和社会活力，在全世界倡导自己的经验、

---

① ［法］让·贝希勒尔：《欧洲或非帝国》，刊于《费加罗报》2004 年 1 月 13 日。

② ［意］罗马诺·普罗迪：《欧洲联盟在变化世界中的作用》，2004 年 4 月 14 日在中国社会科学院的演讲。

认识和价值观。"①

　　3. 扮演"南北桥梁"角色并不容易

　　欧盟力图通过独立提出方案、和平调停冲突、积极承担"维和"、提供发展援助、利用历史纽带、发挥自身经验以及给予贸易优惠等方法发挥"南北桥梁"的作用，其努力值得重视，但整体影响尚待扩大和深化。为此，欧盟自身首先必须有全面强大的实力。同时，欧盟必须在一些重大的国际问题上作出举世公认的成就，在欧洲和欧盟内部事务上取得引人注目的进展，它们将使欧盟在外部世界包括南北问题上拥有令人信服的行动能力。同时，欧盟还应更加善于处理发展中世界的正当合理的诉求。仅以贸易优惠为例，欧盟是有严格条件的。欧委会贸易委员帕斯卡尔·拉米说得明白："一个发展中国家，只要它致力于发展保护劳动者权益，允许自由组织工会，鼓励实施与资方集体谈判，严格控制雇用童工和废除强迫劳动，那么它出口到欧洲市场的商品就可以得到减让关税的特别优惠政策。反之，如果一个国家严重并经常违反这些基本准则，我们将取消优惠政策。况且，欧洲并不是必须要提供这些优惠政策。而当欧洲提供时，也有权要求受益国在欧洲认为关键性的问题上做出起码的承诺。"② 此外，包括欧盟在内的"北方"国家与广大"南方"发展中国家所追求的目标存在巨大差异："南方"首先寻求发展，而"北方"则是对生活质量"锦上添花"更为关注。这是两者未来冲突的一个象征。③

二　欧盟经济相对不振的主要表现及其原因

　　欧盟在世界经济中所占的重要地位，是欧洲在近现代和当代全面发展的自然结果；而当今欧洲经济力量的相对局限性，则同它在最近 30 年，特别是在 20 世纪 90 年代发展不及美国密切相关。欧盟经济的这种相对不振，主要表现在生产增长率比较缓慢、经济竞争力相对落后以及模式吸引

---

　　① ［德］沃尔夫冈·朔依布勒：《什么对欧洲是重要的——经济活力、价值观和教育是世界新秩序的基石》，刊于［德］《世界报》2003 年 11 月 18 日。

　　② ［法］帕斯卡尔·拉米：《以欧洲的名义》，苗建敏译，中信出版社 2003 年版，第 98 页。

　　③ 同上书，第 112 页。

力暂时减退三个方面；而其主要根源则在于旧大陆内部的结构性问题，它
们交互来自三个"不适应"，即欧洲在过去的十多年中未能及时适应经济
全球化的新形势，欧盟及其欧元区各国尚未全面适应欧洲统一市场与欧洲
统一货币（反之，统一市场与统一货币至今也还没有充分发挥其积极影
响），以及欧洲迄今还尚未认真着手适应它需要重新现代化的客观要求。

（一）欧盟经济相对不振的主要表现

1. 生产增长率比较缓慢

表5　　　　　　　　　欧盟与美国 GDP 实际增长率（1995 年为基期）　　　　　单位:%

国家或地区	1992	1993	1994	1995	1996	1997	1998	1999	2000	2001	2002	2003
欧盟	1.3	-0.4	2.8	2.4	1.6	2.5	2.8	2.8	3.4	1.5	1.0	0.8
德 国	2.2	-1.1	2.3	1.7	0.8	1.4	2.0	2.0	2.9	0.6	0.2	0.0
法 国	1.5	-0.9	2.1	1.7	1.1	1.9	3.4	3.2	3.8	1.8	1.2	0.1
意大利	0.8	-0.9	2.2	2.9	1.1	2.0	1.8	1.6	2.9	1.8	0.4	0.5
英 国	0.2	2.5	4.7	2.9	2.6	3.4	2.9	2.4	3.1	2.0	1.8	2.0
美 国	3.1	2.7	4.0	2.7	3.6	4.4	4.3	4.1	3.8	0.3	2.4	3.1

资料来源：1992—2001 年，European Commission：Eurostat Yearbook 2003，p.154；2002 年数字取
自 OECD：Main Economic Indicators，August 2003；2003 年数字取自 DIW（德国经济研究所）周报（德
文版）2004 年第1—2 期合刊，第2 页。

我们先来看最近十年欧盟与美国实际 GDP 增长情况。在 1992—2003
年期间，欧盟几乎年年明显落后于美国，只有 2001 年例外，当时美国发
生了短暂轻度的经济衰退。不仅如此，欧盟中的四大国德国、法国、英国
和意大利全部都几乎年年不及美国（除了 1994 年和 1995 年的英国，1995
年的意大利）。总的来说，20 世纪 90 年代欧盟 GDP 年均增长率为 2%，而
美国为 3%，即美国比欧盟约快 50%（参见表5）。

如果我们扩展对欧美生产增长率在过去半个世纪的表现作一个历史考
察，那么就会发现，在 1973 年以前的近 25 年，是欧美差距缩小的时期；
而在 1973 年以后的 25 年，则是欧美差距重新拉大的阶段。在 1950—1973
年期间，西欧 12 个国家（奥地利、比利时、丹麦、芬兰、法国、德国、
意大利、荷兰、挪威、瑞典、瑞士、英国）的人均 GDP 水平（以美国为

100）从52上升到了73，欧美差距拉近不少。但在接着的25年里，即1973—1998年间，西欧12国的人均GDP增长速度减至年均1.6%，美国也有所减速，但高于西欧，为2.0%；其结果是欧洲的人均GDP水平（以美国为100）从73微回落到了72。造成这种状况的原因，除了美国GDP增长速度又重新高于西欧之外，更重要的直接促成因素是美国就业人口的大幅增加和工作时间的大大延长。1950—1973年间，西欧12国就业人口占总人口的比重从43.4%微降至43.3%，到1998年基本上稳定在43.5%；而美国在从1950年的41.8%减到1973年的41%之后，1998年急增到了49.1%。与此同时，西欧12国总人口的人年均工作小时数从1950年的904经1973年的750连连缩短到1998年657；而美国则相应为756、704和791。在1973—1998年间，西欧12国就业人口总共只增加了999万人，而美国增加了4611万人；① 到1998年，美国2.7亿人口的总工作小时数已经超过西欧12国3.5亿人口的全部劳动时间，即2141亿小时对2118亿小时。② 在这种背景下，按每工作小时计算的GDP增长率西欧12国1973—1998年仍高于美国（2.5%对1.5%），以及按每工作小时计算的GDP水平（以美国为100）西欧12国进一步由1973年的68升至1998年的83，除了表明欧洲人生活比较安逸之外，对于欧洲整体经济实力增强并无多少重要意义。

　　欧盟生产增长率比较缓慢的因素错综复杂。这里列举出七点。第一，发生在20世纪80—90年代之交的世界格局大变动及其后续影响，包括原共产党领导的苏联解体、东欧国家剧变、两德统一以及欧盟第五次扩大等，与此相关的沉重费用负担主要落在欧盟国家身上。对俄罗斯的援助60%来自欧盟，刚刚统一的德国自1990年开始每年要拿出大约相当于其GDP 3%左右的资金即1000亿—1500亿马克来"消化"东部地区，2004年一年欧盟将为新入盟的国家拨款112亿欧元（相当于欧盟目前年度预算的10%左右），如此等等。第二，欧盟内部以社会福利制度和劳工市场制

　　① ［英］安格斯·麦迪逊：《世界经济千年史》，伍晓鹰等译，北京大学出版社2003年版，第342页。

　　② 同上书，第345页。

度为代表的结构性问题，虽然看起来比较符合"人性"，但已日益显现出不合当今世界社会经济发展新要求的"理性"，在某些方面已经起着阻滞发展的作用。加上欧洲相对低效率的管理和税收政策也不利于促进有助于提高生产率的投资。与美国相比，1995—2000 年间，欧洲劳动生产率年均增长 1.42%，而美国为 1.97%；2001—2003 年间则分别是 0.9% 和 2.5%。① 旧大陆显得有点缺乏活力。第三，自 20 世纪 80 年代中后期以来，一直滞留在 10% 上下的欧盟失业率较其 1950—1973 年间失业率仅及 2.6%（当时美国为 4.6%）已经不可同日而语了。高失业率特别抑制消费和消费预期。第四，欧盟人口增长率也明显低于美国。1960—2001 年 41 年间，欧盟人口仅增加 19.8%，而美国为 53.9%，发展中世界则为 133.4%。在最近的十年间，即从 1990 年到 2001 年，欧盟 15 国人口仅增加了 3.5%，而美国增加了 10.9%。这使欧盟减弱了一个重要的购买力支持因素。第五，在科研开发方面，虽然就研发投资占 GDP 比重、商业性研发开支占 GDP 比重而言，欧盟落后于美国的差距在最近十年并未进一步拉大，但是实际绩效依然相差明显。例如，以每百万人口拥有的发明专利而言，2002 年美国在 24 个"核心国家"（指每百万人口至少拥有 15 项发明专利的国家）中位居榜首，数值为 314.43 项，而德国为 135.73 项，法国为 68.15 项，英国为 66.44 项，意大利为 29.64 项，分别排名第 8、16、17 和 24 位。② 第六，欧盟成员国财政的"国家率"（指公共开支占 GDP 之比）越来越高。法国的"国家率"从 1950 年的 27.6% 经 1973 年的 38.8% 到 2003 年已达 54.4%，德国从 30.4% 经 42.0% 到 49.4%，即使是比率较低的英国也从 34.2% 经 41.5% 达到 42.8%，欧盟 15 国平均值 2003 年为 48.4%。③ 而美国的相应数字是 21%、31% 和 35%。欧盟国家如此高的"国家率"，在经济困难的背景下，财政收入减少，支出增加，还要既要减税又要减债（国债），这就使这些国家的政府通过财政政策调

---

① ［美］加里·贝克尔：《德国小小改革大有成效》，刊于《商业周刊》2003 年 12 月 1 日。

② ［德］彼得·K. 康纳利斯、［美］迈克·E. 彼特、［瑞士］克劳斯·施瓦布：《世界经济论坛：2002—2003 年全球竞争力报告》，方丽英、罗志先译，机械工业出版社 2003 年版，第 541 页。

③ 1950 年、1973 年数据取自麦迪逊一书第 126 页；2003 年数据取自 DIW（德国经济研究所）周报 2004 年第 1—2 期合刊第 16 页。

节经济活动的余地变得更为有限。第七，欧盟成员国的对外贸易大部分面向区内。2002 年，在 15 国区内外贸易总额 26043 亿欧元中，区内为 16070 亿欧元，占 61.7%；区外为 9973 亿欧元，占 38.3%。欧盟区内贸易比重大的好处是稳定与便捷；缺点是竞争相对较小导致进步较慢，同时经济周期基本同步，在欧盟经济近些年来总体不振的情况下，来自区内贸易的增长动力自然也就相当有限。

表6　　西欧与美国的生产率以及人均 GDP 的趋同程度（1950—1998）

国家或地区	人均 GDP 增长		每工作小时的 GDP 增长	
	年均复合增长率（%）			
	1950—1973	1973—1998	1950—1973	1973—1998
法 国	4.1	1.6	5.0	2.5
德 国	5.0	1.6	5.9	2.4
意大利	5.0	2.1	5.8	2.3
英 国	2.4	1.8	3.1	2.2
西欧 12 国	3.9	1.8	4.8	2.3
美 国	2.5	2.0	2.8	1.5

国家或地区	人均 GDP 增长			每工作小时的 GDP 增长		
	美国 = 100					
	1950	1973	1998	1950	1973	1998
法 国	55	79	72	46	76	98
德 国	41	72	65	32	62	77
意大利	37	64	65	35	67	81
英 国	72	73	68	63	67	79
西欧 12 国	52	73	72	44	68	83
美 国	100	100	100	100	100	100

国家或地区	就业人口占总人口的百分比（%）			总人口的人年均工作小时数		
	1950	1973	1998	1950	1973	1998
法 国	47.0	41.1	38.6	905	728	580
德 国	42.0	44.9	44.0	974	811	670
意大利	40.1	41.5	42.3	800	669	670
英 国	44.5	44.6	45.8	871	753	637
西欧 12 国	43.4	43.3	43.5	904	750	682
美 国	41.8	41.0	49.1	756	704	791

资料来源：安格斯·麦迪逊：《世界经济千年史》，伍晓鹰等译，北京大学出版社 2003 年版，第 123 页。

2. 经济竞争力相对落后，无论是国家竞争力，还是公司竞争力都是如此

在国家竞争力方面，我们先来观察世界全局。约瑟夫·斯蒂格利茨说道：当今"全球经济体制之所以能够发挥作用，仅仅是因为美国巨大的贸易赤字和财政赤字的支撑，这意味着当今世界最富裕国家是唯一能过入不敷出日子的国家"①。至于这种日子到底还能延续多久，那是另一个问题。为了稍微具体一些说明国家竞争力问题，我们可以借用由德国人彼得·K. 康纳利斯、美国人迈克·E. 彼特、瑞士人克劳斯·施瓦布主编的《世界经济论坛：2002—2003 年全球竞争力报告》中所采用的"总竞争力"概念。他们据此对 80 个国家做了排序。总竞争力由经济增长竞争力指数和微观经济竞争力指数两项指数组成。前者估计了经济增长的潜在前景，后者则运用微观经济学的指数来衡量支撑现时高水平发展的一整套制度、市场结构和经济政策，主要是指经济对现有库存资源的有效利用，估计了当前的生产潜力。在这两项竞争力排序中，欧洲作为发达国家集中的地区，绝大多数国家都排在前 40 名，但均落后于美国。在 2002 年经济增长竞争力排序中，美国占首位，而欧盟重要成员国德国、法国、英国和意大利则分别占第 14、30、11、39 位。在同年微观经济竞争力排序中，美国也居榜首，德、法、英、意则分别居第 4、15、3、24 位。

在公司竞争力方面，欧洲国家企业虽然在品牌拥有、创新能力等方面并不比美国落后，但在开办一家企业的难易程度、所经的环节数量、所耗费用、所要天数、有效专利、税收体制效率、劳资关系问题上雇用或解雇的难易程度以及工资决定的灵活性等许多方面，欧洲公司均不及美国。尽管这些指标中有不少并不是企业自身的行为，而是国家框定的商业环境，但它们对公司竞争力毕竟影响重大。在品牌拥有状况方面，德、英、美、法、日、意 6 国的排名依次为第 1、2、4、5、5、10 名（法国和日本均为第 5 名）；在创新能力方面（"创新"是指：不是通过取得许可证或模仿其他公司获得新技术，而是通过自己独立的研究开发，创新或更新自己的

---

① ［美］约瑟夫·斯蒂格利茨：《现行全球金融体制失败》，刊于上海《社会科学报》2004 年 2 月 19 日。

产品或加工方法），德、日、法、美、英、意6国的排名依次为第1、4、5、6、9、19名。但欧洲人的创新能力并没有在商业上充分发挥出来，例如按每百万人拥有的发明专利数，占首位的美国2001年拥有314项，排在第8位的德国只及美国的43%，法国第16位为22%，英国第17位为21%，意大利第24位不足美国的10%。在开办一个新企业的难易程度方面，欧洲国家中除了英国，德国、意大利、法国等国都比美国难得多，例如为开办新企业所要经过的行政环节，英、美均为5道，而德国为9道，法国10道，意大利13道；所耗费用美国为210美元，英国372美元，法国632美元，德国1461美元；所需天数英、美均为5天，德国为45天，法国53天，意大利64天。欧洲公司的商业环境中最困难的还是在劳资关系方面。在美国，雇佣或解雇行为，主要由雇主决定，英国的雇主自主权也很大，而在德国、法国和意大利，离开了雇员及其工会，雇主很难独立行动。在工资决定的灵活性方面，情形也大致如此，在美国和英国，工资基本上由公司决定；而在德国、意大利和法国，工资则由劳资双方通过讨

表7　　　　　　　　美国、日本与欧盟成员国国家竞争力排序

国　　家	2002年经济增长竞争力排序	2002年微观经济竞争力排序
美　国	1	1
芬　兰	2	2
瑞　典	5	6
丹　麦	10	8
英　国	11	3
日　本	13	11
德　国	14	4
荷　兰	15	7
奥地利	18	12
西班牙	22	25
葡萄牙	23	36
爱尔兰	24	20
比利时	25	13
法　国	30	15
希　腊	38	43
意大利	39	24

笔者根据《世界经济论坛：2002—2003年全球竞争力报告》第XV页资料摘编。

价还价决定。在税制效率方面，德国、法国和意大利在 80 个国家排行榜上分别排在 75、67、64 名。① 最后，公司的竞争力集中表现在它们的声誉上。公司声誉比它们的产品质量与价格更为重要，更为难得。2003 年由英国《金融时报》和普华会计事务所联合进行的世界最受尊敬的 50 家大公司排行榜所反映的状况，大致上与上述论述相符：欧洲公司毕竟属于先进之列，有 22 家公司进入，但其中有 2/3 被排在第 30 名之后，不及美国，美国公司在前 10 家中占了 7 家。②

3. 模式吸引力暂时减退

欧美经济模式本来就各有短长。它们在不同时期、不同条件下都曾有过不同的表现。因此，对于两种模式孰优孰劣问题一直争论不休。20 世纪90 年代美国模式得势自有其原因。在苏联东欧共产党政权彻底垮台、社会主义计划经济普遍遭到失败、美国力量独步天下咄咄逼人、美国经济持续十年繁荣以及欧洲经济及其改革步履维艰的背景下，美国大力倡导的、作为美国模式"灵魂"的新自由主义和大力推进的明显带有美国味的全球化进程两项"运动"取得一定的进展。美国模式吸引力增强的表现之一是美国大量吸引着全世界的优秀人才，而包括法国在内的欧洲大陆不少国家则人才外流。在美国研究实验室里工作的大都是在美国攻读物理学、数学、化学和工程学博士学位的学生，而其中 2/3 是外国人。在生命科学领域中（生物学、医学、农学）外国研究人员占 1/4。③ 而法国人才外流现象日益严重。法国每年从各大学毕业的硕士、博士等合格的科研人员达 11000 人左右，但法国本国研究机构只能吸收其中的一半，其他人才则流向经费充足，岗位合适，与企业、社会、同行联系密切的美国等地。④

然而，上述现象绝不是定式。斯蒂格利茨就批评了这种"神话"。他在《咆哮的九十年代》一书中指出，美国总是相信市场经济模式，它的成

---

① 参见《世界经济论坛：2002—2003 年全球竞争力报告》，第 541、562、577、579、580、588、595、596 页。

② ［英］迈克尔·斯加平克：《品牌的力量证明其价值》，刊于英国《金融时报》2004 年 1 月 20日。

③ ［阿根廷］《民族报》2004 年 2 月 15 日。

④ 郑若麟自法国巴黎报道，刊于上海《文汇报》2004 年 3 月 18 日。［墨西哥］德梅特里奥·索迪：《新自由主义的神话》，刊于墨西哥《宇宙报》2004 年 2 月 28 日。

功以及共产主义的衰败让美国人更加迷信"美国式的生活方式"。美国人也承认，资本主义的运行模式可以有多种，美国式的不同于日本，也不同于欧洲，但近些年的成就让美国人坚信，正确的资本主义道路只有一条，那就是美国模式。而事实上，瑞典的资本主义模式被证明更具稳定性，更能保持社会稳定。① 不管人们对瑞典社会怎样评论，笔者认为，无论是德国的社会市场经济模式，还是美国的"自由放任"的市场经济模式，都存在缺陷，都需要进行结构性的大改革。例如，在欧洲国家，人们已经开始认真着手对僵硬刻板的劳动力市场和不堪重负的社会福利制度等等进行改革；而在美国，巨额的外债、不断增长的赤字、过高的私人消费以及悬殊的社会两极分化等，都使美国经济未来面临巨大风险。这同20世纪90年代美国所处的相对良好环境已经不可同日而语：当时，美国得益于市场力量在全球的大举"胜利"，得益于美国经济十年繁荣"榜样力量"的广泛扩散，还得益于美国尽力通过国际谈判或强制把它自己所选择的一套规则和制度强加给全世界；而今，人们所看到的是强大美国力量的局限性，美国肆无忌惮行为的极端利己主义，美国社会模式中的种种丑陋，全球对美国经济模式的评价在降低，对美国经济前景的信心被质疑。欧美经济模式之争在进入一个新的时期。

正因为如此，美国实际上依然十分重视欧洲模式，特别是德国目前正在艰难地推进的改革。美国作家威廉·赫顿不无道理地警示，如果德国改革成功，"美国将面对一个更强的经济竞争对手，而且，它（美国）的社会模式也将受到更严峻的挑战"②。

（二）欧盟经济相对不振的根本原因是三个"不适应"

1. 欧洲未能及时适应经济全球化的新形势

经济全球化使作为欧洲经济模式根基的社会福利制度面临严峻考验。资本、劳动、政府三者无不如此。在经济全球化资本自由流动的条件下，

---

① 参见［墨西哥］德梅特里奥·索迪《新自由主义的神话》，刊于墨西哥《宇宙报》2004年2月28日。

② ［美］威廉·赫顿：《德国奇迹?》，刊于美国《波士顿环球报》2003年11月23日。

如果国内政策威胁到资本利益，它可以马上转移。由于欧洲市场上存在着上文提到过的种种原因导致的企业盈利状况欠佳，同时也为了巩固和加强欧洲大公司在国外市场上的竞争地位，欧洲资本大量外流。2000 年欧盟成员国对外直接投资高峰年总额达 7700 亿欧元，其中 4620 亿欧元为欧盟 15 个成员国相互间的投资，3040 亿欧元为对区外的投资，而同年从区外吸引的直接投资仅为 1250 亿欧元。2002 年欧盟对区外直接投资为 1400 亿欧元，从区外吸引的直接投资为 760 亿欧元，仍为大量资本的净输出地。流失资本等于流失繁荣、流失福利、流失就业。在劳工方面，与战后的"黄金"年代（20 世纪 50—60 年代）相比，经济全球化、快速的技术变迁、后福特主义和自由市场政策的广泛采用所带来的最终结果就是弱化了劳动的交易权利，使雇员承担起失业的风险和工作条件变化的压力，减少了工作场所的自治权，增强了生活的不安定感。工资增长普遍减缓。而欧洲大陆国家工会大多都还在奋力抵挡这些潮流，劳动力市场改革步履维艰。在政府方面，为了留住本国资本，吸引外国资本，各国竞相进行"减税竞争"。为吸引投资而竞争减低税率的做法，使各国税收政策越来越趋于一致，这给税率造成下调的压力。对 14 个主要工业化国家的公司税率的调查表明，近年来税率大幅度下降：由 1985 年平均约 46% 降到了 1999 年的 33%。[①] 对个人收入的税率也有类似的下降。这对于已经习惯于"高税收—高福利"循环的欧洲国家来说，意味着极大地限制了政府利用财政税收政策提供社会保障的能力。这不仅影响到国家调节整个社会经济生活的能力，还使社会福利制度面临不可抗拒的巨大改革压力。

当然，欧洲社会保障系统面临危机也还有其他重要原因，特别是人口年龄结构变化。在包括欧洲在内的发达国家，这一问题更加明显。由于现代科技的进步，发达国家的国民预期寿命越来越长，同时这些国家的人口出生率正逐步下降，出生率已经低于死亡率。因此，从劳动力市场退出的人多于进入劳动力市场的人，迫使各国政府将越来越多的财政资源用于养老金和医疗卫生的开支。欧盟 15 个成员国 1960 年女性平均寿命 72.9 岁，男性 67.4 岁，2000 年已分别延长到 81.4 岁和 75.3 岁；65 岁和 65 岁以上

---

① ［美］《外交政策》双月刊，2001 年 7—8 月号。

的人口占欧盟总人口的比重已由 1960 年的 11% 升高到 16% 。① 欧盟还面临着人口减少问题。2003 年 1 月 1 日，欧盟人口为 3.79 亿人口。在今后 50 年中，欧盟需要 1.6 亿移民来满足劳动力需求，欧盟各国政府将不得不修改自己的移民和劳动力市场政策，使移民政策具有弹性，使劳动力市场政策中的某些方面趋向严厉，包括提高养老保险费、削减养老金、推迟退休年龄等。同时欧盟也会伺机向发展中国家提出日益严格的"社会条款"，以缓解经济全球化和人口老化给自己的劳工成本高所带来的压力。②

2. 欧盟及其欧元区各国尚未全面适应欧洲统一市场与欧洲统一货币；反之，欧洲统一市场与统一货币，它们迄今也还尚未带来像不少经济学家本来所期盼的那样的丰硕成果

欧洲一体化确实给有关国家带来了巨大的政治、经济利益，但同时也造成了不少负担，特别是在最近十几年。冷战消逝后对原苏联东欧地区的援助，两德统一所引起的沉重负担，欧盟东扩意味着需支付新的费用，这些包袱至今还尚未完全消化掉。同时，欧盟统一立法的覆盖面已达 60%，其中经济立法 85% 来自布鲁塞尔"官僚机构"。这些统一立法如果切实有效自然也是好事；不过另一方面也意味着有关国家不再拥有独立的一系列政策调节工具。

欧洲统一市场宣告建成已经 10 年（1993 年起），但至今在许多领域离真正的"统一"市场还相去甚远。就 2001 年最终私人消费价格水平而言（包括间接税），如果以欧盟 15 国平均水平为 100，比利时 98.4，丹麦 125.7，德国 101.9，希腊 81.4，西班牙 82.5，法国 98.8，爱尔兰 112.8，意大利 91.6，卢森堡 99.4，荷兰 99.0，奥地利 98.0，葡萄牙 73.9，芬兰 116.7，瑞典 121.7，英国 115.3。这就是说，北欧三国（丹麦、瑞典、芬兰）的价格水平大约要比南欧三国（希腊、葡萄牙、西班牙）高 50% 左右。③ 同一辆菲亚特轿车，英国的标价比西班牙高出 60%。这同汽车市场分割有关。在电力市场，2000 年，欧盟成员国之间的跨国电力交易仅占电

---

① European Commission：*Eurostat Yearbook* 2003，p. 96、98.
② ［德］《星期日世界报》2004 年 1 月 25 日报道。
③ European Commission：*Eurostat Yearbook* 2003，p. 170.

力消费总量的 7%，这不仅使消费者缺乏选择，还存在巨大的安全隐患。欧盟国家致力开放电力市场已逾十年，但至今依然有许多问题未获解决。这同各国对能源等行业依然存在垄断有关。在税收制度方面，欧盟东扩后矛盾将更加尖锐。目前，新加盟的 10 个国家企业平均税负为 21%，而老成员国为 29%，其中德国企业实际纳税为 37%，法国 35%，荷兰 32%，相比之下立陶宛为 15%，匈牙利为 25%。① 听任税率差距大幅存在，不仅会造成竞争扭曲，而且可能引起企业转移或资金偷运。事实上，由于奥地利、卢森堡、瑞士等国长期实行银行保密制度和低利息税政策，已经从欧洲其他国家吸走了数以千亿欧元计的资金；由于同样的理由，世界亿万富翁聚居伦敦，因为英国的税收体制对富人非常有利，他可以住在这里，但申报外国人非定居者身份，从而避免税务人员检查他在世界各地的资产和收入。② 2004 年 5 月 19 日，欧盟与瑞士几经谈判终于就银行保密法和利息税问题签署了正式协议。根据新达成的协议，欧盟各国公民在瑞士银行的存款必须在存款所在地交纳从 15% 起征，并逐步递增的利息预扣税。2007 年该税率将上调至 20%，2010 年将升至 35%。瑞士将按协议把所得预扣税款中的 75% 退还给存款人原籍所在的国家税务部门。这一新达成的协议使得欧盟各国政府有可能截堵大量企业和私人款项秘密转往瑞士银行而产生的税收漏洞。作为交换条件，瑞士被允许继续保留瑞士银行保密法。这一协议的实效还有待证实。至于 1999 年问世、2002 年正式投入流通的欧洲统一货币——欧元，它虽是欧洲建设方面的一项伟大成就，但在其起始适应阶段，难免会限制成员国在货币和财政政策等方面的活动余地。例如对于德国，在本国货币马克通用时期，由于其经济与货币状况良好，德国公司企业曾一直受惠于国内低利率；而今有了欧洲统一货币，德国至少是暂时失去了像过去那样有效的货币杠杆。在 2003 年，欧洲中央银行 2% 的利率，对德国来说可能是太高了。据瑞典银行计算，在当时德国经济不景气的形势下，德国的利率应为 0.25%；相反，2% 的利率对于爱尔兰和希腊来说可能是太低了，它们的利率应该分别为 6.6% 和 6.2%。造成这种

---

① http://www.welt.de（［德］《世界报》网站），2003 年 12 月 2 日。
② ［英］《星期日泰晤士报》2004 年 3 月 7 日报道；《经济时报》2004 年 5 月 26 日报道。

两难局面的因素之一是欧盟及其欧元区还尚未建成真正统一高效的金融市场和内部市场。此外，大多数欧洲人至今还感觉不到欧元给他们带来了多大好处，除了旅行方便了一些之外。

为了使欧洲统一市场与统一货币进一步发挥积极作用，欧盟及其欧元区成员国必须对它们二者继续予以改善。为此，欧洲也确实正在努力。例如，为了消除欧洲汽车市场的分割局面，他们改革了销售方法。2002 年，欧委会通过了新的汽车销售条例，允许销售商销售不同品牌的汽车，并可采用境外和网上销售方式。新条例于 2003 年 10 月生效。在金融市场领域，欧委会早在 1999 年 5 月就提出了《金融服务行动计划》，据此，欧盟 15 国应在 2005 年前建成单一金融服务市场，为此需要通过欧盟统一的公司法、公司监管条例、公司兼并条例、公司募股办法等一系列法案。2003 年 6 月，欧委会又发表报告，敦促成员国在 2004 年前完成相关的立法工作。在财政政策方面，欧元区虽然坚持原则规定，各成员国的年度预算赤字不得超过 GDP 的 3%，但在最近两三年经济形势困难的背景下，对德国和法国 2002—2004 年连续三年财政赤字超标的行动，并没有处以原本该作的分别罚款 100 亿欧元和 80 亿欧元，显示了一定程度的灵活性。面对着欧盟成员国即将由 15 个扩增至 25 个，内部的不均质性将大大增强，欧洲统一市场与统一货币要达成既统一又灵活将需要更大的政治决心与智慧。

3. 欧洲社会经济改革困难重重，延缓了欧洲人适应旧大陆必须重新现代化的客观要求

首先，欧洲人的某些思想观念需要重新现代化，例如主要建基于社会民主主义理念的社会福利国家制度，其过去的某些假设，在当今经济全球化和国内社会经济条件已经大大改变了的冲击下已经不复存在；其次，由改变思想观念必然引导出来的是，原先的一系列政策安排，特别是与社会保障制度相联系的财政政策与劳工政策，也需要重新现代化；最后，作为改变思想观念和政策安排的后果、影响、作用，会有助于推动缓解欧洲社会经济生活中长期存在的许多难题，包括就业、创业、科教、产业结构、企业制度等等。在所有这些方面，欧洲在过去的 30 年中进展几乎都不及美国，而欧洲经济的未来主要也正取决于它们改革的成功程度。这种改

革，可以被看成是一种尝试，一种对看起来似乎要求永远进行下去的欧洲社会福利制度进行某种修改的尝试。它们的主要目的是加快经济增长与就业。

三 欧盟经济的未来主要取决于改革的成功程度

（一）欧洲人的某些思想观念需要重新现代化

在旧大陆，特别是那些信奉社会民主主义的欧洲人，十分重视自由、民主、平等、公正等一套价值观，并一直致力于用自己的价值观塑造世界。平等、公正自然是值得追求的。与此相联系而逐步建立起来的社会保障制度照说也是比较符合人性与理性的。然而，清醒的欧洲人已经开始认识到，"我们的社会福利国家的基本制度——失业保险、疾病保险、养老保险和护理保险——的基础是如下这些已长期表明为有效的假设：我们绝大部分的福利是在一个民族国家的工业社会中获得的，而这个社会本身能在有规则的正常劳资关系中接近实现充分就业。但是，在全球化的时代，在知识和资本自由流通、劳动市场和人口结构发生激烈变化的时代，我们已不再能运用这些假设了"①。这就要求欧洲人变革，或者说某些思想观念重新现代化。如果他们不主动实行现代化，不使社会市场经济现代化，那么，他们就会被现代化，被市场的不受抑制的力量现代化，而对这种力量来说，自由始终只是少数人的自由。显然，这里不再只是经济问题，至少对于像德国社会民主党这样的政党来说，如果不这样，他们就要放弃使自己具有执政能力和塑造能力的目标。也许，这就是促使施德罗政府 2003年 3 月 14 日提出《2010 年议程》——系列改革方案和新法律的总和——的根本原因。这是欧盟国家中迄今见到的最全面详细的改革计划措施，其重点是社会保障体制和劳动力市场。

自然，欧洲人虽然开始接受变革，但他们中的大多数依然坚持自己长期珍惜的一些原则。其中最重要的是，第一，人们有自由以及他们能在一

① ［德］格哈德·施罗德：《塑造未来需要变革的勇气》，刊于德刊《新社会/法兰克福杂志》2003 年第 5 期。

个团结互助的共同体中过一种符合尊严、实行自决并能自由发展自己能力的生活的权利。只有当社会上能公正办事，而且普遍利益能对利益集团的权力占优势时，才能保持这种状况。第二，强者必须比弱者承担更多的责任，而履行社会行为的国家必须成为保护弱者的力量。第三，不能把经济政策同社会政策分割开来。没有社会进步和较大的未来机会的经济增长不是欧洲的目标；但它也拒绝那种认为无需经济进步也能保证社会幸福的想法，因为这是脱离现实生活的。

　　然而，变革中的欧洲毕竟正在萌发一系列新的现代化思想。这里，首先值得指出的是关于对分配财富与创造财富的看法。过去，许多欧洲人认为，如果一个国家能尽可能多地通过转账支付来分配财富，这个国家就是特别"具有社会性的"。现在人们开始更强调要创造财富。为此，国家的最重要责任应是使人们的天赋、长处和责任得到最充分的积极发挥。其次是对社会公正与责任的看法。现在人们已经认为，那些只吃社会福利而不履行社会责任的人和现象，同样是极大的社会不公正。每一个公民成员都必须承担自己的一份社会责任，否则他也就没有资格享受社会权利。再次是特别重视创新和创新精神，提倡革新文化。欧盟在 2004 年发表的一份报告中强调，为了实现欧盟在 2000 年提出的要在 2010 年前达成的宏伟目标——在 2010 年使欧盟的经济比美国更具竞争力，欧盟现在的工作重点就应当是：革新、加强竞争力、劳动力市场改革、高水平科研与教育以及加强基础部门。德国则还强调增加资金投入，推进科学与经济结合，创造有利于创新的法律与经济框架条件，改善获得风险资本的条件，实施"高科技总体规划"等。第四，给企业创造良好的商业环境。正在进行中的财政税收制度、社会福利制度、劳动力市场制度等等改革，主要都朝向有利于企业的创新和创业，当然由此也在致力于改善雇员的就业。第五，不是简单的"取消管制"，但要纠正过去过多的国家干预，不要认为国家干预越多，社会就越进步和公正。今后，凡是"社会能做得更好的事情，国家一定不要而且一定不许去做"①。但是国家依然是绝对必需的，它应更有力

①　[德]格哈德·施罗德：《塑造未来需要变革的勇气》，刊于德刊《新社会/法兰克福杂志》2003 年第 5 期。

地在基础设施、公共投资、社会互助、就业、教育研究投资等方面履行职责。第六，要实现"代际"工程，即在年轻人、老年人和未来时代之间实现公正。如果因目前改革面临困难而退却，把"包袱"留在后代，那是极不负责任的行为。第七，虽然欧洲国家迫切需要经济增长和就业，但它们同时都比过去更强调可持续发展，即经济上保持增长、环境上保持平衡、社会上保持相对公平与公正。为此，欧盟已经开始了新的行动。最典型的例子是对欧盟几条大河的利用和治理。欧盟现有 15 个成员国与新的 10 个成员国，将在今年晚些时候同保加利亚和罗马尼亚一起商讨将历时 15 年、总投资高达 800 亿到 1100 亿欧元的庞大计划。德国联邦政府最近在其提出的可持续发展战略中引入了作为衡量 21 世纪可持续发展的标准的 21 项指标。

最后，我们也应该注意到，尽管欧洲不少政治领导人热心于改革，300 名经济学家（主要是德国人）联名上书呼吁改革，部分欧洲人正在从追求公正转向追求财富，但欧洲至今并未对改革达成广泛深入全面的共识。例如在德国，由于对施罗德总理提出的 2010 年改革议程不满，2003 年社会民主党有 3 万名党员退党。在法国，2003 年 5 月 13 日各行业工会组织大罢工，涉及交通、电力、煤气、教育和邮政等公共部门及许多私营部门。在意大利，2003 年 10 月 24 日三大工会组织全国发动 4 小时总罢工，并在罗马等地举行了有 150 万人参加的抗议活动。矛头主要针对政府改革政策。旧大陆的未来还任重道远，但是新的改革日程毕竟已经开始。

（二）社会福利制度和财政税制改革

目前，欧盟多数国家财政都处境困难。2003 年，15 个成员国中有 10 个财政赤字；其中德国和法国已经连续两年超出欧盟《稳定与增长公约》规定的年度预算赤字不得超过 GDP 3% 的上限，而达 4% 左右，且 2004 年将继续第三年违规，英国 2003 年也首次突破了 3%，荷兰则头回达到 3%（英、荷系最新公布的数据，与下表稍有出入）。造成这种困境的主要原因是，在经济不振的背景下，"国家率"（政府总支出占 GDP 的比重）继续走高，2003 年欧盟 15 国平均已达 48.4%，其中德国 49.4%，法国

54.4%；而占 GDP 的 20%—30% 的社会福利开支不仅没有适时调减，反而继续攀升，致使入不敷出现象日益严重，仅法国医疗保险亏空 2003 年就达 106 亿欧元，2004 年估计将在 140 亿—150 亿欧元之间。国家财政政策活动余地越来越小。财政改革已走到了非做不可的地步。

表8　　预算赤字/税、费/政府总支出各占 GDP 的比重：欧盟、美国与日本（1913—2003）*

单位:%

国家或地区	1913	1938	1950	1973	1999	2003
比利时						0.2/ 49.9/ 49.7
丹 麦	17.7	42.4	30.4	42.0	47.6	0.8/ 57.4/ 56.5
德 国						-4.1/ 45.3/ 49.4
芬 兰	8.9	23.2	27.6	38.8	52.2	2.6/ 53.6/ 51.0
法 国						-4.0/ 50.4/ 54.4
希 腊						-1.6/ 45.1/ 46.7
英 国	13.3	28.8	34.2	41.5	39.7	-2.9/ 39.9/ 42.8
爱尔兰						-1.0/ 34.2/ 35.2
意大利						-2.7/ 45.8/ 48.5
卢森堡						-0.3/ 46.3/ 46.6
荷 兰						-2.4/ 46.2/ 48.6
奥地利	8.2**	21.7	26.8	45.5	43.8	-1.3/ 50.4/ 51.6
葡萄牙						-2.9/ 43.9/ 46.8
瑞 典						0.2/ 59.3/ 59.0
西班牙						0.1/ 39.4/ 39.3
欧元区						
欧 盟						
美 国	8.0	19.8	21.4	31.1	30.1	-2.7/ 46.1/ 48.9
日 本	14.2	30.3	19.8	22.9	38.1	-2.7/ 45.8/ 48.4

* 1913—1999 年数据均系政府总支出占 GDP 的比重（%）。

** 1910 年。

笔者根据下列资料来源整理汇编：

（1）1913—1999 年数据采自麦迪逊《世界经济千年史》一书第 126 页；

（2）2003 年数据采自德国汉堡世界经济研究所月刊《Wictschaftsdienst》（《经济服务》）2004 年第 1 期第 16 页。

事实上，欧盟有的国家已在几年前就开始"整顿"财政了，不过总的来说效果不大。因为它们所采取的措施还不够有力，"敌不过"欧洲内外经济形势不济。例如，欧盟有的国家通过出售黄金得到十数亿欧元的进账，杯水车薪；有的通过中央银行交给中央政府数十亿欧元利润予以小补，例如德国联邦银行 2003 年交给联邦政府的利润 30 亿欧元，比 2002 年 54 亿欧元几乎减少了一半，这是受美元储备低利率和强势欧元双重打击所致；[①] 有的通过出售国有股份得到几十甚至上百亿欧元收入，最新的例子是法国财政部希望借 2004 年 2 月法航与荷航合并之机，达到降低政府所持法航股份的比例，2003 年出售"德国邮政"中的部分国有股份，使德国联邦财政部收进了 20 亿欧元；[②] 有的建议政府削减政府补贴，例如德国基尔世界经济研究所认为，联邦政府目前每年用于补贴的大约 1500 亿欧元中（约相当于 GDP 的 6%），有可能在今后四年内削减 516 亿欧元，其中包括近 380 亿欧元的税收优惠和 137 亿欧元的联邦直接财政补贴。[③] 但它们目前都还只是停留在纸面上的计算。看来关键还在于必须更大力度地改革财税制度和社会福利制度。

现在，德国、法国等终于着手采取更为有力的行动。德国已经认识到，在经济持续不景气的情况下，必须给经济发展以促进。为此，决定把原本在 2005 年实施的税制改革第三阶段提前到 2004 年执行。从 2004 年 1 月 1 日起，德国个人所得税起始税率从原先 1998 年的 25.9% 经目前的 19.9% 降至 16%；最高税率则从 1998 年的 53% 经目前的 48.5% 降至 45%。减税总额为 150 亿欧元。税制改革的最后阶段将于 2005 年 1 月 1 日生效，届时起始税率将降至 15%，最高税率为 42%，减税总额为 65 亿欧元。[④] 法国拉法兰政府在 2003 年开始对企业和个人实行减税政策。在 2004 年，法国继续实行个人所得税降低 3%，减税额 18 亿欧元。这样，自 2002 年以来，法国的个人所得税已下降 9%；进一步减少雇主为低工资者缴纳的社会保险费，减免额 12 亿欧元；设立促进就业补助金 5 亿欧元；对雇主为职工生活而支出的费用减免公司税；对企业增加研发经费加大减税额度；对新创中小企业实行大幅度减免税额优惠（赢利后全免 3 年，再

① http://www.focus.de（［德］《焦点》杂志网站）2004 年 1 月 10 日。
② http://www.focus.de（［德］《焦点》杂志网站）2003 年 12 月 11 日。
③ http://www.welt.de（［德］《世界报》网站）2003 年 12 月 17 日。
④ ［德］《Deutschland》（《德国》杂志），中文版，2004 年 2—3 月第 1 期。

半免2年）；制定个人风险投资公司法，对该类公司免税10年，创业者所获红利及其转让均免税；此类亏损企业所欠公司税的期限可无限延长；建在贫困地区的新创企业享受更优惠的减免税优惠；研发类企业可享受新创企业的税收和贷款优惠；提高家庭雇工减免税金的额度，等等。显然，德、法的上述财税改革都有一定的风险，因为在经济不振的背景下，要同时做到又要减税、又要减债（国债）几乎是不可能的。为此，必须节约开支。于是节减社会福利费用成为不可避免的事情。社会保险制度改革势在必行。

同法国、意大利等一样，德国社会保障制度改革的基本倾向也是逐步削减福利和部分实行私有化。这些改革首先触及医疗与养老保险两个最重要的领域。在医疗改革方面，关键词是更多自我负责，更多竞争。《法定医疗保险改革法》自2004年1月1日起生效，在当年就可为法定医疗保险减轻100亿欧元负担，办法中包括每季度第一次看医生须缴纳诊所费，药品和辅助治疗手段中的个人缴纳部分提高。到2007年为止，医疗机构每年减轻的负担将达到230亿欧元，而平均医疗保险费率（雇主与雇员各负担一半）将从目前的14.1%—14.2%降低到2004年年底的13.6%，2005年再降至13%以下。但事实上很难做到：在约350家医疗保险机构中，仅有13家降低了保费，甚至还有12家不得不提高保费。① 此外还鼓励人们投保私人医疗保险机构。在养老保险方面，关键词是稳定保险费。德国已经认识到，整个人口在萎缩，在老化，到2050年将有1/3的德国人年龄达到65岁，到那时候只有54.3%的人有劳动能力从业。面对这样的形势，德国联邦议院于2003年12月19日通过了2004年稳定养老保险费费率的短期措施，主要包括：原定于2004年7月1日实行的养老金调整（提高）推迟至2005年7月1日，新退休人员的养老金支付推迟至月末，老年部分就业规定中的起始退休年龄自2006年起逐渐由60岁提高到63岁。养老保险费率先稳定在19.5%（雇主与雇员各负担一半），2004年上半年将通过"2004年养老改革"，以期从中长期内延缓养老金调整的增长，并在远期内减低养老金水平。负责此事的吕鲁普委员会还建议，从

---

① http://www.welt.de（［德］《世界报》网站）2004年1月9日。

2011 年至 2035 年逐步将养老起始年龄提高至 67 岁。[①] 此外，也鼓励人们向私人养老基金投保。

（三）劳动力市场制度改革

与不堪重负的社会福利制度一样，僵硬刻板的劳动力市场制度也是最近二三十年阻滞欧洲经济发展的重要因素之一。它的直接后果是失业增加，就业困难。直至 20 世纪 70—80 年代之交，欧盟的失业率还一直低于美国。进入 80 年代之后，欧洲失业率节节攀升，一直高持在 8%—10% 之间。目前德国和法国的失业率仍在 10% 一线上。不仅如此，90 年代欧洲的就业人数出现绝对减少，而美国仅在 1990—1998 年间就增加了 1200 万人。德国在 90 年代就业人数减少了七八十万人之后，2004 年还将比 2003 年减少十几万人。劳动力市场制度改革迫在眉睫。它不仅具有经济意义，更内含社会政治影响。

表9　　　　　　　失业率：欧盟、美国与日本（1980—2004）　　　　　单位:%

国家或地区	1980	1985	1990	1995	2000	2001	2002	2003	2004
欧盟 其中：	5.5	10.1	7.8	10.6	8.2	7.4	7.7	8.2	8.3
德　国	1.8	7.0	4.7	8.0	7.8	7.9	8.6	9.5	9.8
法　国	6.3	10.2	9.0	11.4	9.3	8.5	8.8	9.5	9.7
英　国	4.9	11.1	5.8	8.7	5.5	5.1	5.2	5.2	5.2
意大利	7.4	9.4	11.0	11.6	10.6	9.5	9.0	9.0	9.0
西班牙	11.2	21.6	16.3	22.9	13.9	10.5	11.4	11.4	11.0
日　本	2.0	2.6	2.1	3.2	4.7	5.0	5.4	5.5	5.4
美　国	7.2	7.2	5.6	5.6	4.0	4.8	5.8	6.0	5.7

笔者根据下列资料来源摘编：World Economic Outlook，2003 年 9 月 18 日数据库（http://www.imf.org，国际货币基金组织网站）。

欧盟及其成员国意识到了问题的严重性，先后采取了不少措施予以应对。使就业多元化就是其中的办法之一。2004 年年初，欧盟发表了 2003—2004 年就业问题专题报告，强调了通过多元化就业渠道来提高就业

---

① ［德］《Deutschland》（《德国》杂志），中文版，2004 年 2—3 月第 1 期。

率的重要性。欧盟认为，长期以来，人们将增加固定职业的就业人数认为是解决就业问题的唯一渠道，现在这种认识应该有所改变。增加固定职业的就业办法固然不错，但不是唯一的解决办法。近几年来，许多成员国的实践表明，半日工、临时工、小时工是解决就业问题的一个颇为有效的办法。事实上，欧委会提出的多元化就业理念，此前在成员国中已广泛应用，但是将此举列为一种政策办法来提倡，这在欧盟的历史上尚属首次，因此受到人们重视。2004 年 3 月，欧盟又出台新政策，以促进人员流动更自由。欧盟部长理事会的一份政策文件最近在欧洲议会获得通过。该文件为欧盟国家公民将来在欧盟境内的流动或居留提供了更多便利。欧盟境内的人员自由流动虽然已实行了较长时间，但各国因受制于本国的有关法律，在具体操作时仍有不少繁杂的手续。根据欧盟新出台的政策，未来各成员国在处理欧盟公民在境内流动或居留的问题上，管理方式和程序都将进一步简化。例如，迄今由地方管理部门定期核发的居住卡将被取消。凡在某地居住不超过三个月的公民，不再需要办理申报手续。如果欧盟公民要在某地开业、工作或学习，只需向有关机构申报登记、出具经营许可、劳动合同或生活费保障等相关证明，即可不受限制地在该地居住下去。如欧盟公民在欧盟境内某地连续居住 5 年以上，则可自动获得在该地的永久居住权。

　　与上述随机的、相对零散的劳动力市场改革措施相比，德国依照"2010 年议程"的方针，2003 年以来所制订的一系列有关劳动力市场改革的政策措施则显得较为周密、系统。它由四个部分组成，即解雇保护的放宽、针对失业者的新规则、劳动局（劳动管理机构）的改革以及促进微型就业与自创小型企业。

　　以解雇保护的放宽为核心内容的一项劳动力市场改革法已于 2004 年 1 月 1 日生效。该法谨慎地放宽了解雇保护。此前的解雇保护法不再适用于拥有 10 名和 10 名以下员工的企业，而在以前，该法仅对拥有 5 名和 5 名以下员工的企业不适用。但对已经被雇佣的员工则继续保留已有的解雇保护权。新的法律还规定，在企业创建的最初 4 年可以订立不超过 4 年的有期限的劳动合同，而无需说明设立期限的实际原因，从而使创业者能更轻松地作出聘用新人的决定。放宽解雇保护将主要使小企业和创业者更容易地在订单形势需要的情况下，雇佣新的劳动力，而无需像以前那样承担以后难以解雇他们的风险。从该法中获益的是占德国企业总数 80% 的小企业。从长期看，这项改革将降低德国的工资附加费用，从而提高经济的竞争力。

劳动力市场改革还为失业者制定了新的规则。领取失业保险金的期限原则上被限定为 12 个月。年满 55 岁的雇员可以领取 18 个月的失业保险金，而以前为 32 个月。领取失业保险金期满后，将领取"低一档"的失业救济金；领取失业救济金期满后，将领取"更低一档"的社会救济金。该项法律将于 2006 年 2 月 1 日生效。期间 2005 年 1 月 1 日将引入"失业保险金Ⅱ"，把失业救济金与社会救济金合而为一。"失业保险金Ⅱ"的引入将结束社会救济与养老保险并存的局面，今后的保险金将统一发放，其中除了确保生活需要的基本保险金以外，还有支持失业者重新进入就业的费用。此外，今后对长期失业者将实行更严格的要求：凡拒绝接受新介绍工作的（即使与他们所学职业或教育水平不相符），将减少对他发放的保险金。

劳动力市场改革的第三部分，涉及到劳动管理机构。联邦劳工署将改组为联邦劳动信息局，并更加现代化。要为所有的劳动局注入企业思维和重在服务的行动。此外，互联网上的"虚拟劳动力市场"还将进一步增加透明度：雇员和雇主可以在全德国范围内自己输入可提供的职位和求职者的特点。这项规范劳动力市场现代化服务的法律，已于 2003 年 1 月 1 日生效，其目的之一，是使那些在介绍就业方面有困难的失业者，有可能通过部分时间工作以及借用工作等方式，迅速回归劳动力市场。在大多数情况下，负责这一块的是私人组织的、与劳动局关系密切的人事服务信息社。一切都是为了加速失业者重新就业。目前联邦劳工署的每一名职业介绍员，平均负责 400 名求职者。机构重组为现代化的服务信息机构以后，职业介绍员可以集中精力，为 75 名求职者服务。失业者找到新工作的平均期限，将可以缩短一周，虚拟劳动力市场，将减轻职业指导者和介绍者的负担，使他们有更多的时间进行个人指导。

最后，劳动力市场改革还致力于鼓励失业者"微型就业"或自创小型企业。凡愿自创小型企业的失业者，可从主管的劳动局获得三年不同等级的补贴（第一年每月 600 欧元，第二年每月 360 欧元，第三年每月 240 欧元）。这笔补贴是免税的，且无须偿还。"微型就业"是指每月收入不超过 400 欧元的工作，其所得免税。此外，为了促进自创企业，还修改了手工业法。通过手工业法的改革，此前有满师强制性规定的 94 个手工业行业中的 53 个行业，再也不适用此规定。按照现行的手工业法规，拥有学徒满师考试证书，是创建或接受一个手工业企业的前提。现在放宽了规定。将来这个规定只适用于一些有危险性的，以及对培训要求比较高的行业（如水暖安装工、电工、眼镜验光师），而多数手工业行业中的帮工也可以在没有学徒满师证书的情况下开业，条件是：6 年的职业经验，其中 4 年在"领导岗位"①。

　　上述改革政策措施的效果如何？据说，自微型职业规定在 2003 年 4 月 1 日开始生效以来，已经增加了超过 100 万个微型职业。这在荷兰等国早就有之。另外，也还有一些"半强制性"的、听起来不大令人舒服的效果。据德国劳动经济研究所的一项民意测验显示，2003 年有 71% 雇员曾带病上班，因为他们怕丢掉工作饭碗。②

表 10　　　　　就业人数：欧盟主要国家、美国与日本（1870—2003）

单位：万人，年中值

国家	1870	1913	1950	1973	1990	1998	2003
法　　国	1780	1937	1966	2143	2263	2269	
德　　国	1618	3033	2875	3549	3681	3609	
意大利	1377	1764	1888	2271	2562	2434	
英　　国	1316	1988	2240	2508	2694	2712	3406（3385）*
美　　国	1472	3882	6165	8684	12096	13295	
日　　本	1868	2575	3568	5259	6249	6514	

　　* 2003 年德国就业人数为雇员人数（括弧内为 2004 年预测数据），由于资料出处不同，口径不一，与以前的数据不完全可比，但德国自身的 2004 年与 2003 年数据可比。

　　笔者根据下列资料来源整理汇编：（1）麦迪逊《世界经济千年史》一书，第 342 页。

　　（2）德国经济研究所（DIW）周报，2004 年第 1—2 期合刊第 23 页。

————————

　① ［德］《Deutschland》（《德国》杂志），中文版，2004 年 2—3 月第 1 期。

　② http：//www. spiegel. de（［德］《明镜》周刊网站）2003 年 12 月 2 日。

（四）改善企业的商业环境

欧洲企业的商业环境，有些方面比美国不相上下，个别方面还要强些，但多数指标似乎不及美国。在基础设施质量方面，德国和法国紧贴美国上下。在科研、教育、创新方面，笔者选择了9项比较指标，其中品牌拥有状况、通过自己的研究更新自己的产品或加工方法的能力以及科研机构质量等方面，欧洲均稍优于美国；在技术处于世界领先地位、企业用于研发的开支、科学家和工程师的聘用以及数理化的教育质量等方面，欧洲均不比美国差多少；欧洲明显落后于美国的是按每百万人口计算的有效专利占有数，这说明欧洲的科研与经济、理论与实际脱节现象比较普遍，欧洲人的创新能力往往未能落实到商业性运用上。这影响了欧洲企业的竞争力。在税率与税制方面，欧洲企业的所得税率与美国并无多少差距，但个人所得税率欧洲大大高于美国；欧洲的税制效率也不及美国。欧洲的最大弱项是在企业的创办困难和劳资关系的约束上面。这应是欧洲改革的重点之一。提高欧洲企业竞争力，改善其商业环境，这首先是企业它们自己的事情。德国总理施罗德说："通过革新产品、知识和管理能力来保证并增加财富，使许多行业的德国企业的技术依然领先世界，使'德国制造'这个商标继续成为德国技术创造能力的招牌，这首先是企业的事情。"[1] 事实上，欧洲人也正在这样做。欧洲人首先需要更多的创业勇气。欧盟委员会新近发表的一份报告说，欧洲始终未能挑战美国经济的霸权地位，这在很大程度上与心理有关，而不是与结构缺陷有关。欧洲人实在是太害怕创办自己的企业了。1/2 的欧盟居民表示，如果存在失败的风险，他们就不会开办企业。相比之下，2/3 以上的美国人说他们会不顾风险进行创业。1/2 的欧洲人说他们宁愿当雇员。而在美国，2/3 以上的人宁肯自己当雇主。只有4%的欧洲人说他们在过去的三年中创办过企业，而美国为11%。[2] 欧洲还特别需要创新精神。在一个像德国这样原材料匮乏而又工资高昂的

---

① ［德］格哈德·施罗德：《以"2010年议程"走上增长之路》，刊于德国《商报》2003年12月30日。

② ［英］托拜厄斯·巴克：《在创业问题上犹豫不决》，英国《金融时报》2004年3月3日。

国家，只有通过创新的产品、知识以及能力，才能保障和发展其富裕。欧洲在高新技术部门的专业化程度方面敌不过美国，在劳动力成本竞争中又不及新兴国家。欧洲企业须通过创新从夹在两者之间的困境中走出来。其次，欧洲的企业结构尚需改进。意大利帕玛拉特公司之所以遭遇困难，原因之一是它的规模已大大扩展，而它的结构却保持未变，以至已不适应新的环境。意大利的家族资本主义制度有待进步。在德国，虽然其银行体系的成熟度、稳健性和债权评级表现都不错，但问题依然不少，其中最重要的是它的封闭性。在国际比较中，德国银行地位有所下降：成本过高，利润太薄。2003 年上半年，法国大银行的利润率达到 11%，英国 16%，而德国连 1% 都不到。德国四大银行（德意志银行、德累斯顿银行、德国商业银行和德国裕宝银行）加起来股票市值才 650 亿欧元，只相当于世界第一的美国花旗银行股价的 1/3，不到英国汇丰银行的一半。德国银行之所以严重落后的原因在于它被分割为三大体系，即大约 350 家私营银行，将近 520 家公营的储蓄银行以及约 1500 家合作制银行。公营银行对私营银行占有一种竞争优势，因为政府为公营银行提供补贴。它们管理着全国 80% 的私人客户业务。这三大块之间相互封闭，法律规定它们只能各自在自己的领域内相互购并，而不许"横跨"。现在，情况正在改变。公营银行可以开始出售给私人银行，而政府向公营银行提供的补贴，按欧盟的规定，必须在 2005 年以前取消。[①] 第三，在企业的产品选择方面，欧洲企业也在努力调整。例如欧盟委员会将在 2004 年 7 月把一份旨在加强欧盟纺织工业竞争力的行动计划中优先考虑的几个问题，提交给各成员国讨论：首先是着力改革创新，主要开发有利于健康及宇航业需要的高科技产品。为此，纺织部门的中小企业将获得欧盟资助。其次是对付第三世界国家的"不正当竞争"。办法是欧盟和地中海邻国建立一个"泛欧—地中海"区，联合对付中国和印度。[②] 最后，在企业合作方面，大企业在行动，欧洲中小企业也在探索。例如，1999 年 8 月 6 日，欧洲最大的电信公司德国电信公司在波恩宣布，它将以 111 亿美元的价格收购英国第四大移动电话公

---

① 《德国之声》电台网站，2004 年 1 月 7 日。
② ［法］《回声报》，2004 年 3 月 8 日。

80 个国家企业的商业环境排名

表 11　　　**欧盟主要国家、美国、日本在某些项目上的得分**

项目 ＼ 国家	德国	法国	英国	意大利	西班牙	美国	日本
一、基础设施质量：（1 = 很差且效率低，7 = 居世界上最好的国家之一）	6.6	6.3	5.5	4.4	4.9	6.6	5.4
二、劳资关系：							
1. 雇用和解雇行为（1 = 为法规所禁止，7 = 由雇主灵活掌握）	1.9	2.2	4.7	2.4	2.5	5.2	2.8
2. 工资决定的灵活性（1 = 通过集中的讨价还价过程决定，7 = 取决于各个公司）	2.5	4.3	5.9	3.3	3.8	6.2	5.9
三、开办企业：	4.0	3.1	5.5	3.6	3.8	5.8	3.8
1. 开办一个新企业的难易程度（1 = 非常困难，7 = 容易）							
2. 开办一个企业的行政环节数量（绝对数）	9	10	5	13	11	5	11
3. 2002 年开办一家企业所需天数（天）	45	53	5	64	110	5	30
4. 开办一家企业所耗费用（美元）	1461	632	372	…	2338	210	3964
5. 2002 年解决一起争端所需天数（天）	154	181	101	645	147	54	60
四、税率与税制：							
1. 2002 年企业所得税率（％）	26.4	36.4	30.0	36.0	35.0	35.0	30.0
2. 2002 年个人所得税率（％）	51.0	54.0	40.0	45.1	48.1	39.6	37.0
3. 税收体制效率（1 = 特别复杂并带来商业决策扭曲，7 = 简单而且透明）	2.0	2.2	4.0	2.3	3.5	3.3	2.6
五、科研，教育，创新：							
1. 科学家、工程师的聘用（1 = 没有或很少，7 = 很多）	5.5	6.1	5.5	5.2	5.2	6.0	6.1
2. 数理化教育质量（1 = 落后于大多数国家，7 = 世界上最好的国家之一）	4.3	5.6	4.9	4.8	4.6	4.7	5.1
3. 科研机构质量（1 = 不存在，7 = 在它们所处的领域是最好的）	5.7	5.3	5.7	3.9	4.3	6.7	5.3
4. 创新能力，公司获得新技术（1 = 通过取得许可证或模仿其他公司获得新技术，7 = 通过自己的研究更新自己的产品或加工方法）	6.0	5.8	5.6	4.4	4.4	5.7	5.8
5. 品牌拥有状况（1 = 仅仅从事向国际市场销售公司产品，7 = 拥有自己知名的品牌和国际销售组织）	6.5	6.1	6.3	5.7	4.8	6.1	6.1
6. 企业用于研发的支出（1 = 不在研发方面花钱，7 = 与国际伙伴相比在研发方面费用很大）	5.8	5.2	5.1	3.9	3.4	6.1	5.7
7. 技术复杂程度（1 = 落后于大多数国家，7 = 处于世界领先地位）	6.0	5.6	5.4	4.0	4.0	6.8	6.2
8. 企业与高等院校的合作（1 = 很少或没有，7 = 密切而且持续）	5.1	4.9	3.8	3.4	3.9	5.6	4.1
9. 2001 年有效专利，每百万人口占有件数（绝对数）	136	68	66	30	7	314	261

　　笔者根据下列资料来源摘录汇总：［德］彼得·K. 康纳利斯、［美］迈克·E. 波特、［瑞士］克劳斯·施瓦布：《世界经济论坛：2002—2003 年全球竞争力报告》，方丽英、罗志先译，机械工业出版社 2003 年版，第 516—518、528、534、536—541、543、549、562、577、579—580、588、595、596 页。

司。8月29日，经法国信贷机构委员会裁决，历时半年多的三大银行并购战基本结束，巴黎国民银行从兴业银行手中夺得巴黎巴银行，兴业银行则维护了自身独立。8月30日，法国两大商品零售集团——家乐福集团和普罗莫代斯集团宣布实行合并，从而组成仅次于美国沃尔玛百货公司的世界第二大零售集团。10月19日，西班牙毕尔巴颚比斯开银行和对外银行在马德里宣布合并，这是年内西班牙银行间第二次大规模的合并。11月4日，由意大利、英国、德国和西班牙共同组建的"欧洲战斗机国际公司"正式成立。11月19日，世界上经营规模最大的移动电话企业之一——英国沃达丰电信公司宣布以创纪录的1290亿美元并购德国曼内斯曼公司。2000年3月13日，意大利菲亚特集团和美国通用汽车公司在都灵宣布结成"历史性联盟"。3月20日，法国巴黎证券交易所、比利时布鲁塞尔证券交易所和荷兰阿姆斯特丹证券交易所发表联合公报，宣布将于2000年9月正式合并，组成欧洲第二大证券市场，合并后成立的新证券交易机构名为"欧洲第二"（EURONEXT）。4月11日，英国的皮尔逊有限公司和卢森堡的广播、电视集团合并，公司市值200亿欧元。5月30日，法国电信公司宣布以432亿欧元的价格收购英国第三大移动通信企业奥兰治公司。7月24日，德国电信公司以507亿美元的价格将美国声留无线通信公司并购。2004年2月11日，经欧委会批准法航与荷航合并成为欧洲最大的航空公司，并将推进法航私有化。

德国中小企业正在联手夺取市场。因为顾客希望由一家公司提供多种劳务服务，在实施劳务项目时，尽可能只与一家公司商谈。为此，德国中小企业已经约有1/5参与各种合作形式。① 它们认识到，只有合作提供一揽子服务，才能尽快、持续地发展。

企业"自我奋斗"固然重要，然而，政府在为企业改善商业环境而创造合适的框架条件方面，也肩负着重大的责任。为此，在指导思想上，把一切努力集中于尽可能公平地分配社会财富还不够，欧洲人似应更多地致力于将来创造新的财富。在社会氛围里，要促进一种新的革新文化，使全社会更加关心革新，对革新的机会和风险进行更加广泛的社会对话，使欧

---

① ［德］《商报》2004年1月28日。

洲国家进一步成为"有思想"的国家。在重点选择上，似应放在能源、健康、灵活性、高科技、网络等重要的未来市场上。在具体措施上，例如德国，它已使尖端技术研究的框架条件得到了改善，从1998年起，教育与科研享有优先权，资金投入增加了25%。2003年联邦政府总共为此投入了大约100亿欧元。10年内德国研发资金将重新提高到GDP的2.5%。为了取得实效，人们还加大力度推进科学与经济的结合，加强院校与企业的联系。还要改善获得风险资本的条件。为此，德国2004年将通过"高科技总体规划"，并开始首批实行一揽子措施。欧盟及其成员国大致都在朝同一方向行动。它们都在为改善企业的商业环境而努力。

总之，欧洲有时看上去像个老年人，欧洲资本主义经历500年沧桑，如今已不再拥有昔日鼎盛时期那样的显赫辉煌，但它已经积累了巨大的财富、先进的知识和宝贵的经验。欧洲有时看上去也像个中年人，欧洲社会保障制度的理念与实践，经过130多年的充实发展，而今已经变得相当成熟，但同时又出现社会经济生活缺少一点生气与活力。欧洲有时看上去又像个年轻人，欧洲一体化在二战后取得的伟大成就，欧盟先后经历五次扩大，20世纪90年代和本世纪初建成的欧洲统一市场与统一货币，以及还在讨论敲定过程中的欧盟宪法草案等等，所有这一切合起来使欧盟成为当代世界独一无二的、特殊的创造性政治实体。对此新事物，即使欧洲人自己，也要像还在上学的青少年那样，学习再学习，适应再适应。就这样，欧洲的几乎一切都具双重性。它的每一个重大进步都伴随着难料的困难。但是，对于未来来说，有一点却是肯定的：借用戴高乐将军在其《战争回忆录》第一卷《召唤》开首处的话来说，"法国如果不伟大，就不成其法国"，欧洲也在重新追求它自己的伟大。为此，欧洲人正在全面奋发努力，包括振兴经济。也许在短期内欧洲经济来自内部的动力还不够强劲，但是通过进一步完善联合与改革，从中长期看它将会有起色。人们对欧盟经济可以予以期待与怀抱信心。

（本文首发于《经济活页文选（理论版）》（月刊）
中国财政经济出版社2004年第7期头条）

欧盟 50 年的存在价值

　　笔者不拟把本文写成欧盟 50 年编年史——从 1957 年 3 月 25 日法国、德国、意大利、荷兰、比利时、卢森堡 6 国签订决定建立欧洲经济共同体的《罗马条约》，并紧接着于 1958 年 1 月 1 日正式开始运行算起，而把主题确定为阐明欧盟在其存在与发展的半个世纪里，它在全球生活中所起的三项主要作用及其目前所处的并不顺达的境遇。这三项主要作用是，欧盟在当代国际政治与世界经济中扮演着稳定的力量、平衡的力量和"榜样"的力量的角色；但现今它们的所有这些担当都面临着来自内外的严峻挑战，欧洲人不得不为重振欧洲的"伟大"而苦苦寻觅新的路径。

一　稳定的力量

（一）欧盟 50 年为维护欧洲地区乃至世界和平作出了不小的贡献

　　欧洲自第二次世界大战结束至今 62 年总体上一直保持着和平，而且今后一段时间看来还将维护下去。对此，人们有不同的解读。一些人认为"民主和平论"是使欧洲在第二次世界大战后得以保持和平的主要因素，即民主制度的国家不会发生内战和相互之间的战争。在这里，"民主"是一个相当含混的字眼。如果把以标榜自由、民主、平等、博爱为表征，以确立资产阶级政治统治制度为"始点"的国家称之为"民主国家"，那么，自 1688 年英国"光荣革命"和 1789 年法国大革命之后的欧洲二三百年战争史已经粉碎了"民主和平论"的神话。如果从 1918 年英国实行普选制，规定凡年龄超过 21 岁的男子和超过 30 岁的妇女都有选举权，使选民人数增加了三倍，总共有 2000 万人获得了"票面民主"作为欧洲国家民主制度的"中点"，那么，后来二三十年的历史事件又很快证实了这些都不过是空洞的言辞。如果以第二次世界大战后在欧洲、主要是西欧国家的民主进程中所取得的显著进步为"后点",那么,"民主和平论"确实似乎有了某些实在的内容。例如在德国这个历史上基本没有民主传统的国家,"民主制度"如今已经牢牢地确立了将近 60 年,创造了本国历史纪录(想想 19 世纪中叶的"法兰克福议会"和 20 世纪 20 年代的"魏玛共和国"吧)。尽管如此,欧洲在冷战结束前的近半个世纪的和平,毕竟还是建立在有一个共同的外部"大朋友"(美国)和一个共同的外部"大敌人"(苏联)基础之上的。欧洲未来的和平还有待历史的检验。另一些人把第二次世界大战后的欧洲和平完全归功于美国领导的北约"把苏联人拦在外面,让美国人进到里面,并把德国人按下去"[①]。我们认为,美国的作用固然重要,苏联的影响也决不能低估。难以想象,如果没有当年苏联的存在,西欧地区第二次世界大战后能在联合与一体化,政治民主,经济和社会的改革与进步,以及科学技术的迅速发展等方面取得如此巨大的进展;如果没有苏联的存在,并有力地与美国抗衡,形成"恐怖均势",当年欧洲能持久保持和平吗?同时,为了因应美国对欧洲的"保护",欧盟自身也为此作出了巨大的努力和牺牲。

　　笔者属于第三种观点,即认为欧洲第二次世界大战后之所以能得以保持长期和平,而且在冷战结束后这种和平还将持续下去,主要来源于第二次世界大战后在欧洲形成的一种"新政治文化"。这种"新政治文化"并不多么深奥,它可以用一句通俗的话来表述,即"欧洲特别是在西欧地区国家之间再也不能发生战争"。这是欧洲人从两次世界大战的惨痛经历中得出的正确教训。第一次世界大战卷入的国家有 33 个,人口 15 亿以上,共有 2000 余万人死亡,另有 2000 余万人伤残。期间还爆发了十月革命,暴露了帝国主义制度的腐朽和没落。第二次世界大战波及 60 多个国家,把约占世界人口 4/5 的 17 亿人拖入战争,各国人口死亡 5000 多万人,其中苏联为 2700 万人,中国 2000 多万人,德国战死 700 万人,日本死亡 200 万人。战后曾出现了"社会主义阵营",动摇了资本主义世界。不仅如此,两次世界大战彻

---

①　[英]尼亚尔·菲尔古森:《连法国人都不爱欧盟、不信任欧盟》,刊于[英]《星期日电讯报》2007 年 3 月 25 日。

底改变了欧洲的地位。如果说，第一次世界大战的结果是开始结束"欧洲世纪"，那么，第二次世界大战的结果是最终结束"欧洲世纪"。1913 年，即第一次世界大战前夕，在世界债权总额中，英国所占的比重为 40.9%，法国、德国各占 20.4% 和 13.2%，而美国仅为 8.0%。[①] 仅英国一国就为美国的 5 倍。到 1938 年，美国的比重升为英国的一半，远远超过法国和德国。同年，德、英、法三国的国内生产总值合计为美国的 84%；[②] 第二次世界大战后初期，1948 年这一比例下降到 32%。[③] 面对美苏两霸，面对欧洲自身沦落到被保护者的地位，西欧国家除了走联合与改革道路之外别无他途。只有从这样的角度，我们才能理解为欧洲联合和一体化迈出了决定性一步的法德和解，才能理解为什么欧洲联合 1951 年从签订"煤钢联营条约"入手，因为那时的煤与钢依然被人们视作是主要的战争资源。也只有从这样的角度，我们才能理解为什么欧洲一体化虽然困难重重还要继续不断地扩大：从 1957 年建立欧洲经济共同体与欧洲原子能共同体（通常合称欧洲共同体）的创始成员国 6 国，即德意志联邦共和国（原西德）、法国、意大利、荷兰、比利时、卢森堡；1973 年英国、丹麦、爱尔兰加入增至 9 国；1981 年希腊加入；1986 年西班牙、葡萄牙加入；1995 年芬兰、瑞典、奥地利加入扩大到 15 国；2004 年波兰、捷克、斯洛伐克、匈牙利、斯洛文尼亚、立陶宛、拉脱维亚、爱沙尼亚、塞浦路斯、马耳他 10 国加入；直至 2007 年罗马尼亚、保加利亚加入，使从 1992 年起改称"欧洲联盟"的成员国增至 27 国。欧盟的 6 次扩大，是它的重大战略决策，是欧洲和平的战略决策。"和平"已是欧洲人价值观中的第一要义。欧盟的存在与发展为维护欧洲地区和世界和平作出了重要的贡献。

（二）欧盟 50 年促进了欧洲、主要是西欧地区的经济繁荣，是当代世界经济中一支重要的稳定力量

第二次世界大战后，欧洲、首先是西欧主要国家，无论在其 1946—

---

① 罗志如、厉以宁：《二十世纪的英国经济》，人民出版社 1982 年版，第 40 页。

② ［法］皮埃尔·莱昂主编：《世界经济与社会史（二十世纪下半期）》，谢荣康等译，上海译文出版社 1985 年版，第 9 页。

③ 同上。

1950 年经济恢复时期，1950—1973 年经济迅速增长时期，还是在 20 世纪 70 年代中期至 80 年代中期经济相对停滞时期，以及始自 20 世纪 70/80 年代之交英国撒切尔政府的经济调整改革时期——这一进程至今仍在全欧持续着，欧洲都从不同程度和不同角度对本地区乃至世界经济的发展与稳定发挥了积极的影响。1945 年第三帝国灭亡时，西欧一片瓦砾。英、法、德三国国民生产总值之和从 1938 年相当于美国的 84% 降到了 1948 年的 32%，西欧 15 国之和的相应数字则为 113% 和 60%。西欧在克服了战后初期的困难之后，到 1948 年，大多数国家的经济已经恢复到甚至超过了战前 1938 年的水平，例如 1948 年的国民生产总值，瑞典已为 1938 年的 133%，瑞士为 125%，挪威为 122%，比利时为 115%，荷兰为 114%，英国为 104%，法国为 100%，只有意大利仅及 92%。然而整个西欧的指数还明显低于 1938 年，为 87%。这是因为西方经济学家在计算这项指标时，通常把当时德国西部地区的产值同战前全德相比，由此得出的德国指数特别低（1948 年只及 1938 年的 45%）。按照这种方法计算，整个西欧的国民生产总值一直要到 1950 年才恢复到 1938 年的水平。到 1950—1951 年，不仅整个西欧，而且包括受战争破坏最烈的德国西部地区，经济都已恢复到了战前水平。[①] 西欧经济如此迅速的恢复，无疑也给当时世界经济的重建带来了推动作用。在接着的 1950—1973 年 20 多年的时间里，西欧经济经历了史无前例的高涨。据经合组织统计资料，在 1953—1962 年间，按不变价格计算，德国、法国、意大利的国内生产总值年均增长率分别为 6.8%、5.1% 和 5.8%，均为美国同期 2.8% 的两倍左右，只有英国的 2.7% 与美国相近；在 1963—1972 年间，德、法、意三国的年均增长率依次为 4.6%、5.5% 和 4.7%，依然高于美国的 4.0%，只有英国的 2.8% 不及美国。一系列有利的内外条件促成了西欧 1950—1973 年这一时期经济的迅速增长，其中 1958—1968 年间欧洲经济共同体内提前两年半建成的关税同盟即共同市场无疑也发挥了一份积极影响。欧盟经济的这种发展不仅拉动了整个世界经济，而且还局部改变了世界经济格局：到 1973 年，

---

　　① ［美］埃德温·哈特里奇：《第四帝国的崛起》，范益世译，世界知识出版社 1982 年版，第 155 页。

欧洲经济共同体 9 国的国民生产总值已达 10020 亿美元，已与美国的 12949 亿美元相去不远；而在资本主义世界外贸比重方面，欧洲则以 41.1% 的份额把美国的 13.5% 远远甩在后面。[①] 20 世纪 70 年代中期以后，欧盟陷入了相对停滞期。这不仅表现在经济活力减弱方面，而且还显露在一体化进程暂时处于停顿上，直至 1986 年发布《欧洲单一文件》，开始启动建立欧洲内部统一大市场，才重新出现转机。在这个相对停滞时期，欧盟的国内生产总值年均增长率已低于美国：1978—1987 年平均，美国为 2.7%，欧盟为 2.1%（日本为 3.7%）。[②] 进入 20 世纪 90 年代以来，随着苏联、东欧剧变，世界格局发生大变动，这本来应该是给欧洲、特别是欧盟经济发展带来希望的年代，但看来欧洲人未能抓住。在最近的十多年中，大多数年份欧盟的各项主要经济指标，包括增长率，就业率、发明专利等均不及美国。虽然最近二三十年欧盟给世界经济提供的拉动力量总体说来不够强大有力，即使如此，低稳的经济增长，相对稳定的社会环境，以及自 20 世纪 70 年代中期以来在世界生产和国际贸易中一直大体各占 1/4 和 1/3 的比重，欧盟显然在整个世界经济的健全发展中起着不可替代的"锚定"作用。

在由 1989—1991 年苏东剧变导致的冷战消逝，以及由此得到强大刺激而迅猛推进的经济全球化的背景下，欧盟经济受到了极大的内外新压力。在这些情况下，欧盟能够继续在世界经济中发挥稳定性作用，是值得我们专门书写一笔的。经济全球化使欧盟主要在两点上感受到沉重的压力：一是劳动力市场，二是商品价格和企业利润。冷战消逝的第一个直接后果是，20 亿"新劳动力"立即开始加入全球劳动力市场，并与欧盟劳动力竞争。欧盟国家的企业有竞争力，但它们的劳动力却没有竞争力（仅就工资、福利水平而言，不说劳动技能与知识）。同时，随着经济全球化步步发展，主要来自"新兴国家"的廉价商品进入欧美市场，并使那里国际市场上的许多制造业产品呈下降趋势，使欧盟国家企业利

① ［苏联］H. H. 伊诺泽姆采夫等主编：《现代垄断资本主义政治经济学》，杨庆发译，上海译文出版社 1978 年版，第 67 页。

② ［德］Ingomar Hauchler 等：《Globale Trends 1998》，S. 152。

润进一步受到挤压。例如，德国的机械制造业富有竞争力，该行业的平均利润率也不过3%，而为竞争所必须投入的研发支出，专家们认为至少要有5%的利润率才行。① 这样，环境迫使欧盟国家进行调整适应和普遍改革，对象包括税务、社会福利和劳资关系等。2006年欧盟国家中经济增长最快的几个国家爱尔兰（6.2%）、芬兰（5.5%）、西班牙（3.9%）、荷兰（2.9%）无不进行减税，包括企业与个人，其中爱尔兰把公司税减至12.5%，仅为欧盟平均税率的1/3。其他国家如德国、法国等也在不断改革税制，减轻税负，特别是对企业。社会福利趋向紧缩，雇员工薪增长近乎停滞。劳动规章向有利于资本的方向修改：由僵硬的规章向灵活的规章转变；以通过法律进行规定向通过劳资进行谈判；谈判的重点从行业向企业转移；把劳动条件的确定"委托"给劳动市场，如此等等。法、德、英走的都是这种方向。这里我们先不来讨论其"阶级性"之类的问题，而只是来确定一点：这些改革看来在逐渐收到某些成效。德国经济状况开始有所好转。欧洲法制社会的稳定，仍使欧洲成为外资的首选地，支持率高达68%（东欧居第二位，52%，美国与中国并列第三，均为41%）。② 虽然欧洲国家的某些社会经济改革难免会给一些被触动者带来一些损失甚至痛苦，但当今欧洲人过得仍比美国人好。尽管欧盟的国内生产总值人均数值不及美国，但2005年奥地利、丹麦、荷兰、法国、德国人每年比美国人少工作300小时。欧洲的贫富差距比美国小。欧洲人寿命比美国人长。德国年轻人个子比美国年轻人高。③ 欧洲人过得比美国人舒适安逸。当然，这不能全然归功于欧盟及其所象征的欧洲一体化。但它毕竟有助于在这个愈来愈不稳定的世界里，给欧洲提供了一个相对稳定的安全岛。不过，这个"安全岛"似乎也正在日益受到里外摇晃。

---

① http：//www.welt.de（［德］《世界报》网站），2006年5月31日。
② 美联社法国拉博勒2006年6月7日电。
③ ［美］尼亚尔·菲尔古森：《连法国人也不爱欧盟、不信任欧盟》，刊于［英］《星期日电讯报》2007年3月25日。

二　平衡的力量

（一）欧盟是在多极世界中发挥平衡作用的重要一极

　　笔者把欧盟视作在国际政治与世界经济中发挥平衡作用的重要一极，这绝不意味着认为欧盟对当今天下大事都采取不偏不倚、和气公允的中立立场。欧盟自然有它自己的价值观念、目标追求、政策取向、利益所在、行动能力和民意倾向。笔者之所以把欧盟看作是一支重要的平衡力量是因为：它同美国的特殊关系，既是盟友，又是基本拥有共同价值观的"西方世界"，但并非事事、时时、处处都步调一致；欧盟是当今世界上可以说是唯一一个并不过分依赖任何一个别的国家的重要实体；由于历史与现实的原因，欧盟今日拥有"不霸之德"；出自历史渊源，欧盟同广大非洲、拉丁美洲、亚洲国家一直具有特殊的关系；欧盟拥有丰富的历史经验，善于充当中间人；最后，虽然欧盟成员国已增至 27 个，但通过欧盟的机制，通常能把它们结合在一起，形成一支相当协调一致的力量，对世界产生重大的影响。虽然如此，在一系列重大的国际事件中，欧盟总有自己的需求，并不一定都扮演"平衡"的角色。例如，对苏联、东欧地区国家发生的"颜色革命"，欧盟始终表现得特别热心，积极支持，旗帜鲜明。在早已成为历史故事的 20 世纪 50—80 年代的"波匈事件"、"布拉格之春"中是如此；在新近出现的乌克兰、格鲁吉亚的变动中也是如此；欧盟甚至明确表示希望在俄罗斯也能发生"颜色革命"以取代现政权。尽管这样，欧盟在当今世界的一些重要场合发挥着重要的平衡作用还是明晰可见的。最突出的近例就是"旧大陆"一些主要国家在美国 2003 年发动的伊拉克战争问题上所持的反对立场。它们反对美国的入侵，批评美国违背国际法，拒绝合作派兵对伊作战。对此，世人似乎应该对欧盟某些国家表示一点敬意，因为它们说出了其他许多国家想说而又不敢说的话，给世界增添了一点公平正义，让霸权国家难以独步天下。在这种关键时刻，欧盟发挥的平衡作用是相当有价值的。

　　多极世界不仅表现在上述政治领域里，而且还反映在经济方面。经济多极化与经济全球化基本上是两个都在同时发展的进程。前者体现在大大小小、各式各样的区域经济集团化和大的经济力量中心的形成与发展上；后者则表现在国际经济机构、国际经济规则、国际公司活动和国际经济网络等方面。就经济多极化而言，欧盟在其中所起的平衡作用，人们往往首先会想到它的国内生产总值与美国相当（由于汇率大幅变动，常常会影响到计算结果），而欧盟在国际贸易（包括欧盟内外贸易）中所占的份额则明显大于美国。但我们在这里想强调另一个同样重要的问题，即欧洲人半个多世纪以来，一直致力于自己的货币独立。为此，早在 1950 年就成立了"欧洲支付同盟"，目的是使欧洲国家之间的盈余或赤字能进行多边清算，并向经受国际收支赤字的成员提供自动信贷便利，以促进贸易自由化的政策。1955 年，欧洲经济合作组织委员会批准了"欧洲货币协定"，按这个新协定，所有交易得以黄金或可兑换货币进行。1973 年成立的"欧洲货币合作基金组织"，其宗旨是稳定欧洲共同体成员国货币的波动，对外汇市场进行干预，稳定共同体成员国中地位比较软弱的货币。1979 年建立的"欧洲货币体系"力图在欧洲共同体成员国中间，建立一个汇率稳定的区域，法国、德国、比利时、荷兰、卢森堡、丹麦和爱尔兰都同意把它们的货币汇率的波动幅度，限制在约定的中心汇率的上下 2.25% 上。对意大利则有较松的安排，允许上下 6%，而英国和希腊没有参加。1992 年，随着马斯特里赫特条约的准备和正式签订，欧盟开始加速了统一欧洲货币的进程，1999 年账面货币欧元问世，2002 年欧元钞票和铸币投入流通，至此，欧洲统一货币正式诞生，欧洲经济与货币联盟基本建成。经过五年的运行，欧元已被世人公认为世界第二大货币。虽然迄今为止在国际储备、国际计价和国际结算等方面欧元所占份额还明显不及美元（大约为2：5），但在国际金融市场的一些重要领域中，欧元已经胜过美元。例如在国际债券市场上，2006 年欧元已经取代美元成为世界最优越的货币，连续第二年超过了以美元计值的市场。流通中的欧元价值也已经首次超过美元。国际资本市场协会的数据显示，2006 年底欧元发行的未偿债务价值相当于 4.836 万亿美元，而美元的未偿债务为 3.892 万亿美元，各占全球市场的 45% 和 37%，[①] 另据欧委会公布的调查报告，截至 2006 年底，欧元

---

① ［英］《金融时报》2007 年 1 月 15 日。

货币的流通总量已经达到 6000 亿欧元，而 2002 年元旦发行时仅为 2219 亿欧元。与此同时，欧元区以外的国家也在越来越多地使用欧元。据欧洲央行测算，目前约有 10% —20% 的欧元货币在欧元区外国家流通。2002—2007 年初 5 年来欧元对美元升值已达 33% 。① 值得世人关注的还有，欧洲股市的规模也已超过美国。据汤姆逊金融数据公司的资料，截至 2007 年 3 月底，包括俄罗斯和欧洲"新兴国家"在内的 24 个股市的市值总额已上升到 15.72 万亿美元，而美国为 15.64 万亿美元。② 总之，由于欧元的存在，不仅有利于欧洲和国际金融市场的发展，有助于国际货币体系的相对稳定，而且还进一步打破了美国及其美元一家独大的局面，促进世界经济相对平衡的发展。

（二）欧盟力图使自己成为南北之间的桥梁

经济全球化进一步拉大了南北贫富差距，冷战消逝使南北问题更加突显出来，在发展中世界里几个"新兴大国"（中国、印度、巴西等）的兴起吸引了西方国家乃至全世界的眼球，苏联、东欧地区一些国家加入欧盟一定程度上转移了欧洲的视线，只有那些有资源可用（首先是石油）、有生意可做（市场）、有"盟友"可寻（为西方提供"基地"之类）的非洲、亚洲和拉美一些国家才可能得到欧美的重视，所有这五项因素都使得欧洲想继续充当南北桥梁变得比以前更加复杂困难。美国学者里夫金对欧盟过去 30 多年在这方面的作为，做了相当积极的评价。他以欧美对发展中国家的援助为例：欧盟有些国家在这方面表现得最慷慨，美国的对外援助只占其国内生产总值的 0.1% ，仅及欧洲的 1/3，欧盟如今提供全世界一半以上的民事发展援助，全世界 47% 的人道主义援助，而美国只占 36% ；而且，欧盟援助的"质量"也比美国好，据说按此排队日本、美国排在最后，排名最高的 19 个国家中，16 个来自欧洲，排在前 10 名的国家中，有 9 个是欧洲的，美国把 80% 的对外援助同购置美国

---

① 《经济时报》2007 年 1 月 5 日。
② ［英］《金融时报》2007 年 4 月 3 日。

的商品和服务捆绑在一起。① 但欧美所有这些援助的结果如何呢？撒哈拉以南的非洲地区占世界人口的11%，但国内生产总值只占1%。非洲是一个最需要投资的地区，但是只得到1%的外国直接投资。② 看来，欧洲还须作出新的努力。

其实，欧盟充当南北桥梁的最大例证是欧洲联结非、加、太地区众多国家的《洛美协定》及其后续行动。它是欧洲经济共同体成员国与非洲、加勒比海和太平洋地区的一些发展中国家于1975年2月在多哥首都洛美签订的贸易和经济协定。协定期满后可以续签。第一至第三个协定的有效期各为5年，第四个为10年。参加协定的非、加、太地区国家自46个、经57个和65个，增至69个。《洛美协定》主要包括贸易、稳定出口收入制度和财政援助三个方面。在贸易方面，非、加、太国家出口的全部工业品和99.5%（第一个协定为96.4%）的农产品可不限量地免税进入欧共体国家；而欧共体国家的商品进入非、加、太国家时，却不要求给予对等优惠，只享受最惠国待遇。在稳定出口收入制度方面，欧共体对非、加、太国家出口到欧共体国家的农矿产品因价格下跌导致出口收入减少时实行补贴制度，补贴标准取决于产品跌价幅度、产品种类和国家类型。在财政援助方面，规定欧共体国家向非、加、太国家提供工业合作、政府财政补贴和技术援助等，财政援助的金额由第一个协定的30.9亿欧洲货币单位增至第四个协定前5年的120亿欧洲货币单位，其中赠款比例相应由73%升至90%。③《洛美协定》实行二三十年后，非、加、太地区国家在国际贸易出口中所占的份额不升反降。欧盟自然清楚这一点。因此，欧盟25国外长理事会在2006年4月一次会议上重申，将根据2005年11月理事会通过的发展政策宣言，继续加强与非洲、加勒比地区进"经济伙伴协议"的谈判，并力争于2008年元旦生效。为此，欧盟会在世贸组织法规则下，实施"非对称与更加灵活的市场开放政策"。在2007年1月，欧盟理事会

---

① ［美］杰里米·里夫金：《欧洲梦》，杨治宜译，重庆出版社2006年版，第272页。

② 詹世亮：《迈进新世纪的发展中国家》，载徐敦信主编《新世纪初世界大势纵论》，世界知识出版社2005年版，第161页。

③ 杜方利：《洛美协定》，载李琮主编《世界经济学大辞典》，经济科学出版社2000年版，第522—523页。

作出决定，欧洲投资银行 2007—2013 年新一轮对欧盟成员国以外贷款总额为 278 亿欧元。除了 20 亿欧元作为银行风险储备（封存到 2010 年）以外，其余 258 亿欧元按地区分配如下：对与欧盟趋同并准备入盟的国家贷款额为 87 亿欧元；欧盟邻国及伙伴关系国共 124 亿欧元，其中给地中海沿岸国家 87 亿欧元，东欧、南高加索国家和俄罗斯 37 亿欧元；亚洲与拉美国家 38 亿欧元；非洲其他地区仅为 8000 万欧元。显然，欧盟的南北之桥需要大大加固。

三　"榜样"的力量

（一）欧洲为世界提供了一种不同于美国的可供参考的社会经济模式

欧洲以德国为典型的社会市场经济与美国的自由市场经济不同。欧美社会经济模式的表征差异表现在它们的各自特征上。美国模式的主要特征是：资本积累的决策权主要在私人公司；公司企业自由地追逐短期利润目标；主要通过金融市场获取资本；劳动者只能享受有限的、法律明文规定的劳动所得和社会福利；人们对社会政治和道德的总体认识，是个人主义和自由主义。德国模式的主要特征是：在这种资本主义模式下，积累的决策权同样也在私人公司；国家对资本积累的直接干预程度也可能比较小，但政治体制严格地确立了一整套劳工权利和福利措施，使得有组织的劳工拥有一个颇有影响的市场和直接参与劳资谈判的能力；在这种资本主义模式里，主流文化是社会民主主义。欧美经济模式的实质区别集中在劳工的权利和资本的权力问题上。在美国模式下，政府相对于资本固然也有相对独立性，但其行为主要倾向于资本，因而在处理国家与市场、政府与企业、雇主与雇员、社会与公民、企业与资本市场等五对关系问题时，自然会偏好市场、企业、雇主，强调公民自我负责，以及更重视直接融资的资本市场。而在欧洲模式下，政府拥有更强的独立性，其行为自然也重视资本利益，但同时又强调劳资协商和社会平衡。一句话，欧美模式的实质区别在于：美国不但信奉市场经济，而且实行市场社会；欧洲固然也十分重视市场经济，但不听任市场社会。笔者深知，对欧洲模式的上述概括，国内外有不少争论。即使在德国内部，人们对"社会市场经济"的阐释，分歧也是很大的。艾哈德把它归结为"自由＋秩序"；比较普及的说法是"效率与公平并重"；更通俗的理解为"财富由社会创造，成果由社会分享"。而把这些观点比较准确地归纳在一起的则是德国经济学家 A. 缪勒—阿尔马克。他认为，社会市场经济乃是"一种秩序政策思想，其目标是，在竞争经济的基础上，把自由主动精神同正是通过市场经济成就得到保证的社会进步结合起来"①。这里所说的"社会进步"，后来主要体现在欧盟成员国在 20 世纪 50—80 年代间建成的"社会福利国家"上。它们需要巨额的资金支撑，这导致欧盟国家的"国家率"即国家开支占国内生产总值的百分比高达 45% 左右，而日本和美国约在 30% 上下。社会福利国家是人类文化史上的一大进步，但在经历了长期的发展之后也出现了一些消极问题，需要改革。但是无论如何，它所具有的人性内涵是值得称道的。

欧洲还在其他许多方面为世界树立了榜样，例如欧洲人非常重视环境生态保护。诚然，有人也许会说：这很自然，由于欧洲国家在工业化、现代化方面一直走在前面，因此，人们自然会比别人较早地感知到与此相关的一些问题；欧洲是一片总体说来缺乏资源的地区，因此，人们自然会格外重视节油省料；欧洲的环保技术产品世界领先，因此，他们会致力于开发一个世界大市场；欧洲的社会发展已经进到如今这个程度，因此，人们会自然注重提高生活质量；最后，欧洲人也许还想主导制订国际环保规则，如此等等。虽然如此，在环境保护日益成为当今和未来国际生活中的一件大事的背景下，欧洲在这个领域内的长期率先作用还是值得重视的。这里，我们仅以欧洲在废物循环利用方面领先全球为例。早在 1985 年，欧洲就制定了第一部"废物处理指令"，确立了废物处理分层次的原则：废物预防、再利用、循环、从废物中提取能源，然后进行处理。1991 年，欧盟又制定了处理有害废物的指令，确立了废物生产者承担责任的原则。同年，德国颁布了包装法，开始回收再利用包装的"绿点制度"。随后，欧盟 24 个国家也都仿效德国，实施"绿点"包装循环制度。2007 年 3

---

① ［德］A. 缪勒—阿尔马克：《社会市场经济》，载《社会科学词典手册》第 9 卷，斯图加特、图宾根和哥丁根 1956 年德文版，第 390 页。

月，欧盟确定了将温室气体排放和电力消耗减少 20% 的目标。1/5 的电力将来自可再生能源。到 2020 年，欧盟一半的城市生活垃圾和 70% 的建筑垃圾必须回收使用。废物填埋比例必须减少。到 2025 年，填埋可回收利用的废物（包括废纸板、玻璃、木料、塑料、纺织品和金属等）将是非法的。① 可以想象，如果欧盟和其他所有国家果真都能做到这种程度，这个世界将会变得比今天干净得多，健康得多，美丽得多。

（二）欧盟为世界提供了一个开创性的区域整治先例

欧盟"存在"本身对世界其他地区来说就是一个区域整治的良好先例。在欧洲这片历史与现实都十分复杂的土地上，27 个国家居然能够走在一起，实行一体化，这实在是一件举世伟业。欧洲人为聚到今天这一步，已经付出了 50 多年的艰辛。回顾一下欧洲联合的历程，几乎每一步都令人深思，1945 年第二次世界大战结束时，欧洲处于一片瓦砾之中。德国被战胜国分割成四个占领区。1946 年 9 月 19 日，丘吉尔在苏黎世发表的演讲中，要求建立在法国、德国领导下的欧洲合众国，但是英国不参加。1949 年 5 月 5 日，通过伦敦十国协定，在斯特拉斯堡建立了欧洲委员会。1950 年 5 月 9 日，在欧洲联合的思想先驱者法国人莫内精神鼓舞下，法国外交部长舒曼建议成立德、法联合机构，监督煤钢生产并使之成为未来欧洲联邦的奠基石。1951 年 4 月 18 日，法国、德国、意大利、荷兰、比利时、卢森堡 6 国在巴黎签订建立煤钢联营协定。1955 年 5 月 5 日，有关安全互助的《西欧联盟条约》生效。1957 年 3 月 25 日，参加煤钢联营的 6 国签订《罗马条约》，决定建立欧洲经济共同体和欧洲原子能共同体，该条约于 1958 年 1 月 1 日生效。1958 年 3 月 19—21 日，在斯特拉斯堡正式举行欧洲议会。1962 年 2 月 5 日，法国总统戴高乐拒绝任何形式的一体化，主张代之以国家联盟。1967 年 7 月，欧洲煤钢联营、欧洲经济共同体和欧洲原子能共同体合并成为欧洲共同体。1968 年 7 月 1 日，建成关税同盟，取消工业品内部关税，对第三国实行共同对外

---

① 参见［英］罗斯·蒂曼《欧洲在废物循环利用方面引领世界》，刊于［英］《金融时报》2007 年 4 月 18 日。

关税。1973 年 1 月 1 日，英国、丹麦、爱尔兰加入，欧洲共同体成员扩大到 9 国。1974 年 12 月 9—10 日，欧洲共同体国家与政府首脑决定建立欧洲理事会，在政府首脑一级定期举行会晤。1975 年 12 月 1—2 日，欧洲理事会决定直接选举欧洲议会。1979 年 1 月 1 日，欧洲货币体系开始运作，新的货币单位"埃居"（ECU）有助于成员国货币间的汇率稳定。1981 年 1 月 1 日，欧共体开始南扩，希腊成为第十个成员国。1985 年 1 月 7 日，德洛尔任欧盟委员会主席。1985 年 6 月 14 日，荷兰、比利时、卢森堡、法国和德国签订申根协定，规定逐步取消边界检查，其他国家也随后签字加入，协定于 1995 年 3 月 26 日完全生效。1985 年 12 月 2—3 日，欧洲理事会在《欧洲单一文件》中决定，改革共同体机构，扩大共同体职权，逐步建立内部统一市场。1986 年 1 月 1 日，西班牙、葡萄牙加入，欧共体拥有 12 个成员国。1988 年 9 月 20 日，英国首相撒切尔夫人坚决拒绝建立欧洲联盟，并尖锐地批评布鲁塞尔的官僚主义。1990 年 7 月 1 日，随着在 8 个成员国之间完全实现资本交易的自由化，欧洲经济与货币联盟开始其第一阶段。1990 年 10 月 3 日，德国重新统一，新联邦州（原民德地区）自动进入欧洲共同体。1991 年 12 月 9—10 日，在马斯特里赫特举行的首脑会议上通过了建立欧洲经济与货币联盟计划，共同货币至迟在 1999 年 1 月 1 日启动。1992 年 2 月 7 日，欧洲共同体外交部长和财政部长在马斯特里赫特签署了欧洲联盟条约，为完成欧洲经济与货币联盟和进一步政治一体化奠定了基础。1992 年 12 月 31 日欧洲内部统一市场正式建成。1995 年 1 月 1 日，芬兰、奥地利、瑞典加入欧洲联盟，成员国增加到了 15 国。1995 年 12 月 15—16 日，欧洲联盟国家和政府首脑会议达成一致，未来的共同货币名叫"欧元"，并决定于 1999 年 1 月 1 日启动。1996 年 12 月 13—14 日，欧洲理事会通过稳定法，规定对违反财政预算纪律的国家实行制裁。1997 年 6 月 16—17 日，欧洲联盟国家与政府首脑在《阿姆斯特丹条约》（以下简称《阿约》）中就《马斯特里赫特条约》（以下简称《马约》）修改文本达成妥协，并为欧盟扩大的谈判铺平了道路，但未对机构改革问题取得共识。1997 年 12 月 13—19 日，欧洲理事会在卢森堡批准了欧盟委员会研究的结果，并决定与由欧盟委员会提议的 6 个后选国家（波兰、捷克、匈牙利、斯洛文尼亚、爱沙尼亚和塞浦路斯）进行谈判。1998 年 3 月在伦敦举行的一次由所有候选国（除上列 6 国外还有拉脱维亚、立陶宛、斯洛伐克、保加利亚、罗马尼亚）参加的会议上，欧盟正式就扩大事宜开始了谈判。1998 年 5 月 3 日欧洲联盟布鲁塞尔特别首脑会议正式决定了首批进入欧元区的 11 个成员国名单，即奥地利、比利时、芬兰、法国、德国、爱尔兰、意大利、卢森堡、荷兰、葡萄牙和西班牙；还就第一任欧洲中央银行行长、副行长及另外 4 名领导人员的人选达成一致；锁定了欧元区成员国货币之间的汇率；至此，根据《马约》规定至迟 1998 年 7 月 1 日成立负责发行和管理欧元以及制定欧洲货币政策的欧洲中央银行的大局已定，1999 年 1 月 1 日欧元按时启动。2002 年 1 月 1 日欧元纸币与硬币正式投入流通。2004 年欧盟"东扩"增加了 10 个成员国。2007 年，欧盟实现第六次扩大，罗马尼亚、保加利亚入盟后成员国增至 27 个。从这本重要的"流水账"中，我们可以读出欧洲人在一体化的进程中是如何机智地处理好以下几对关系的，即宏伟目标与逐步推进之间的平衡；不同国家利益之间的平衡；经济与政治之间的平衡；扩大与深化之间的平衡；新成员国与老成员国之间的平衡；全欧大局和个别国家需求之间的平衡。自然，他们做的还远不是那么完美，并且十分吃力，但经验教训可鉴。

　　欧盟 50 年的存在与发展，是通过它自己创造与发明的一系列"工具"的有效运作来实现的。这一个巨大的、装备齐全的"工具箱"，包括最为重要的 2 项条约、3 项原则、15 个主要机构和 23 项共同政策。2 项条约是《马斯特里赫特条约》和《阿姆斯特丹条约》；3 项原则是依法召集政府间会议、规定了决策程序和实行灵活性原则；15 个主要机构是欧洲煤钢共同体（欧洲煤钢联营）、欧洲原子能共同体、欧洲共同体、欧洲理事会、欧洲联盟理事会、欧洲联盟委员会、欧洲议会、欧洲法院、欧洲审计院、欧洲货币局（现为欧洲中央银行）、欧洲投资银行、常驻代表委员会、经济与社会委员会、地区委员会和欧洲警察署；欧洲联盟的 23 项共同政策领域是经济政策、农业政策、工业政策、渔业政策、能源政策、交通运输政策、竞争政策、预算政策、环境政策、社会政策、地区结构政策、就业政策、公共卫生政策、消费者政策、研究与科技政策、教育政策、青年政策、文化政策、传媒政策、发展政策、联系政策、人权政策和共同外交与安全政策。欧盟有些政策经常引起人们争议，也未必都适用于其他地区国家的区域整治，但欧洲人的那种逻辑思维、结构框架和政策导向，以及它的这个"工具箱"里的许多"物件"还是相当具有参考价值的。

四　结束语：严峻的挑战

　　欧盟 50 年的存在价值主要在于，它在国际政治与世界经济中是一支极其重要的稳定力量、平衡力量和"榜样"力量。但到今天，欧盟的所有上述三项作用都在经受着严峻的挑战。这些挑战主要来自三个方面：第一，时代已经变迁，欧盟必须适应。清醒的欧洲人已经开始认识到这一点。德国前总理施罗德说得有理。他说："我们的社会福利国家的基本制度——失业保险、疾病保险、养老保险和护理保险——的基础是如下这些已长期表明为有效的假设：我们绝大部分的福利是在一个民族国家的工业社会中获得的，而这个社会本身能在有规则的正常劳资关系中接近实现充分就业。但是，在全球化的时代，在知识和资源自由流通、劳动市场和人口结构发生激烈变化的时代，我们已不再能运用这些假设了。"[①] 这就要求欧洲人变革，或者说首先是某些思想观念的重新现代化。这里所说的"思想观念重新现代化"的一个最新案例，是德国社会民主党目前正在讨论的基本纲领（以代替 1989 年制定的基本纲领）中呈现的路线修正。在这份名为《创造新价值》的文件中，既未要求引入（向富人征收的）财产税，也未要求制定（保障穷人的）法定最低工资，并在很大程度上收回了过去对金融投资家的激烈批评。据说党内的左翼人士也将签署这份文件。这一动向究竟是再一次证实了有人所说的"德国社会民主党百年来政治上一路右倾"的判断，还是他们对时势变迁作出的必要适应？第二，是来自美国的挑战。20 世纪 90 年中期以来美国经济的蓬勃发展和就业的大量增加，使"低稳"增长和高失业率的欧盟经

———————
　　① ［德］格哈德·施罗德：《塑造未来需要变革的勇气》，刊于［德］《新社会/法兰克福杂志》2003 年第 5 期。

济黯然失色，美国的力量及其行动能力，使欧盟借以发挥平衡作用的三个条件（能否继续充当全球中间人、是不是有意愿和有能力支持第三世界的发展、是不是能胜任担当世界和平的缔造者角色）受到复杂的影响；美国的社会模式尽管受到不断的、大量的批评，例如美国存在巨大的社会不平等，却依然受到世界不少国家的重视，其中包括欧盟某些成员国的改革方向都含有一些靠近美国模式的因素。目前，"欧洲模式"似乎受到了更多的质疑。但这种印象不会是一个线性发展的过程。此外，欧盟还感受到了来自"新兴国家"和地区的多方面挑战。新兴国家中的成功者将来是否会导致欧美模式在世界各地的影响相对有所减弱？最后，第三个挑战来自欧盟自己内部。在过去二三十年中，欧盟已经相对落后，竞争力减弱。为此"欧洲需要改革"正在日益成为越来越多的欧洲人的共识。2000—2010 年的"里斯本计划"规定到 2010 年要把欧盟建设成为世界上竞争力最强的知识经济体，同时隐含着要求重新定位社会经济政策——多少有点转向新自由主义的意味。这与欧洲大陆现存模式是有所不同的。但欧洲人绝不会放弃自己模式的核心价值。这样，欧洲人目前处于两难境地：真需要改革，又害怕改革。欧盟国家中也许尚有不少人还并没有真切地感受到他们自己的国家已真的是走到了非改革不可的地步。法国的例子最清楚不过地表明了这一点。例如，2006 年 1 月，德维尔潘政府提出了《首次雇佣合同》法案，允许企业可以自由解雇工龄不到 2 年的青年员工，希望以此鼓励企业多招青年员工，缓解居高不下的青年失业问题。政府的用心是善意的。但法国青年并不买账，抗议和骚乱席卷全国。最后政府被迫放弃了这一法案。与此相对应，在政治领域，2005 年的德国、2006 年的意大利和 2007 年的法国大选都近似"难产"的局面，标志着欧洲的政治生态环境也已经发生变化。至于在欧洲一体化已经发展到如今这般深广程度下的情况下，如何再度加以推进又是一大难题，比如"欧洲宪法条约"一事至今还远未圆满了结。来自欧盟自己内部的挑战是如此之大，以致使德国另一位前总理施密特这样认为："虽然迄今已经过去了近 50 年，但是到欧盟最终建立起来，仍然需要几十年时间，到 21 世纪前 25 年的后期，欧盟才可能成为一个有全面的行动能力的强大组织——如果在此期间一切顺利的话。"① 问题是未来20 多年欧洲"一切能顺利"吗？对所有这些问题和挑战，当然只能由欧洲人自己来回答和应对。笔者只是希望并且相信，欧洲国家和人民一定能找到良策，把欧盟建设得更加强大，更加进步。

（本文首发于中共中央党校《学习时报》（周报），

2007 年 6 月 4 日、11 日、18 日连载）

---

① ［德］赫尔穆特·施密特：《全球化与道德重建》，柴方国译，社会科学文献出版社 2001 年版，第 25 页。

欧盟对华政策调整中的经济因素

自 1949 年 10 月中华人民共和国建立至今的 60 年时间里，欧盟（及其前身欧共体）的对华政策已经数度调整。对这一发展演变过程，我们大致可以以 1979 年为界，分前、后两个时期：1949—1979 年 30 年为前半期，期间，欧中关系的决定因素在政治领域，虽然经济因素也在逐渐增长，但总的说来分量较轻；1979—2009 年 30 年为后半期，其间，经济因素日益成为欧中关系的核心部分，同时政治和意识形态等因素依然十分重要。在最近 30 年中，特别是自 20 世纪 90 年代上半叶以来，经济因素渐渐发展成为欧中关系中的基础性力量，这是与中国的改革开放（始于 1979 年）、中国经济的真正"起飞"（始于 1992 年邓小平南巡）和中国的初步成功崛起（大约始于 2005—2006 年）紧密相连的。正是中国经济所取得的巨大成就，决定着中国国际地位的明显提高，也为中欧关系的迅速发展奠定了基础。虽然所有这些进展迄今还没有达到改变欧中双方各自外交重点排序的程度，即欧盟国家仍以内部关系为先、美国第二、俄罗斯和欧盟"周边"第三、中国第四，中国则为美国第一、"周边"第二，俄罗斯日本第三、欧盟第四；但欧中关系本身却正在发生实质性的变化，即欧中交往已经越过主要是欧洲单方面影响中国的时代，21 世纪会是中欧相互影响的新时代。而在目前，由于欧中双方都没有能力让对方接受自己提出的、往往被对方视作"过高"的某些要求，因此未来的欧中关系将是一种巨大机遇与众多挑战共生的复杂存在。这也是 2006 年以来欧盟对华政策再次调整的时代背景和基本动因。

一 欧盟真正重视中国始于 20 世纪 90 年代上半叶中国的经济"起飞"以及随后开始的经济"崛起",从此经济因素在欧中关系中渐渐占据核心地位

（一）在 20 世纪 40 年代末至 80 年代末的这一段时间里，欧中关系经历了数次重大调整，其决定性的推动力量主要来自政治；但自 1979 年中国实行改革开放政策以来，经济因素的重要性日益上升

从中华人民共和国建国初期至 20 世纪 60 年代末，是西欧国家同中国发展关系的初始阶段。当时，多数西欧国家同美国保持一致，不承认新中国，只有瑞典、丹麦、瑞士、芬兰和挪威等国于 50 年代初先后同中国建交，英国、荷兰同中国只有代办级外交关系，即"半外交关系"。1964 年法中建交是个轰动事件，法国成为最早同中国建立全面外交关系的西方大国。

20 世纪 70 年代，随着美中关系的解冻以及中国在联合国合法代表席位的恢复，西欧国家同中国出现了建交热潮。至 70 年代末，除安道尔、摩纳多和梵蒂冈之外，中国已同所有的西欧国家建立了外交关系，与欧盟的前身——欧洲共同体也于 1975 年建立了正式关系。复交阶段这一时期中国同西欧各国政治、文化等方面的关系平衡发展，经济贸易关系发展较快，但由于始发点低，总量还不大。1975 年中欧双边贸易总额才 24 亿美元（凡"中"字开头的贸易统计数字均出自中国海关，下同）。

20 世纪 80 年代，更确切地说，在 1979 年中国开始实行改革开放政策后的十年间，欧中关系进入了一个新的发展时期，可谓积极发展关系的起步阶段。双方在各个领域的合作迅速发展，特别是高层领导人的互访频繁和政治磋商密切，双方关系在广度和深度上取得了重大进展。中国政府同英国和葡萄牙按照"一国两制"的方针，就和平解决香港和澳门问题所达成的协议也是在此期间实现的。当时欧中关系发展顺利，主要有两个原因：一是西欧国家出于反对前苏联军事"威胁"和全球扩张的需要，普遍实行联华制苏的战略，在反对苏联霸权主义这一点上同中国利益有一致之

处；二是中国的改革开放政策给西欧各国提供了潜力巨大的市场与合作前景。同时，西欧也有人寄希望于中国的内部演变，朝着他们所愿意看到的方向发展。到80年代中期，西欧出现了某种程度的"中国热"。1985年欧中签订了第一个贸易经济合作协议，沿用至今（目前正在谈判签订一项新的框架协定）。

80年代末，北京政治风波以后，欧盟同美国一起，对中国实行了所谓"制裁"，欧中关系急转直下，出现了严重倒退。欧盟在美国的带动下，对中国实行了"以压促变"的政策，对中国进行了多方面"制裁"，企图把中国压垮或促使我国改变政策，从而使欧中关系降到最低点。但是，时间不长，欧盟不得不改变自己的政策。中欧双边贸易总额在经历了从1985年的83.6亿美元大增到1989年的235.1亿美元之后，1990年（221.0亿美元）、1991年（116.1亿美元）出现了两年的萎缩，接着1992年开始回升（174亿美元），1993年（261亿美元）重新超过了1989年的水平。

（二）在20世纪90年代初至2005—2006年这一段时间里，中国迅速有力地兴起，引起了欧盟的极大关注和重视，欧盟对华政策实现了从一般关系到全面战略伙伴关系的积极调整；在此期间，促成这一进程的决定性力量是经济因素，中国的初步成功崛起，中国国家面貌发生翻天覆地的变化，不仅为中国国际影响力的大幅提高提供了坚实的后盾，而且还为中国的外交关系注入了新的活力

欧盟开始真正重视中国，并相应地调整其对华政策，主要出于下述三个原因。第一，自1992年邓小平南巡以来，中国社会主义市场经济建设大步推进，中国的改革开放事业进入了一个崭新的历史时期。中国经济的突飞猛进，中国经济力量的快速积聚，以及由此而来的中国在世界经济与国际政治中地位的日益上升，不仅为欧盟及其成员国提供了开辟潜力巨大无比的商品销售市场和有利投资场所的大好机会，而且还关系到欧盟实现其全球战略目标的深远利益。第二，自1991年年底苏联解体以后，欧盟及其成员国出于自身利益的考虑，全面调整整个对外政策，其中自然也包括十分重视调整其对华政策。冷战消逝后，走出美苏两霸夹缝的欧洲，提高了自己的地位，扩大了推行各项独立自主政策的空间，欧洲人不仅要重温昔日的"光荣",而且更要追求今天的"伟大",他们要让自己成为未来国际生活中的一支不可或缺的主导力量。第三,欧洲人对中国的改革开放政策怀抱期待,寄以希望,憧憬愿景。他们希望、相信并且致力于把中国的改革开放事业引向自己所愿意看到的方向和结果。为此,他们在北京政治风波后在某些方面改变了自己的策略,例如改变了原先提出的"同中国改善关系须以中国改善人权状况为前提"的方针,主张经济关系与人权问题脱钩,但仍要在人权问题上对中国保持压力;提出对华政策不应再以直截了当地促使中国共产主义制度"崩溃"为目标,因为这是根本办不到的,而应以通过经贸合作和其他接触等一步一步地促进中国内部发生变化,把中国逐步纳入西方主导的国际社会。

在这些因素的作用下,上述期间的欧盟对华政策调整总体来说是积极向上、和平友好和相对宽松的。这可以从1995—2003年间欧盟先后出台的5份对华政策文件中解读出来。1995年,欧盟通过了其有史以来第一个全面对华政策文件——《中国—欧盟关系长期政策》。这是欧盟调整对华政策,把中国置于优先位置的重要标志。1996年,欧盟又发表了《欧盟对华新战略》文件,强调对华政策的全面性、独立性和长期性。同时欧盟建议,采取三方面的政策"鼓励中国全面融入国际社会":扩大政治讨论的范围和支持中国加入世界贸易组织;支持中国内部的改革;加强欧盟与中国的联系。1998年,欧盟公布了《与中国建交全面伙伴关系》文件,倡议将对华关系提升到与美国、日本及俄罗斯关系的同等地位。该文件的提出为中欧关系在20世纪90年代后期至今的发展打下了坚实的基础。2001年,欧盟发表了《欧盟对华战略:1998年文件执行情况及进一步加强欧盟政策的措施》,重申发展对华关系的长远目标,并提出了70多条加强对华合作的具体措施建议。2003年,欧盟发表了《走向成熟的伙伴关系——欧中关系之共同利益和挑战》文件,指出欧盟和中国的关系已步入新型成熟期,发展稳定、持久、互利、平等的伙伴关系是双方的重要目标,并决定同中国发展"全面战略伙伴关系"。欧中关系达到新的高点。该文件还确认了欧盟对华战略的五大政治目标:通过加强政治对话,推动中国进一步融入国际社会;支持中国向基于法治和尊重人权的开放社会转变;使中国进一步融入世界经济,途径是让中国完全加入世界贸易体系并支持其以可持续发展为目标的社会经济改革进程；更好地利用欧洲所拥有的资源，强化欧盟在中国的存在。

（三）尽管欧盟及其成员国的对华政策具有两面性，但是欧盟《与中国建交全面伙伴关系》和全面战略伙伴关系这些文件的提出，毕竟标志着当时欧盟对华政策中积极因素明显占上风，欧中关系处于良好的发展态势。对此作出贡献的，首先是经济因素。欧中双方巨大的经济规模、可观的经济利益、互补的经济结构以及光明的经济前景，使经济因素成为联结中欧双方的主要纽带。这一纽带，无论在不时遇到的政治干扰时，还是在经常出现的贸易摩擦时，它都显得坚韧有力，从而保证了欧中关系的渐进性和相对稳定性，特别是促成了 20 世纪 90 年代初以来所取得的巨大进展

1995 年，中欧双边贸易总额为 403 亿美元；到 2002 年已达 868 亿美元，已经接近美国的 972 亿美元和日本的 1019 亿美元。在随后的 7 年里，中欧双边贸易年年快速增长：2002 年 +13.2%，2003 年 +44.4%，2004 年 +33.4%，2005 年 +22.9%，2006 年 +25.3%，2007 年 +27%，2008 年 +19.5%。从 2004 年起，中欧双边贸易总额超过美国、日本，欧盟成为中国最大的对外贸易伙伴，一直延续至今；2008 年，中欧双边贸易总额已经高达 4256 亿美元，明显超过日本的 2668 亿美元和美国的 3337 亿美元。从 2007 年开始，中国对欧盟的出口超过对美国的出口，欧盟成为中国对外贸易出口的第一对象国地区，这一点具有特殊重要的意义，因为几十年来，中国的经济发展在一定程度上都有赖于对美出口。与此相应地，欧盟在中国对外贸易总额中所占的比重也呈明显上升趋势：2002 年为 14%（美国 15.6%，日本 16.4%），2008 年已提高到 16.6%（日本 10.4%，美国 13%）。显然，经济因素乃是当前欧中关系的主要支柱，它加强了欧中关系经受风险的能力，而 2006 年 10 月欧盟发表的《欧盟与中国：更紧密的伙伴、承担更多责任》的政策文件就提出了一些新的问题。

二　2006 年以来欧盟对华政策再次调整,趋向严厉, 其主要动因是本世纪头十年下半叶中国的初步 成功"崛起"以及由此带来的中国国际影响力的 大大提升,经济因素在这一多少含有转折意义的 调整中起着关键作用

（一） 2006 年 10 月 24 日，欧盟发表了题为《欧盟与中国：更紧密的伙伴、承担更多责任》的政策文件，这是自 1995 年以来欧盟提出的第六份对华政策文件（下称《战略文件》）；这一政策文件还伴有一个详细阐述欧盟对华贸易与投资政策的"姊妹文件"《竞争与伙伴关系：欧盟—中国贸易与投资政策》，这是欧盟第一份专门就欧盟对华贸易与投资战略发表的文件（下称《经贸文件》）。这次发表的文件标志着欧盟对华政策的又一次重大调整

欧盟这一《战略文件》与《经贸文件》出台的主要背景是中国的"崛起"。欧洲人知道，近些年来，中国经济政治实力不断上升，在发表该文件的 2006 年，中国已是世界第四大经济体和第三大出口国，同时成为国际舞台上的一支重要政治力量。因此，中国的和平发展对欧洲的影响成了欧洲各界讨论的一个热门话题（而在文件发表后的三年里，中国的发展又有了长足的进步，其 GDP 在 2006 年超过了法国、英国居世界第四位之后，2008 年又超过了德国升至第三，2010 年将超过日本成为世界第二经济大国；中国的出口规模目前大致已同居世界第一的德国拉平）。在这种背景下，欧盟十分重视这次《战略文件》，因为"欧盟必须有效地应对中国的崛起。同时，为了应对自身的挑战，欧盟必须挖掘与中国伙伴关系的潜力"。而对《经贸文件》而言，用时任欧盟贸易委员曼德尔森的话说，作为指导欧盟未来 10 年对华贸易的政策，他把这份文件的起草、修改、出台，视为其任内仅次于世界贸易组织多哈回合谈判的最重要的工作。

欧盟在新形势下于 2006 年 10 月公布的对华政策《战略文件》与《经贸文件》，之所以特别值得我们重视，不仅是因为这些政策文件至今依然

有效，而且还由于它们包含了一系列重要内容。其中主要是下述两个方面。一方面，欧盟在文件中强调了对华政策的连续性，从总体上看，这份政策文件提出的对华战略是对欧盟以往战略的继承和发展。2003年，欧盟宣布致力于与中国发展全面战略伙伴关系。新政策文件强调将保持欧盟这一政策的连续性，并且认为自欧中决定建立全面战略伙伴以来，双边关系日益成熟和务实。因此，欧盟的对华政策必须保持现时所实施的"接触"与"发展伙伴关系"战略。这份文件还重申了欧盟先前已经提出过、但对未来发展对华关系依然适用的一系列具体而重要的政策措施，如继续支持中国的政治与经济改革，支持中国的开放、稳定、人权和法治建设，在科学、文化以及国际事务等方面与中国展开合作等。另一方面，更为重要的是，欧盟这份新文件的重点是重新评估中国，重新定位中国，以及根据由此而得出的结论，重新安排对华关系中的一系列重要政策。而在近年欧洲舆论民意对中国并不十分有利的情况下，这类重新评估的结论是可想而知的，其对中国的"重新定位"主要内容如下：不再把中国看作是一个普通的发展中国家；中国既是全面合作伙伴，又是强劲竞争对手；称中国是欧盟今后十年外贸政策的最大挑战；中国也是全球可持续发展的重大挑战。这些基本结论在《战略文件》与《经贸文件》中有的作了委婉表达，有的则直截了当。由此，欧盟对中国提出或重申了一系列新的更多、更高、更严的要求，包括"承担更多的责任"；在新的经济竞争中，欧方在致力于与中国发展战略伙伴关系的同时，也"不回避问题"；希望中方在一系列领域"进行更多改革"，特别是敦促中国扩大市场开放；推进欧中新一代伙伴关系框架协定《伙伴关系与合作协定》（正式名称未定）的谈判等等。归结起来是两个词，即"责任"与"竞争"。

所谓"责任"，《战略文件》强调指出，随着欧中战略伙伴关系更加密切，双方的责任也在增加，实质上是要中国在国际生活中承担更多、更大的责任。这些责任的广度和深度，从文件中也可解读出来。欧盟把中国当作已崛起的、"平等"的战略伙伴来对待。欧盟这里所主张的"平等"，既包括经济"利益互惠"的平等，也包括政治、外交、军事等诸多领域"承担责任"上的平等。而欧盟认为，中国的经济水平已经发展到欧方可以合理地要求中方承担更多的义务了。《战略文件》强调"平等关系"，看似平常的词汇表达，实际上体现了欧盟对欧中关系新的态度。许多欧盟官员认为，过去在欧中关系的实践中，欧盟方面"给予"大于"回报"。现在中国已经站在这样一个高度，欧盟希望中国"更负责任"，双方更加"平等互惠"。"竞争"问题同样如此。《经贸文件》《竞争与伙伴关系：欧盟—中国贸易与投资政策》称谓已经表明，欧盟在欧中经贸关系中已把"竞争"置于"伙伴"之前，至少是二者并重。这也许是近些年来欧洲人对中国经济进步的一种心理矛盾反映。他们一方面表示钦佩，另一方面又感到不安。欧洲人担心一个问题：除了需要人与人直接接触的服务外，在几乎所有其他的领域，中国最终都可能成为他们的竞争对手。这种担心有些夸大。事实上，由于欧盟与中国在经济社会发展程度方面处于不同的阶段，由于整体经济质量水平方面存在的明显差距，由于产品质量档次方面的高低不同，现今中国在许多高端领域还不是欧盟发达国家的竞争对手。诚然，竞争确实存在。首先是中国的劳动密集型产品价廉物美，成本竞争胜于欧盟；此外，欧盟国家的某些传统优势产业，例如汽车、机器制造、电器电子、化学化工等正在被中国等"新兴国家"追赶。对此，欧盟感到某些不安可以理解。事实上，欧盟已经在争取应对措施。近几年来，随着欧中贸易规模的迅速扩大，双方出现的摩擦案件也越来越为双方重视，欧盟的对华贸易政策也在悄然发生着变化。从至今依然不承认中国的市场经济地位、维持对华武器禁运，到对中国纺织品进口设限，从要求中国政府开放服务业市场，到向中国鞋类产品等实施反倾销，并与美国、加拿大一起要求世贸组织审理中国有关进口汽车零部件的征税措施，欧盟在对华贸易政策上正表现出比以往更加强硬的态度。还值得关注的是，中欧经贸关系正在逐步深入向一系列制度性领域延伸，触及到劳工权利保障、社会福利安排、环境经济规划、市场准入制度、各种安全法规等等。这将使中欧经贸关系中未来的竞争问题变得更加复杂。

（二）2006 年 10 月欧盟对华政策的再次调整，不仅是由于中国的复兴、特别是经济实力的迅速壮大，而且还因为自 1974—1975 年经济危机以来的 30 年中，欧盟在世界经济中所占的分量和在国际政治中所据的地位都在相对削弱。尽管欧盟依然是国际社会中的一支十分重要的力量，但是欧洲精英们毕竟已经意识到问题的严重性。为此，欧盟必须对内外政策进行调整、改革。对内，欧盟首先必须大力提高科技创新能力，积极发展高新领先产业，巩固加强传统优势产业，扶持保护相对弱势产业并使之进一步现代化，加紧改革欧盟及其成员国在经济—社会领域许多已经不合时宜的东西，所有这些，主要目的是提高经济竞争力；对外，欧盟将致力于在全球推广自己的价值观和社会经济模式，巩固、扩大欧盟在世界各地的"存在"，推进多边主义与国际合作，保证欧洲的政治经济和资源能源的安全，竭力打开国外市场，所有这些，主要目的是维护欧盟自身的利益和提高其国际影响力

　　欧盟在当今世界经济中起着看似矛盾的作用。一方面，自 20 世纪 70 年代中期以来，欧盟已不再是全球经济中的主要牵引机。1999—2008 年间，欧元区经济年均增长率仅为 2.1%，低于发达国家平均值 2.6%，更不必说新兴市场和发展中国家的 6.5%。另一方面，欧盟又以其低稳增长而又规模巨大的经济力量，犹如世界经济航船上的一只巨锚，对全球经济起着某种"锚定"作用。2007 年，德、法、英、意等欧盟经济 15 个领先国家（它们合占欧盟 GDP 的 95%）GDP 总值为 15.8 万亿美元，占世界 53.4 万亿美元的 29.6%；2006 年，德、法等欧盟商品出口 9 个领先国家的出口值占世界的 31.3%，英、德、法等欧盟服务出口 13 个领先国家的出口值占世界的 42%。但是与此同时，欧盟经济在诸多方面长期以来一直都面临着迫切需要调整、改革的重重困难。

　　欧盟经济长期不振及其调整改革所面临的重重困难，主要原因是三个"不适应"。首先是欧洲未能及时适应经济全球化的新形势。经济全球化使作为欧洲经济模式根基的社会福利制度面临严峻考验。资本、劳动、政府三者无不如此。在经济全球化资本自由流动的条件下，如果国内政策威胁到资本利益，它们可以马上转移。欧洲就是如此。在劳工方面，与战后的"黄金"年代（20 世纪 50—60 年代）相比，经济全球化、快速的技术变迁、后福特主义和自由市场政策的广泛采用所带来的最终结果就是弱化了劳动的交易权利，使雇员承担更大的失业风险和工作条件变化的压力，减少了工作场所的自治权，增强了生活的不安定感。在政府方面，为了留住本国资本，吸引外国资本，各国竞相进行"减税竞

争"，这意味着极大地限制了政府利用财政税收政策调节整个社会经济生活的能力，以及提供社会保障的能力。其次是欧盟及其欧元区国家尚未全面适应欧洲统一市场与统一货币欧元；反之，欧洲统一市场与统一货币迄今也还未带来像不少经济学家本来所期盼的那样丰硕成果。欧洲统一市场1993年宣告建立已经十多年，但至今在许多领域离真正的"统一"市场还相去甚远；欧洲统一货币欧元自1999年也已问世10年，至今欧元区各成员国的金融制度依然五花八门。再次是欧洲人未能适应旧大陆必须重新现代化的各种要求。许多欧洲人思想上习惯于富裕生活不思进取，行动上担心触及既得到利益又不愿改革。其结果是欧洲社会经济生活中长期存在的难题越积越多。

然而，欧洲人毕竟在做出努力。例如2000年推出的"里斯本战略"，提出了要在10年内把欧盟建设成为世界上最具有竞争力的知识经济体的宏伟目标。这一计划至今已经经历了三个阶段。在2000—2004年第一阶段期间，人们强调要努力奋斗实现上述目标，但期间执行不力，后进行了调整；在2005—2007年第二阶段期间，人们"降低"了目标，以经济增长和就业为优先目标，取得了一些进展；2007年年底欧委会推出了"里斯本战略"新三年规划（2008—2010年），重点是从四大优先领域推动各成员国深化经济改革，同时强调"里斯本战略"的对外层面，在全球竞争中积极寻求与别国市场的对等开放。这四大优先领域分别是知识和创新、商业环境改善、劳动力市场改革以及能源和气候变化。这样，"里斯本战略"从2008年起进入了最后第三个阶段，这一阶段将最终决定"里斯本战略"的成果。总的来看，欧盟经济不振和竞争力相对下降的长期发展态势至今尚未得到明显扭转。这种态势人们时时可以感受得到。例如德国机械设备制造业联合会2009年4月发表的一份评估报告称，德国这一传统优势产业的销售额已被中国赶上：在2008年全球机械制造商销售总额1.58万亿欧元中，中国已占2710亿欧元，份额为17.2%；德国为2330亿欧元，占14.7%。但德国人也强调指出，中国机械制造业销售额（包括内销）全球第一，并不说明中国机械出口的地位。德国机械产品出口仍将是世界第一。在机械制造业31个部门中，德国有17个占据世界领先地位，包括机械搬运、电力传输设备、印刷技术等；而中国只有在纺织机械等若干个部门有竞争力。而且，中国50％以上的高端机械产品仍需进口。德国与中国的机械制造业目前还不在同一竞争平台上。但无论如何，中国正在快速追赶。这一点就足以引人注目。在最近的国际金融危机中，欧盟几乎又成了世界经济的"尾灯"：欧元区已连续四个季度经济负增长；2009—2010 年欧盟将新增850 万人失业人口，失业率接近11％；成员国年度财政赤字平均已占GDP 的6％，2010 年将进一步上升至7.25％，远远超过欧盟所规定的3％的上限，如此等等。人们已在担心欧洲经济危机将拖累世界经济复苏，包括中国。欧盟经济长期表现欠佳，也会影响到欧盟对华政策。中国希望欧盟经济状态良好。

三　当前欧中关系中的经济因素在发展中正在日益被复杂化，经常与意识形态、政治因素等问题牵扯在一起

（一）欧盟对华政策框架里价值观分歧中的新因素

欧洲人有自己的价值观，其中特别重视人权中的政治自由民主；中国人也有自己的价值观，目前首先强调人权中的人的生存权与发展权，同时也致力于在政治自由民主方面取得进步。由于历史文化背景的差异、政治经济制度的不同以及社会发展阶段的有别，欧中双方各有各的价值观，这是一种正常现象。谁也不应该把自己的价值观强加给对方。包括欧洲人内在的西方人价值观完全是西方的东西。西方人的价值观一贯被认为来源于基督教，但在基督教教义中并没有出现过民主、法治国家、人权等这样一些概念。这些价值观来源于"启蒙思想"，是最近二三百年才形成的西方思维定式。它并不是天生、永恒的。在别的地区国家未必都行得通。21 世纪的世界将是多种不同价值观并存的世界。这已是全球有识之士的普通共识。

欧中双方在价值观问题上已经作了多年的沟通，也取得了某些进展，但显然分歧依然存在。特别值得关注的是，在当前的欧中关系中，价值观分歧已经成为一个难题，而且还出现了若干新的因素。第一个新因素是，

价值观分歧似乎可能朝着不利于欧中关系的方向演变。自 1979 年中国开始实行改革开放政策以来，在起初的 10 年里，欧洲人对中国充满着新奇、期盼，采取"耐心等待"的态度，运用"劝说"、"开导"的办法，希望中国逐渐接受他们的价值观。1989 年北京政治风波之后，欧洲人开始有些"失望"，但不久就重新调整了政策，继续寄望于沟通价值观等等的影响传导，相信随着改革开放的深入开展，中国内部会出现制度性的变化，1995—2003 年期间欧盟先后出台的五份重要的对华政策文件都表明，欧洲人依然寄望于中国会朝着他们所愿意看到的方向演进。他们还愿意为此大力提供"帮助"。大约自 2005 年以后，在欧盟对华政策中，一方面是对价值观问题依然坚守不移，继续怀抱希望，同时作为一种压力手段常被采用，要求中方在这方面或别方面作出让步。不仅如此。近年，欧洲还有人提出要把价值观问题作为持续发展欧中关系的基础。2007 年 10 月 23 日德国联盟党议会党团作出的"亚洲战略"决议中明确指出："德国和欧洲的亚洲政策必须以我们的长期利益为原则，旨在亚洲赢得可靠的伙伴，这种伙伴关系只有共同价值观和信念的基础上才能持续发展。"诚然，这种议会党团的言论还不等于是欧盟及其成员国政府的政策，但毕竟还是值得重视。因为它表明，在当前欧盟成员国尚缺少一项真正共同对华政策的情况下，面对中国，价值观人权问题是他们难得找到的一个重要的共同点；欧洲有人不喜欢"北京政权"，但欧盟国家不能没有中国市场，因此利用价值观分歧做文章，必定效果有限，这些人认为正因为如此才需要更加强调价值观人权问题；与此同时，欧盟一直把内政放在首位，自以为欧洲是"全球人权律师事务所"，它更多考虑的是欧盟国家本国人民的感情和想法。当中国以刚毅、强健的形象出现在世界舞台上时，价值观人权问题就成了欧盟"制约"中国的一件方便武器。

欧中关系价值观分歧中近些年来出现的另一个新因素是"中国模式"问题。随着中国经济实力的迅速壮大以及随之而来的中国国际地位的显著提高，许多欧洲人和其他西方人早已敏锐地意识到，欧美自冷战结束以来将首次面对一个"可怕的竞争对手"——"中国模式"。虽然对这个模式所依托的中国崛起至今依然令许多欧洲人不解，但他们已经开始担心它将来会带来的后果：如果"中国模式"被证明是成功的，那么西方人的文化心理、宗教优越感、发展模式、价值观等一系列根本的东西都会被证明为仅仅只是"一种选项",而非"唯一真理"。不仅如此。欧洲还感觉到自己将在整个政治体制方面面临挑战,因为现在不少发展中国家正在学习中国的发展模式。欧洲人更担心"中国模式"的实质内容,他们认为,在世界经济和国际政治的等级体系中,中国的发展将伴随着一个"非民主的"、"非自由主义的"国家的兴起,它正在发展成为一个与西方竞争的、可以为其他国家借鉴的独特的秩序政策模式。而最近的国际金融危机更使欧洲和整个西方忧心忡忡,因为这次危机范围之大,破坏力之大,已使全球资本主义及其卫道士陷入意识形态恐慌,"中国模式"可能会因此受益。为了应对"中国模式"的出现、发展和扩散,比美国更注重意识形态的欧洲正在采取种种措施,包括强化对中国的舆论战。长期以来,欧洲媒体舆论总体说来一直对中国不利,而且,这种局面一时半会很难扭转,因为双方对有关问题的认识几乎都针锋相对。例如中国媒体认为欧方涉华报道以负面信息为主,欧方媒体则反驳说"也有正面报道";中方认为欧方对华评论以批判为主,欧方则认为中国社会问题确实不少,媒体对任何对象的基本态度都是批判,"批判"说明中国问题越来越重要;中方认为欧方报道片面有失公正,欧方则认为涉华报道是客观的;中方认为欧洲媒体存在意识形态因素和政府操纵因素,欧方则认为不存在任何政府控制媒体的因素;中方认为欧方有人蓄意抹黑中国形象,欧方则认为绝对没有恶意丑化中国,个人没有仇华情感;此外,欧洲媒体还批判中国政府披露信息不透明、不及时,外国媒体记者在华受限制太多、新闻不自由等。特别值得重视的是,中国国家客观存在的真实形象,经过欧洲媒体的负面导向形成了中国国家的"虚拟形象",以此去影响欧洲公众民意,然后再反馈到欧盟对华政策的政治经济层面,最后损及中国的国家利益和中国人的利益。与此相联系,欧洲总有人不时利用甚至制造挑起对中国不利的事端。例如对 2008 年 3 月西藏拉萨发生的暴力事件的报道,欧洲媒体采取了简直是一边倒的主场态度,谴责中国,充分暴露了他们对中国的深深偏见。这绝不仅仅是出自他们对宗教信仰的情结,对地域文化的猎奇,更主要是反映了对中国发展的不安、焦虑甚至恐惧。

（二）大约自 2005 年以来，世界经济政治格局开始酝酿出现新一轮的大变动，趋势是"新兴国家"走向崛起，西方国家地位相对下降，欧洲人对此特别敏感

遥想 1989—1991 年东欧剧变、苏联解体时，欧美人士弹冠相庆，欣喜无比，断言资本主义已经最终战胜了社会主义、共产主义，似乎世界诸事举其荦荦大端皆已"摆平"，从此西方首先是美国可以独步天下。谁曾料到，大约在 20 年之后，世界格局又开始酝酿新一轮大变动。对于当前正在发生的新变局，各路精英自有不同的判断或推测：有人预计，从今天算起再过二三十年，这个世界将由美国、中国、欧盟、印度、俄罗斯等国家和集团扮演主要角色；有人强调，"新兴国家"中国、印度、俄罗斯、巴西"金砖四国"将在未来国际生活中发挥越来越重要的作用；有人认为"东方"正在复兴，"西方"相对衰落，历史在重演新一幕"轮回"；有人则断言未来世界将由美国、欧盟、中国"三驾马车"领跑；还有人甚至提出世界将由美国和中国 G2 两家"共治"（这里包括布热津斯基的政治 G2和美国国际经济研究所所长伯格斯滕的经济 G2），如此等等。对于最后一种议论，中国总理温家宝在 2009 年 5 月 20 日第十一次中欧领导人会晤时已经作了明确的批驳，指出"这是毫无根据的，也是错误的"。笔者认为，有一点可以肯定，那就是自英国工业革命开始的、先后由英、美、德、法、日五大国独自称霸或"共同治理"了 200 多年的那个旧世界正在经历翻天覆地的变化。

在这一走向世界新格局的大变动中，中国与欧盟是两个备受重视的实体，不过是从两端受人关注，即世人普遍"看好"中国，而不少人"看衰"欧盟。许多人预测中国就在明年（2010 年）就将赶上日本，成为仅次于美国的世界第二大经济体。在这种背景下，欧美西方国家和集团对中国的态度也在发生微妙的变化。上文提到的 2006 年欧盟出台的对华政策文件也许是这方面的信号之一。它们都把中国看成是一个"复杂的存在"：中国既是一个巨大的市场，是有价值的经济伙伴；又是经济、工业和能源领域的竞争者，是政治和战略上的"对手"甚至"威胁"。而欧盟及其成员国则特别担心它们在国际外交诸多方面的影响会随着中国影响的扩大而缩小。在不久的将来世界经济四强（美国、中国、印度、日本）的名单中没有一个国家来自欧洲。最近的国际金融危机将进一步减少欧美在全球事务中发挥作用所需的实力、信誉和道德力量。考虑到欧盟国家经济长期不振，欧洲一体化与改革进程近几年连连受挫（例如《欧盟宪法条约》和《里斯本条约》2006年和2008年先后被否决），欧洲内外一直有人对欧盟的前途心存疑虑。

然而，笔者并不那么认同某些过于高估中国、低估欧盟的观点。迄今为止，中国的迅速壮大主要来源于经济成就，但是即使在经济领域中国也依然存在着不少难题，更何况在其他方面更有许许多多事情要做。中国依然是一个发展中国家。至于中国对外部世界的影响，这是一个自然发展的过程。当今中国不仅没有足够的政治意愿来充当"国际领袖"，而且也没有足够的经济实力来担当这一"领袖"角色。至于欧盟，虽然它的力量相对有所减弱，但它仍然是世界经济与国际政治中一支十分重要的力量。欧盟在维护世界和平和发展世界经济方面是一支"稳定的力量"；在世界走向多极化、多元化进程中，在发挥国际问题调解人、中介人作用方面，以及在担当"南北桥梁"角色方面，欧盟是一支"平衡的力量"；欧盟为世界提供了一种可供选择的"社会福利国家"模式（虽然它极需改革），并以"欧洲联盟"的形式在世界区域整合方面处于领先地位，在这些方面，欧盟在某种意义上可以说是一种"榜样的力量"。恰当地判断欧盟，对中欧关系的未来发展有利。

总之，欧中关系在经历了一段相对稳定的时期之后，近年来处于一种不大确定的状态。但是，重大的共同战略和政治经济利益仍然是欧中关系进一步发展的基础，而其中的经济因素则是其核心部分。

（本文首发于中国社会科学院国际研究学部《中国对外关系：回顾与思考（1949—2009）》，张蕴岭主编，社会科学文献出版社2009年版，第185—198页。发表时题目改为《从经济视角看欧盟对华政策的调整》）

欧盟国家的经济改革

　　欧洲正在进入一个新的历史发展时期。经历了金融危机的沉重打击，欧盟经济一度跌入谷底，目前正踏上艰难复苏的轨道。未来欧洲的命运取决于它对全球化的全面适应能力，取决于它对一体化的创新吸纳程度，取决于它在新现代化进程中所取得的实际成就，归根结底取决于欧洲的经济改革。作为推动欧洲联合的欧盟的发展动力，欧盟经济改革不仅需要独当一面地提升欧盟的经济实力及其在世界范围内的竞争力，并且还要联手欧洲共同承担起推动欧盟发展与壮大的重要历史使命。

一　欧盟国家经济改革背景

　　欧盟在世界经济中所占的重要地位，是欧洲在近现代和当代全面发展的自然结果；而当今欧洲经济力量的相对局限性，则同它最近 30 年，特别是自 20 世纪 90 年代以来发展不及美国与"新兴国家"等密切相关。欧盟经济的这种相对不振主要根源在于旧大陆内部的结构性问题，它们交互来自三个"不适应"，即欧洲在过去的二三十年中未能及时适应经济全球化的新形势，欧盟及其欧元区各国尚未全面适应欧洲统一市场与欧洲统一货币（反之，统一市场与统一货币至今也还没有充分发挥其积极影响），以及欧洲迄今还尚未认真着手适应它需要重新现代化的客观要求。

（一）欧洲未能及时适应经济全球化的新形势

　　自 20 世纪 70 年代中期以来，与美国和其他某些国家相比，欧洲经济的国际竞争力总体趋向下降。欧洲人清楚地意识到随着冷战消逝后美国式全球化的大踏步挺进，欧洲经济的国际竞争力将面临更大的新考验。多年来，欧洲的经济与就业增长不及美国等国，而伴随着这些增长不平等的，除了世人通常说到的世界各地区之间、各国之间以及各国内部愈益加剧的收入、财富之类分配方面的不平等之外，还有欧洲同美国和"新兴国家"相比在国际竞争力等方面的"不平等"也正在进一步变得对欧洲不利。世界经济的全球化发展是一把双刃剑，它在给一个国家或地区的发展带来机遇与便利的同时，又使这些国家和地区面临着更严酷的竞争，使它们的发展更易受世界经济局势、国际贸易、金融和资本运动的影响。全球化被法国前总理诺斯潘称为"世界化"，并明确指出了它的含义：世界化是我们发展所面临的现实。不过，这种现实具有重要意义：首先，它促进了全球的经济增长，但同时也伴随着愈来愈多的不平等；其次，它有利于发现人类的多样性，但本身又孕育着同一性的危险；最后，它释放出一定的能量，但也导致一些需要控制的消极力量。① 在上述三方面的"两重性"中，欧洲人目前在全球化的新形势下所须应对的消极力量显然大于美国人。

　　经济全球化使作为欧洲经济模式根基的社会福利制度面临严峻考验，劳动、资本、政府三者无不如此。世界范围内的竞争，意味着劳动力市场变得国际化，资本向社会工资较低因而更具竞争性劳动力成本国家的流动成为可能，高劳动力成本经济的工作岗位将流向劳动力成本低廉的经济。这使得西欧各国政府"随意"实行财政货币政策的自由受到很大限制：为维持就业或追求再分配宏伟目标而实行的庞大的赤字支出将受到惩罚；"高工资、高税收、高福利"的福利国家政策成为影响欧盟许多国家国际竞争力的一大决定性不利因素；政府各自独立制定社会政策的自由受到削弱；凯恩斯的"需求管理"模式和"充分就业"政策受到严重挑战。

　　分解来看，在劳工方面，与战后的"黄金"年代（20世纪50—60年代）相比，经济全球化、快速的技术变迁、后福特主义和自由市场政策的广泛采用所带来的最终结果就是弱化了劳动的就业权利，使雇员承担起失业的风险和工作条件变化的压力，减少了工作场所的自治权，增强了生活的不安定感，工资增长普遍减缓。欧盟长期形成的高福利体制和与之匹配

---

① ［法］《回声报》2001年4月10日。

的严格的劳动力管理机制，导致欧盟的产品成本昂贵，在国际竞争中处于不利地位。目前，德、法、意等国的福利支出依然占国内生产总值的 1/3以上。从 20 世纪 70 年代以来，美国人均工作时间增加 20%，达到每年1840 小时，而欧盟 15 个老成员国同一时间段内人均工作时间下降 20%，平均为每年 1550 小时。[①]高昂的劳动力成本大大削弱了产品竞争力，使欧盟国家的整体出口在世界市场上所占份额明显下降。至于长期困扰欧盟一些国家的高失业率，也是同上述高福利体制和严格的劳动力管理机制分不开的。近年来欧洲的一些企业为了逃避国内高工资、高税收负担而把生产基地转移到国外，尤其是向劳动力便宜的发展中国家转移，从而造成国内就业岗位减少。欧盟统计局报告显示，自欧盟陷入最近这次经济危机以来，共减少就业岗位 430 万个，新增失业人口高达 600 万人。其中受影响最大的是建筑和工业领域的就业。西班牙和爱尔兰的失业人口较 2008 年翻了一番，波罗的海国家的失业人口则是 2008 年的 3 倍。失业人员主要为男性、青年人和临时性工人。[②]

从资本角度看，在经济全球化资本自由流动的条件下，如果国内政策威胁到资本利益，它可以马上转移。面对来自世界其他地区的强大竞争，为了提高劳动生产率和降低生产成本，求得生存与发展，欧洲的公司企业纷纷外迁。在过去的几十年中，已有大量传统的、劳动力密集的产业由欧盟国家迁向其他劳动力成本低廉的国家和地区，此举虽然有时巩固和加强了欧洲大公司在国外市场上的竞争地位，但却导致欧洲资本大量外流。据最近《世界投资报告》显示，世界外资流出量的几乎一半来源于欧盟国家，达到 11422 亿美元，特别是法国、西班牙和英国。但另一方面，报告也指出欧盟地区的外资流入量也大大增加，这主要是因为欧盟国家为内部共同市场扩大而进行的重组和集中过程引发了新一轮跨国收购浪潮。外国直接投资大量流入英国、法国、荷兰和西班牙，使欧盟的全部外国直接投资流入量增长了 43%，达到 8040 亿美元。但是与欧盟的资本流出量

---

①　新华网：《欧盟前进方向不明确　向全球第二大战略力量演化》2008 年 2 月 3 日。

②　Eurostat, *Impact of the economic crisis on unemployment*, July 2009.

11422 亿美元相比，欧盟还是存在资本流失的风险。[①] 同时，欧洲在国际贸易的争夺中遭遇来自美国、日本及亚洲新兴工业化国家的强大竞争，腹背受敌，国际贸易份额减少。伴随这一趋势而来的是其所拥有的国际劳动市场份额的缩减。另外，欧洲国际竞争力的降低和世界市场竞争的日趋激烈，促使欧洲内部企业兼并加剧。在兼并过程中不仅就业机会大大减少，且伴随大量的裁员。这表明流失资本等于流失繁荣、流失福利、流失就业，最终形成一个恶性循环。

从政府的角度来看，随着资本和生产的全球化，商品、服务、资本、技术以及劳动突破民族国家界限，在全球、全欧盟范围内的加速流动，国家在与资本的"对垒"中越来越处于不利地位，政府决策者在对劳动阶层提供权利保护和对经济的宏观调控以及公共支出水平的控制等经济管理领域的控制力步步后退，民族国家为国民提供就业保障的职能遭到严重削弱。为了鼓励投资，各国纷纷出台降低纳税标准、减少福利支出、降低劳动成本等一系列迎合资本的措施，在国际金融市场上展开了一场世界范围的争夺投资者的竞争。为了留住现有的公司，使它们答应不把成千上万的劳动岗位转移到国外，同时惧怕资本的外流会增加本国的失业，很多政府不得不向资本低头，不得不对跨国公司的要求做出让步。以税收制度为例，为了顺应全球减税的变化以及吸引外资，欧盟许多国家纷纷进行了税制改革。英国实行单一公司税制，最高税率为30%，适用于内、外资公司，低于美、日、法、德等国水平，利润较低公司可享有更低甚至零税率。[②] 德国于2005年12月审议通过了《税制紧急计划法》，此次改革的主要目的便是减轻企业负担，增加就业岗位。[③] 这些税制的改革意味着极大地限制了政府利用财政税收政策提供社会保障的能力。这不仅影响到国家调节整个社会经济生活的能力，还使社会福利制度面临不可抗拒的巨大改革压力。

---

① 联合国贸易和发展会议：《世界投资报告：跨国公司与基础设施的挑战》（英文版），2008年，纽约和日内瓦。

② 郭英彤：《宏观经济政策与欧盟地区的应用与效果评价》，吉林大学出版社2008年版，第39页。

③ 同上书，第42页。

而 2007 年发端于美国的全球金融危机在导致全球经济严重衰退的同时，也进一步暴露了欧盟在经济全球化进程中的不适应性。由于美欧大金融机构相互间的深入渗透，加上欧盟国家自身金融系统存在的一大堆严重问题，全球金融危机使得欧盟难以避免地成为危机的重灾区之一，欧盟及其成员国为挽救银行实施的"救市"措施总共耗资约达 2 万亿美元；与此同时，金融危机对欧盟实体经济的打击也十分沉重，迫使欧盟国家政府推出了一系列"刺激经济计划"以扶持企业，耗资超过 2000 亿欧元。据欧洲中央银行估计，欧元区各国政府的资本注入和购买有毒资产等措施为欧元区增加的政府债务相当于欧元区 2009 年 GDP 的 3.3%。[1] 尽管作了许多努力，欧盟及其欧元区 2009 年的国内生产总值仍将比上年负增长 4%，[2] 经济萎缩程度超过美国。欧盟经济研究机构还认为，2009 年让欧盟最为不安的是高额财政赤字、不断攀升的失业率和相对居高的欧元汇率。据欧洲统计局预测，欧盟 27 国 2009 年全年财政赤字占国内生产总值的比重平均为 6.5%，超过欧盟规定的上限 3% 一倍多，总额高达 8800 亿欧元，如此庞大的财政赤字将给欧盟今后的金融稳定和经济持续增长埋下巨大的隐患。欧盟就业形势依然十分严峻，2009 年年底 27 国平均失业率已经达到 10.0%，是近 5 年来第一次大幅度上升。此外，欧元对美元、日元等汇率 2009 年相对居高不下，进一步降低了欧盟产品的出口竞争力，同时还严重影响到了欧盟国家开展旅游、物流和服务贸易方面的收入。

欧盟国家之所以未能及时适应经济全球化的进程，除了上述的结构性因素之外，还有更为深刻的理论认识和实践行为两方面的原因。在理论问题上，诚然，欧洲也有人早已指出了经济全球化会对欧盟国家的经济—社会生活产生重大的影响，但是多数当政者始终缺乏勇气采取强有力的有效应对措施。1998 年，英国政治学家约翰·格雷就把福利国家的死亡看成是全球化的一个直接结果。他认为："以为过去的社会市场经济可以在向下协调力量的作用下原封不动的保留下去，这是与全球市场有关的许多幻想中最为危险的一种。相反，社会市场体制正在逐渐被迫自己毁坏自己，以

---

[1] EBC（欧洲中央银行）：*Monthly Bulletin*，July 2009，p. 68。

[2] IMF：*World Economic Outlook*，October 2009.

便它们能在比较平等的条件下与社会和劳动成本最低的经济体进行竞争。"① 显然，格雷正确地指出了全球化对于欧洲社会福利制度问题的重要性，但就其所面临挑战的结果与原因分析而言，格雷的判断似乎有些夸张了。事实上，欧洲的社会福利制度并没有死亡，而且其精神与核心也决不会死亡，但它确实迫切需要相当艰难地适应已经大大变化了的欧洲内外形势与条件。2003 年，德国前总理格哈德·施罗德撰文写道："我们的社会福利国家的基本制度——失业保险、疾病保险、养老保险和护理保险——的基础是如下这些已长期表明为有效的假设：我们绝大部分的福利是在一个民族国家的工业社会中获得的，而这个社会本身能在有规则的正常劳资关系中接近实现充分就业。但是，在全球化的时代，在知识和资本自由流通、劳动市场和人口结构发生激烈变化的时代，我们已不再能运用这些假设了。"②这就要求欧洲人变革，而施罗德本人也确实提出并实施了一项名叫《2010 议程》的改革计划，不过总的来看也只是一次较小的行动。在实践行为方面，欧洲人显然对最近二三十年经济全球化的迅速发展及其巨大影响估计不足。自 1979 年中国开始走向市场经济，1989—1991 年间东欧剧变、苏联瓦解，以及全世界几乎所有国家都踏上市场经济道路以来，经济全球化有了真正的"全球"含义，全球一下子大约有 20 亿"新"的劳动力投入到世界范围的激烈的经济竞争之中，他们既廉价又勤劳，其严重后果是西方许多国家尤其是欧洲国家所始料不及的。在这种背景下，欧洲人几十年来所形成的行为方式就显得更加不合时宜。德国人是一个典型。德国另一位前总理赫尔穆特·施密特说，德国人长年来还受种种恐惧支配，有碍于技术进步。德国人有一种容易变得恐惧的心理倾向和拒绝改变的心理倾向。尽管目前大多数德国人的物质生活条件比第二次世界大战结束时要好得多，却经常出现一些忧虑重重的、教派式的运动。它们把矛头指向核电站、核废料、褐煤开采、风力发电设备、高速公路建设、基因技术、吸烟、欧元、外国人等等，围绕能源政策的争论充分证明了这样的

① John Gray： "*False Dawn： The Delusions of Global Capitalism*"，London，Granta Books，1998，p. 92.

② ［德］格哈德·施罗德：《塑造未来需要变革的勇气》，刊于德刊《新社会/法兰克福杂志》2003 年第 5 期。

事实，即德国的公众讨论经常并且在很大程度上受到种种恐惧的支配。"歇斯底里者"们还日益使自然保护变味。现代技术本来可以帮助缓解空间紧张的问题，可是，过去的灾难预言给德国人造成了恐惧，使他们对几乎所有技术进步——从超高速铁路到数据存储——都充满反感。这种情况如果发展下去，有可能使德国在经济、社会和心理等方面都陷入一种日益危险的形势中。[1] 自然，自 1998 年施密特说了上述这番话之后，今天德国和欧洲的气氛已经有所变化，但毕竟是迟到了一些。

（二）欧洲一体化仍有待深化和完善

欧洲在国际竞争中地位的下降，使得欧洲人将希望寄托于欧洲联合的进一步发展，包括扩大，尤其是深化——特别是大力完善统一市场与统一货币，使之对欧洲经济起更大的积极作用。欧洲人力图用本地区一体化作为对全球化的一种有力响应，这在理论上和实践上都是有充分证据的。区域经济一体化的所有理论，都从不同角度阐明了它将会带来的利益。无论是巴拉萨把经济一体化定义为既是一个过程，又是一种状态，[2] 柯森从生产要素配置的角度解释一体化的过程和状态，[3] 丁伯根将经济一体化分为"消极的一体化"和"积极的一体化"，[4] 还是库珀强调的应以行为条件而不是法律条件来衡量一个区域是否实现了经济一体化，[5] 这些理论至少从三个方面给不少欧洲人以期待，希望借区域经济一体化来有效地应对经济全球化：首先，像欧盟这样的区域经济一体化可以使期望的外部利润内部化，减少不完全市场的不确定性，降低交易成本，市场的扩大将带来规模经济效应，一体化成员之间不但可以获得产业内贸易带来的收益，而且还可以获得产业间贸易带来的利润；其次，竞争的日趋激烈化，还会迫使欧盟及其成员国认真审视自身的竞争力，并为提高自己的竞争力作出种种努

---

　　① ［德］赫尔穆特·施密特：《全球化与道德重建》，柴方国译，社会科学文献出版社 2005 年版，第 72、73、88、90 页。

　　② Bela Balassa：*"The Theory of Economic Integration"*，London：Allen & Unwin，1962，p. 1.

　　③ Victoria Curson：*"The Essentials of Economic Integration"*，New York：St. Martin's Press，1974.

　　④ Jan Tinbergen：*"International Economic Integration"*，Amsterdam：Elsevier，1965.

　　⑤ Richard N. Cooper：*"The Economics of Interdependence：Economic Policy in the Atlantic Community"*，New York：McGraw‑Hill，1968，pp. 8—10.

力；最后，国家对经济主权控制力的削弱为一体化制度的建设提供了客观可能性，而一体化组织拥有与一体化发展阶段相适宜的经济控制权，有利于稳定地区经济。

　　然而，实际成效与上述预期相去甚远。1996 年，欧盟委员会提交了一份内容丰富的报告《单一市场的影响和效益》，报告由 38 篇独立的论文和 1 份对 13000 家企业的咨询调查组成。据此，在为建立欧洲统一市场加紧作准备的 1987 年到 1993 年间使收入增长率从 1.1% 提高到 1.5%，而且，这些评估还不能确定"实现单一市场"是促进这一经济增长的惟一因素。[①] 欧洲经济一体化的实效与预期，在 20 世纪 70 年代以来之所以相去甚远，主要是因为欧洲联合还远未落实——当前集中体现在统一市场与统一货币的作用上。欧盟及其欧元区各国尚未全面适应欧洲统一市场与欧洲统一货币；反之，欧洲统一市场与统一货币，迄今也还未带来像不少经济学家本来所期盼的那样的丰硕成果。虽然欧洲一体化确实给有关国家带来了巨大的政治、经济利益，但同时也造成了不少负担。特别是在最近的 20 多年，冷战消逝后对原苏联东欧地区的援助，两德统一所引起的沉重负担，欧盟东扩的大量新费用等，旧的包袱至今还尚未完全消化，新的包袱又接踵而至。

　　欧盟统一市场宣告建成已经 16 年（1993 年起），但至今在许多领域离真正的"统一"市场还相去甚远。在金融领域，尽管欧盟的金融一体化取得了巨大的成绩，但仍存在不少的问题。金融一体化是一个利益再分配的过程，必然会遇到利益受损方的巨大阻力。一体化意味着其他国家进入障碍的消除，新的更有竞争力的外国金融机构会争夺本国落后金融机构的商机，导致本国金融机构的利润下降甚至破产。而且，由于外国金融机构一般不受本国的管理，这会降低本国政府官员控制金融资源的权力和影响。因此，习惯于享受垄断利润、缺乏竞争力的本国金融机构和政客们都会想方设法抵制外国金融机构的进入。从欧盟各国应对最近这次金融危机的过程和措施中也可看出欧盟金融市场的混乱。金融危机的快速蔓延虽然

---

　　① ［德］维尔纳·魏登费尔德等编：《欧洲联盟与欧洲一体化手册》，赖志金等译，中国轻工业出版社 2001 年版，第 272—273 页。

引发了欧洲各国政府纷纷救市，但迄今各国基本上是各自为战，缺乏统一协调，甚至还发生各自采取的措施影响他国而引发争议。例如，爱尔兰政府率先承诺为爱尔兰银行的所有储户提供担保，从而使得邻近的英国担心本国公民将资金从英国转移到爱尔兰，危及英国银行的稳定。面对欧盟一盘散沙的局面，欧盟轮值主席国法国和欧盟委员会都力图改变，但收效甚微。欧元区首次首脑会议，与欧盟4大国首脑会议、欧盟27国财长会议一样，依然是只有加强协调的原则表示，而缺少统一行动的具体措施。在电信业的宽带市场上，发展不平衡的现象也很明显，而且还有加大的趋势，2006年宽带发展最好与最慢的国家之间的宽带普及率相差26.5%，而2005年这一数据为23.6%。因此，说欧盟建立起了"统一"的电信市场还为时尚早。[①] 在能源市场方面，不统一的情况更甚。出于获得稳定低价天然气的需要，欧盟分别于1998年和2003年发布了2个天然气市场改革指令以推进欧盟统一天然气市场的建立。欧盟开始天然气市场改革之初，指令的执行情况良好，大部分成员国都在2000年将欧盟指令转化为国内法。但第二个改革指令的执行情况并不尽如人意，根据欧盟统计，截至2006年10月欧盟25国中只有7个成员国完全开放了市场，新入盟10国的市场开放度都未达到100%，拉脱维亚开放度甚至为0。天然气输配公司的独立性也未达到标准。截至2004年年底，欧盟25国中只有11国实现了天然气输送公司的法定分离，不到规定的一半；而就独立的配气公司而言，有72%的国家还需要按照欧盟指令要求进一步将其从竞争业务中分离出来。指令执行的不足直接导致欧盟天然气市场改革不能获得理想结果。欧盟2005年、2007年对欧盟内部天然气市场的调查报告都指出，欧盟天然气市场垄断情况严重，市场并未达到有效运作：截至2005年11月，在大多数国家，最大的3个能源公司掌握了本国3/4以上的市场份额，仅有爱尔兰、西班牙和英国低于50%；从价格方面来看，欧盟的天然气价格不仅高于其他国家，2006年为1百万英热8.77美元，高于美

---

① "中国—欧盟信息社会合作项目"电信监管与立法考察团：《欧盟电信监管与立法情况考察报告》，《人民邮电报》2008年3月20日。

（6.76）、加（5.83）、日（7.14），而且欧盟内部天然气价格仍参差不齐。① 在医药市场，统一的步伐受到更多的阻力。在欧洲，由于医药产业是少数能与美国、日本竞争的高技术密集型产业，因此，有人担心改革与联合后欧洲医药产业很难继续富有竞争力。欧盟委员会一直在为单一市场不停的努力，但是，诸多因素（不同成员国的优先政策、医疗费用持续增长的压力、药品消费方式和生活方式的改变，不同国家的自我定价机制，管理措施缺乏经费保障等）导致了成员国与欧盟、成员国之间药物管理体制的差异越来越大。例如，在德国，医生的影响程度最大，而在法国，其医疗集团已被分割，对自主权的关心要多于医药政策的制定。种种迹象表明，一个真正的高度统一的欧盟大市场并没有实现，虽然已有很大进步，但仍需要各国共同努力。

至于1999年问世2002年正式投入流通的欧洲统一货币——欧元，它是欧洲建设方面的一项伟大成就，总体来说，欧元取得了巨大的成功。在物价稳定、刺激贸易和投资、金融市场整合以及欧元国际化等预期方面，欧元已经完成了其使命，甚至是超额完成任务。但是在一些重要的方面，欧元区离理想化的货币区域仍有一定差距。在财政政策和货币政策协调方面，统一货币限制了成员国在货币和财政政策等方面的活动余地。按照《马斯特里赫特条约》的规定，欧元区的货币政策由欧洲中央银行统一制定，而财政政策则仍由各成员国自行制定。这就为欧洲经济的稳定和整合埋下了严重隐患。如2007年美国次贷危机爆发后，欧元区各成员国对于如何应对经常发生意见分歧。由于欧元区对预算赤字有着严格的规定，即预算赤字占GDP的比例不得超过3%，因而各成员国政府在通过财政赤字政策刺激经济增长方面显得缩手缩脚——虽然也已经普遍"越轨"。相比之下，美国却不惜背负财政赤字，连续推出大手笔的财政救援计划。在银行业的整合方面，欧元的引入加剧了银行业的竞争，同时也引发了大规模的结构性调整。自欧元区成立以来，由于中小型银行的合并导致欧元区的银行数量减少了27%，到2006年末为6130家。但各成员国国内银行业市

---

① European Commission：*Sector Enquiry under Article* 17 *of Regulation（EC）No* 1/2003 *on the Gas and Electricity Markets（Final Report）*，2007.

场的集中度水平依然存在相当大的差异，例如比利时、荷兰和很多新加入欧盟的国家其前五大银行的市场占有率超过了80%，但是德国这一比例仅为22%。[①] 虽然金融市场整合取得了长足发展，但人们普遍指出，欧元区并未形成一个理想的单一货币环境，缺乏对不利因素冲击的抵御能力，这会增大欧元区内经济和就业风险。在欧元的覆盖面方面，其进展也十分缓慢。从一开始，欧元区就设想，只要达到趋同标准、并且有这种政治意愿，就会让尽可能多的欧盟成员国加入进来。事实上是，1999 年以来新加入欧元区国家的资格审查相当严格。欧元区成员国在这 10 年间仅增加了四个"分量"不太重的国家，它们是斯洛文尼亚（2007）、塞浦路斯（2008）、马耳他（2008）和斯洛伐克（2009），目前共有 16 个成员国。在欧盟金融领域最重要的国家英国至今依然游离于欧元区之外。整合的难度加上扩大的缓慢表明欧洲统一货币的完善绝非一朝一夕之事。为了使欧洲统一市场与统一货币进一步发挥积极作用，欧盟及其欧元区成员国必须对它们二者继续予以改善。为此，欧洲也确实正在努力。

（三）欧洲亟须重新现代化

除了经济全球化、欧洲一体化带来的一系列问题，欧盟国家还面临着重新现代化的问题。欧洲社会经济改革困难重重，延缓了欧洲人尚需适应旧大陆必须重新现代化的客观要求。这里的"重新现代化"，主要是指包括欧盟国家在内的西方发达国家用高新技术和先进适用技术改造提升传统工业部门更新设备、实现生产过程的自动化、智能化，并创造新兴产业，使整个国民经济建基于知识经济之上以提高劳动生产率和经济效益，这其中也伴随着思想观念的重新现代化。欧盟之所以在重新现代化的过程中面临重重困难有很大一部分原因来源于其根深蒂固的思想观念。

首先，欧洲人的某些思想观念需要重新现代化，例如某些基于社会民主主义理念的社会福利国家制度，其过去的某些假设，在当今经济全球化和国内社会经济条件已经大大改变了的冲击下已经不复存在。最近 20 年

---

① ［德］维尔纳·贝克尔：《欧元这十年》，德意志银行研究报告（英文版），后由国研网译成中文，2008 年 7 月 23 日。

来，根深蒂固的莱茵模式的基本价值观虽然受到美国模式价值观的挑战与动摇，近些年来也不得不在某些方面采纳了美国模式中的企业至上、金融市场、股东价值等某些理论与实践因素。但在欧洲内部对这两种模式的评价一直存在分歧，多数欧洲人仍然信奉莱茵模式的基本价值观，并且认为在西方制度的三要素中，即经济上的资本主义（私有制、市场、竞争等），政治上的民主主义（分权制与民主制）和社会上的自由主义（人权等），欧洲至少在后两个方面并不落后于美国。即使在经济上的"资本主义"中，欧洲人还是认为他们所信奉的"效率＋公正"的价值观是更可取的，不愿改变。诚然，欧洲想得到美国模式的活力与灵活性，但更想避开它的一系列弊病，包括过大的社会分配不公、贫富悬殊过大等。因此，欧洲人对美国模式始终怀着矛盾的心态。这种心态，加上根深蒂固的欧洲社会结构体制，使欧洲有关的必要改革举措难以有效实施且长期落后于美国。伴随 2007 年始于美国次贷危机、2008/2009 年恶变成为国际金融危机和世界经济衰退，美国的"自由市场经济"模式遭到了世界各地的普遍质疑；而一直致力于既强调经济效率又重现社会公平公正、以"社会市场经济"（社会福利制度是其重要组成部分）为代表的欧洲模式，不但并未从中得益，反而它的影响力与吸引力也在同时销蚀。这是因为欧洲也像美国一样受到了危机和衰退的猛烈冲击，欧盟经济最近二三十年来长期不振，欧洲社会缺乏活力呈现惰性，欧洲国际竞争力相对下降，以及欧洲一体化事业不时受到挫折，所有这些已在世人眼中严重地损害了欧盟的形象与信誉。因此，欧洲必须改革，而改革的必由之路似乎是在坚守欧洲的核心价值的同时，勇敢地推进各项必要的变革。

其次，由改变思想观念必然引导出来的是，原先的一系列政策安排，特别是与社会保障制度相联系的财政政策与劳工政策也需要重新现代化。在制度方面，其一，西欧长期实行高福利的社会保障制度，社会民主主义的思想根深蒂固。这种"人道资本主义"固然有利于社会进步和社会公平，在经济高速发展时期政府也负担得起。但是，在经济停滞、人口老龄化、移民增加的今天，这种高福利制度已日益难以为继，必然导致政府财政赤字增加、企业活力不足、劳动力市场僵化、税收负担加重、资本和人才外流等不利局面。尽管 20 世纪 90 年代以来西欧有的国家通过实行"第三条道路"，对社会保障实行增收节支、"私人化"、"资本化"等方面改革，但改革步伐不快，阻力重重。例如，在失业问题上，由于种种价值观和体制上的差异，欧洲降低失业率的困难要远远大于美国。其一是美国劳工市场远比欧洲灵活，工资、工时制度也不那么死板，不像欧洲企业那样难以解雇员工，且要为雇员支付高比例的保险费。在欧洲，由于社会立法规定的工资和其他社会福利措施，欧洲最底层10%的低收入者的工资和美国同类相比要多80%，其结果是一系列低薪工业和服务业能在美国生存发展，却不能在欧洲生存发展。[①] 近几年来欧洲的劳工市场、工资工时制度也在向"灵活"方向改革，但它很难会走到美国的那种程度。其二是由于欧美家庭观念不同，欧洲家庭观念允许年轻人呆在舒适的家中等待理想的职业。而美国家庭观念较弱，不可能让年轻人住在家中等待就业。其三是工作态度的不同。美国人在失掉工作之后，远比欧洲人更愿意接受一项较低的工作。其四是福利保护方面的差异，美国失业人员中长期失业者较少，因为政府至多只发放6个月失业保险金，身体健全的人必须及时去寻找新的工作。而在欧洲，如荷兰，失业救助金可长达两年，法国、英国和德国也至少一年。五是经济结构方面的不同。例如法国服务业就业人员在全国就业总数中所占的比重比美国少10个百分点。六是欧洲开业的限制较多。在法国，由于申请执照费用很大或者根本拿不到执照，所以法国缺少雇主。此外，由于特许经营权受到非常严格的限制，也使新的银行、投资公司等各种各样的融资机构很难建立起来。[②] 此外，欧洲人创办企业的意愿远低于美国人。

　　最后，除了改变思想观念和政策安排，欧洲在社会经济生活的许多方面也需要重新现代化。例如科技发展、产业结构、企业制度等等。在科技发展方面，欧洲在科技上的不少优势一直保持到第二次世界大战后很长一段时间，甚至到20世纪70年代，号称当代科技巨人的美国还不断从欧洲引进科技人才。欧洲科技地位的相对"衰微"是最近30年的事情，从某

　　① ［美］莱斯特·瑟罗：《资本主义的未来》，周晓钟译，中国社会科学出版社1998年版，第37页。

　　② ［美］爱德华·勒特维克：《涡轮资本主义——全球经济中的赢家与输家》，褚律元译，光明日报出版社2000年版，第129—138页。

种程度上看，这并不是欧洲科技实力真的出现下降，而是美国在科技创新上的表现更为出色。欧洲的科技地位受到了来自美国，甚至日本的挑战，在信息技术和计算机软件技术这类前沿科技领域，欧洲人甚至能够感受到来自中国和印度这样的新兴工业国家的压力。在产业结构方面，欧盟一些国家长期对农业高补贴，传统工业和老工业区结构变化欠快，科技投入相对不足，从而导致欧洲在新经济方面落后于美国，在经济活力和竞争力方面落后于亚太地区。但是欧盟迄今为止投入的经费和人才还远远不足。目前，欧盟国家在科研上的投入占其 GDP 的 1.9%，而美国是 2.7%；欧洲科研人员在劳动人口中所占比例为 5.4‰，而美国为 8.7‰。为了达标，欧盟须把科研投入提高到占其 GDP 的 3%，同时还需要增加 70 万科研人员。[1] 为了做好这些适应性调整，欧洲需要进一步联合与大力推进社会经济改革。

在所有这些方面，欧洲在过去的 30 年中变革进展几乎都不及美国，而欧洲经济的未来主要也取决于它们改革的成功程度。这种改革，可以被看成是一种尝试，一种对看起来似乎要求永远进行下去的欧洲经济社会制度进行某种修改的尝试。它们的主要目的是加快经济增长，增强欧盟的国际竞争力。

二　欧盟国家的经济改革

2007 年开始发生国际金融危机和全球性经济衰退之后，其时正值"新兴国家"走向"崛起"，欧美力量和地位相对有所下降，于是，"欧洲老了"的声音再起。不过，这最近一次"欧洲衰落论"的内容更为广泛，含义更为深刻：不少人认为"欧洲模式"已不再具有吸引力；欧盟已在世界各地、各国的力量角逐中被挤到了"边缘"；欧盟将特别难以走出当前的债务危机、金融危机和经济衰退，成为世界经济的"累赘"；欧洲一体化事业甚至会走向"土崩瓦解"。在可测将来世界经济四强（美国、中国、日本、印度）的名单中没有一个国家来自欧洲。国际金融危机将进一

---

[1]　薛彦平：《欧洲工业创新体制与政策分析》，中国社会科学出版社 2009 年版，第 37 页。

步减少欧美在全球事务中发挥作用所需的实力、信誉和道德力量。国际上的压力和来自欧盟内部的压力对欧盟的经济改革提出了更高更迫切的要求，如何改革是首先需要思考的问题。

（一）欧盟国家经济改革思路

欧盟改革势在必行，但并不意味着全盘否定，对于改革程度和领域的把握十分重要。首先，欧盟的经济改革要保留欧洲模式和体系的核心本质内容，这是欧盟经济改革成功的基石。与美国模式相比，欧洲模式相对面善。欧美经济模式的实质区别集中在劳工的权利和资本的权力问题上。几十年来围绕欧美模式的反复争论，主题始终是如何管理一个国家的国民经济和社会，主要涉及处理以下五对关系，即国家与市场的关系，属体制导向问题；政府与企业的关系，属经济监管问题；雇主与雇员的关系，属权益分配问题；国家与公民的关系，属社会安保问题；企业与资本市场的关系，属资本积累和财富分配问题。在上述五对关系中，核心是资本、劳动和政府三者的力量对比、所起作用以及如何协作运行。在美国模式下，政府固然也有独立性，但其行为主要倾向于资本，因而在处理上述五对关系时，自然会偏好市场、企业、雇主、强调公民自我负责（养老、医疗、就业等）以及重视直接融资的资本市场；而在欧洲模式下，政府拥有更强的独立性，其行为自然也重视资本利益，但同时又强调劳资协商和社会平衡。一句话，欧美模式的实质区别在于，美国不但信奉市场经济，而且实行市场社会；而欧洲固然也十分重视市场经济，但不听任市场社会。显然，注重社会公正与公平的"欧洲模式"是人类文明史上的一大进步。诚然，提出社会公正与公平问题，也许可以追溯到上千年以前。然而，直至19世纪末，即使是在最早进行并且完成工业革命的西欧国家，也没有真正实现过相对的社会公正与公平。只是在第二次世界大战之后，在一系列内外因素的促动下，在以往历史所取得的若干成就的基础上，又用了数十年的时间，西欧一些国家才建成了比较全面的社会福利制度，普遍实现了相对的社会公正与公平，形成了举世公认的现代"欧洲模式"。这在人类历史上是第一次。它也表明，欧洲在社会进步发展阶段方面，走在了全世界的前头。

其次，我们也要看到，近些年来，以"社会福利国家"为实质内容的"欧洲模式"面临着一大堆难题：经济缺乏活力，财政不堪重负，社会呈现惰性，甚至连模式本身的上述核心原则都难以坚守——欧盟主要国家内部的社会不平等程度都在加剧，加上最近20年国际大环境中"资本"对"劳动"占据明显优势，有人进而全盘否定"欧洲模式"下的"社会福利国家"；还有来自外部的竞争和挑战。"欧洲模式"，包括它在一个一个国家内的社会福利制度和在一个一个国家间的、以"欧洲联盟"形式表现出来的区域整合组织，而今都举步维艰，都需要进行大力改革，以适应经济全球化、欧洲一体化和更新现代化的全新的世界与欧洲形势。欧洲人只有通过他们自己的更大努力，有效地保持和进一步改善"欧洲模式"的本质积极因素，才能加速并且可持续改善欧洲的经济社会发展进步，才能巩固和加强它在世界的影响力和吸引力。总体说来，欧盟要在保留其模式和体系的核心本质内容的基础上，大力推进各项必要的改革，首先是调整好以下五对关系。

1. 调整国家与市场的关系

在这方面，欧洲国家的普遍选择是："多些市场，少些国家"和"改进国家，改进市场"。释放市场力量的主要办法是"自由化"（打破垄断、开放市场、放松限制、促进竞争）和私有化。西班牙政府于2000年6月通过了52项旨在"消除垄断时代"的自由化经济措施，核心目标是深入改革生产体系，减少公共赤字和增加经济投入。在私有化方面，意大利最为突出，20世纪90年代更加快了私有化进程，其国有企业改革从国家参与制企业扩大到国家自治公司和国有化企业，国有企业改革迈出了关键的一步，开始了进入包括公共服务部门如铁路、电话等部门的改革。1992年，将国有电话公司、国家铁路公司、全国电力公司改造成股份制公司。同年，又将伊利、埃尼公司变成了以私法准则为指引的企业。1993年，更取消了内阁中的国家参与部，从而实行各行业的私有化。1999年意大利国家卖掉了最大的电力生产者——国家电力公司34.5%的股份，仅此一项就获资180亿美元。

自由化和私有化往往是结伴而行的。把自由化与私有化结合在一起的最具有象征意义的领域也许是电信部门。20世纪末21世纪初，欧洲的国有"老垄断"企业仍占着大多数国家该部门业务量的大约 90%，它们不仅价格贵，而且互不联网。针对这种状况，德国、英国、奥地利、丹麦、意大利、荷兰、葡萄牙、法国等都已在着手进行改革，目标是从 2001 年开始，欧盟成员国的电信市场逐步向其他成员国开放。得益于 2002 年出台的电信监管规则，欧盟电信市场近年来发展迅猛。目前，欧盟 27 个成员国市场均已引入了竞争，与 10 年前相比，消费者已享受到更低的价格和更多的选择。在邮政领域，其私有化改革进程也逐渐加快。2006—2008年，邮政市场逐步开放。2006 年 1 月 1 日，英国全面开放邮政市场；2008年 1 月 1 日，德国成为第四个全面开放邮政市场的成员国。2008 年 2 月，欧盟议会及理事会通过了"第三邮政指令"。该指令要求大多数成员国于2010 年 12 月 31 日前全面开放邮政市场（实际指欧盟邮政市场邮件总量的95%），其他成员国也要在 2012 年 12 月 31 日前全面开放邮政市场。

同时需要强调的是，在调整国家与市场的关系问题上，并不仅仅只是"少些国家"的问题；而且也并不总是线形发展的，它们两者的关系会随着时间推移和形势变化而变动。事实上，在有些领域，国家的作用不仅没有削弱，而是在进一步加强。例如在加强建设"搬不动"的经济与社会基础设施方面和大力培养"流不走"的知识人才方面，欧洲各国都在投入越来越多的人才、财力和物力；人们对国家调控日益复杂的宏观经济和社会生活的能力要求，不是在降低，而是在提高。这一点，在最近这次危机与衰退中表现得尤为突出。如果没有欧盟国家出资数以万亿欧元计的资金用来"救市"以挽救银行，数以千亿欧元计的资金用来"刺激经济"以扶持企业，动用成千上万亿欧元来减轻债务危机，其后果是不堪设想的。

2. 调整政府与企业的关系

调整政府和企业的关系，首先，是放松政府对企业在开业和营业等方面的某些限制，特别是在用工方面；其次，减少政府对国有企业的补贴；第三，最重要的是减税。自 20 世纪 80 年代中期开始，欧洲特别是欧元区国家通过降低公司（企业）所得税税率等手段进行大规模的减税，这种趋势时至今日仍在继续。各国需要提供更具竞争力的投资环境来鼓励外资进入，人们特别是企业期望通过国家降低税率和扩大税基获得公平而简化的税收体系。例如当 1973 年爱尔兰加入欧盟时，其国内生产总值（GDP）

只有当时欧盟平均水平的60%，其企业税税率为50%。而到了2006年，其GDP水平达到了欧盟平均水平的110%，同时企业税税率为12.5%。降低税率使得爱尔兰获得了更多的投资，促进了本国经济的发展。[①] 进入21世纪后，世界经济增长放缓，各国纷纷推出各种减税新政，借以刺激消费与投资，吸引外资，拉动本国经济增长。以德国为例，德国的税收改革进程自2001年1月起到2005年年底结束，分2001年、2003年、2005年三个阶段进行。在企业所得税方面，从2001年1月起，德国企业所得税税率从40%降到25%，低于法国、意大利、日本和美国。到2005年，德国的最高个人所得税率下降到42%，低于除了英国以外的其他西方发达国家。正是这样的一系列措施助推了德国经济的发展。而在金融危机之后全球经济复苏的背景下，越来越多的国家趋向采取更多经济刺激措施以巩固经济成果，加快经济增长步伐，减税措施又成首选。例如德国总理默克尔及其自由党新盟友预计为家庭和企业减税240亿欧元，减税措施从2010年1月1日起开始生效。瑞典中右派政府也宣布降低所得税，以刺激劳工市场。

　　3. 调整国家与公民的关系

　　这里主要涉及的是社会福利制度问题。欧洲的社会福利制度所内含的人道主义、社会和平与社会公平等，在本意上都具有积极含义。但是随着时间推移和内外环境的变化，平均超过GDP25%以上的社会福利费用支出已使欧盟国家不堪重负（其中丹麦为29.2%，瑞典28.9%，法国28.5%，德国27.4，2007年27国平均为27.5%）。[②] 其基本的改革思路是：保持社会福利制度的基本理念和核心部分；尽力杜绝滥用；节减某些项目；让社区、家庭和个人承担更多的责任；只援助在努力奋斗的"自助者"和真正需要救助的人。英国前任首相布莱尔说："一个人只知道从福利国家领钱，而对他所处的社会却毫无责任心，这种现象是不能容忍的。"德国前总理施罗德也认为，"那些不尽其力、不尽其责的人应当丧失他原来享有的社

---

① 杨志清：《如何顺应金融危机下的各国减税趋势》，《中国税务报》2009年6月2日。

② OECD：*Welfare Expenditure Report* (*Microsoft Excel Workbook*), 10 Dec. 2009.

会团结，即国家资助的权利。我认为这就是社会主义"①。法国原经济、财政和工业部长法比尤斯同样表示："应该掌握一个基本原则，就是劳动总要比不劳动得到更高的报酬。我们已经取消了好多项失业救济，还有一些需要取消。"② 在欧洲领导人的这些思想指引下，各国都在对社会福利制度进行改革。但是这些改革并不只是着眼于"缩减福利"；欧盟国家和社会还在大力为培养、提高、发挥人的能力、创造性主动性积极性以及提供更多创业机会等方面而工作。

4. 调整雇主与雇员的关系

在世界市场和欧洲内部竞争日趋加剧的环境中，欧洲国家昔日一切限于民族国家范围内的雇主与雇员的关系正在日益遭到削弱。过去为实现社会平等和互助而统一调控不同行业和不同企业中的劳资关系的能力正在下降。国际资本流动日益频繁扩大，资本流向选择权的增强，工会组织面临严重削弱甚至生存危机，使雇主和雇员的力量对比关系发生变化，分配关系明显朝着有利于资方的方向倾斜，实现普遍的、规范的规则的机会减少，结果是在雇主与雇员的关系中出现愈来愈多的"自愿性"、"灵活性"和多样化。但是雇主与雇员都在寻找适应新形势的妥协途径，包括除了重视收入分配之外，让雇员更多地实现"资本参与"之类。例如在德国的《员工参与管理法》和《企业法》中明确规定，德国企业员工拥有一定的个人参与权，如员工有咨询与讨论权，有了解个人档案的权利，认为受到不公正对待时有申诉权，以及可以用便宜一些的价格购买公司股票等。③ 在工时制度改革方面，欧盟成员国于2008年打破多年僵局，就强化每周最长工作时间限制和临时工权益等就业改革问题达成一致。在这项方案中，欧盟每周最长工作时间上限为48小时（实际工作时间为每周40小时左右），除非雇员自己愿意多工作。但即便雇员选择延长工作时间，每周也不得超出60小时，除非劳资双方另有集体性安排。在临时工权益问题上，欧盟成员国一致同意临时雇用人员应从上班第一天起，在薪酬、产假

① ［英］《新政治家》周刊，1999年5月24日。
② ［法］《世界报》2000年8月25日。
③ 《德国企业职工参与管理机制》，人民网，2004年11月29日。

和休假等方面享有与正式签约员工同等的待遇。但如果一国劳资双方达成全国性协议，则允许有一定的宽限期。目前，欧盟大约有 800 万临时工。由于其灵活性，欧盟企业和雇员也越来越欢迎这种用人机制。[①] 显然，对于现今的欧洲雇员来说，有没有工作岗位，比工资多增一点还是少增一点更为重要。为了扩大就业机会，欧洲还在提倡培养欧洲人所欠缺的创业精神。英国伦敦商学院和美国巴布森商学院联合发起的年度研究《2007 全球创业观察》数据指出，欧盟的创业精神已经落后中国 2 至 5 倍。欧盟较低的创业能力直接影响其促进经济增长和推动就业的能力。为此，欧洲采取了许多措施，针对不同规模企业、不同人群提出了不同的创业计划。例如，2009 年 5 月 6—14 日，欧洲委员会在布鲁塞尔组织了第一届欧洲中小企业周，旨在让企业了解欧盟及其成员国的支持政策，并鼓励更多的人自己创业。[②] 欧盟委员会还出台了一份题为《实现大学现代化的新型合作关系：欧盟大学与企业对话论坛》的政策文件，对近年来欧洲大学与企业合作的情况进行总结，并就推动大学与企业合作、促进大学生就业、提高大学生创业能力等给出行动建议，并提出以就业为导向应该成为大学课程改革和学习方法革新的重要目标。[③]

5. 调整企业与资本市场的关系

在最近的二三十年时间里，对欧美西方经济发展进程影响最大的三个因素，除了科学技术的突飞猛进之外，另外两大因素恐怕要算经济全球化和经济金融化了。所谓"经济金融化"主要有三个含义：一是虚拟经济过于迅速地膨胀，越来越脱离实体经济，银行虽对为公司企业的部分投资项目提供资金仍有兴趣，但银行越来越存在于一个虚拟世界，更对它们的彼此投资和开发复杂的证券感兴趣，而不是投资于实体经济。二是虚拟经济本来就比较难以监管，加上美国等国竭力推行的新自由主义自由化政策和美联储的长期低利率政策，致使资本市场上流动性泛滥，金融机构把大量贷款提供给了根本还不起债的同业机构、公司企业和家庭个人，其间又经

① 《欧盟成员国就每周工时限制等就业改革达成一致》，新华网，2008 年 6 月 11 日。
② 中华人民共和国人力资源和社会保障部：《欧盟创业政策》2009 年 7 月 21 日。
③ 柯常青：《欧盟新政策：大学应培养学生创业精神》，《中国教育报》2009 年 5 月 19 日。

过"金融衍生产品"的炒作，使最初债务人与最终债权人之间的"链条"不断地被拉长，结果造成断裂，爆发了自上世纪 30 年代以来最为严重的金融危机，给银行和企业都带来了巨大的损失。三是虚拟经济首先给富有的投资者和投机者提供了更多更大的风险发财机会，甚至诱使实体经济部门中的公司企业也纷纷把从事虚拟经济业务作为主要的利润来源，使资本市场特别是直接融资的资本市场陷于非理性的扩张，把金融业本身乃至整个国民经济推入更加不稳定的状态。这种危险状态，通过最近这次国际金融危机和世界经济衰退，已让世人有所认识。美欧主管当局正在争取加强监管措施，使金融资本市场恢复正常运转，企业与资本市场关系重新常态化。欧盟及其成员国也在从两个层面上为此作出种种改革努力。

　　实现企业与资本市场的良性互动发展，是正确处理虚拟经济与实体经济的重要内容，也是应对全球金融危机和保持经济较快发展的重要手段。资本市场对企业的改革和发展的作用至少体现在三个方面：一是帮助企业筹集大量发展所需资金加快企业的发展步伐；二是促进企业的股份制改革，改善控股上市公司的治理结构；三是推动企业的并购重组优化经济的布局和结构。以欧盟中小企业融资来说，欧盟在致力于支持中小企业融资方面形成了一整套行之有效的政策框架体系和实施办法。以意大利为例，意大利政府为了促进中小企业的发展并为其融资提供法律保障，先后颁布了一系列的法律、法规，如《中小企业法》、《中小企业基金法》、《特别银行法》、《中小企业融资条例》等，形成了私营中小企业融资法规的框架。欧盟还专门设立了为中小企业提供融资服务的政策性银行——欧洲投资银行（EIB），其资金的 90% 用于欧盟内部的不发达地区的投资项目，10% 用于东欧国家和与欧盟有联系的发展中国家。欧洲投资银行通常利用本身的资金和借助资本市场，通过三种方式对中小企业进行融资。这三种方式为：（1）全球贷款。这是用于支持中小企业投资的一项贷款，主要用于中小企业在工业、服务业、农业领域的投资和与欧盟发展规划、能源及运输有关的小规模基础设施的投资。（2）为中小企业提供贷款贴息。欧盟与欧洲投资银行签署了一项协议，雇员人数不超过 250 人，固定资本不超过 7500 万欧元的企业可享受贴息贷款。贷款的利息补贴由欧盟财政预算支出，由欧洲投资银行管理。（3）阿姆斯特丹特别行动计划（ASAP）。该项计划是根据 1997 年欧盟阿姆斯特丹理事会决议实施的一个三年期的计划，资金来源于 EIB 的经营利润，总额为 10 亿欧元，旨在对高度劳动力密集型和新技术领域的中小企业进行投资和资金支持。另外，针对中小企业经常遇到的贷款难的问题，欧盟委员会于 1993 年专门设立了"圆桌会议"，会议由金融机构资深代表和中小企业代表团组成，目的是讨论中小企业面临的融资问题，并提出双方可接受的解决方案。[①] 实现企业的持续较快增长需要资本市场创造条件和提供支撑。进一步调整企业与资本市场的关系需要多方面的共同努力尤其要解决影响和制约资本市场长期稳定发展的制度性和政策性问题。

（二）欧洲进一步联合和改革才是出路

欧洲人在过去五十多年时间内，一次又一次地克服了种种艰难险阻，先后建成了欧洲经济共同体、欧洲共同体和欧洲联盟，实现了作为迄今欧盟主要支柱的统一市场和统一货币，把欧洲一体化事业逐步推向新的高度。尽管如此，由于时代的变迁，特别是 20 世纪八九十年代之交东欧剧变、苏联瓦解、世界格局变动、接着发生的主要由美国发动的一连串战争以及与之紧密相关的全球化的全面迅猛发展及其带来的包括一系列负面因素在内的复杂影响，使欧洲人及其欧洲建设而今再次面临并且必须适应新的生存与发展环境。只有在现有的欧盟格局基础上进一步推进欧洲联合才能更好地应对世界经济快速变化，保持欧洲的国际竞争力。

1. 欧洲联合本身往往同时也是欧洲改革

从理论上说，欧盟的性质、欧盟的发展路径以及欧盟的实际进程，这三点都决定了欧洲联合往往同时也是欧洲改革。保罗·赫斯特、罗马诺·普罗迪和欧盟驻华使团大使安高胜等人在谈到欧盟的性质时意思大同小异，都认为欧盟不符合既定的宪政体制。它不像单一制国家、不像联邦制国家，也不像邦联制国家；相反，它最好被称作一个正在形成中的、由一个公共权力来行使某些治理功能的国家联合体。它应当被看成是一个由共

---

① 林丹丹、贾晓玲：《中欧中小企业融资结构与融资政策的比较》，《国际经贸探索》2007 年第 3 期。

同的机构、成员国和人民组成的复合整体。[①] 欧盟的性质决定了它的发展路径。无论是像大卫·米特朗尼、厄恩斯特·哈斯这样的新旧功能主义者，还是像让·莫内这样的实践者，他们都认识到，在现实世界中，由于人们对宪法和公约的轻视，以及难以割舍的民族主义，为避免国际冲突而建立世界政府是根本不可能的。而一种功能性的途径，即欧洲一体化如果把政治发展的重点放在提高这个国家联合体的一系列共同决策程序上，而不是放在试图取代国家层面的政治机构上，它也许最有可能获得成功。因此，欧洲人基本遵循了功能主义的一体化路径，即由个别的经济领域，进而发展到更多领域，再进而建立广泛联盟，直至追求逐步走向政治联合。所有这些都触及到成员国的各方面的改革。上述欧洲一体化的发展路径得到了欧盟实际进程的印证。例如，《罗马条约》的实施从 20 世纪 60 年代中后期建成关税同盟起就开始变得困难起来。这是因为条约没有考虑到经济政策中的其他方面，因此，有必要进一步完善并建立经济与货币联盟，以避免由于各国政策方向不同而出现危险。这就要求欧洲人必须进一步同时推进联合与改革。

2. 欧洲联合一般都要通过欧洲改革得到落实

（1）欧盟与民族国家的宪政体制完全不同

欧盟的大部分权利来自成员国之间缔结的条约。它的许多立法取决于成员国一级对共同体框架协议的吸收，而且还取决于这些国家的行政部门对共同政策的贯彻。欧盟各成员国还保留着许多基本的、独特而又重要的政府管理功能，各国拥有自己的语言、文化传统和法律体制，这些东西将继续使完全的欧洲一体化难以进行。即使欧盟再过几年，形成共同外交与安全政策之后也是如此。一句话，欧洲一体化的任何重大决定，都必须经由成员国及其所作出的适应、调整加以贯彻；或者换言之，欧洲国家的联合必须经由欧洲各国的改革得到落实。

（2）欧盟的多元复合结构，既表明了欧洲一体化的复杂性，又决定了欧洲联合的进程在很大程度取决于欧洲改革的成就

---

① ［英］保罗·赫斯特等：《质疑全球化——国际经济与治理的可能性》（第二版），张文成等译，社会科学文献出版社 2002 年 9 月版，第 296 页。

在欧洲一体化进程中，我们看到的是一副错综复杂的图像："高"经济与"低"政治并存，欧盟与"欧洲经济区"之类共生，欧盟创始成员国、老成员国、新成员国与"联系国"之类都在其列，双速甚至多速欧洲客观存在，如此等等。这些多元复合结构现象，既给欧盟的深化与扩大提供了实际可行的机会，又使欧盟必然呈现某些松散性、开放性、灵活性，增加改革难度，使任何欧洲改革都必须同时适应三个"结合"，即原则性与灵活性结合、集团性与开放性结合以及一致性与多样性结合。例如，欧盟走向开放性，对内表现为一体化的日益深化，即用开拓新领域的自由化来体现开放性，欧洲一体化从煤钢联营、关税同盟、共同市场到经济货币联盟走的就是这条道路；对外则表现为欧盟扩大和加强对外关系，用扩展"成员资格"等等来展示其开放性，同时，设法压低内部壁垒，作出各种"自由贸易"安排，包括与非加太地区发展中国家签订《洛美协定》，为地中海南岸国家制定的"新地中海战略"，向南美洲南方共同市场提出的建立"欧盟—南方共同市场地区联盟"的倡议，以及亚欧会议等。而在欧盟逐渐增强内外开放性的同时，则是各成员国在不断作出新的调整、适应于改革。可以设想，如果欧洲改革能导致欧洲国家在更多领域、更大程度上趋同，欧盟的多元复合结构将会变得比较简洁一些。

（3）制度安排与经济融合密不可分

任何的区域一体化安排要长期保持效率就必须有市场动力的支持，制度的结合离不开成员国在经济上一定程度的融合和各种经济壁垒的消除，否则区域一体化安排很可能夭折。"相应的制度安排和实质性的经济融合是推进一体化的两种力量，二者交织贯穿于一体化的整个发展过程中。"[1]而无论是新的制度安排，还是经济融合的扩大和深化，不仅都体现了欧洲联合的进展，而且也反映了经济改革的成就。欧洲统一市场与统一货币之所以能取得相当进展，来源之一就是各成员国有了一定程度的经济融合；而它们的成就远未达到人们本来设想的要求，原因也正在于它们之间的经济融合还远远不够。

[1] 汤碧：《两种区域经济一体化发展趋势比较研究》，博士研究生毕业论文，天津南开大学，2002年，第79页。

不过，欧洲人正在通过经济改革和融合来逐渐弥补缺陷。这些经济融合实质是，在欧洲一体化制度安排框架下，通过改革寻求市场动力的支持；其目的是，在世界和欧洲形成一个相对均衡稳定的经济货币金融制度与市场，并在其中有欧洲自己的形象和分量。当然，欧洲人懂得，欧盟国家的经济改革和融合，仅仅从"经济"领域得到推动是远远不够的，他们还必须从"政治"等方面寻求有力的支持。2009 年 12 月 1 日开始生效的《里斯本条约》或将为此提供了重要的新动力。《里斯本条约》被人称为"欧盟改革条约"，它为欧盟确立了新的条约基础，并使之更加民主、透明和高效。条约对欧盟进行了深刻的变革，例如，将设立专职的欧洲理事会主席（即所谓欧盟"总统"）来增强欧盟行动的连续性；在将来，在许多情况下一致表决制将被取消，特定多数表决制被扩大应用到数十个新的领域，这将使欧盟更加容易作出决议；从 2014 年起，对于部长理事会的决定，将原则上适用"双重多数表决制"，据此，部长理事会的欧盟决议需要 55% 的成员国的赞同，且它们代表 65% 的欧盟人口（2017 年前适用过渡期规定）；部长理事会的轮值主席将保留以三个成员国组成的为期 18 个月的轮值主席团出现；欧盟委员会的委员人数将从 2014 年起减少到成员国数的 2/3；另外，将设立一名"欧盟外交与安全政策高级代表"（即所谓欧盟"外长"），负责欧盟的对外关系；改革条约还将通过增强欧洲议会的地位、将各成员国的议会纳入欧洲立法过程以及具有法律约束力的基本权利宪章（对于英国和波兰适用特殊规定）来增强欧盟的民主和基本权利保护。[1] 总之，《里斯本条约》将在决策能力、政策制定和机构等重要问题上加强欧盟的作用。它本身就是一项重大改革，同时还将有助于整个欧洲联合与改革的进程。当然，可以想象，落实该条约又将是一个艰难的历程。

（三）欧盟国家经济改革某些具体领域措施

欧盟国家经济政策从 20 世纪 70 年代至今经历了多次重要改革，且涉

---

① "Tatsachen über Deutschland"（德文版），Societäts Verlag, Frankfurt an Main, Berlin, 2008, S. 80。

及各个领域。这些改革的背景因时代不同而有所差异，并且都在不同程度上受到了欧盟联合的推动。本文在此着重对劳动力市场、资本市场、产业结构、科技发展和环境保护等方面的改革作简要介绍。

1. 劳动力市场改革

与不堪重负的社会福利制度一样，僵硬刻板的劳动力市场制度也是最近三十年阻滞欧洲经济发展的重要因素之一。它的直接后果是增长缓慢，失业增加，就业困难。随着欧盟对劳动力市场领域的重视，劳动力市场与就业政策已逐渐从欧共体极少参与的政策领域发展成为其活动的主要领域之一。

（1）劳动力市场改革地位日益提升

劳动政策议题引起欧盟的注意主要缘于 20 世纪 90 年代上半叶的高失业率。自 1991 年至 1994 年，当时欧盟 15 国的失业人数迅速增加，超过了 450 万人，失业总人数最高时接近 1740 万人。[①] 欧盟正式提出欧盟层面的就业合作与趋同问题始于 1993 年的德洛尔《增长、竞争力与就业》白皮书。1997 年，欧盟首次在《阿姆斯特丹条约》中将就业问题作为独立的部分纳入欧共体条约之中，条约确定就业为共同关注问题，并且倡导建立协调各国就业政策的新机制——欧盟就业战略。同年 11 月，卢森堡特别峰会上签署第一个《就业指导方针》，要求成员国制定相应的《国家行动计划》，并确定就业问题的"四大支柱"——企业家精神（entrepreneur-ship）、就业能力（employability）、雇员与雇主双方适应性（adaptability）以及平等就业机会（equal opportunity）。

进入 21 世纪，就业政策中纳入了新的因素。欧盟已确定将人口老龄化、全球化和技术变革作为重要挑战。因此，与劳动力市场相关的政策不再简单地受到内部市场先决条件的限制，还要与社会政策共理。2000 年 3 月，里斯本首脑会议将就业设置为新欧洲经济的长期目标。同年 12 月，尼斯会议提出将就业质量问题，特别是工作场所质量作为社会政策议程的指导思路。2002 年 3 月，巴塞罗那会议将充分就业确定为里斯本战略的核

---

① ［德］迪特·伯劳尼格：《欧盟劳动力市场政策——"分权"与"集权"之间难以拿捏的平衡》，德意志银行研究报告（英文版），后由国研网译成中文，2008 年 5 月 21 日。

心以及经济和社会政策的基本目标。欧洲就业战略（EES）的核心从减少失业转至为提高就业率与生产率，并努力为其创建适宜的框架。其后，欧洲就业战略的任务与目标被制定得愈加明确，并扩展至各种不同的场合。对此的核心政策要点在 2005 年 7 月欧洲理事会颁布的"增长与就业综合指导计划（2005—2008）"中得到了确立。为了实现目标，欧盟将就业措施集中于三个重点：吸引和保持更多人就业，增加劳动力供给，并使社会保障体系现代化；改善劳工与企业的适应性；通过更好的教育与技能培训增加对人力资本的投资。除了提升年轻人的关键能力之外，终身学习在此也发挥着重要作用。紧随其后的是新里斯本策略（renewed Lisbon Strategy），其规划期定为 2008—2010 年。该策略也保留了欧洲就业战略的要点，主要致力于深化基础性改革。① 这里尤为重要的是实行"灵活保障"（flexicurity）模式。

（2）灵活模式顺应时代潮流

当人们还在艳羡欧洲国家的"高福利制度"和"无固定期限雇佣制度"时，2007 年 6 月 27 日，欧盟正式开始在共同体范围内推广灵活保障模式，希望"通过灵活性与保障性相结合创造更多更好的工作"。灵活保障模式简言之就是在劳动力市场灵活性和保障性之间权衡取舍，使之均衡的就业市场改革战略。具体包括四项政策要素，即灵活的劳动合同安排、综合性的终身学习战略、积极劳动力市场政策、现代社会保障体系。其中关键点在于保护个人的就业权（注意，并非保护个人工作岗位），增加企业的灵活性和竞争力，明晰政府的责任。

在这种模式下，政府的责任由保护公民不被解雇，更多地转到为公民提供终身学习设施和完善劳动力市场服务上来。首先，公民至少能读完高中或具有相当学历，拥有基本的学习能力；其次，为就业者提供在岗培训；最后，为失业者积极安排再就业培训、帮助寻找工作甚至通过财政支持来创造新的工作机会。在失业救济上，政府不再无期限地提供福利帮助，甚至会对有工作能力而不去找工作的人实行惩罚。另一方面，企业的

---

① ［德］迪特·伯劳尼格：《欧盟劳动力市场政策——"分权"与"集权"之间难以拿捏的平衡》，德意志银行研究报告（英文版），后由国研网译成中文，2008 年 5 月 21 日。

权责也发生了改变。企业须增加工作时间和工作方式的灵活性，便于劳动者兼顾工作和家庭责任。例如，对于需要照顾小孩的女性，在劳动合同中应允许弹性工作制，或者像芬兰的"工作时间银行"制度，加班时间和节假日工作时间能够以放假时间和额外收入的形式自由存取。另一方面，企业被允许正当解雇员工。在欧洲原有的劳动保障体系中，解雇员工企业需支付高昂的时间和金钱成本，而在新的模式中，企业可以更灵活地招募和解雇员工。

其实"弹性保障"模式并非布鲁塞尔会议的创意，它受到了被高度推崇的一种劳动力市场战略的启发，而该战略已在丹麦成功实施多年。丹麦模式由三个核心要素组成：第一，一个灵活的、相对管制较少的劳动力市场。在丹麦对于解雇并无法律保护，取而代之的是灵活的契约安排保护工人免受任意解雇，但是并不会削弱公司的灵活性。第二，是有效而积极的劳动力市场政策。由公共就业服务所组织的一种有规模的中介"集会"为求职者在广阔的范围内提供支持。劳动力的技术技能提高被视作所有相关者（例如政府、社会合伙人和劳工）的一个重要任务。第三，相对充裕的福利金。失业救济金（Unemployment benefit）比较高（最高可达工资收入的90%，上限为1950欧元/月）且可以长期支取（最长期限为4年）。①但是国家支持是建立在失业者须承诺寻找工作并具备获取技能的意愿等条件之上的。

在短短几年期间，欧盟的劳动力市场与就业政策已由一个"次要问题"发展成为欧盟政策的一项核心要素。在此过程中，欧洲就业战略已经日益步入了"中央舞台"。虽然该战略最初主要限于作为缓解失业的单一措施，但它自此逐渐发展成了一项协同促进就业的整体方法，该方法的主要标志便是弹性保障模式。提高工人就业能力而非寻求对雇佣关系保护，这种基本思想是对加速结构变革作出适当反应。这套改革思路，归结为一句话就是：既要授人以"鱼"，即提供必要的社会福利保障；又要授人以"渔"，即鼓励人们学会拥有自身生存发展的能力与机会。然而，欧洲就

---

① ［德］迪特·伯劳尼格：《欧盟劳动力市场政策——"分权"与"集权"之间难以拿捏的平衡》，德意志银行研究报告（英文版），后由国研网译成中文，2008年5月21日。

业战略的效果却是喜忧参半的。欧盟就业政策改革的某些成就与某些成员国的劳动力市场依旧被严重分割形成了鲜明对比。但是无论如何，对某些劳动力市场所固有的成堆复杂问题慎重进行协调管理乃是明智之举。

2. 资本市场改革

欧盟资本市场改革与创新政策体现在几项主要的改革措施中。一是完善资本市场外部环境，具体体现在《金融服务行动计划》（Financial Services Action Plan，FSAP）中，计划执行期为 1999 年至 2005 年；二是完善风险资本外部环境，具体体现在《风险资本行动计划》（Risk Capital Action Plan，RCAP）中，计划执行期为 1998 年至 2003 年；三是完善税收和公司治理环境，除了要求上市公司按照国际会计标准在 2005～2007 年内合并账户外，其他方面进展不大。

欧盟《金融服务行动计划》要实现下述三个目标。第一，建立统一的金融服务市场。欧元流通后，欧盟资本市场各方面都发生了深刻变化，其中最重要的是成员国股票交易市场之间建立了更密切的联系。面对这种新形势，欧盟委员会认为必须优先解决几个问题，包括制定共同的法律，促进证券市场和金融衍生品市场的一体化；消除资本流动的障碍，为在欧盟境内资金筹集活动创造更好的外部条件；确立统一的上市公司财务申报标准，使欧盟境内上市公司可用统一的财务申报书在所有成员国资本市场筹措资金；为欧盟成员国退休基金进入资本市场制定统一的法律框架；为欧盟跨国界证券交易提供法律保障；为欧盟跨国界资本市场重组提供安全和透明的制度环境。第二，建立统一的金融服务零售市场。欧盟金融零售市场必须适应批发市场发生的变化。欧盟拟建立新的法律框架，以便各国金融机构能向整个欧洲的客户群体提供金融服务。金融风险与市场风险防范机制将是这个法律框架的重要组成部分。欧盟委员会认为，要克服当前跨国交易的障碍，至少要在下述几个方面取得进展：提高信息透明度，妥善解决跨国界赔偿问题，完善电子商务服务体系，加强对保险中介机构的监管，确立跨国界零售服务的支付方式。第三，提高金融市场的安全性。欧盟金融监管当局认为，欧元流通以后，成员国的许多金融机构服务对象已经从本国市场转向欧洲市场。在欧盟股票市场上，从前以国别为基础的业务正在过渡到以行业为基础，只有适时地调整政策，才能同上述变化保持一致。欧盟金融监管当局必须完成以下任务：提高对欧盟境内银行、保险和证券服务业务的监管水平，严格遵循巴塞尔委员会（Basle Committee）和欧洲证券委员会的市场监管要求；制定对金融集团的监管方案。所谓金融集团是指那些业务延伸到多个金融领域（银行、保险、证券）并从事跨国界经营的大金融组织。

欧盟《风险资本行动计划》是欧盟委员会根据欧盟境内风险投资特点制定的一项重要措施，主要任务包括：提高风险资本市场一体化水平；加强欧盟成员国在风险资本市场监管上的协调；推动欧盟成员国国内税收体系和政策改革，为风险资本创造一个良好的生存环境；加强风险资本在中小企业技术创新中的作用；培育欧盟风险投资文化。目前，欧盟风险资本行动计划的重要政治和技术目标都已实现，欧盟风险资本正朝着规模更大、管理更成熟和专业化的方向发展。2004年，欧盟委员会提出进一步完善欧洲风险资本市场的新措施，其中包括在欧洲推行国际审计标准，制定退休基金投资风险资本的相关法规和提高欧洲结构基金对风险资本的支持力度等。在欧盟的积极推动下，成员国在风险资本所起的重要作用上已经取得了广泛的共识。[1]

在经受了最近这次国际金融危机的沉重打击之后，2009年，欧盟在改革金融监管和监督的道路上又向前迈出了积极有效的一步。欧盟国家财长和首脑们在经过多次会议反复讨论之后，已就金融行业监管、金融市场透明度、金融机构评级制度和银行高管薪酬规则等问题达成了广泛的一致。欧盟最近决定的具体政策措施包括：在欧洲乃至全球范围内建立起金融领域的监管和预警机制，并成立经过授权的泛欧执行机构，全面负责与有效实施对整个欧盟金融领域的监管，及时发现和预测可能出现的系统性金融风险，尽早发出预警通告并在必要情况下提出对策建议和实施办法，以防止类似危机再度发生；根据相关设想，欧盟决定成立由成员国金融监管机构代表组成的三个金融监管委员会，分别负责加强成员国在银行系统、保险行业和金融市场领域的统一协调与监管工作，在三个监管委员会的权限问题上，多数欧盟成员国领导人认为，专业的监管委员会应有权作出有约

[1]　薛彦平：《欧盟资本市场的基本特点与发展趋势》，《国外社会科学》2009年第4期。

束力的规定，以确保成员国统一执行欧盟的监管规定并协调和解决各国监管机构之间可能出现的矛盾与分歧；此外，在三个监管委员会之上，还将设立一个顾问委员会，以便对三个委员会的工作进行协调与指导。但是，关键在于落实得如何。

3. 产业结构改革

欧盟产业政策的理念是市场导向的，强调为提升工业竞争力创造良好的条件，反对传统的部门干预。1990 年的第一份正式政策通报就确定了这一理念，并提出了开放性、横向型和辅助性的指导性原则，此后陆续出台的欧盟产业政策通报都延续并一再强调上述理念和原则。

从制度支持角度看，欧盟做了许多有益的工作。首先，完善支持研发与创新的制度环境，提高欧盟制造业的国际竞争力。在欧盟委员会提案"投资与研发——一个欧洲行动计划"[1] 的基础上，部长理事会于 2003 年9 月形成了一个 "为提高欧盟经济增长和竞争力而投资于研究" 的决议，此决议强调了对知识产权的保护。保护知识产权对于保持和提升欧盟大多数制造业的竞争力具有至关重要的意义。欧盟委员会近几年的产业政策通报都表示了大力保护知识产权的决心，并陆续提出了几个行动议案。2005年的产业政策通报确定了在内部市场和对外贸易中亟待提高知识产权保护程度的制造业部门，包括制药业、生物技术、信息通讯技术、机械工程、电子工程、汽车、造船、纺织、制革、制鞋、家具等等。虽然已经取得了不少成绩，但是，欧盟在这方面的行动也并非一帆风顺，至今仍困难重重。这其中的一个重要原因在于欧盟内部政策运行机制和利益协调过程的复杂，例如，欧盟委员会在 2000 年即向理事会和议会递交了有关 "共同体专利"（community patent）的提案，旨在为欧盟范围内申请专利提供一个低成本的统一体系。但是这项提案至今尚未获批准。2005 年 10 月，欧盟委员会又公布了一份关于研究与创新的通报，确立了共同体支持研究与创新的新的综合政策，其中包括一些与制造业部门高度相关的创新，从而

---

[1]　European Commission，"*Investing in Research: An Action Plan for Europe*"，COM（2003）226，2003.

为产业政策的实施提供了更多可利用的措施。① 由于研发领域存在着公认的"市场失灵",除了创造制度环境以外,公共部门对研发和创新活动的直接财政支持也是世界各国产业政策的普遍手段之一,欧盟自 1984 年开始执行的多个科技框架计划以及成员国政府支持的研发计划都是这方面的具体体现。

其次,利用完善内部大市场的相关制度法规促进各成员国制造业的协调发展。至今为止,欧盟产业政策在与完善内部市场有关的内容中最重要、也最有成果的努力是推动制定产品的技术规则和统一技术标准。欧盟在这方面的努力和成果可谓有目共睹,典型的成功例子是制订了第二代移动通信技术的国际标准之———全球移动通讯系统(GSM)标准。

最后,借助贸易政策从制度上支持制造业开辟和拓展国际市场,并为其争取有利的国际竞争环境。在这方面,欧盟产业政策的主要目的在于尽量使第三国向欧盟工业品开放市场,以及为自身产品参与国际竞争争取更为有利的环境。推动第三国的市场开放会扩大欧盟制造业的市场范围,这对于市场普遍相对狭小的欧洲国家而言,是推动制造业结构转型的重要途径。在此欧盟主要采取两种方式:其一,通过多边谈判和协议,主要是在世界贸易组织框架下促进第三国开放市场;其二,通过双边谈判与合作,推进特定国家向欧盟工业品开放市场。目前,欧盟已与了美国、拉美、中国、日本和加拿大等最为重要的贸易伙伴开展了制度合作,以此作为多边协议的重要补充。另外欧盟还致力于降低其制造业参与国际竞争的制度成本,为其争取更有利的国际竞争环境,这主要体现在积极参与国际工业技术标准的制定,将其内部统一市场规则和环境标准向外部世界的推广上。

从横向的部门政策来看,产业政策内容更加务实,也更具可行性。欧盟产业政策的部门政策正处于起步阶段。虽然自 2002 年以来部门政策就开始逐步形成,但是,直到 2005 年政策通报才基本上确定了部门政策的具体形式和针对各制造业部门的政策重点。2005 年通报对欧盟 27 个部门(26 个制造业部门加上建筑业)的竞争力状况和存在的问题进行了详细分

---

① European Commission, "*More Research and Innovation – Investing for Growth and Employment: A Common Approach*", COM (2005) 488, 12 October 2005.

析，并逐一确定了对于各部门而言具有优先意义的横向政策。欧盟针对制造业的部门政策有三大特点：第一，虽然当前欧盟针对不同部门的政策侧重点各有不同，但是其共同的支撑点在于提高整个制造业的知识与技术含量。不论是与美、日相比处于劣势的高新技术行业（如制药、生物技术、信息通讯技术、航空等）、当前具备强劲竞争力的资本技术密集型行业（如医疗设备、机械工程、电气工程、机动车辆、化学制品等），还是面对新兴国家激烈竞争的传统产业（如造船、纺织服装、皮革、制鞋、家具、印刷与出版、钢铁业等），欧盟的目标都是通过增加产品的知识与技术含量来提高国际竞争力，其具体努力方向主要包括三个方面：促进研发与创新活动、保护知识产权、提高劳动者技能。第二，对于大多数优势产业和传统产业，当前欧盟的另一个政策重点是为其高质量和高附加值产品争取到第三国市场的准入权。第三，对于大多数传统产业而言，欧盟的首要任务是推动其结构转型和升级，一方面通过提高这些行业的知识技术含量和促进创新来避开与新兴经济体之间的低成本竞争，另一方面通过结构基金等财政方式尽量降低转型引起的社会成本。①

2007—2009 年始于美国次贷危机的国际金融危机和世界经济衰退，为欧盟国家的产业结构改革提供了一剂新的强力催化剂。在欧盟及其成员国为应对危机和衰退所采取的一系列政策、计划和措施中，专业人士一眼就可以看出，除了应急的行情性政策措施之外，还有相当多的具有结构性政策含义的内容，主要目标是产业结构改革。欧盟国家显然是想要利用时机对整个经济特别是其制造业实施改革与创新的战略，以达到提高其全球竞争力、增强长期潜力以及经济可持续发展的长远目标。为此，欧盟提出了一系列明确的政策措施，例如，由欧盟及其成员国扶持一些重要的产业领域，如气候、环保研究和可再生能源专案，开发大容量、高速数位网络系统，致力于生命科学与生物工程产业等；利用技术与科研优势进一步推动"欧洲制造"和欧洲标准的商品标签，使其成为流通欧盟国家市场必备的产品标识，为欧洲生产企业、进口加工商建立统一的技术标准和商品规

---

① 孙彦红：《欧盟产业政策研究》，博士研究生毕业论文，中国社会科学院研究生院，2009 年，第 35—37、45—47 页。

范，为欧盟产品进一步占领国际市场奠定更加可靠的基础；加强政府机构为企业服务的力度，利用数位网络优化管理手段，最大限度地简化各种有碍提高生产效率的手续和程式，减少企业管理与经营成本，在产业政策、产品资讯、市场变化、知识产权保护等方面加强服务、如此等等。可以预期，这些政策计划措施的实现，将会进一步促进欧盟国家的产业结构调整、科技创新能力提高和公司企业合理重组。

4. 科技发展改革

20世纪80年代以后，欧盟开始意识到欧洲国家在科技开发和应用上同美国的差距，并逐步意识到造成这种落后的原因不是欧洲缺乏发展信息工业技术的潜力，而是欧洲缺乏系统的科技创新发展政策。这个时期，欧盟出台了"欧盟研究开发框架计划"。自1984年第一个科技框架计划问世以来，至今已出台了七个框架计划，它们为欧盟的科技发展建立了一个框架结构，为每一时期的科研方向提供重要的指导，影响力正在不断提高，资金投入更是从最初的32亿欧元大幅增至670多亿欧元。[①]

自第一个科技框架计划（1984—1987）至第五个框架计划（1998—2002），大约有一半的资金直接投入了工业部门。第六和第七个框架计划大幅度增加了预算总额，并配合欧盟产业政策的需要强调研究要更加紧密结合欧洲的工业，以提高其国际竞争力。第一个框架计划主要涉及能源领域，同时也把信息和通信技术、工业部门现代化、生物工艺学这三个对于提供共同体工业竞争力有重要意义的领域作为重点。第二个框架计划（1987—1991）继续把上述有助于提高工业竞争力的领域置于优先位置，特别是在以下三个领域确定了具体的行动项目：信息技术和电子技术领域的 ESPRIT 项目（全称为 European Strategic Programme for Research and Development in Information Technology，即欧洲信息技术研究与开发战略项目）、材料领域的 EURAM 项目（全称为 European Research in Advanced Materials，即欧洲高新材料研究项目），以及工业技术领域的 BRITE 项目（全

---

① "欧盟研究开发框架计划"（European Research & Technology Development Framework Program），它是欧盟有史以来最重要、也是持续时间最长的一个长期科技发展规划，从1983年第一个计划提出，到2007年共执行了7个。

称为 Basic Research in Industrial Technology for Europe，即欧洲工业技术基础研究项目）。第三个框架计划（1990—1994）的主要目的仍是提高共同体工业的国际竞争力，研究目标集中在三个方面的六个领域：（1）扩散性技术，包括信息和通讯、工业和材料技术；（2）自然资源的管理，包括环境、生命科学技术、能源；（3）智力资源的管理，包括人员投入和流动，并将重点放在研究成果推广、生命科学技术及培训和交流上。由于《马斯特里赫特条约》的正式生效扩大了欧盟研究与技术开发政策的范围，第四个框架计划（1994—1998）所确定的具体目标是：同时实施总体战略，加强研究开发对经济的影响，提高生活质量，使人类资源与技术进步同步发展，从而为迎接以下三个挑战作贡献：提高欧洲工业的竞争能力，提高欧洲的生活质量，促进对新技术的应用。[①] 第五个框架计划（1998—2002）将重点投入方向做了调整，主要目的在于应对欧盟面临的现实社会和经济问题，提高欧盟的总体生活水平和工作条件，而提高工业的竞争力则成为实现这些目的的重要手段。鉴于此，第五个框架计划支持的重点由纯科研项目转型为更有利于增强竞争力行业就业的项目。第六个框架计划（2002—2006）仍紧紧围绕欧盟条约第 163 条所确定的目标，具体活动以三个主题为核心：集中和整合共同体的研究力量；构建欧洲研究区；加强欧洲研究区的基础。围绕这三个主题，第六个框架计划确定了七项优先研究领域：生命科学、关于健康的基因组学和生物技术；信息社会技术；纳米技术和纳米科学、以知识为基础的多功能材料以及新的生产工艺和设施；航空和航天；食品质量和安全；可持续发展、全球变化和生态系统；知识社会的公民和管理。为配合新里斯本战略的需要，第七个框架计划（2007—2013）更加强调要促进欧洲的经济增长和加强欧洲的竞争力，认为知识是欧洲最大的资源，同时也比过去更强调研究要与欧洲工业紧密结合，帮助其开展国际竞争，并且在一些领域争取世界领导地位。第七个框架计划一改以前六个框架计划依照行业划分研发项目的做法，而是从更加综合的角度确立了四个大项目，分别为合作（cooperation）、研究能力

---

① 关于欧盟第一至第四个科技框架计划的总结，参见杨逢珉、张永安编著《欧洲联盟经济学》，华东理工大学出版社 1999 年版，第 212—213 页。

（capacities）、原始创新（ideas）和人力资源（people），同时将健康、食品、农业和生物技术，信息和通讯技术，纳米科学和纳米技术，材料和新产品技术，能源，环境（包括气候变化）等研究领域置于这些大项目之中，旨在追求研发活动的协同效应。①

"欧盟研究开发框架计划"是欧盟科技创新政策的一个重要组成部分，但并不是欧盟在这个时期执行的唯一计划。欧盟主要成员国在这个时期还推出了"尤里卡计划"（Eureka），但尤里卡计划与框架计划不同，它是一个开放性的计划，合作伙伴并不局限在欧盟成员国之间，不仅欧洲国家可以参加，甚至亚非国家也可以参加，条件是它们必须对项目有所贡献。②尤里卡计划更偏重某些前沿科技领域，如生物技术、环境技术、材料技术、信息技术、能源技术，这些技术对提升欧洲工业的竞争能力有着重要的意义。到2005年，尤里卡计划已走过了整整20年的历程，已有1.1万多家企业（多数是中小企业）参加了尤里卡计划，该计划还吸收了3000多个科研机构和大学，项目数也增加到2600个，资金总数达到220亿欧元。

此外，欧盟还相继制订和执行过两个较有影响的长期科技创新计划。一个是"科技成果扩散与应用计划"③。该计划关注三个领域：科技研发成果的扩散与应用；科技研发成果向企业的扩散以及建立适合技术扩散的金融环境。二是"科技资源整合计划"。该计划的具体成果是形成欧洲研究区，欧洲研究区利用当代互联网的优势，动员欧洲一切科技研究力量提高欧盟及其成员国研究计划之间的协调水平。④

5. 环境保护改革

随着全球变化和全球化时代的到来，环境问题日益成为全人类所关注

---

① 孙彦红：《欧盟产业政策研究》，博士研究生毕业论文，中国社会科学院研究生院，2009年，第41—42页。

② 2005年，尤里卡计划的参加国家已经从最初的17个扩大至36个，不仅包括欧盟所有成员国，而且还包括瑞士和土耳其等。

③ 欧盟成果扩散与应用计划的全称是"研究与技术开发成果扩散和应用计划"（Specific Programme for the Dissemination and Exploitation of RTD Results），最初是第四个框架计划内的一个辅助性项目。

④ 薛彦平：《欧洲工业创新体制与政策分析》，中国社会科学出版社2009年版，第46页。

的焦点之一。各国政府逐渐把环境保护提上了议事日程，开始通过制定环境法律、法规及政策来推动环境保护。欧盟作为一个超国家的区域性政治经济组织，在跨国界、区域性的环境保护中取得了很大成就，应当可以说，迄今为止，在这一领域，欧盟是世界的领先者。

在1957年的欧洲经济共同体条约中，并没有包括任何关于环境、环境政策或环境法的条款。但在以后的发展过程中，欧洲共同体意识到了环境保护的重要性和采取一致行动的必要性。1972年10月19日到20日，欧共体首脑会议首次强调了一项共同环境政策的重要性，并在会议结束之前责成共同体立法机构在1973年7月31日之前制定出一个具有实施时间表的行动计划。在此次会议上，欧共体环境政策已经形成雏形。1973年11月22日理事会以《欧共体理事会及理事会中成员国政府代表会议的宣言》的形式通过了《欧共体第一个环境行动计划》，由此促成了共同体统一环境政策的形成与发展。1983年和1987年欧共体理事会分别通过了《欧共体第二个环境行动计划》和《第三个环境行动计划》，其间制定了《单一欧洲法》和几项重要的环境指令。1987年通过《第四个环境行动计划》。1992年，欧盟国家签署了《欧洲联盟条约》即《马斯特里赫特条约》。其后，欧盟理事会于1993年通过了《第五个环境行动计划》，又称《走向可持续性行动计划》。从1972年10月的欧共体首脑会议至今已通过了六个环境行动计划和一系列法案及条约，欧盟的环境政策在这些行动计划和法案中得到了充分体现。

在第一个环境行动计划（1973—1976）中，欧盟明确指出了其环境政策的目标，即提高生活质量、改善环境和人类的生存条件。该计划也提出了欧盟环境政策的一些基本原则：最好的环境政策在于防止污染的产生；在所有技术计划和决策过程的最初阶段都必须考虑环境因素；任何将导致生态失衡的消耗资源和破坏自然的行为都必须被禁止；在科学和技术水平提高的过程中充分发挥其对改善环境和治理污染的作用；污染者付费；一国在采取行动时应确保不会导致另一国环境恶化；在欧盟及成员国的环境政策中应考虑发展中国家的利益；不断加强对改善全球环境的关注与努力；重视公众的意见；分清等级责任；在共同一致的基础上加强联盟政策与成员国政策的合作与协调。第二个环境行动计划（1977—1981）基本上是第一个行动计划的延续和扩大。它重申了 1973 年计划的整套原则和目标，还对防止水和大气污染的措施提供了一定的优先权，对噪声污染也提出了更广泛更具体的措施，加强了共同体环境政策的预防性质，尤其关注对周围环境和自然资源的合理保护和管理。在第三个环境行动计划（1982—1986）中，欧盟对原有的环境政策进行了变革，将环境政策与共同体的其他政策结合起来，考虑环境政策在经济和社会领域的同等重要意义，并且明确强调了加强环境政策预防性特征的重要性。第四个环境行动计划（1987—1992）发展和细化了第三个行动计划中的环境政策，强调了环境保护与其他政策（如就业、农业、运输、发展等）的结合必要性，并加强了全球合作的必要性。第五个环境行动计划（1993—2000）以可持续发展为中心，对欧盟以往的环境政策作了重大的发展。其目标不再是简单的环保，而是在不损害环境和过度消耗自然资源的条件下追求适度的增长，这种增长不应破坏经济社会的发展和对环境资源需求之间的平衡。第六个环境行动计划（2001—2010）命名为"环境 2010，我们的未来，我们的选择"，计划着重保护自然和生物的多样性、环境和健康、可持续的自然资源利用与废物管理为四个优先领域。

经过 30 多年的努力，自 2000 年以来，由于《阿姆斯特丹条约》及《尼斯条约》的生效，《第六个环境行动计划》的被批准与全面实施，以及《欧盟宪法条约》的草拟制定等，欧盟的环境立法和政策发生了重大变化，欧盟已经形成了一个包括条约中的一般原则、规则和理事会、委员会通过的指令规章在内的体系完整、门类齐全的法律、法规体系。以空气污染防治为例，1975 年，欧盟通过了它的第一项关于空气污染防治的法规——汽油硫含量指令。20 世纪 80 年代中期，由于欧洲大气污染、酸雨、臭氧层破坏加剧以及全球气候变暖等问题的加剧，欧盟进一步逐渐加强了空气污染立法。目前，欧盟针对气体和粉尘排放共通过了近 20 个法规和指令，针对臭氧层保护通过了 9 个公约、决定和指令并就成员国在空气污染防治合作方面制定了多项法规，形成了一个相当完善的法规体系。在水污染方面，欧盟有关防治水污染的立法始于 1973 年理事会关于禁止销售和使用某些具有低度生物退化作用的清洁剂的指令。在过去，欧盟有关水资源保护的立法主要集中于生活饮用水、渔业用水、地下水的水质及其保护，目前其立法范围已经大为扩展。欧盟已经就水资源的功能区、水质、污染物（包括危险物）的排放、某些特定的生产工艺和产品标准4个方面进行了立法。欧盟立法要求各成员国根据水域的用途制定水体的水质标准，划定水功能区；对汞、镉、六氯环乙烷和其他一些危险物质的排放也制定了排放标准。[①]

　　目前环境保护又有了新的发展，自英国2003年首先明确提出"低碳经济"以来，低碳发展已经成为世界未来经济发展的新规则。低碳经济是以低能耗、低污染、低排放为特征的经济发展模式，实质就是要建立新的产业结构和能源结构，以最少的温室气体排放，获得最大的社会产出。2008年底，欧洲议会通过了欧盟能源气候一揽子计划，包括欧盟排放权交易机制修正案、欧盟成员国配套措施任务分配的决定、碳捕获和储存的法律框架、可再生能源指令、汽车二氧化碳排放法规和燃料质量指令等6项内容，规定欧盟到2020年将温室气体排放量在1990年基础上减少至少20%，将可再生清洁能源占总能源消耗的比例提高到20%，将煤、石油、天然气等化石能源消费量减少20%。欧盟各国积极响应，如英国开征气候变化税、实施可再生能源配额政策，争取在"减排量分担协议"之外再减排4.5%；法国在考虑创造"零碳经济"；瑞典大力推行"环保车计划"；德国将环保技术产业确定为新的主导产业重点培育，计划在2020年成为第一大产业；丹麦则在全球率先建成了绿色能源模式，成为世界低碳经济发展典范，形成由政府、企业、科研、市场关联、互动的绿色能源技术开发社会支撑体系。作为保护环境的经济发展模式，低碳经济在未来会有更大的发展。2009年的哥本哈根气候峰会，虽然只取得了有限的成果，但欧盟国家在这方面的努力并未放松。2010年1月欧盟国家有关部长会议已经给自己提出了比上述原先计划更高的减排目标。

　　经过30多年的努力，欧盟经济领域的各项改革取得重大进展，通过不断提升各项政策的地位和目标，拓展改革的领域和视野，以及多元、灵活的政策实施手段，欧盟的经济改革日益系统和完善，取得瞩目成就。

---

　　① 肖主安：《试论欧盟环境政策的发展》，《欧洲》（双月刊）2002年第3期。

三　欧盟经济改革的初步结果及依然存在的问题

伴随着欧洲联合和改革，欧盟成为世界上最大的经济体之一，并在一体化方面在艰难中取得重要进展。但同时欧盟国家的经济改革依然存在很多问题，仍需要不断调整与深化。

（一）欧盟经济在世界经济中的地位依然十分重要

经过战后半个多世纪的发展，作为一个整体，欧盟27国在国内生产总值、国际贸易总额、金融资产和黄金储备等方面均超过美国；统一货币欧元顺利启动并如期流通，欧元在世界经济中的影响日益扩大；欧盟的扩大稳步推进，整体经济实力与潜力得到壮大。作为世界经济的最重要力量之一，欧盟对国际权力的需求也在增强，期望参与乃至主导世界经济规则的制定，特别是谋求确定世界贸易规则与国际货币规则，最大限度地追求自己的利益。

1. 欧盟已成为世界最大的经济体

就世界经济地位而言，欧盟的任何一个成员国都无法单独与美国乃至日本相比，但是，作为一个整体，欧盟基本上与美国相当，而远远超过日本。同样重要的是，欧洲货币的统一以及欧盟的多次扩大有助于提升欧盟的世界经济地位。虽然随着一批"新兴国家"的兴起，欧盟的地位相对有所下降，但它的绝对分量仍在增长。

第一，欧盟在当今世界经济生产和贸易中都是一支最大的力量。诚然，自20世纪70年代中期那次世界经济危机以来，欧盟地区的经济增长速度相对比较缓慢，在80年代比不上日本，90年代又不及美国，进入21世纪之后更落后于包括中国在内的一系列"新兴国家"，结果是欧盟在世界经济中的地位相对有所下降。尽管如此，欧盟依然是当今世界经济中的一支极其重要的力量。欧盟的经济规模占到全球GDP生产的1/4，虽然最近30多年欧洲经济增速不快，但一直基本保持稳定，年均在2%左右，在世界经济生活中起着某种"锚定"的作用；欧盟和美国是现行国际秩序和国际规则的制订者和维护者，这些秩序、规则自然首先服务

于西方的利益，但中国等新兴国家的崛起迄今为止也正是在这一框架下
实现的（不过这一局面正在变化）。这一点对世界经济的长期相对稳定发
展十分重要。

表1　　　　　1966—2009 年欧盟*、美国、日本 GDP 增长速度比较　　　　单位:%

	1966—1973	1974—1990	1991—2000	2006	2007	2008	2009
美国	3.2	2.7	3.4	2.7	2.1	0.4	−2.7
欧盟或欧元区	5.0	2.3	2.2	3.4	3.1	1.0	−4.2
	（欧元区）	（欧元区）	（欧盟）	（欧盟）	（欧盟）	（欧盟）	（欧盟）
日本	10.0	3.8	1.2	2.0	2.3	−0.7	−5.4

　　*欧盟地区的国家数目：1973 年前 6 国，1973 年 9 国，1981 年 10 国，1986 年 12 国，1995 年 15
国，2004 年 25 国，2007 年 27 国。欧元区 1999 年 10 国，2009 年为 16 国，2011 年年初为 17 国。

　　资料来源：1966—1973 年、1974—1990 年数据取自世界银行《Global Economic Prospect 2000》；其
后的数据取自 IMF，World Economic Outlook，2009 年 10 月。

　　至于具体说到世界 GDP 生产和国际贸易中欧盟所占的突出地位，令人
印象依然深刻。2010 年，世界 GDP 生产总值为 617810 亿美元，其中欧盟
27 个成员国中前排的 15 国合占了 152822 亿美元，占世界的 24.7%，超
过美国和日本。

表2　　　2010 年欧盟前排 15 国在世界 GDP 生产中所占的地位（按市场汇率计）

	绝对值（单位：亿美元）	比重（%）
世界总计	617810	100
其中：欧盟前排		
15 国合计	152822	24.7
德国	33059	5.4
法国	25554	4.1
英国	22586	3.7
意大利	20276	3.3
西班牙	13748	2.2
荷兰	7703	1.2

续表

	绝对值（单位：亿美元）	比重（%）
波兰	4389	0.7
比利时	4613	0.7
瑞典	4446	0.7
奥地利	3663	0.6
希腊	3050	0.5
丹麦	3046	0.5
芬兰	2320	0.4
爱尔兰	2041	0.3
葡萄牙	2164	0.4
对比资料		
美国	146242	23.7
中国	53909	8.7
日本	57451	9.3

资料来源：IMF，World Economic Outlook，2010年10月。上表系笔者根据前列资料来源计算汇总。

　　欧盟是国际贸易中的最大实体。它的国际贸易大约有3/5是在区域内完成的，2/5是在区域外实现的。值得指出的是，无论是货物出口与进口，还是服务出口与进口，欧盟在国际贸易中都是占着领先地位，德国长期是世界头号货物出口国（2009年被中国超过）。2008年，欧盟前排10国在世界货物出口161270亿美元中合占比重达30.9%，价值49848亿美元，相当于美国的383.3%，日本的637.2%；在世界货物进口164150亿美元中合占31.1%，价值51033亿美元，相当于美国的235.6%，日本的669.7%。2008年，欧盟前排的14国在世界服务出口37313亿美元中合占42.4%，价值15821亿美元，相当于美国的303.1%，日本的11倍；欧盟前排12国在世界服务进口34690亿美元中合占38.6%，价值13388亿美元，相当于美国的367.5%，日本的8倍。值得提到的是，欧盟的国际贸易长期保持着基本平衡的态势，既不像美国巨额逆差，也不像中国大量顺差。欧盟在经济生产和国际贸易两方面所达到的成就，与欧盟国家在联合和改革两方面所取得的进展是分不开的。

表3   2008 年欧盟前排国家在国际贸易中的地位

	货物贸易				服务贸易			
	出口		进口		出口		进口	
	金额 （亿美元）	比重 （%）	金额 （亿美元）	比重 （%）	金额 （亿美元）	比重 （%）	金额 （亿美元）	比重 （%）
世界总计	161270	100	164150	100	37313	100	34690	100
其中：欧盟前排 国家合计	49848	30.9	51033	31.1	15821	42.4	13388	38.6
1. 德国	14652	9.08	12062	7.35	2350	6.29	2846	8.20
2. 荷兰	6340	3.95	5739	3.49	1021	2.74	919	2.65
3. 法国	6087	3.77	7077	4.31	1535	4.11	1370	3.95
4. 意大利	5397	3.35	5563	3.39	1234	3.31	1324	3.82
5. 比利时	4770	2.96	4699	2.86	888	2.38	—	
6. 英国	4580	2.84	6319	3.85	2835	7.59	1989	5.73
7. 西班牙	2681	1.66	4023	2.45	1426	3.82	1079	3.11
8. 瑞典	1840	1.14	1670	1.01	713	1.91	542	1.56
9. 奥地利	1822	1.13	1842	1.12	616	1.65	420	1.21
10. 波兰	1679	1.04	2039	1.24	345	0.92	—	
11. 爱尔兰	—		—		961	2.57	1029	2.97
12. 卢森堡	—		—		676	1.81	404	1.16
13. 丹麦	—		—		720	1.93	625	1.80
14. 希腊	—		—		501	1.34	—	
对比资料								
美国	13005	8.1	21660	13.2	5220	14.0	3643	10.5
日本	7823	4.8	7620	4.6	1437	3.8	1656	4.8

资料来源：WTO Statistics Database Online，2009 年 9 月。上表系笔者根据前列资料来源计算汇总。

　　第二，欧洲的货币统一使欧盟的世界经济地位进一步得到提升。创造"欧元"是欧盟最近 30 年中实现的最大改革之一。1999 年起，欧元逐步成长为国际贸易、投资和国际储备的主要货币之一。在国际储备货币中，欧元的份额从 1999 年年初的 18% 增加到 2007 年年末的 26.5%，而美元从 2001 年巅峰时的 71.5% 降到大约 64%。欧元还发挥了稳定的价值储存功能，2007 年公开发行的国际债券中，49% 以欧元发行，只有 35% 以美元发行。在国际债券流通中，欧元在 2007 年的份额为 32%，而 1999 年年初仅为 19%；美元的份额则从 50% 下降到 44%；日元急剧下降了一半，仅为 5%。大约有 40 个欧洲、非洲和地中海国家将其汇率政策与欧元挂钩，其中还涉及不同的货币体制，有货币局制度（currency board），比如保加利亚；欧洲汇率机制以及管理浮动汇率制度，比如波兰。欧元现在已经成为继美元之后的第二大国际货币，它已经超越了之前具有国际货币角色的另外 11 种货币，包括德国马克。[①]

第三，欧盟的扩大是强化欧盟世界经济地位的另一个关键因素。1973 年以来，欧盟经过 1973 年、1981 年、1986 年、1995 年、2004 年和 2007 年 6 次扩大，提升了欧盟在世界经济政治格局中的地位，具有深远的战略意义。2007 年欧盟再次扩大之后，欧盟已发展成为当今世界上经济规模最大、一体化程度最高的国家联合体，欧盟实现经济增长的潜力比以前得到了加强。2007 年，随着罗马尼亚、保加利亚加入欧洲联盟，欧盟成员国扩大至 27 个，人口增至将近 5 亿人，GDP 占世界 GDP1/4。欧盟的扩大进一步展延了欧盟的市场规模，完善了资源禀赋结构，扩展了经济增长的空间。同样重要的是，随着欧盟的扩大，欧盟规则的空间也随之扩大，同时，这种扩大也进一步巩固了欧盟制定世界经济规则的能力。

2. 欧盟制定世界经济规则的能力依然很强

在世界经济舞台上，制定游戏规则的能力取决于经济实力。在经过半个世纪的欧洲一体化发展和长期的经济改革努力之后，欧洲已重新成为世界经济的最重要力量之一。

由于美国在当今世界体系中的突出地位以及战后欧美的特殊关系，所以欧洲的国际权力需求首先要求对欧美关系进行重新定位，这个重新定位的过程首先在协调中进行，由于欧洲的经济规模与经济水平以及欧洲对外部世界经济的紧密联系，欧洲在重新定位欧美关系之后首先将谋求自主确定欧洲的对外贸易规则，而由于其巨大的市场地位因而也将在相当程度上确定世界贸易规则。在建设欧洲大家庭的过程中，这种尽力不让局外国家分享的经济利益是把许多分散的国家在政治上联合在一起的必不可少的黏

---

① ［德］诺贝特·沃尔特：《欧元的大时代——欧元的国际角色》，德意志银行研究报告（英文版），后由国研网译成中文，2008 年 6 月 26 日。

胶剂。要行之有效，这种经济上的粘胶剂就要非常强有力，而只有在内外差别很大的情况下，它才可能强有力。这就是欧洲自己的对外贸易规则。但这并不是问题的全部。欧洲1993年实现的内部共同市场到1995年已经发展成为"欧洲经济区"，并且随着中东欧的市场的加入使得欧洲建立起了迄今世界上最大的具有一定自我发展能力的市场。在全球市场上，贸易规则向来是由对进入世界最大市场拥有控制力的国家来确立的，这是历史的通例。由于大家都需要进入该市场，那么他们就没有别的选择，只有按照人家规定的规则行事，事情向来如此。英国在19世纪确立了世界贸易的规则，美国在20世纪步英国的后尘。作为世界最大的市场，欧洲大家庭同样也在尽力为21世纪的世界贸易确立规则，而其他国家则不得不学会如何参与这场赛局。由于欧洲共同体将其内部法规加以统一，为局外人进入该市场制定了条件，因此它事实上也在为新世纪拟定不少国际贸易规则。不管欧洲共同体制定什么样的规则，其他国家都必须在一定程度上按照这些规则行事。当然，随着"新兴国家"的兴起，局势会发生一定的变化。

但是，欧洲的目标不只是要制定世界贸易规则。为了保证外部经济对欧洲的稳定性和确定性，欧洲也要求参与乃至直接制定国际货币规则，欧元是谋求这个权力的起点。欧洲将会凭借强大的统一货币来参与国际货币体系规则的制定，遏制美元霸权，伸张欧洲货币利益。由经济实力的支持和欧洲各国货币在世界货币体系中的实际地位决定了欧元的崛起和强大是不可避免的，虽然这个过程还需要一定的时间经历种种困难——目前就正在经历巨大的困难。瑞士联合银行经济学家阿德勒认为一种货币在国际使用范围有多大取决于经济实力、币值稳定、对外经济关系的密切程度和金融市场的结构。由于美国和欧元区拥有的这些决定要素十分相似，因此，德国前总理施密特预期基于欧元在世界上的地位，欧洲中央银行及其背后的欧盟足以能够同华盛顿、东京抗衡，在货币调控和国际金融市场的调控方面发挥作用。谋求国际货币权力完全是欧洲有意识的行动。欧元进入世界货币市场比任何政治宣言或条约都能更明确地表明欧洲在实现其全球雄心方面取得了又一个最有形的进展。在2007—2009年源自美国次贷危机的国际金融危机和世界经济衰退过程中和事件后，欧洲（主要是欧盟）为改革当前依然主要由美国主导的国际金融制度表现得特别积极，再一次显示了欧洲的雄心。但是，一种国际货币的地位还须以强大的炮舰威力作为后盾，而这恰恰是欧洲的重大弱点，这或许是欧洲要致力于建立自己独立的军事力量的真正原因之一。但欧洲目前看来暂时还没有这种能力。

（二）欧盟的一体化进展

自从法、德、意、荷、比、卢六国 1951 年成立欧洲煤钢共同体以来，欧洲一体化已经走过了半个多世纪的历程。从市场的统一，到货币的融合，再到政治的联合，欧盟不断深化与扩大。

第一，从统一大市场的建设来看，统一大市场大大提升了一体化的高度，成为承前启后的关键阶段，意义极为重大、深远。深化一体化以应对全球化挑战，是大市场建设起步的根本动因。1973 年至 20 世纪 80 年代前期，在两次世界经济危机冲击下，西欧经济发展增长始终乏力，通胀率居高不下，失业率连年上升，致使与美国差距重新拉大。特别是高新技术领域竞争，明显落后于美、日。同时，随着新兴工业国家崛起，在劳动密集型、乃至某些资本、技术密集型领域，西欧都应对不力。这是构成"欧洲硬化症"和"欧洲衰落说"的直接起因，引起各国密切关注。对此，欧共体认为，只有启动建立"统一大市场计划"，即成员国间不仅要继续促进商品流动（指消除"非关税壁垒"），还要实现服务、资本与人员自由流动（即实现"四大自由"），才能提高国际竞争力，有效迎接挑战。因为，欧洲各国市场规模狭小，任何成员国都不能单独、有效地参与国际竞争（西德市场规模最大，仍不及日本一半，仅为美国 1/4）。而如能消除造成市场分割的"三大障碍"（指"边界"、"技术"和"税收"障碍），真正建成单一市场，将有望扭转自身的不利地位。随着流通障碍消除，各国企业间交易成本会大大降低；四大自由将有力促进"竞争"和"规模经济"效应，特别是对欧洲的高新技术产业而言；若成员国政策得当，中长期的宏观经济效应颇为可观，如促进增长、降低通胀与创造就业等。为此，在欧盟委员会"白皮书报告"（即"实现内部市场报告"，20 世纪 80 年代中期提交）的基础上，成员国首次修改《罗马条约》，缔结了《单一欧洲法令》，确定应于 1992 年年底前采纳大量相关立法，建成统一大市场，并采纳促进规则通过的两大举措（部长理事会实行多数表决和尽量适用"相互承认"原则）。上述步骤，保证了立法框架如期确立，欧共体在四大自由方面，实现了历史性飞跃。

第二，经济与货币联盟建设是欧盟区域整合的高级阶段。事实上，自20世纪80年代末起，欧共体即开始筹划启动经货联盟进程，经十余年不懈努力，终于自此实现重大跨越，单一货币欧元得以产生，政策统一与协调更是达到了新的历史高度。欧盟的经济与货币一体化进程持续互动，是导致欧元最终产生的根本原因。尽管《罗马条约》无此目标，但早在20世纪60年代末至20世纪70年代初，随着关税同盟建成，成员国便曾谋求此事，虽然未果，然而从长远看，欧洲货币体系的建立（1979年），毕竟迈出了第一步。大市场计划的成功启动，全球化竞争的日趋激烈，则成为再度谋求货币一体化的直接动因：推行四大自由实际上已实现了经济联盟初步目标；而为应对全球化挑战，进一步实现货币联盟目标，确立单一货币，以提高竞争力和影响力，就不仅可能，且极具必要性和迫切性，因为它有助于保证和深化大市场效应，确立健康、稳定的宏观经济政策框架，并强化"欧洲在国际舞台上的存在"。基于以上考虑，根据"德洛尔报告"（1989年4月）及有关决定，货币联盟建设第一阶段于1990年7月启动。此后，经过艰苦的政府间会议谈判，成员国终于缔结了条约（即著名的《欧洲联盟条约》，其中就货币联盟做出了详尽规定），并坚持逐一加以实施，终于使成员国在经济统一方面，再次取得重大进展。根据规定，欧元区各国目标、手段本不尽相同的货币政策，已转移到欧盟层面，由欧央行体系实行"单一的货币政策"。政策的目标、手段，也由此得到统一："保障物价稳定"成为首要目标；除保证欧洲央行独立性外，量化物价稳定指标，选择实施战略，统一政策工具（公开市场操作、存贷款便利和最低存款准备金要求）等，都构成促进目标实现的重要手段；与此同时，为了积极配合货币政策目标的实现，对各成员国的财政政策实行大力协调。根据条约规定，欧盟在相当程度上获得对各国财政赤字的监管权，如认定某国财政赤字"过度"，可通告其限期削减，若对方置之不理，欧盟有权实行"制裁"，并确定了4项具体措施。此后，又试图通过《稳定与增长公约》加大财政纪律力度（顺便指出，尽管后来事态发展表明，严格控制财政赤字并非易事，但这种目标取向与协调机制的确立，对于保证良性财政、货币政策实施，仍然至关重要）。还应强调的是，以往的欧共体/欧盟政策，往往局限于一个部门或地区（如农业、贸易、地区政策等），但作为西方国家最为重要的两大宏观经济调控手段，欧盟层面的货币政策统一与财政政策协调，则意味着对欧盟整体经济环境，产生直接、重大影响，其意义不应低估。[①] 但最近两年的欧洲主权债务危机表明，欧盟层面上的统一货币政策与基本上仍由各成员国分立的财政政策之间，至今依然不相协调，问题还是相当严重。

第三，旨在建设一个更有效率、更民主、更统一、更强大欧洲的《里斯本条约》2009 年 12 月正式生效，标志着"先经济，后政治"的欧洲一体化进程稳步向前推进。这对欧盟的经济领域也将产生积极影响。世纪之交，欧洲一体化进程面临诸多挑战，欧盟的组织机构、决策程序和管理体制无法适应新形势下的有效运作。2000 年，欧盟领导人就如何使欧盟的机构适应未来的扩张达成了一项条约修正案，此次会议成为《欧盟宪法条约》产生的摇篮，《欧盟宪法条约》是《里斯本条约》的前身。欧盟制宪进程并不平坦。2005 年法国和荷兰在全民公决中否决欧宪条约后，欧盟陷入制宪危机，机构改革议题被迫搁置。2007 年 3 月欧盟领导人在纪念欧盟成立 50 周年时通过《柏林宣言》，被视为《欧盟宪法条约》简化版的《里斯本条约》半年后诞生。然而《里斯本条约》在 2008 年的爱尔兰公投中再次受挫。2009 年《里斯本条约》终于生效，这意味着欧洲一体化进程由此将得到进一步推进。《里斯本条约》是欧洲近十年新一轮改革的结果，它的生效首先将解决扩大后的欧盟如何有效运作的问题。《里斯本条约》把一些原本必须采用一致通过原则的政策领域划归到多数表决制的领域，避免了某些政策因一国反对而不能通过的尴尬局面，有助于提高运营效率。其中，条约引进了"双重多数表决机制"，即欧盟理事会如能获得 55% 的成员国支持、且支持国人口达到 65% 的欧盟人口便可通过一项决策。《里斯本条约》的重要内容之一，是加强欧盟的政治导航机制。它

---

① 中国社会科学院欧洲研究所、中国欧洲学会：《欧洲联盟 50 年》，中国社会科学出版社 2008 年版，第 12 页。

设立任期 2 年半、可连任一届的欧洲理事会常任主席（即"总统"），取代现行每半年一任的轮值主席国制度。常任主席负责主持欧盟首脑会议、协调欧盟内部事务，并对外代表欧盟。与此同时，欧盟还设立外交和安全政策高级代表，取代欧盟理事会的共同外交与安全政策高级代表与欧盟委员会的外交委员两个职位。这将有利于欧盟增强讨论议题和政策实施的连续性，有助于提升欧盟作为一个国际行为体的重要性，并有助于其他国家和组织与欧盟进行合作与交往，加强其国际行为能力。《里斯本条约》还增加了民主的成分。在欧盟层面，欧洲议会共同参与决策的领域扩大到农业、渔业、交通运输、司法等；在国家层面，成员国议会被首次赋予监督欧盟立法的权力。此外，只要 100 万民众签名，就可以要求欧盟委员会重新审议已经出台的措施；条约规定允许已加入欧盟的成员国退出欧盟等。此外，《里斯本条约》还对具有"欧洲"意义的"社会市场经济"模式加以确认。

但是，《里斯本条约》的生效并不意味着欧洲一体化将从此一帆风顺，其影响至少在短期内还难以显现。首先，欧盟的对内及对外政策需要有一个新的磨合期。对内，随着条约的生效，新运行机制的引入将在欧盟引起新一轮政治博弈，各成员国的利益诉求如何达到一个新的平衡需要时间；对外，如何处理好与美国、俄罗斯等大国以及中国等新兴国家的关系，将是欧盟新一代领导集体面临的一大课题。其次，《里斯本条约》的许多细节如何落实并不明确。从《里斯本条约》获得全体成员国批准到正式实施相距不足 1 个月。时间的仓促使得许多细节至今仍不明确，如欧盟"总统"的职能，究竟是以在欧盟内部沟通协调为主，还是以在世界范围内代表欧盟说话为主；"总统"与"外长"在外交领域如何分工；如何让普通民众享有民主权利等。再次，在国际竞争空前激烈的今天，欧盟原有的社会经济问题以及深层次的矛盾，并不是单靠《里斯本条约》就能解决的。一句话，要落实《里斯本条约》的所有规定和目标，依然会出现许多坎坷和障碍。但数十年来欧盟国家坚持通过谈判和对话已无数次化解危机和矛盾，如今，重新扬帆起航的欧洲一体化进程势必会沿着既定方向不断前行。

（三）欧盟国家经济改革中存在的问题

在最近二三十年间，欧盟国家在欧洲联合和改革两方面都取得了一系列重大的成就（欧洲联合进程本身就是一个不断改革和带来改革的进程），但欧洲改革至今依然存在着不少难解之题。举其荦荦大端，这里只来讨论其中的三个主要问题：一是欧盟及其成员国一直未能及时跟上、适应和应对来自外部世界的挑战与压力，包括来自经济全球化的、美国的以及"新兴国家"的；二是欧洲一体化的不断扩大与深化，既推进了欧盟国家的改革，又给它们的改革带来了许多新的困难；三是在欧盟成员国各国内部，由于各阶级、阶层、利益集团的利益不同，经常严重阻滞欧盟国家的多项改革。

1. 欧盟国家的经济改革步伐未能跟上来自外部世界的迅猛挑战与压力

首先，是来自经济全球化的挑战与压力。自 1979 年开始中国走上市场经济发展道路、1989—1991 年东欧剧变与苏联瓦解之后，加上一些"新兴国家"的逐渐兴起，经济全球化从此含有了真正"全球"的意义。世界经济中一下子增加了将近 20 亿"新"劳动力参与激烈的国际竞争，其后果为西方大多数政经界精英人士所始料不及，尤其是欧洲。在此期间，美国等国还在全球大力推行新自由主义或含有新自由主义因素的政策，核心是经济自由化和私有化，加上有的"新兴国家"特别是中国的异军突起，结果是使商品、服务贸易、国际资本流动和人员的迁移迅速增加，规模急剧扩大，程度日益深入。这种发展进程给欧盟国家的经济发展带来了极大的机遇。因为欧盟是世界最大的贸易区：2008 年欧盟前列 10 个国家的货物贸易出口额（包括欧盟区内外贸易）占国际货物贸易出口总额的 30.9%，进口占 31.1%；同年，欧盟前列 14 国的服务贸易出口额占全球的 42.4%，进口则占 38.6%；欧盟国家作为一个整体又是对外直接投资最大的输出地和输入地：2007 年输出 4960 亿欧元，引入 4000 亿欧元，2008 年输出 3540 亿欧元，引入 1720 亿欧元（欧盟统计局）；在欧盟国家的劳动就业人口中，外国人已分别在各国占到 5%—10%，大多数在低层工作岗位从业，而占劳动力总数 90% 以上的本国劳动力，多数文化程度较高、技术熟练，这保证了欧盟主要国家产品的高质量。但是与此同时，随着国际市场竞争加剧，"新兴国家"的劳动力及其产品价格低廉，且其中一部分也具有相当的文化与技术水平，而且"新兴国家"还普遍积极采取了吸引外资的政策措施，结果导致欧美资本和技术部分外流，许多产品（主要是劳动密集型产品）甚至整个产业部门生产外迁，对本国就业产生一定影响。值得注意的是，有些"新兴国家"的产品升级在加速进行且成效显著，这特别给欧洲某些支柱产业部门——机器制造、汽车制造、电器电子、化学化工等——在带来巨大机遇的同时形成了新的压力。据德国《世界报》网站公布的资料，经济全球化可能会"威胁"到1100多万个德国的就业岗位流失海外，因为在德国雇员所从事的工作中，有42%完全可以在劳动力成本低廉的其他国家完成。当然，虽然有很多岗位可能会受到影响，但在短期内，它们并不会马上消失。因为在许多国家还缺乏可以胜任德国技术人员工作的高质量的劳动力。但是，中国、印度、巴西等国的劳动力素质正在迅速地迎头赶上。[1] 在德国机械设备制造业联合会2009年4月发表的一份评估报告称，德国这一传统优势产业的销售额已被中国赶上：在2008年全球机械制造商销售总额1.58万亿欧元中，中国已占2710亿欧元，份额为17.2%；德国为2330亿欧元，占14.7%。虽然德国人也强调指出，中国机械制造业销售额（包括内销）全球第一，并不说明中国机械出口的地位，德国机械产品出口仍将是世界第一。在机械制造业31个部门中，德国有17个占据世界领先地位，包括机械搬运、电力传输设备、印刷技术等；而中国只有在纺织机械等若干个部门有竞争力。而且，中国50%以上的高端机械产品仍需进口。德国与中国的机械制造业目前还不在同一竞争平台上。但无论如何，中国正在快速追赶，这一点就足以引人注目。所有这一切的结果是，欧盟国际竞争力相对削弱，其世界经济地位也相对下降。而欧盟国家为改革所作的努力，看来在短期内还难以扭转这种颓势。

其次，是欧盟国家现在这样的经济改革究竟能不能有效应对来自美国的挑战与压力，也是一个大问题。在当今世界经济中，欧盟与美国是两个最大的合作伙伴，同时又是最大的竞争对手。在这一竞争中，自欧洲度过

---

① http：//www.welt.de（［德］《世界报》网站），2009年4月4日。

了"二战"后 1950—1973 年重建时期的经济繁荣之后，在接着的 30 多年时间里，直至 2007—2009 年由美国引发的国际金融危机和世界经济衰退，美国基本上占有上风，欧洲却经历了多次"衰落论"的销蚀。然而这一竞争至今并未停止。它主要继续在三个领域内展开：一是一般经济领域。就经济规模而言，2010 年按市场汇率计算的欧盟 GDP 高于美国，而人均 GDP 则是美国高出欧盟 1/5，而且美国的经济力量来自一个单一的国家，而欧盟则由 27 国相加而成，这里的"含金量"是大不相同的。至于经济水平和经济结构，它们含有的高科技成分和服务业发达程度，美国总体上也仍略胜欧盟一筹。二是争夺制定世界经济规则主导权。欧盟近些年来忙于制定成百上千的各种规则，其中绝大多数自然主要适用于欧盟内部，但由于欧盟要求外国进入欧盟市场时也要同样遵守这些规则，因此它们在一定意义上也具有"国际"意义；在最近这次国际金融危机后，欧美显然又在争夺在这一领域的制定国际经济规则主导权。而美国则致力于维护和强化第二次世界大战后由它主导建立的现行国际秩序，在"新兴国家"兴起崛起的背景下，对这种秩序尽管已经有人日益提出必须加以修订使之变得较为公平合理，但没有谁表示要从根本上立即加以推翻。三是"欧美模式"之争。由美国引发的最近这次国际金融危机和世界经济衰退，使美国的自由市场经济模式遭到了普遍的质疑，而作为欧洲模式代表的社会市场经济模式却并未从中得益，因为欧洲经济表现也实在欠佳。它们都失去了相当一部分影响力和吸引力，尤其是自由市场经济模式。但历史已经表明，自由市场经济未必会从此一蹶不振。"自由市场已经死亡。死于布尔什维克革命、法西斯的国家干预政策、凯恩斯主义、大萧条、第二次世界大战时期的经济控制、（英国）工党于 1945 年取得的胜利、又一次的凯恩斯主义、阿拉伯石油禁运、安东尼·吉登斯的'第三条道路'和目前的金融危机。在过去的一个世纪中，自由市场至少已经死过 10 回……"① 但是自由市场经济在事后却一次又一次地以新的面貌得到复活。同样，欧洲的社会市场经济在当前的危机后也会发生变革。如果说"美国梦"的诱人之处在于机遇——美国人相信任何人都有当总统的机会，那么"欧洲梦"的

① ［美］P. J. 欧普尔克：《亚当·斯密赢了》，刊于英国《金融时报》2009 年 2 月 11 日。

吸引力则是公平。① 而今"机会"和"公平"都受到了打击，欧美模式新一轮之争将在各自变革的新条件下展开。欧洲模式似乎从道义角度较讨人喜欢，但在未来实践中未必会占上风。

最后，是面对"新兴国家"的兴起崛起，一方面固然给欧盟带来不少机会，但同时又给欧盟带来了极大的挑战与压力，欧盟国家迄今的经济改革显然不足以应对。2009 年是欧美经济实力、国际影响力吸引力以及道义力量明显相对下降的一年。但西方的这一相对下降过程其实并非始于 2009年。最近二三十年，特别是 1991 年苏联瓦解以来，欧美国家曾经得意忘形，为所欲为。美国人在这一段时间里主要在做三件事：一是尽情享受生活，寅吃卯粮，过着大少爷生活，以为西方资本主义从此可以自由发展、自由发挥了。过度的自由放纵，疏于监管，结果导致金融危机爆发，后果严重、深远。二是强制推行美国式的"自由民主"，到处钻空子搞"颜色革命"，这当然是美国全球战略的一部分，其实际后果尚待观察，但已给美国带来不少麻烦。三是四处打仗。20 世纪 90 年代先打伊拉克，再打原南斯拉夫等；进入 21 世纪后，2001 年开始攻打阿富汗，"反恐"成为美国第一要务，2003 年打伊拉克，推翻萨达姆政权，扶持美国支持的伊拉克新政权。所有这些战争究竟会给美国带来什么重大战略利益，只有未来的历史才能验证。而眼前的实际问题却是这些战争严重地拖累了美国，人力、物力、财力巨大消耗不止，并使美国难以他顾。而欧洲人也在这一段时间里在做三件事：一是一心追求提高人的生活质量，过比较安逸的日子。这似乎是非常理想的美好追求。但与此同时，欧洲并没有以最大的努力，辛勤劳动，关注并实现必要的经济增长。事后的教训已经证明，离开必要的经济增长，社会公平也就难以保证。二是忙于制定各种各样的规则，努力深化欧洲统一市场、统一货币以及完善经济社会生活制度化的方方面面，同时又力图以此在制定世界经济规则中占据主导权。但是所有这些努力，迄今还尚未在经济增长、就业扩大和福利保障等方面实际表现出来。三是致力于欧盟的扩大和深化。欧洲联合过程中签订的三项最重要的

---

① ［美］塞巴斯蒂安·罗泰拉：《当牢固的安全网开始破损》，美国《洛杉矶时报》网站，2009年 3 月 30 日。

条约——1957 年的《罗马条约》、1992 年的《马斯特里赫特条约》和 2009 年的《里斯本条约》，其中有两项是在最近 20 年内酝酿签订的，它们确实深化了欧洲一体化，意义不可低估；而欧盟最大的两次扩大则是发生在最近五六年，它们提高了欧盟在全球政治经济中的战略地位，同时也带来了一系列新的难题。以上所述表明，欧美在最近 20 年间，各自忙于"自己的"事情，长期内并未充分重视"新兴国家"兴起。只是在最近这些年，它们好像才以"突然发现"的不安心情来面对已经发生了大变的这个世界，欧盟在 2006 年 10 月发表的题为《欧盟与中国：更紧密的伙伴，承担更多责任》的政策文件就是这种焦急不安情绪的一个表现。在这种情况下，可以想象，欧盟国家迄今为止的经济改革远远不足以有力应对近几年出现的全新局面。

2. 随着欧盟的不断扩大，27 个成员国之间的不同利益更难取得协调一致，这给欧盟国家的多项改革带来了新的麻烦

欧洲一体化进程（包括扩大与深化）从来都是一个不断争吵、不断妥协、不断进步的过程。这种似乎永无休止的争吵，矮化了欧盟的魁梧体格，损害了欧盟的内外形象。德国媒体最近写道："我们（欧盟）对外将继续表现为一条争吵不息的九头蛇，英国还将一厢情愿地扮演美国小伙伴的角色，法国仍将自视为大国，德国政界从几年前开始就让世界认识到德国又享有威望了。意大利早已越过从悲剧到闹剧的门槛，西班牙则需要半代人的时间才能消化掉自己造成的房地产泡沫的后果。""各国自身利益还将长时间阻碍欧洲有效地行事。""现在各国都只顾自己。"① 这种"各顾各"的现象，在最近发生的国际金融危机、世界经济衰退和债务危机中再次暴露无遗。为应对危机和衰退，从 2008 年九、十月份开始，欧盟主要国家各自纷纷推出了耗资巨大的"救市"措施以挽救本国银行等大金融机构，总额达 2 万亿欧元左右；又采取了数以千亿欧元计的"刺激经济计划"以扶持公司企业，而在这个"救市"和"刺激"的进程中，欧盟层面虽然也作了一些协调，但作用有限。即使在欧盟热心提出的改革国际和欧洲金融体制的事务里，英国依然独树一帜，强调要保证它的财政独立权

---

① ［德］沃尔夫冈·明肖：《一个没有欧洲的世界》，刊于《德国金融时报》2009 年 12 月 30 日。

和本国监管机构的特别权力。欧盟国家之间的这些矛盾不仅由于利益分歧，而且还来自体制差异。保罗·肯尼迪认为，德国高质量的产品、一流的基础设施和金融上的谨慎态度给了它力量，而这正是英国、法国、意大利、西班牙、希腊以及其他国家因为随意贷款和巨额政府赤字而跌倒的国家所欠缺的。[①] 利益与体制等方面的矛盾和不同，经常使欧洲一体化事业举步维艰。最近好不容易刚刚生效的《里斯本条约》的诞生过程乃是一个生动的新例证。一进入 21 世纪，欧洲的精英们就开始着手制定一部《欧盟宪法条约》，经过两、三年的细致周到的努力工作，终于在 2004 年 10 月 29 日，欧盟成员国首脑们在罗马签署了《欧盟宪法条约》，但该条约在 2005 年 5 月和 6 月的法国和荷兰的公决中遭到了否决，它引起了欧洲人对自己未来的反思。2007 年 12 月，欧盟现在 27 个成员国首脑们签署了作为《欧盟宪法条约》替代版或"简化版"的《里斯本条约》，不料又遭到 2008 年爱尔兰公投的否决。后经艰苦工作，爱尔兰认识到欧盟对自己的重要性，终于在 2009 年的二投中获得通过。即便如此，《里斯本条约》的某些关键条款还需要再等待 4—7 年才开始生效。条约规定，在将来，在许多情况下现行的一致表决制将被取消，欧盟将更加容易作出决定，将原则上适用"双重多数表决制"，但在 2017 年前还适用过渡期规定。

欧盟成员国之间不时发生的纷争，除了来自上述的利益矛盾和体制差异之外，还有更深层次的原因，这就是欧盟成员国和各地区之间的经济发展水平仍存在较大差距。由英国北约克郡、法国弗朗什孔泰、德国北部的汉堡和意大利北部的米兰构成的中心区域，其面积占欧盟原 15 个成员国国土面积的 18%，却拥有 15 个成员国 41% 的人口、48% 的 GDP 和 75% 的研究和开发经费。而一些边缘区域，包括岛屿地区，发展仍然落后，相当一部分边缘和岛屿地区甚至处于停滞状态。这种高度集中状态不仅对欧盟及其成员国的边缘地区有负面影响，而且对其中心地区本身也有不利影响。从长期来看，可能抵消中心地区显而易见的优势，影响欧盟整体的竞争力。除此之外，欧盟成员国在人均产出、失业率、产业结构、购买力以

---

① ［美］保罗·肯尼迪：《新的世界秩序将在 2009 年出现，美国将陨落》，美国《盐湖论坛报》网站 2009 年 1 月 6 日。

及欧盟成员国之间贸易流动等许多方面，欧盟成员国之间、各地区之间都
存在明显的差异。欧盟统计局的数据也显示出这种明显的差距。欧盟 2007
年年初扩大为 27 个成员国后，其内部地区间的贫富差距进一步拉大，最
富裕地区的购买力比最贫困地区高出 11 倍以上。欧盟统计局将整个欧盟
划分为 268 个地区，以每个地区的购买力与整个欧盟的平均购买力相比
较，来分析欧盟内部贫富分化情况。数据显示，最贫穷的罗马尼亚东北部
地区的购买力只有欧盟平均购买力的 24%，保加利亚有 3 个地区的购买力
是欧盟平均水平的 26%。欧盟 1/4 地区的购买力不到欧盟平均水平的
75%，主要分布在波兰、希腊、罗马尼亚、保加利亚和匈牙利。意大利、
葡萄牙、法国和西班牙也有少数地区的购买力不足欧盟平均水平的 75%。
欧盟最富裕的地区是英国伦敦地区，其购买力达到欧盟平均水平的 303%。
紧随其后的是卢森堡和比利时布鲁塞尔地区，其购买力分别是欧盟平均水
平的 251% 和 248%。有 1/6 的欧盟地区的购买力超过欧盟平均水平的
125%，主要分布在德国、英国、意大利、荷兰和奥地利。为解决贫富差
距过大且不断扩大的问题，欧盟计划在 2007 年至 2013 年期间向购买力不
到欧盟平均水平 75% 的成员国拨款约 1770 亿欧元。[①]

3. 欧盟国家经济改革的最大阻力，其实主要是来自欧盟各成员国自身
内部

欧盟各成员国的各阶级（资产阶级、"中产阶级"、工人阶级）、各阶
层（政府官员、经理人、白领职员、蓝领工人）、各利益集团（工会、职
业团体、雇主联合会、行业公会、制造商、出口商、进口商、消费者）、
各类社会人群（老年人、中青年、少年儿童，男人、女人，本国人、外国
人，就业者、失业者）以及各党派（执政党、反对党、议会外党派），都
有各自的利益。他们的利益关系不断变动组合，时而耦合，时而分离，时
而对立。这种错综复杂的利益关系，在欧洲国家的民主政治制度框架内，
注定了每一项重大的经济社会改革，都必须先经过利益相关方的讨价还
价、协商谈判，然后达成某种妥协协议，再交给有关决策机构讨论争论，
而后作出折中决定，接着可能还要经过一段过渡时期，最后才能付诸实

① 丁一兵：《欧盟区域政策与欧洲产业结构变迁》，吉林大学出版社 2008 年版，第 42 页。

行。这通常是一个漫长的过程。其"漫长"程度，还会受到欧洲根深蒂固的社会民主主义思想、价值观理念、社会福利制度以及对社会公平公正的追求等的影响。欧洲人似乎生来就不相信任何人都有当总统的机会，也不认为谁都能把一家小企业发展成为大帝国。但是他们大多数坚信，国家会以过硬的卫生和教育基础设施、强有力的劳工保护手段和慷慨的失业贫困救济体系，来促使广大民众过上"中产阶级"的生活。在最近这次危机和衰退中，无论西方还是东方，好像都在强化这种"国家干预"。但是大多数人并不相信，这会是长期的世界发展大势。欧盟国家更多强调市场的经济改革在重重困难中仍将会继续下去。

有人把最近二三十年欧盟国家经济改革的艰难历程归咎于某些有钱人和许多普通公民。他们以法国为例。他们认为，法国和西方主要国家一样，经历过战后30年的繁荣增长时期。然而，此后便进入缓慢增长时期。原因在于其他国家尚能随时代的进步而不断对自身体制进行微调，而法国却丧失了这种能力。这并非来自精英阶层，而是来自公民大众的反对和压力。法国从表面上看，是总统和议会进行决策，但真正的决策力量却是普通的选民和大的财团。一个候选人要想竞选，必须有足够的资金支持，而这些只有财团才能提供。但想赢得竞选，就需要选民（选票）的支持。因此，尽管政治精英能清醒地认识到法国的问题，但难以进行改革。因为改革不可避免地将产生利益的调整。作为金主的大财团不能得罪，而选民更可以直接走上街头，并不惜使整个国家瘫痪。因此，打着改革旗号上台的总统哪怕是进行最小限度的改革，总是以引发全国性的抗议而告终。民众既不想为改革付出任何成本，又想继续改善生活。不改革，他们会走向街头；改革，他们仍然会走向街头。甚至出现借国难之机而向国家发难，谋取利益。[①] 2006年的一起事件似乎又给上述观点作了注脚。2006年1月，时任法国总统德维尔潘政府提出了《首次雇佣合同》法案，允许企业可以自由解雇工龄不到两年的青年员工，希望以此鼓励企业多招青年员工，缓解居高不下的青年失业问题。政府的用心看来是善意的，但法国青年并不

---

① 《从法国公民社会"黑手党化"看民主在世界的前途》，新加坡《联合早报》2009年1月19日。

买账，抗议和骚乱席卷全国，最后政府被迫放弃了这一法案。

然而，把欧盟国家经济改革困难只是归咎于公民大众是欠公允的，政治领导人负有不可推卸的重大责任。各政党之间的争吵不休经常使政府事事难成；在多党制和选票政治的压力下，政治家们往往没有勇气进行改革；他们也没有能力在经济合理性与政治可行性之间找到平衡点。尽管如此，有理由希望，在经过最近这次金融危机、经济衰退和债务危机之后，欧盟国家的经济改革不仅还会继续，而且有可能在日益紧逼的欧洲内外挑战与压力的促动下得到加速。考虑到欧盟国家巨大的经济实力和潜力，高新发达的科技水平和知识，总体稳健的宏观经济基础，欧洲一体化事业已经取得的伟大成就，"欧洲模式"核心内容本质积极，欧洲人对改革的日益提高的社会共识，欧洲人长期积累的丰富的处事经验，所有这一切都预示着欧洲的前途并不暗淡。欧盟国家通过进一步的艰难改革，将坚守欧洲价值（包括社会福利制度）的核心成分，逐步去掉那些已经不合时宜的东西，使欧洲成为国际生活中的一支比现今更为强大的力量。当然，欧洲未必会成为像曾任欧盟委员会主席罗曼诺·普罗迪的顾问——美国作家杰里米·里夫金所预言的那样，"欧洲梦"将成为21世纪人类发展的新梦想。

（本文首发于《经济活页文选（理论版）》（月刊），
中国财政经济出版社2010年第5—6期合刊头条）

欧盟会衰下去吗

一 欧洲已经"衰落"一百年,但欧洲在国际政治与世界经济中的地位下降一直是相对的

(1) 1913 年, 即 1914—1918 年第一次世界大战前夕, "欧洲世纪" 走到了终点。1929—1933 年, 资本主义世界经济大危机, "自由资本主义" 遭遇到历史上最大的一次失败。在美国, 罗斯福 "新政" 出台, 而在德国, 1933 年纳粹党经过选举上台执政, 不久 1939 年希特勒发动第二次世界大战, 1945 年第三帝国战败覆亡, 西欧一片瓦砾。"欧洲世纪" 彻底结束。美国、苏联两极世界开始形成, "冷战" 持续了大约 40 年, 其间欧洲成为它们两家的争夺重点和 "保护" 对象。

(2) 1950—1973 年, 欧洲经济复兴, 欧洲一体化进展顺利迅速, 欧洲处境有所改善, 国际地位与分量也相应有所提高, 但并未改变其在世界格局中的根本地位。20 世纪 80 年代 (特别是在其下半叶), 日本成为世界 "明星", 1968 年它在 GDP 方面超过德国而成为资本主义世界第二经济大国之后, "二把手" 位置一直占据了 40 多年, 其间继续一路高歌, 到 80 年代末, 世人普遍认为, 日本不仅在高科技领域超过了美国, 而且将在经济与金融领域也把美国甩在后面, 甚至有众多书文预言, 日本将把整个美国 "买下", 除了军事力量不及之外, 太阳旗将会在全球迎风飘扬。然而所有这些预言很快成为荒诞。20 世纪 90 年代, 在世界重要国家中, 最风光的要数美国:那里 "新经济"、高科技蓬勃发展, 经济长期持续繁荣, 在克林顿总统治理下, 美国财政迅速扭亏为盈, 与此相对应的则是新俄罗斯一片败落, 欧洲虽然期间建立了经济货币联盟, 却似乎总

是被人遗忘。

（3）1989—1991年东欧剧变、苏联瓦解后的20年，起初西方得意忘形，好像从此它们将独步世界，"历史的终结"一语集中体现了这种心态。然而接着，西方却犯了一连串重大的错误，大致可以归结为两点：一是对国际局势发展的判断严重失误，二是对经济全球化新形势，即20亿"新"劳动力开始积极参与国际竞争的后果严重估计不足，结果是西方消耗了自己，削弱了自己，同时为外部力量的发展壮大提供了极好的机会，最终导致西方在国际政治与经济中的地位明显相对下降，欧洲尤甚。

在这20年中，美国人做了三件"大事"：第一是"享受生活"，消费大于生产，有时过度消费达到相当于GDP的6%，这种生活方式不可能持续，其所欠的内外债务迟早是要还的；第二是接连发动战争，这些战争的真实含义将会由历史来作出判定，但耗掉了美国的不小部分元气却已经是不争的事实；第三是强行推广西方式民主，不少国家包括美国自身的麻烦与此紧密相关。期间欧洲人也做了三件"大事"：第一是长期过着安逸生活，劳动时间越来越短，假期越来越长，福利越来越好，社会惰性越来越甚，而经济增长却始终落在后头，而且不被重视，一些国家政府靠借债支撑局面，显然，这种生活方式同样难以为继；第二是致力于制定越来越多、越来越细、越来越"烦"的各种各样的欧洲内外规则，这虽然谈不上是什么错误，却转移了欧洲人本应早就首先重视创造财富、发展经济的许多精力；第三是积极从广度和深度两方面推进欧洲一体化，这自然有深远的战略意义，但在中短期内带来不少困难。欧美国家在1989—1991年后20年中的所作所为，是同它们的错误战略判断分不开的。

至于在经济全球化方面，西方虽然获得了意义深远的"制度性利益"（市场经济推行到了全世界）、"规则性利益"（迄今的世界规则主要还是由西方制定的）、"典范性利益"（世界各地以西方的成功公司企业为样板）以及"商业性利益"（西方跨国公司和消费者获益匪浅），然而由于后起国家的迅猛发展，特别是其20亿"新"劳动力投入国际市场，西方无力在劳动成本、环境成本等方面与之竞争，结果是从欧美国家流走了相当一部分生产、资本和技术，这些其实比上述所得更重要、更实际。一句话，欧洲最近20年在国际政治与世界经济中的地位相对下降，是它未能及时适应经济全球化、欧洲一体化和全球现代化新形势的自然结果。

（4）2009 年以来，在国际金融危机和欧洲主权债务危机的重压下，加上上述种种错误的长期累积效应，欧洲陷入了严重的危机困境，它的形象，它的力量，它的地位，都进一步全面下降，而且可能还将持续一段时间。

（5）过去 100 年，欧洲国际地位相对下降，属于正常现象，是世界各国发展不平衡规律作用的自然结果。在最近 500 年现代文明发展进程中，欧洲长期起着先行者的作用，没有先前的这种发展的奠基，就根本不会有当今的现代文明世界。但在这一进程中，迟早会有后起者赶超上来：先是美国，其实在工业生产方面，美国早在 19 世纪末就已经赶上了欧洲的任何一个国家；中间一段时间还有苏联；进入 21 世纪以后则是一批以中国为代表的"新兴国家"。在这个你追我赶的历史进程中，尤其是欧洲自己要承担主要责任的两次世界大战，最近 100 年特别是第二次世界大战后欧洲的地位确实是相对下降了。

笔者在这里特别强调这个"相对性"。这是因为，第一，欧洲地位的下降，主要是表现在一系列包括 GDP 比重之类的数量指标上，也体现在包括军事领域在内的力量指标上；但即使在数量指标上，欧洲作为一个整体，至今在世界所占的某些份额依然是最大的，例如 GDP 仍占 1/4—1/5（依汇率而变动）；在对外直接投资方面，欧洲是资本最大的输出地，2009 年累积存量达 10 万亿美元——这是不是可以说，在欧洲疆域之外，地球上还存在着"第二个欧洲"。第二，虽然总的说来相对比重下降，但欧洲人在政治、经济、社会权利和生活水平与质量方面一直在不断上升和提高。在这里，他们靠的不是吃早年工业化的老本，而是最近 100 年特别是第二次世界大战后所取得的新成就。第三，欧洲至今在人类社会发展进步的某些重要领域，例如首个在人类文明史上建立了比较完善的社会福利保障制度，它的人性化，它的内在的社会进步性，不应被欧洲人在这方面所犯的某些错误（例如被过度滥用）、被欧洲目前所陷的困境所抹杀；欧洲一体化则为人类在新的政治文化（欧洲国家之间再也不允许发生战争）指引下为人类社会建立新型国家关系首开了不平凡的尝试，它的方向指导性也不应被它自身发展进程的屡屡受挫和目前的欧洲危机所埋没。事实上，欧洲一体化进程一直是在克服一次次危机过程中走向扩大和深入的。第四，欧洲在国际治理方案、国际活动规范、国际规则制定、国际倡议提出、国际问题解决、国际援助提供等诸多领域一直在扮演着积极的角色，起着令人不可忽视的作用，给人以一种独特的感觉，似乎欧洲目前的困境对此并无大影响，欧洲人"照干不误"。欧洲的有些作用、影响，有时连美国都不及。

二　欧盟定将会像过去一样，用今后几年时间，走出目前的危机困境，向着复兴

（1）欧洲人将继续推进一体化，在当前和今后几年将会首先着力欧洲政治建设。

旧大陆目前面临着的又一轮"唱衰欧洲"遍及全球。与过去相比，这一回确实有些不同：一是衰歌调子特别凄凉，令人绝望；二是应和者人多势众，颇为震撼；三是理由条条"无可辩驳"，欧洲似乎是"死定"了。瞧瞧，欧盟 27 国中，4 年来有 16 个国家的政府换人；欧元区 17 国中，一年多来 8 个国家换了领导人，法国萨科奇是第 8 人，只要举行民主选举，主张财政紧缩政策的执政党几乎没有不下台的；与法国总统大选同一天（2012 年 5 月 6 日）举行的希腊议会选举结果，两大主流政党新民主党和泛希社运加在一起只获得了 1/3 多的选票，而新突起的左翼政党联盟得票率也不过只是略高于 1/6，这三党组阁的努力均告失败，不得不在下个月重新举行议会选举，结果难卜，于是，希腊退出欧元区的声浪日高。在这又一轮"唱衰欧洲"的大合唱中，有些机构和媒体所起的作用特别大。美国三大信用评级机构每每在欧债危机关键时刻，一而再、再而三不断调低欧洲国家债务信用评级，疑是"蓄意"之举？英国《金融时报》甚至已为希腊退出欧元区设计好了一张线路图，即希腊退出欧元区→通过大幅贬值本国货币→刺激出口兴旺→导致经济增长与就业增加→政府财政税收收入随之增加，赤字下降→经济从此进入良性循环。如此这般美景会令西班牙、葡萄牙、意大利等国羡慕不已，争着也退出欧元区，欧元区就此分崩

离析。欧洲果真是走投无路了吗？笔者认为，欧洲目前的危机困境确实相当严重，迅速治愈不易；但同时坚信，有 500 年现代文明积淀的欧洲，有 60 多年欧洲一体化经验的欧盟，绝不会因此而就被摧毁或自灭。欧洲今年几年内一定能觅得新路，走出危机，向着复兴。

　　诚然，欧洲今日的问题是长期积累起来的。欧洲今后政治建设将会困难重重。然而欧洲一体化的历史就是从接连不断的困难和危机中走过来的。这是情理之中的事情。要知道，欧洲是民主国家集中的地区，"民主"意味着"七嘴八舌"，做成每一件事都比较麻烦，何况现在是 27 国在一起；欧洲又是民族特性表现强烈的地区，而那里的人们所倡导的正是崇尚多元性、多样化；欧洲各国各地区发展又相当不平衡，利益与政策诉求各不相同；近些年来，欧洲"主流"政党普遍失势，党派越来越林立，民粹主义、极右极左势力在国家困难时期可能乘机抬头；作为主权国家联盟的欧盟内部，存在着多级决策机构，时而民主不足，时而效率不高；民众与精英之间的认知差距明显……尽管如此，欧洲的政治建设还是有望逐步推进，目前似乎应先从下述四方面着手。

　　首先是巩固和加强法德轴心。第二次世界大战后法德和解，是欧洲和人类社会进步史上的一座丰碑。在此基础上形成的法德轴心，是推动欧洲一体化的发动机、主心骨和奠基石。无论是戴高乐将军把法德关系说成是"德国是马，法国是骑手"，时任法国总统萨科奇把法德关系比喻为"不一样的双胞胎"，还是法国新总统奥朗德上台后而今有人担心法德关系会不会变为"同父异母的两个陌生兄弟"，法德之间巩固和加强合作是不可避免的，这是它们两国的根本利益所在。它们之间的矛盾都将在服从这一大局的前提下得到妥协解决。欧洲一体化的历史已经一再证明这一点。其次是纠正欧元制度设计中的缺陷，包括货币统一与财政独立之间的矛盾；过于相信统一货币对解决经济困难的能力；在失去了各成员国的利率与汇率政策工具后，有的国家遇到危机时怎么办；等等。在欧债危机爆发后的将近三年间，欧洲已经做了大量工作，是有成效的，但尚需进一步丰富充实，例如应否考虑扩大欧盟委员会的预算（目前限定在占欧盟 GDP1.22% 以下）；如何充分发挥欧洲结构基金与欧洲地区基金的作用；欧洲发展银行与欧洲投资银行应扮演更积极的角色；欧委会提出的发行专项"项目债券"如何具体操作；尽管至今德国坚持反对，有约定（约束）地发行欧洲"共同债券"依然是一个可以讨论解决的问题；欧洲中央银行一直定位在"稳定第一"，可能还需要在一定程度上扩大其职权范围，同时在推动经济增长方面发挥比现在更积极的作用；欧洲央行尚有降息余地，等等。再次是准备可能发生的重组欧元区预案，主要是准备应对希腊可能退出欧元区及其可能引起的各种连锁反应。欧元区重组是可能的。如果希腊退出，有人估计可能让欧洲央行损失 450 亿欧元，德国 898 亿欧元，法国 664 亿欧元，整个欧元区 3110 亿欧元，欧盟 4220 亿欧元，全球大约 1 万亿欧元。希腊退出倘若波及西班牙、意大利，首先要考虑的是它们在 2014 年必须偿还新旧债务 7000 亿欧元。所有这些数字听起来吓人，一旦真正发生，未必那么可怕，人们总有各种办法，欧洲内外最终会有能力承受。最后是届时必须落实"里斯本条约"新规定的表决机制，提高欧盟办事效率。《里斯本条约》增加了多数表决制的适用范围，从过去的 63 个领域增加到了 93 个领域；并且对多数表决制作了新的界定，即从 2014 年 11 月 1 日起，特定多数是指至少 55% 的理事会成员、至少包括其中 15 名成员，并且他们所代表的成员国的人口至少占欧盟人口的 65%；条约还规定了"阻止少数"至少包括 4 个成员国，如果未满足这样的条件，则认为已经获得特定多数；条约还规定了一个过渡期（2014—2017 年），其规则另行规定。落实条约，将会促进欧洲一体化向更深、更广的方向发展。

　　（2）稳固财政与促进增长二者完全可以并行不悖，但都离不开一系列必须的改革。就欧元区而言，紧缩财政政策是不可避免的，这是为纠正过去的错误所必须付出的代价，对这一点，大多数欧洲人都有共识，分歧点只在于力度与速度以及负担如何分担。减轻减赤力度，意味着要付出时间代价；保持减赤力度，难免要付出一定的社会代价。分担责任更难。其实，德国领导人的经济政策指导思想是对的，是从长远战略考虑的，是治本之策。不过，德国也不宜过于要求欧洲其他一些国家也具有德国人所特有的有组织、守纪律的民族特性。许多欧洲人（包括德国自己）过惯了安逸生活，不愿接受勒紧裤腰带过几年"紧日子"甚至"苦日子"。在这种背景下，德国已经作出了不少让步，并且可以预期，德国将会在原则上支持法国新总统提出的同样着力注重促进经济增长和增加就业的某些主张。奥朗德经济政策的三项观念其实与德国是“同”大于“异”：法国新总统认为，经济增长、社会包容、预算纪律三者缺一不可；法国社会党领导人以前坚持凯恩斯主义，而奥朗德是首位支持对经济增长采取供应学派方式的法国社会党总统；欧盟必须既遵守财政纪律，又实现一项与之相辅相成、促进经济增长的一揽子计划，奥朗德的行为榜样是雅克·德洛尔（欧委会前主席，欧洲统一市场创始人之一），欧洲和对财政纪律的关注都流淌在他的血液中。法国人、德国人，还有欧元区其他国家的人们，要想真正取得经济增长，光靠传统的货币——财政刺激政策是绝对不够的，他们不得不接受一系列改革，其中有的是痛苦的。这里包括：欧洲一些国家的政府财政收支结构改革，应把政府财政资金更多地投向经济基础设施（交通、能源、电信等）、社会基础设施（教育、科研、文化等）、有发展前途的创新产业、改善经济结构、支持中小企业发展等；劳动力市场改革，必须打破僵化；社会福利制度改革，必须遏制滥用；强化对金融市场与机构监管，征收金融交易税；某种程度上实行新型“再工业化”，致力发展实体经济；回归现实，避免追求过度“后现代”（例如对核能之类现代技术的某种“恐惧”），逐渐改变长期贪图安逸的生活方式，提倡捋起袖子干活，有多少钞票买多少东西；推进欧洲内部市场深化，逐步消除各自为政，消除官僚主义，消除内部壁垒，消除各种垄断，如此等等。

（3）中左、中右政府都将不得不走中间道路，“保守自由”加上“社会民主”是他们的共识。他们都明白，经济全球化大潮、国际竞争压力加剧、变革呼声高涨、资本自由流动、国内民意变化等都是不可抗拒的力量。无论中左、中右政府在处理国家与市场、政府与企业、雇主与雇员、社会与公民、直接融资与间接融资五对关系时，都在力求平衡兼顾。他们都自称是“全民党”，因此中左政府不可能像过去那样过于强调财富分配与倾向“劳动”，中右政府则不可能仍旧一贯片面强调财富创造与倾向“资本”。大家都不得不向中间路线、实用主义靠拢。在这种发展过程中，100 年来社会民主党、社会党、工党一路右倾的历史趋势不会改变。因此，没有理由对中左与中右政府之间的分歧看得过于严重。这也适用于当前的法国与德国。遥想 1981 年法国总统密特朗上台伊始，曾高调提出要对私人企业、银行大规模实行国有化等，但是不久随即碰壁，不得不转向时任德国总理、社会民主党人施密特的名为中左，实则包含不少中右因素的政策路线。这个历史故事很可能再次重现。

（本文首发于中共中央党校《学习时报》（周报）2012 年 6 月 4 日）

第二编

欧洲改革的历史回顾

欧洲国家工业化过程中的
技术创新与扩散

本题所涉"欧洲国家"主要是指英国、法国、比利时、德国等西欧国家；"工业化过程"的时间跨度，整个西欧大约为一个半世纪，各国各别，例如英国工业化始于 18 世纪五六十年代，经 19 世纪五六十年代基本实现，到第一次世界大战前夕最终完成，在由 1750 年直至 1913 年的这个长时期中，英国经历了第一次和第二次工业革命，其分界线大致在 19 世纪六七十年代，英国最完整地代表了欧洲工业化的全过程；德国工业化自1815 年开始，随后数十年进展缓慢，1871 年德国统一后速度明显加快，基本上在第二次工业革命的四五十年时间内完成了工业化；法国等其他许多欧洲国家实现现代意义上的工业化时间，似乎要更晚一些，有的直至 20世纪五六十年代。① 尽管西欧各国工业化时间跨度长短不一，但在这一过程中，它们在技术创新与扩散方面仍有三个基本的共同点：欧洲各国社会经济所处的不同发展阶段，对技术创新与扩散过程的影响巨大；中心国家对关键产业及其核心技术的发现与发明，是技术创新与扩散过程的主要内容；在技术创新与扩散过程中，制度和社会条件也许比技术本身更重要。

一　欧洲各国社会经济所处的不同发展阶段
对技术创新与扩散过程的影响巨大

（一）英国工业革命领先世界，决定了英国在技术创新与扩散方面在

---

① 在这里，本文作者不来讨论有关欧洲经济史分期方面的若干争议问题。例如在《从起飞进入持续增长的经济学》一书中，［美］罗斯托、［美］库兹涅茨、［法］马修斯基等人对欧美主要国家工业化"起飞"阶段的时间确定问题，存在着明显的分歧。

全球范围内据有一百多年的优势地位

与欧洲大陆国家相比，进入 17 世纪以来，英国在社会经济发展阶段方面处于明显的先进状态，这就决定了它在技术创新与扩散方面也必然走在前列。1851 年举行的水晶宫博览会标志着英国作为"世界工厂"已进入其顶峰时代。这个小小的岛国以其只有法国一半的人口生产出了世界 2/3 的煤炭，一半以上的铁和棉布，它的商品在世界所有市场上都居于支配地位。[①] 欧洲大陆国家落后的原因是多方面的：国土条件不及英国，市场分散，交通状况糟糕，法国、荷兰、比利时、德国等国的服装工业依赖进口羊毛，缺乏集中而且易采的煤矿致使这些国家固守与木材相联系的传统技术。人们的行为使上述障碍雪上加霜：最好的道路和水路沿途都设有收费点，费用高，手续烦，加上政治疆界所造成的重重壁垒（特别在德国、比利时和意大利）。

对于商品流动的这些直接阻碍又与对于需求的社会制度限制纠缠在一起，欧洲大陆国家的收入与分配较之英国更加不平等，这是一个被水平鸿沟分开了的社会，它不鼓励对标准化产品的模仿性消费，一些最重要的工业企业很大程度上是依靠少数富人的订单来维持生产的，大量仅能维持生存的消费者只能在另一个完全不同的市场上买得起假冒伪劣商品，这就侵蚀了国家繁荣的基础，因为穷人的大量消费较之富人的消费具有更大的影响力。欧洲大陆国家的厂商在外国市场上也遇到类似的阻碍，这不仅是因为成本高，而且还必须为商业、金融和运输服务支付更高的费用。

与英国相比，欧洲大陆国家的工商业者还受到等级社会的排斥，在这里，只从一小部分海关和法律人员中招募从业人员，例如在法国，商业企业传统上只准许破落贵族经营，在贵族、市民与小农之间有一条难越的界线，资产阶级是一个受到贵族诅咒而人身仍然依附于当地封建君主的、小农却对之恐惧或者憎恨的社会集团，一句话，"高贵者"不屑

---

① ［美］戴维·兰迪斯（加利福尼亚大学历史学和经济学教授）：《1750—1914 年间西欧的技术变迁与工业发展》，刊于 H. J. 哈巴库克、M. M. 波斯坦主编《剑桥欧洲经济史》（第六卷），王春法主译，经济科学出版社 2002 年版，第 333 页。

从事工商业，"有才者"宁愿从政当官，"小人物"则没有机会进入这个领域。

除了制度限制之外，欧洲大陆国家的社会心理状态也不利于产生有影响的企业家。在法国、荷兰、比利时、德国，商业企业是一个个排他性的家族集团，他们技术保守，还反对利用外来资本，这种企业行为模式又因为社会的主导价值而得到了进一步强化，如果说在美国，那里的人们会认为一辆使用了三年的小汽车已经不时髦而被弃置，那么在莫泊桑笔下的法国农民却会为一段线绳而弯下腰去捡拾，这种"挥霍浪费"与"过分节俭"的对比，可以用来描绘18世纪的英国人较之法国人或德国人更接近于一种丰裕心理；欧洲大陆的企业家们往往还偏好于单位销售额的利润最大化，捞一把是一把，而不是通过更大的产出获得较高的利润总额，因此他们普遍反对竞争，特别是价格竞争；最后，欧洲大陆国家都非常强调"关系"，这种种代价巨大的"关系"囊括所有方面，从有利可图的商业交易到"表示敬意"的婚姻关系。所有这些企业行为模式抵消了价格机制作为一种使企业行为合理化的力量，并且放慢了技术变迁扩散的速度。

综上所述，一方面，17世纪和18世纪的欧洲大陆国家没有能力在全国范围内规划经济发展或者是有效地配置资源；另一方面，对于欧洲大陆国家来说，英国的领先地位又是一个直接的、无法回避的挑战。欧洲各国政府很长时期以来都把经济发展视作取得贸易顺差（即财富）的关键，是取得巨额税收利益（即权力）的关键，又是取得稳定就业（即保证公共秩序）的关键。为此，它们传统上也鼓励企业的发展，特别是那些能够提供战争武器的贸易活动。然而现在，它们却发现整个经济力量的平衡崩溃。因此，对于欧洲大陆国家来说，工业化从一开始就是一种迫切的政治需要。① 怎么做？办法之一是首先向英国进行技术模仿。大约直至1850年，欧洲大陆国家整体上就处于这一阶段。

---

① ［美］戴维·兰迪斯（加利福尼亚大学历史学和经济学教授）：《1750—1914年间西欧的技术变迁与工业发展》，刊于H. J. 哈巴库克、M. M. 波斯坦主编《剑桥欧洲经济史》（第六卷），王春法主译，经济科学出版社2002年版，第333—347页。

（二）德国等欧洲大陆国家工业革命迟滞，决定了它们在技术创新与扩散方面必定要经过一个起先落后，经济模仿，再由追赶直到超越的过程

1. 直到 1850 年，欧洲大陆国家对英国的技术模仿

在这种努力学习和仿效英国的技术方面，欧洲大陆国家原本有许多有利条件：封建权力被逐渐销蚀，新建立的官僚国家机构所提供的政治环境的相对清晰性和稳定性对工商业发展有利，资本供应与生活水平比世界其他地区为高，有一定的技术技能供应，欧洲大陆国家与英国同属一种"文明"，欧洲大陆在某些方面甚至拥有比英国更优秀的科学教育精英，如此等等。然而，欧洲大陆国家的工业革命还是要比英国慢得多。这除了上述原因之外，政治因素是一个巨大障碍。欧洲大陆国家的技术进步进程遇到的主要政治障碍，始于法国大革命，终于与滑铁卢战役相联系的一系列动荡和战争。它们给欧洲大陆国家带来了资本毁灭和人力损失，政治不稳定和普遍的社会不安，富裕企业家集团被大批杀害，各种形式贸易中断，强制性通货膨胀或者是改换币制，它们不仅切断了欧洲大陆国家与英国的活跃的相互交流，更重要的是，这些做法妨碍了新技术越过英吉利海峡向欧洲大陆国家的扩散，它们比英国禁止工匠移居欧洲大陆国家和机器出口更为严重。[①]

但从 18 世纪 90 年代末期起，欧洲政治形势发生了巨大变化。虽然 18—19 世纪之交的法国大革命和拿破仑战争内含一系列积极因素，但在滑铁卢战役之后的一段时间里，模仿英国比以前可能更加困难了。同时，妨碍进行模仿的大多数重大教育、经济和社会障碍仍然存在。尽管如此，在 1815 年以后的整整一代人还是为减轻或消除这些障碍做出了极大的努力，这部分努力是由国家采取行动，但更多地是由私人企业做的。首先是人才问题。欧洲大陆国家最紧迫的困难是技术上的无知，为此，工业界既需要机器，更需要技师。但是借此实现的技术转移并不容易。除了欧洲大陆"学生"方面的缺陷，英国"老师"们也并不总是能够自由迁移并随身携带机具的。直到 1825 年，英国禁止工匠迁居到国外，对于那些最有价值

---

① ［美］戴维·兰迪斯（加利福尼亚大学历史学和经济学教授）：《1750—1914 年间西欧的技术变迁与工业发展》，刊于 H. J. 哈巴库克、M. M. 波斯坦主编《剑桥欧洲经济史》（第六卷），王春法主译，经济科学出版社 2002 年版，第 350—351 页。

的机器特别是重要的纺织机械发明和零部件以及设计图纸的出口禁令一直维持到 1842 年。但到 1825 年，毕竟还是有 2000 多名英国企业家、商业管理人员以及熟练技术工人移居到了欧洲大陆。① 欧洲大陆国家的技术独立很大程度上是通过在工作中人与人之间的技能传授来实现的。除了引进人才之外，欧洲大陆国家的技术学校日益重视培养自己的技工和工程师，虽然救不了急，却有重要的长远影响。在这里，国家作出了重大的贡献：它创办教育机构，派员出国考察，甚至支付学生一部分费用，政府提供技术咨询和援助，向投资者和移民企业家发放补贴，向进口机器提供奖励，允许对于工业设备进口返还关税并豁免关税等。到 19 世纪中期，技术基本上仍然是经验性的，而在岗培训在大多数情况下仍然是最有效的技能传播方法。其次，经济和制度环境的变化也对长期增长和生产要素供给提供了强烈的刺激。在市场方面，在西欧地区，国家市场的内部一体化在很大程度上是通过 1834 年组成的德国关税同盟而完成的；莱茵河口又向德国航运业开放了，西欧国家都因交通运输的改善而获利，包括公路建筑、河流工程、运河通航、蒸汽船只使用、铁路方面的进步及其对工业的影响，到 19 世纪 40 年代时，铁路建筑是对西欧工业成长影响最大的一个经济部门。在劳动力市场方面，更廉价、更快捷的交通运输意味着便宜的原材料和流动性更强的劳动力以及更广阔的市场，而人口增长则创造出了更为丰富的劳动力及其更大的制成品消费市场；同时，在欧洲大陆国家，新的耕作方法以及土地利用革命增加了耕地面积、土地单产以及农业工人的劳动生产率，结果，各国有可能在将剩余农业人口转入工业就业领域的同时，还能以稳定甚至不断下降的农产品价格供养越来越多的工业劳动力。在资本供给方面，由于收入增长，工业中的迅速积累，英国资本的大量流入，以及信贷机构的发展，有力地促进了资本的流动量和流动性。19 世纪上半叶，欧洲大陆国家（在英国之后很久）开始发展起国家一级的资本市场，即将主要商业中心与各省连接在一起，并且允许资金从地方性工业甚至农

---

① ［美］戴维·兰迪斯（加利福尼亚大学历史学和经济学教授）：《1750—1914 年间西欧的技术变迁与工业发展》，刊于 H. J. 哈巴库克、M. M. 波斯坦主编《剑桥欧洲经济史》（第六卷），王春法主译，经济科学出版社 2002 年版，第 355 页。

业部门流入其他经济活动领域的市场。尽管如此，欧洲大陆国家可资利用的资本仍较英国为少。为了弥补这一弱点，人们进行了一项创新，即建立股份银行，其后果影响巨大。

那么，19世纪上半叶，以模仿英国的为背景的欧洲大陆国家主要工业部门的技术演进和其他创新究竟如何呢？我们仅以纺织业和炼铁业为例。在纺织业部门，纺纱业劳动生产率提高最快的时期是1815—1830年间（动力驱动的骡机取代水力纺纱和手工骡机的时期）以及1855—1870年间；在织布方面，劳动生产率提高最快的时期是从手工织布向动力织布转变的那个时期。但在欧洲大陆各地之间存在着重大差别。例如在19世纪上半叶法国的棉纺织技术中，各地各企业之间差异巨大。有一些北部企业将其淘汰不用的设备卖给里昂的企业，而后者在用过之后再把它们卖给像尼姆那种地方的工厂，那里的棉纺织工业整整落后一代人时间。虽然法国棉纺织业仍远落后于英国，却仍是欧洲大陆最重要的棉纺织品制造者。在德国，尽管有大量来自英国的进口品竞争，国内的纺纱工业还是站稳了脚跟，特别是在1834年关税同盟建立以后。1844年，德国已拥有81.5万枚工厂纱锭，1849年增加到了90万枚左右。从19世纪30年代初到40年代末，原棉消费增长了8倍，即使如此，德国棉纺织工业在这个时期结束时仍只及法国的1/3—1/4。[①]到1850年前后，欧洲大陆国家的棉纺织业依然保持着分散和地方风尚盛行的特点，技术落后于英国一代人以上，其发展的主要阻碍因素是劳动力极为便宜以及来自英国的竞争压力。在重工业部门，欧洲大陆国家19世纪上半叶并没有像英国那样发生重大技术转变，而是新生产方法缓慢、间歇性地扩散与旧生产方法同时并存。然而时代毕竟正在变迁。在英国，工业革命是建立在棉纺织工业基础之上的；而在欧洲大陆国家，先导部门则是煤炭和炼铁等重工业部门。而在这里，现代化要求较之纺织工业中更大的初始投资。结果，与英国不同，这个时期欧洲大陆炼铁工业是沿着两个方

---

①　［美］戴维·兰迪斯（加利福尼亚大学历史学和经济学教授）：《1750—1914年间西欧的技术变迁与工业发展》，刊于H. J. 哈巴库克、M. M. 波斯坦主编《剑桥欧洲经济史》（第六卷），王春法主译，经济科学出版社2002年版，第373页。

面进行的：一方面，新式采矿技术被引入并且有了相当程度的扩散；另一方面，老式工厂也在扩张，其技术虽然有一定程度的改善，但仍然比较陈旧。在 19 世纪 20 年代中期，法国的煤炭生铁产量只有四五千吨，到 1846 年已达 187411 吨。① 德国的炼铁工业至 19 世纪 50 年代末依然发展缓慢，且企业规模小。然而欧洲大陆国家毕竟最先学会了用煤来精炼铁，而且在寻求最佳经营方法方面走在了英国的前面。较高的燃料成本对于技术创新是一种刺激。当英国的铁厂主仍在让高炉的火焰和气体白白流入天空时，最好的欧洲大陆厂商已在采取措施利用这些废弃能源来精炼生铁、加热气体或者是驱动蒸汽机了。19 世纪 30—40 年代的这些试验性进步是欧洲大陆科学冶金业的起点，它们的光彩只是要到下一代才发射出来。总之，在这个发展阶段，欧洲大陆国家不仅模仿英国的技术，而且到处都是模仿英国模式建立新的工厂城镇，手工业者则主要是为加工英国的半制成品而劳作。

2. 1850—1873 年间是欧洲大陆国家工业化的追赶准备期

这个时期是经济迅速增长的时期，也是技术渐渐成熟的年份。在这个时期，出现了一些 19 世纪最重要的技术创新，但是这些创新并没有立即结出什么硕果。为什么？原来，经济迅速增长和技术进步并不一定是相伴而行的。相反，需求的增长可能会将价格提高到这样一个水平，以至于利用陈旧过时的技术方法进行生产照样有利可图，并且推动生产者坚持或者转而采用那些在其他情况下理应早该被淘汰的技术设备。在像欧洲大陆国家那样的社会里，人的价值、生活习惯和法律结合在一起，往往抑制甚至消除价格竞争，在这种环境下，如果要使市场机制有效地促进技术变迁和扩散，需要有一种强烈的刺激和冲击。危机发生和制度演进就能起到这种作用。1857 年的危机特别起着净化作用，而在这一时期发生的一系列制度变迁则起着促进作用。后者主要通过两条渠道：在国内经济中，促进新企业的进入和更有效率、雄心勃勃的企业的扩张；在国家之间，使各国对于

---

① ［美］戴维·兰迪斯（加利福尼亚大学历史学和经济学教授）：《1750—1914 年间西欧的技术变迁与工业发展》，刊于 H. J. 哈巴库克、M. M. 波斯坦主编《剑桥欧洲经济史》（第六卷），王春法主译，经济科学出版社 2002 年版，第 382 页。

外国企业和制造商更加开放。

在这个准备追赶时期，欧洲大陆国家在制度变迁方面取得了重要的进展。首先是人们获得了职业与企业的自由。在 1850 年前，这个地区对职业自由存在着普遍的限制。但到 19 世纪 60 年代初，这些限制在多数地区都消失了；企业自由也被写入了北德联邦 1869 年开始实施的《北德联邦职业秩序条例》。与此同时，国家对设立股份公司的限制也越来越减轻了，这为缺乏资本而又想创办企业的工业家和投资者提供了方便，他们获得了简单注册即可建立公司的权力。1870 年 6 月确立的自动注册制度，极大地推动了普鲁士公司的形成及其资本的筹集。在 1850 年以前的长时期中，仅有 123 家企业共募集了 22500 万塔勒的资本；1851—1870 年间相应为 295 家和 80200 万塔勒；1870—1874 年间则为 833 家和 84300 万塔勒。[①] 其次是商业关系简化了。荷兰（1857）、比利时（1865）、普鲁士和北德联邦（1867）先后废除了对高利贷的禁令；外国公司也越来越被允许越过边界并可在与母国企业平等的基础上进行经营活动，而不必得到特别授权；诸如支票之类的新的商业工具合法化了并进入了普通人的家庭；对于债务和破产所收取的惩罚减轻了；专利法也作了修订，以便将商标和其他无形商业资产包括进来；过去多年来积累下来的各种条例和法令都编制成为成文法典，商业关系在总体上大大简化了。这个时期的法律变化，特别是那些确立了现代公司企业宪章的变化，对于欧洲大陆新建起来的能够与英国竞争的经济能力作出了巨大的贡献。最后是各国普遍降低了国际贸易壁垒，其中主要是通过三条途径：一是消除或是减少限制以及对于国际水路交通的收费；二是简化货币的混乱状况；三是在欧洲主要工业国之间签署了一系列贸易条约使关税率大幅度降低。欧洲大陆国内工业并没有在英国的竞争面前崩溃，而是在这个过程进行了变革并且变得更加强大了。

与上述的消除早先存在的一系列消极因素相比，人们更应关注在这二

---

① ［美］戴维·兰迪斯（加利福尼亚大学历史学和经济学教授）：《1750—1914 年间西欧的技术变迁与工业发展》，刊于 H. J. 哈巴库克、M. M. 波斯坦主编《剑桥欧洲经济史》（第六卷），王春法主译，经济科学出版社 2002 年版，第 403 页。

三十年间形成的促成后来经济扩张与技术进步的各种积极力量。首先是交通运输的改进。例如在 1850—1870 年间，欧洲大陆上总共铺设了 5 万英里新铁路线；而在此以前所铺设的铁路线总长才 15000 英里。[①] 铁路在这一时期甚至取代了纺织业成为工业活动的先锋。其次是新能源和原材料的发现或者创新。对欧洲大陆经济活动的刺激而言，新发现或是新开发的能源来源的易得性特别重要，其中最重要的是煤炭。在德国，采煤量从 1851 年的 419 万吨增加到了 1871 年的 2376 万吨，法国相应从 443 万吨增加到了 1333 万吨。[②] 再次是以黄金储备增加为后盾，纸币发行量大增，1850—1870 年间法国增加了 3 倍，德国增加了 8 倍，利息率降至 2%—3%，[③] 信贷规模扩张，金融机构开始遍及整个欧洲大陆工商界，便利了资本的可得性，促进了工业技术变革和创新的实现。而尤其重要的是，创造性的企业家对于这种长期机会和短期便利作出了灵敏的反应。

在这些背景下，欧洲大陆国家首先在技术进步方面取得了不小成就。在纺织业中，法国、德国、瑞士、比利时、奥匈帝国合计，棉纺锭数从 1852 年的 810 万增加到了 1867 年的 1200 万，但与英国的 3400 万锭相比仍相去甚远，由于机器设备和人员质量都不及英国，法、德棉纺织业的劳动生产率还只及英国的 1/2—1/3。[④] 在钢铁工业中，这二三十年欧洲大陆冶金工业最重大的进展是矿物燃料取得了决定性的胜利。例如在普鲁士，1850 年用于生产铁的燃料消耗中，木炭为煤炭的 3 倍；到 1870 年，几乎全部使用煤炭了。尽管如此，英国 1870 年仍生产了世界生铁的一半，分别为德国和法国 4 倍和 5 倍。[⑤] 在动力部门，随着新技术在欧洲大陆的扩散，各国对动力的要求也随之增加，而且越来越将先进的蒸汽机作为主要动力来源。1850 年，英国蒸汽机总功率为 129 万马力，为德国（26 万马力）、法国（27 万马力）、奥地利（10 万马力）、比利时（7 万马力）之

[①] ［美］戴维·兰迪斯（加利福尼亚大学历史学和经济学教授）：《1750—1914 年间西欧的技术变迁与工业发展》，刊于 H. J. 哈巴库克、M. M. 波斯坦主编《剑桥欧洲经济史》（第六卷），王春法主译，经济科学出版社 2002 年版，第 406 页。

[②] 同上书，第 406—407 页。

[③] 同上书，第 409 页。

[④] 同上书，第 419 页。

[⑤] 同上，第 425 页。

和的 184%；到 1870 年，英国为 404 万马力，德国为 248 万马力，法国 185 万马力，奥地利 80 万马力，比利时 35 万马力，欧陆这 4 国之和已为英国的 136%。[①] 德国的这种高速发展与煤炭产量的大幅增长结合在一起，预示着一个新的工业巨人即将诞生。在某种意义上可以说，这二三十年的历史就是德国鲁尔地区崛起成为西欧最大工业中心的历史，这一发展的基础就是煤炭和钢铁。其次还必须提及欧洲大陆国家在此期间所取得的企业组织管理形式方面的进步。以德国为例。双层管理体制是德国企业经营方式的重要标志之一。1870 年德国颁布的《自由公司法》规定股份公司内必须有职责分明的管理董事会和监管董事会双重管理体制。后经 1884 年修订，加强了监管董事会对管理董事会的控制。监管董事会最关键权力是它能够任免管理董事会的成员。股东和各大银行的代表始终是监管董事会的主要成员。[②] 在这一时期中，欧洲大陆国家里还普遍出现了庞大而又严密的工商界社团组织，它们分区管理其成员，代表其利益，制定其行为规则，参与其职工培训。德国工会在这方面表现突出。工会在德国后来的资本主义发展中发挥了重要作用。德国工会核心组成部分是高级技工。德意志帝国劳工组织的力量与德国经济和政治界根深蒂固的家长式统治传统结合一起，导致德国工业体系中民主与公然压制并存的现象。公司内部的劳资关系是一种自上而下的军事化的一切服从命令模式，但这一模式又因牢固而又日益深广的福利政策使人感到它不那么令人生畏[③]。此外，欧洲大陆国家开始出现的企业规模趋向扩大、生产日益集中的趋势也令人关注。

总之，19 世纪 50—60 年代是西欧国家准备追赶英国的时期。这不是从数量的意义上来说的，在量上赶上英国还是以后的事，而且也只是在某些领域中赶上了英国。这甚至也不是从质的意义上来说的，不论是现有工业的生产规模和生产效率，还是整个国民经济的工业化程度，欧洲大陆国

---

① ［美］戴维·兰迪斯（加利福尼亚大学历史学和经济学教授）：《1750—1914 年间西欧的技术变迁与工业发展》，刊于 H. J. 哈巴库克、M. M. 波斯坦主编《剑桥欧洲经济史》（第六卷），王春法主译，经济科学出版社 2002 年版，第 426 页。

② ［美］托马斯·K. 麦格劳：《现代资本主义——三次工业革命中的成功者》，赵文书等译，江苏人民出版社 2000 年版，第 158 页。

③ 同上书，第 163 页。

家都不如英国。法国或德国的工业革命与英国的工业革命非常不同，这不仅是由于这些国家的特定条件和资源禀赋，而且也是由于它们开始得较晚因而确实跳过了某些阶段。因此，尽管经济史学家视英国在 1870 年时仍然远远领先于它的欧洲大陆模仿者、追赶者，英国进入了成熟阶段，而欧洲大陆国家还处于不成熟阶段，但按经济增长的能力来考虑，英国的领先优势已经丧失了，作为一代人的剧烈制度变迁和选择性投资的结果，欧洲大陆国家现在已经拥有了在某些重要领域中与英国展开平等竞争的知识和手段①，其中德国在 1870—1914 年间完成了工业化，而且在工业领域赶上并超过了英国。

二　中心国家对关键产业及其核心技术②的发现与发明是技术创新与扩散过程的主要内容

（一）英国在欧洲第一次工业革命时期（1750—1870 年）之所以能在技术创新与扩散方面长期据有优势地位，主要是得力于英国是当时的关键产业（以棉纺织工业为代表）及其核心技术的先导

在英国，本来毛纺织业比棉纺织业更重要、更发达，但是工业革命偏偏首先发生在棉纺织业。这是因为棉纺织业在国内外市场收益大，更加适合机械化，原料供应弹性大，产品销售市场弹性也大。1760 年，英国输入了大约 1250 万磅原棉以满足广泛分散在兰开夏乡村地区的棉纺织工业部门的需要；1787 年，原棉消费量增加到了 2200 万磅；到 1830—1840 年间，更增至 3.66 亿磅，③ 按产品产值、资本投资以及雇佣人员计算，棉纺

---

①　［美］戴维·兰迪斯（加利福尼亚大学历史学和经济学教授）：《1750—1914 年间西欧的技术变迁与工业发展》，刊于 H. J. 哈巴库克、M. M. 波斯坦主编《剑桥欧洲经济史》（第六卷），王春法主译，经济科学出版社 2002 年版，第 434—435 页。

②　本文作者所题的"中心国家"是指，在某一特定历史发展时期，在全球人类社会进程中的经济、货币和技术等领域中占有主导地位的某个或某几个领先国家；"关键产业"则是指中心国家赖以建立其这种地位的主要依靠所在，这一或这些产业通常对中心国家经济强势具有决定性意义，至少是重要的作用，同时一般又都是当时的技术领先部门，而且多半还具有政治意义。

③　［美］戴维·兰迪斯（加利福尼亚大学历史学和经济学教授）：《1750—1914 年间西欧的技术变迁与工业发展》，刊于 H. J. 哈巴库克、M. M. 波斯坦主编《剑桥欧洲经济史》（第六卷），王春法主译，经济科学出版社 2002 年版，第 260 页。

织业成为英国最重要的工业部门。期间，棉纺织业的发明创新具有两个重要特点：第一，它们是按照挑战—应战的顺序发生的。在这个过程中，一个制造工序阶段的加速发展会给其他一个或几个工序阶段的生产带来巨大的压力，从而要求进行新的创新以校正这种不平衡。先是织工面临纱线供应不足的困难。而18世纪50—60年代开始普遍使用的凯伊飞梭更加重了这种不平衡。后来这个问题是由一系列在50—80年代发明的纺织装置解决的，这里包括保罗等人发明的梳毛机，哈格里夫斯的珍妮纺纱机，阿克莱特的水力纺织机，克隆普顿的骡机等。这些发明引起了棉纱产量的巨大增长，这可以从1770—1800年间英国棉花消费量增加了12倍以上这一事实中看出来，从而反过来又使织布技术的改良成为当务之急。这个问题是由1787年卡特莱特发明的动力织布机解决的。到1860年，英国手工织工的人数只剩下寥寥3000人了。第二，许多小的技术改良与期间更为引人注目的技术进步同样重要。没有一项发明是尽善尽美地应用到工业之中的。除了发明创造的反复试验以外，在这些初始发明得到商业性应用以前还要在零部件、动力传输以及使用材料等方面进行无数次的调整和改良。工业化的最初几十年中，人们必须不断地与机械故障进行"战斗"。直到18—19世纪之交，不仅不可移动的沉重机身可以用铁来制造，而且可移动的部件也可以用铁来制造了；皮带已经取代用轧棉厂的废品制作的拉绳。在后来的几十年中，蒸汽机的不断改良使其运行更加平稳；齿轮和机轴也变得更加合理了；不断提高的自动化程度使其在罗伯茨的自动骡机（1825年）中达到了相当完美的地步。

随着用煤炭代替木材，炼铁业从一个高成本工业部门变成了效率最高的工业部门。在18世纪80年代时，英国的铁产量尚不及法国，但到1848年时，英国的铁产量达200万吨，比世界其他地区铁产量的总和还要多。相应地，英国的煤产量从1800年的1100万吨增加到了1870年的1亿吨以上。[1] 技术环节是互相促进的。煤铁工业的发展大大提高了对动力的需求。

---

① ［美］戴维·兰迪斯（加利福尼亚大学历史学和经济学教授）：《1750—1914年间西欧的技术变迁与工业发展》，刊于H. J. 哈巴库克、M. M. 波斯坦主编《剑桥欧洲经济史》（第六卷），王春法主译，经济科学出版社2002年版，第307、309页。

有人计算，1800 年时英国全国所使用的蒸汽机不超过 1000 台；假定平均功率为 10 马力，当年英国蒸汽机的总马力约为 1 万匹马力。到 1870 年，英国的蒸汽机能量大约为 400 万匹马力，等于 600 万匹马或者是 4000 万男人所能够产生的动力。[①] 这里我们要强调指出，煤炭和蒸汽的发现和发明并没有产生工业革命，而是它们的飞速发展与扩散发生了工业革命。将热能转化为功的第一个实用机械装置早在 1698 年就被发明了。只是在随后的 100 多年里，在对蒸汽机作了多次改进之后，蒸汽时代才取得了决定性的突破，因为这些改进开辟了一条继续提高效率的有效途径，最终导致蒸汽机进入国民经济的所有部门之中，并且使其成为主要的动力源，使第一次工业革命成为可能。

（二）德国在欧洲第二次工业革命时期（1870—1914 年）之所以能在工业实力方面赶上甚至超过英国，主要借助于德国在这一时期的关键产业（以钢铁、化学、电力为代表）及其核心技术方面具有优势

19 世纪最后几十年是出现创新集群的年代。它们使整个工业的普遍进步成为可能，而普遍的进步是成熟的标志。这种成熟是指把重大创新从作为工业革命核心的工业部门扩散到其他许多生产部门。德国在这一阶段里走在前面，而英国工业已经逐渐耗尽了构成第一次工业革命的创新集群所蕴涵的效益。

德国对英国的赶超首先表现在新材料领域，即廉价钢材的发明与扩散，以及化学工业的转变。19 世纪最后 30 年技术发展的主要特点是钢代替铁以及与此相伴而来的金属消费量的迅速增长。生铁与熟铁各具优缺点。生铁较硬但易折断，熟铁较软却易加工。钢则综合了两者的优点，它坚硬、有弹性并且具有可塑性。如果没有一个强大的炼钢工业的话，德意志帝国看来根本不可能在 19 世纪末期时迅速发展成为欧洲大陆的经济霸主。而炼钢工业的迅速发展，不仅得益于已持续了 100 多年的技术进步，同时还受到了品质改良、价格下降以及出现新的需求的推动。贝塞麦、西门子—马丁以及托马斯炼钢法，使粗钢的实际生产成本在 19 世纪 60 年代

---

① 同上书，第 309、315 页。

初至90年代中期下降了大约80%—90%，并使地下铁矿开采得到了更为有效的利用。英国、德国、法国以及比利时1861年的钢产量合计是12.5万吨左右，1870年为38.5万吨，到1913年则达3202万吨，在43年的时间里增长了83倍（年均增长10.8%）。其中英、德两国相比，德国逐渐占据上风。在19世纪70年代，英国所生产的生铁为德意志关税同盟的4倍，钢产量则为2倍；而在1910—1914年5年间，德国平均每年所生产的铁已为英国的2倍，钢2倍以上。德国钢产量在1893年超过了英国，铁产量则在1903年超过了英国。到1910年时，德国出口的铁和钢已经超过了在长达一个世纪的时间内一直充当世界主要钢铁供应国的英国；德国鲁尔地区的炼钢企业甚至开始在英国本国销售其产品了。

在19世纪最后几十年中，化学工业的两项最重要的技术进步是苏尔维制碱法和有机化合物合成法。由于没有制碱业的数据，这里仅举硫酸产量为例，因为硫酸是在技术上最重要的无机化学产品。1900年时，英国的硫酸产量还几乎是德国的2倍，各为100万吨和55万吨；到1913年，德国为170万吨，而英国仅110万吨。奠定有机化学工业的理论与实验工作主要是由德国人和英国人完成的，但后来德国几乎占了垄断地位。在德国，到第一次世界大战爆发时，有机化学工业已占化学工业部门全部就业人数和投资的一半以上；其他国家的发展尽管相对缓慢，但也紧紧追随着德国步伐。染料只是一个新世界的一角：站在人工染料背后的科学原理能够得到最为广泛的应用。从纤维素可以生产出一整套产品来。最先出现的是硝化纤维炸药，继之而来的是漆、相片底版与胶卷、赛璐珞以及人造纤维等发明。1909年，贝克兰为第一个合成树脂酚醛塑料申请了专利。这些技术具有不可思议的独创性，它们又不断地衍生出新的方向与产品。唯一不变的是对于改变和创造新事物的秘密的不懈探索。

没有电，工业革命就不可能完成。在这里，如同在化学工业中一样，最惊人的成就也是在德国发生的。这两者之间有很多相似之处：开始较迟，以技术卓越和合理组织为基础的迅速崛起，生产的集中，以及在世界市场上的强势地位。直到第一次世界大战前夕，英国在电力消费方面可能仍然领先于德国，但在接着的不到10年的时间内，德国已经超过了它的竞争对手并把它远远抛在后面——尽管由于战争而损失了大片国土。到

1925 年时，德国主要原动力的日常产量已达到 2119 万匹马力，而英国 1924 年为 1681 万匹马力；两国的发电机装机容量分别为 1329 万匹马力和 851 万匹马力。更重要的是，德国发电站和输电网的平均规模大，它的电流性质更为统一，而且它的性能效率更高。①

18 70—1914 年德国工业实现赶超英国的第二次工业革命，与第一次工业革命的不同之处，不仅在于它的深度与广度，而且还有其另外两项重要内容：一是，虽然至今仍有一些生产领域还依赖靠灵感的经验主义，但自 19 世纪下半叶开始，在重要的工业生产部门中已经出现了科学与技术活动的密切而系统的联系，而且正是在这些领域中成功地确立了科学与技术合作的模式，并且为其进一步合作提供了刺激。二是，这个时期逐步出现了技术进步的制度化，更多的先进工业企业不再满足于接受别人的技术创新并利用它们，而是通过精心地有计划的科研与试验来追寻自己的技术创新。当然，德国与英国一样，它们之所以分别能在两次工业革命中胜出，其成功的原因主要还不在于包括技术在内的物质方面，而在于社会方面和制度方面。

三　在技术创新与扩散过程中，制度和社会条件也许比技术本身更重要

（一）英国的制度和社会条件对技术发展的影响

自 17 世纪 40—50 年代算起，英国花了一个多世纪时间消化了由资产阶级革命所引起的经济、社会和政治变革，开始工业化；接着又花了大约 100 年时间，在 1850 年前后初步实现了工业化，成为世界上第一个进入现代社会的国家；随后，再经过 1870—1914 年间的四五十年的发展，完全实现了现代意义上的工业化。在英国工业化过程中的经济与政治两大领域里，个人利益和社会利益相交锋时，个人利益往往占上风。英国人的价值观和社会制度决定了他们对经济发展采取了比较放任的态度。在英国资本

---

①　［美］戴维·兰迪斯（加利福尼亚大学历史学和经济学教授）：《1750—1914 年间西欧的技术变迁与工业发展》，刊于 H. J. 哈巴库克、M. M. 波斯坦主编《剑桥欧洲经济史》（第六卷），王春法主译，经济科学出版社 2002 年版，第 462、471、476、491 页。

家中流行的看法是：国家的繁荣依赖于企业家的个人热忱，而非仰仗国家的发展政策。19世纪40年代，议会通过了一项几乎没有任何限制的自由贸易政策，这种自由贸易政策一直奉行到1931年。但这也不是绝对的。英国出自自身的利益需要，也不时实行限制自由贸易，控制进出口，禁止机器和人才外流等政策措施。所有这一切总的看来，似乎是适应当时的英国国情的。[①] 在本文所研究的这一历史时期中，英国经济政策演化的趋势是很清晰的，人们把政策与政府不是看作一回事：政策倾向于为市场体系承担更多的责任，而政府是朝向退出经济的方向发展的，但是政策每个方面的变化都含有强烈的实用主义因素。[②] 而德国的经济学家们对亚当·斯密所宣扬的对个人财富的无限追求最终将为大众利益服务的论调持怀疑态度。他们不相信无序的决定会自动生成优良的经济秩序。德国人认为必须建立"人为秩序"。这种认识对德国资本主义后来的发展产生了重要的深刻影响。

对于英国的具体经济制度与政策而言，首先应该提及的是金融改革。1694年成立的、后来成为国家银行的英格兰银行，起先是一家由伦敦金融巨头合建的私人银行，它负责向政府贷款，帮助买卖政府债券。整个英国金融机构和信用体系发展较早。17世纪90年代起，个人和工商业者与团体就可以通过伦敦证券交易所买卖股票和债券。其他金融改革包括抵押、期票以及汇票。英国所建立的充满生机活力、行之有效的公私信用体系使之成为18世纪欧洲金融最发达的国家，为工业革命提供了相当部分的资本。

早期就形成统一的国内市场，对英国工业化影响巨大。从18世纪60年代起，开挖运河网，兴建收费道路，1830年第一条铁路正式通车后英国进入了现代运输时代，取消了各地之间的关税，没有国内关税壁垒和封建税收使英国创造出了欧洲最大的同质市场，促进了工业的发展。

---

① ［美］托马斯·K. 麦格劳：《现代资本主义——三次工业革命中的成功者》，赵文书等译，江苏人民出版社2000年版，第57—59页。

② ［英］S. G. 切克兰德（格拉斯哥大学经济史资深教授）：《英国的公共政策：1776—1939》，刊于彼得·马赛尼斯、悉尼·波拉德主编《剑桥欧洲经济史》（第八卷），王春法主译，经济科学出版社2004年版，第545页。

　　劳动力供应问题和工厂制度对英国工业化也起了不小作用。机器和新技术本身并不构成工业革命，它们意味着劳动生产率的提高，意味着生产要素的相对重要性从劳动力向资本的转移。这个工业革命过程，既是指生产的转变，也是指组织的转变。在这里，劳动力供应与工厂制度在整个经济变动模式中据有重要地位。长期以来，一些历史学家认为，英国的圈地运动彻底消除了佃农和小农，并将他们赶进了工厂。后来的某些经验研究质疑了这种假说。有资料表明，与圈地运动相联系的农业革命增加了对农场劳动力的需求，圈地运动最严重的地区实际上居民人口增加幅度最大。从1750年到1830年，英国的农业县居民人数翻了一番。[①] 这种质疑是否有理还有待讨论。但是无论如何，史料可以证明，在18世纪，英国劳动力的成本是比较高的，并且不断上涨。这对创新和技术进步是个刺激因素。18世纪中期以后，英国劳动力供应有了大幅度的增长。这些劳动力首先来自因人口的迅速增长而在农村地区产生的剩余劳动力，他们中的大部分人进入了新兴城市；其次是苏格兰与爱尔兰向英格兰输送了剩余人口；最后是被纺织机械化排挤出来手工纺织工人，他们其实并不愿意进入工厂做工，但是最后还是去了。总之，劳动力稀缺曾鼓励18世纪上半叶英国的资本深化，即资本集约化经营；而更为充裕的劳动力供应则促进了随后几十年中的资本泛化，即扩大投资范围以吸纳更多的劳动力。与工厂工人和工厂本身日益增加相联系，人们既不宜把工厂制度描绘成含有灾难性的大潮流，也不宜将其视为对传统秩序的微不足道的轻微侵蚀。工厂较之其他组织形式的制造业促进了更高的投资率，因而导致了更高的经济增长率。这部分是由于资本密集的结果：依靠机器为生的人，较之依靠廉价的农村破屋劳动力为生的分包制商人，更可能对机械改良感兴趣。总的说来，工厂筑起了一座通向发明与创新的桥梁。而这种现代意义上的工厂制度首先盛行在英国。

　　英国和德国的"社会问题"都是在19世纪80—90年代"才被发现"

　　① ［美］戴维·兰迪斯（加利福尼亚大学历史学和经济学教授）：《1750—1914年间西欧的技术变迁与工业发展》，刊于H. J. 哈巴库克、M. M. 波斯坦主编《剑桥欧洲经济史》（第六卷），王春法主译，经济科学出版社2002年版，第325页。

的，当时它们的工业化正进入即将最终完成的关键时期，社会矛盾日益激化，尤其是工人阶级出现了"不稳定状态"。在英国，保守党人、自由党人以及新兴的工党都日益清楚地认识到，该是告别仅向穷人提供最低限度的"济贫"之类施舍的时代了，政府必须在某种程度上全面承担起整个社会福利的责任。这可从英国社会立法的进程中看出来：1813—1814 年，废除了《劳动法》，政府由此放弃了由它决定工资的传统做法；1833 年，《工厂法》规定建立检查员制度，制定了有关通风、温度和工作时间等规则；1847 年，立法规定了每日工作时间不得超过 10 小时，对妇女儿童实行了保护性限制；1867 年，熟练技工开始拥有公民权，并利用此权力通过了《雇主和雇工法》，使二者在公民活动中拥有同样的地位；1884 年，2/3 成年男子拥有了选举权；1905 年，《失业工人法》授权地方当局采取创造就业机会的措施；1909 年，《劳工流动法》开始寻找改善劳动市场的方法；1911 年，《国家保险法》为失业工人提供救济金；1912 年，对煤矿工人实行最低工资制度，等等，这些立法对英国后来的社会发展与稳定也起着重要作用。[1]

　　英国和德国的工业化还都是在国内政治中地主贵族唱主角（至少是其势力极为强大）的情况下实现的。在英国，直至 1873 年，这些大家族与富有豪绅还占着英国土地的 79%。[2] 英国人在经济、政治、社会上的平等地位并未随着第一次工业革命的到来而到来。但这并未严重影响工业化进程。原因首先是，英国政治毕竟在徐徐进步。改革是渐进的。1832 年第一个改革法颁布实施后，工业家开始有效地直接参与政治，从此，资产阶级势力影响日益增长，地主贵族则逐渐式微。其他公民权力也在增加。1831年，在英国 1400 万人口中，只有 50 万人有选举权；1867 年，通过改革之后，有选举权的人数增加到 220 万；1884 年，进一步拓宽选举权范围，人数增至 500 万；1918 年，按照《人民代表法》，所有年龄超过 21 岁的男

---

[1] ［英］S. G. 切克兰德（格拉斯哥大学经济史资深教授）：《英国的公共政策：1776—1939》，刊于彼得·马赛尼斯、悉尼·波拉德主编《剑桥欧洲经济史》（第八卷），王春法主译，经济科学出版社 2004 年版，第 544、547、549 页。

[2] ［美］托马斯·K. 麦格劳：《现代资本主义——三次工业革命中的成功者》，赵文书等译，江苏人民出版社 2000 年版，第 70 页。

子和年龄超过 30 岁的妇女都获得了选举权，使选民增加了 3 倍，人数达到 2000 万。① 其次，在土地所有制结构方面，英国经过圈地和解除租约运动解决了土地支离破碎、公共牧场和掠夺性的耕作等问题，在此基础上出现的企业主是租地资本家，而原先的耕种者已被解除租约，重新聚集为工资劳动者。英国的这种大农场，与德国东部大规模农业中的企业家就是"领主"、耕种者沦为"农奴"相比，对工业化相对有利；更胜于法国的小农经济和南欧的分成制佃户。此外，在英国的农场主和德国的容克大地主中颇有一些人也对经营工商业感兴趣。②

（二）德国的制度条件和社会政策，是促成德国成为欧洲第二次工业革命主导国家的重要因素

在经济指导思想方面，在自 1815 年开始的一个世纪中，德国经济和社会政策的调节力度逐渐增强，调节范围逐渐扩大，而且具有高度连续性。在德国，政府很少按照"自由放任"的意义让经济完全自行运行；同样，政府也很少人为地故意操纵。德国政策从未试图去影响总体经济结构、增长和就业，因为这类经济思想本身，直到 20 世纪 20 年代才慢慢地出现在经济理论之中。在技术领域也是如此。德国的技术成就主要是企业家们和社会人才自己所创造的业绩。

在市场问题上，德国工业在致力于开拓国外市场的同时，首先在统一的国内市场竞争中获得了胜利。关税同盟成立于 1834 年 1 月，由 18 个德意志邦国组成，人口 2300 万人，一直维持到 1865 年。关税同盟和铁路建设同时发生在 19 世纪 30 年代到 60 年代，它们对德国工业化发展的重要性不应低估，主要是从市场需求的角度刺激了技术进步。

德国的工业政策有一个变化的过程。在工业化初期，德国采取多种手段促进手工业和工业发展，虽然工业是自发扩张的，这些工业促进政策还

---

① ［英］ S. G. 切克兰德（格拉斯哥大学经济史资深教授）：《英国的公共政策：1776—1939》，刊于彼得·马赛尼斯、悉尼·波拉德主编《剑桥欧洲经济史》（第八卷），王春法主译，经济科学出版社 2004 年版，第 541、549、552、561 页。

② M. 鲍塞洛普：《土地所有制结构和起飞》，刊于［美］W. W. 罗斯托编《从起飞进入持续增长的经济学》，贺力平等译，四川人民出版社 1988 年版，第 228—253 页。

是有作用的，具体做法包括：主要是慷慨地对制造业许可证的申请予以批准；其他办法还有帮助获取技术、管理知识和进口机器设备，为此有人雇佣当地间谍、出国技术考察、派遣专业人员出国学习、举办展览会、走私、传播信息资料、建立专业性和实际操作性都很强的机构（例如官方的普鲁士技术委员会和私人的工业促进会），等等。1870 年以后，德国在新兴制造业领域具有明显优势。尽管英国人曾指责德国人卖"假冒"英国产品，抱怨德国人"盗窃英国的贸易秘密"，但德国的技术成就主要立足于自己的创造发明是无可否认的。从 19 世纪 80—90 年代开始，德国政府的首要任务不再是促进工业自身，而是减少工业发展所带来的社会负面效应。

德国实现工业化所依靠的一个决定因素是其深厚的工艺技术传统。它不仅使新技术的传播变得更为迅速，而且使生产和经营管理变得非常容易。熟练工人颇以自己的精湛技术为荣，这些人被公认为是劳动者中的精华。与此相联系的另一个决定因素是完善的教育体制。这个体制提供了从小学到职业学校、从工艺学校到大学的求学机会。在工艺学院里，应用研究与理论教育被置于同等重要的地位。德国人实践了俾斯多的名言："有学校的国家才有未来。"[1] 教育培训得到了国家财政的有力支持：早在 1820—1866 年间，政府财政支出中就有 4%—5% 用于文教事业；1881 年增至 17.7%，1913 年达 19.1%。[2]

在经济结构方面，德国在相当长时期内容忍国内"二元经济"存在，即德国经济呈现出先进部门与落后部门的鲜明对比。1891—1896 年，德国仍有 39% 的人口依靠农业为生（也有史料说，直至 19 世纪末德国农业人口仍超过工业人口），他们的人均收入大约相当于从事工商活动人口平均

---

① ［美］托马斯·K. 麦格劳：《现代资本主义——三次工业革命中的成功者》，赵文书等译，江苏人民出版社 2000 年版，第 157 页。

② ［德］沃尔克·亨切尔（美因茨大学经济学教授）：《德国的经济政策和社会政策》，刊于［英］波得·马赛厄斯、悉尼·波拉德主编《剑桥欧洲经济史》（第八卷），王春法主译，经济科学出版社 2004 年版，第 673、689 页。

收入的 1/2。①

　　最后，德国较早开始重视社会问题。1871 年 4 月 16 日的《德意志宪法》第 4 条，明确规定了帝国立法负有制定社会经济政策的主要责任。从那时起，就有了德国社会经济政策，并由各邦国政策加以补充。与此相联系，公共财政支出在 GDP 中所占份额从 1881 的 10.4% 上升到了 1913 年的 15.4%；其中用于"社会"的开支占公共财政支出的比重从 7.7% 提高到了 15.9%。② 1891 年普鲁士的《收入所得税法》规定，高收入者按 4% 的税率纳税。即使如此低的税率，富人们还是千方百计地偷税漏税。显然，通过这种税收制度难以达到社会公平，社会问题除了通过政府财政之外，还需要有其他系统支撑，例如社会保险。德国较早开始社会保险立法，但开始时它并不是出于对人的"社会关爱"，而是出于统治者的内心恐惧——反对迅速发展的工人阶级运动。最早建立的三个保险分支机构是：健康保险（1883）、事故保险（1884）以及伤残和养老保险。德国的社会保险事业，后几经发展，对德国社会经济的长期发展与稳定总的说来起了积极作用。

（本文首发于《经济活页文选（理论版）》（月刊），

中国财政经济出版社 2005 年第 8 期头条）

---

　　① ［美］戴维·兰迪斯（加利福尼亚大学历史学和经济学教授）：《1750—1914 年间西欧的技术变迁与工业发展》，刊于 H. J. 哈巴库克、M. M. 波斯坦主编《剑桥欧洲经济史（第六卷）》，王春法主译，经济科学出版社 2002 年版，第 530 页脚注。

　　② ［德］沃尔克·亨切尔（美因茨大学经济学教授）：《德国的经济政策和社会政策》，刊于［英］波得·马赛厄斯、悉尼·波拉德主编《剑桥欧洲经济史》（第八卷），王春法主译，经济科学出版社 2004 年版，第 689 页。

200 年发展观：欧洲的经历

一 序言：定义"200 年"

所谓欧洲现代经济史，其实质是资本主义生产方式逐渐确立、巩固并发展其统治地位的历史。多数学者专家认为，西欧主要国家在其工业化过程中先后实现了这一点，时间跨度大体在 1750—1950 年之间。这 200 年是欧洲现代经济史中的决定性阶段，也是本文研究的时段。但有关欧洲资本主义发展阶段的分期问题，至今依然是经济史学家们讨论的中心问题之一。例如，费尔南德·布劳代尔认为，从 15 世纪威尼斯算起，其间经过威尼斯、热那亚领先阶段，再经荷兰、英国领先阶段，直到最后美国领先于欧洲阶段，资本主义至今已经在欧洲发展了 500 年左右。布劳代尔的拥护者伊曼纽尔·沃勒斯坦把 1450 年以来的全球霸权划分为哈布斯堡王朝、荷兰、英国和美国四个"周期"，与此大体吻合。这里所说的"周期"，主要内容包括新霸权的开始崛起、霸权取得胜利、霸权达到成熟以及霸权走向衰落。[①] 吉尔瓦里·阿里希、杰逊·摩尔的分期与布劳代尔、沃勒斯坦稍有不同，但也大体一致：15—17 世纪早期为热那亚、伊比利亚周期，16 世纪晚期至 18 世纪晚期为荷兰周期，18 世纪中期至 20 世纪早期为英国周期，19 世纪晚期开始为美国周期。[②] 这里所说的"周期"，主要是指

---

① ［美］查尔斯·金德尔伯格：《世界经济霸权 1500—1990》，高祖贵译，商务印书馆 2003 年版，第 78 页。

② ［美］吉尔瓦里·阿里希、杰逊·W. 摩尔：《从世界历史的角度看资本主义的发展》，刊于罗伯特·阿尔布里坦等人主编《资本主义发展阶段》，张余文主译，经济科学出版社 2003 年版，第 68 页。

先在物质生产领域占优势；后来又在金融领域也占有优势。各个周期之间均有交错，但每一周期的"引领者"毕竟还是比较明确的。罗伯特·阿尔布里坦则从另一个角度划分资本主义发展阶段。他认为 1700—1750 年为重商主义阶段，1840—1870 年为自由主义阶段，1890—1914 年为帝国主义阶段，1950 年以后（特别是在 20 世纪 70 年代上半叶之前）则为消费主义阶段。[①] 显然，他这里所说的"资本主义发展阶段"是从在英国确立了资产阶段政治统治地位（以 1688 年"光荣革命"为标志）之后算起的，至今约 300 年，而未讨论在此之前的资本主义发展初始阶段。由 M. M. 波斯坦等人主编的《剑桥欧洲经济史》[②] 巨著的作者们，在其八卷本的第六、七、八三卷中，从不同方面研究了欧洲，主要是西欧国家产业革命（或称"工业革命"、"工业化"）时期的各种问题，以英国 1750—1770 年开始的工业革命作为欧洲工业化的起点；这一过程在整个西欧地区的全面完成大约一直延续到 1950—1970 年。这一时段大部分同上面提到过的学者们所认为的在欧洲资本主义发展阶段中的"英国周期"相吻合，尤其是其起点；至于"英国周期"的终点，人们基本上确定在 1913 年（英国工业生产早被德国和美国超过）至 1950 年（英国金融力量也被美国超过）之间。

　　考虑到本文目的是研究欧洲主要国家工业化过程中的六个共同发展趋势问题，力图为当今中国正在迅速挺进的工业化，为实现其"五个统筹"、"科学发展观"以及"和谐社会"建设提供参考借鉴，因此，笔者比较倾向于采纳《剑桥欧洲经济史》中有关欧洲工业化阶段的历史分期，认为欧洲的资本主义生产（不是一般的小商品生产，也不是初始的资本主义"萌芽"之类——笔者注）大约从 17 世纪初开始发展，然后经过 18 世纪 60—70 年代至 19 世纪 60—70 年代 100 年左右的英国工业革命，在英国首先确立了资本主义生产方式的全面统治地位，西欧其他国家后来陆续跟进。显然，这里的主要研究对象是"欧洲现代经济"，直至 19 世纪末，已历时约

---

　　① ［加］罗伯特·阿尔布里坦：《资本主义的未来完成时》，刊于阿尔布里坦等人主编《资本主义发展阶段》，张余文主译，经济科学出版社 2003 年版，第 143—144 页。

　　② 《剑桥欧洲经济史》八卷本总主编是［英］M. M. 波斯坦、D. C. 科尔曼和彼得·马赛厄斯，其第六至第八卷已由经济科学出版社于 2002—2004 年间出版，其他各卷也已出版。

300年，其关键的成功之桥是由英国开始的工业化。

二 欧洲主要国家工业化过程中的六个共同发展趋势问题

（一）政治革命、经济革命、社会革命三者之间存在时差，这意味着"政治"先于"经济"，"经济"先于"社会"，而"经济"与"社会"都会随时势而及时跟进。但三者之间的"时滞"，在后起的进行工业化国家，由于内外情势所逼，多在趋向缩短，且界线日益模糊，彼此更加交织

（1）本文无意来抽象讨论政治、经济、社会三者之间错综复杂的相互关系，而只是想专注研究一下在欧洲主要国家工业化时期普遍存在于它们三者之间的明显的时差问题。我们这里所说的"政治革命"主要是指资产阶级政治统治地位的初步确立，或者至少是国内出现了一些重要的有利于资本主义生产方式发展的政治变革；"经济革命"则是指工业化过程的起始、发展直至初步实现；至于本文所说的"社会革命"，其含义比较狭窄，仅仅是指社会福利保障制度的被迫开始、逐步进展直至相对全面。

（2）欧洲主要国家工业化过程中政治革命、经济革命、社会革命三者之间存在时差，这一点在英国表现得最为明显。英国资产阶级革命如果从1642—1646年爆发第一次内战即从封建贵族与新兴中产阶级之间的战争算起，到1688年"光荣革命"把地方自治的封建国家变成统一体，基本确立资产阶级的政治统治，英国资产阶级革命成功本身就约历时半个世纪。它为英国后来的经济革命创造了制度性的前提条件。而从政治革命初步成功到开始经济革命即工业化（如上所述，这里我们把英国工业革命起始时间定在多数经济史学家所公认的1750—1770年之间），中间大约又过去了六七十年。接着，英国工业化又大约用了100年时间即到1850—1870年间才初步实现。在这一过程中，英国的社会问题渐渐积累，阶级斗争趋向激烈，社会矛盾日益严重。在这种背景下，为缓解各种严重社会问题的相应的社会立法措施也开始逐渐受到普遍关注。资产阶级国家及其政党日益认识到，该是着手告别只是向穷人提供最低限度"济贫"之类的施舍时代了，政府必须逐渐地全面承担起整个社会保障的责任。而通过工业化所取得的经济进步也为此创造了必要的物质条件。英国资产阶级的这种认识,虽然在 19 世纪 20 年代已初见苗头,并有所行动,但他们真正着手认真对待,是在 19 世纪 60—70年代之后,当时英国工业化已进入初步实现的关键时期,工人阶级已经出现了"不稳定状态"。英国的社会立法进程表明了其"社会革命"滞后并跟进于"经济革命"的大概面貌:1813—1814 年,废除了《劳动法》,政府由此放弃了由它决定工资的传统做法;1833 年,《工厂法》规定建立检查员制度,制定了有关通风、温度和工作时间等规则;1847年,立法规定了每日工作时间不得超过 10 小时,对妇女儿童实行了保护性限制;1867 年,熟练技工开始拥有公民权,并利用此权力通过了《雇主和雇工法》,使二者在公民活动中(至少在形式上)拥有同样的地位;1884 年,2/3 成年男子拥有了选举权;1905 年,《失业工人法》授权地方当局采取创造就业机会的措施;1909 年,《劳动流动法》开始寻找改善劳动市场的办法;1911 年,《国家保险法》为失业工人提供救济金;1912 年,对煤矿工人实行最低工资制度……①直至第二次世界大战后英国社会福利保障制度达到相对完善。

(3)与德国不同,在英国的工业化过程中,不仅政治革命、经济革命、社会革命三者之间的时差较为明晰可辨,而且三者各自的持续时间都相对较长,其中英国工业化的初步实现经历了一个世纪左右(1750—1770—1850—1870 年间),而从真正"现代"意义上来说的工业化的完成则总共花了大约 150 年(直至第一次世界大战前夕的 1913—1914 年)。之所以如此,它反映了"英国作为先驱者,其工业化进程是由资源开发的可行性推动的,不是由国外竞争压力或政治需要驱使促成的,并且是以一种从容不迫的速度、自然而然地进行的"②。而德国不具备英国的这些条件,德国作为欧洲工业化的后起者,它既面临巨大的国外竞争压力,又为本国

---

① [英] S. G. 切克兰德:《英国的公共政策:1776—1939》,刊于《剑桥欧洲经济史》(第八卷),王春法主译,经济科学出版社 2004 年版,第 544、547、549 页。

② [英] 悉尼·波拉德:《大不列颠的劳动力状况》,刊于《剑桥欧洲经济史》(第七卷),王春法主译,经济科学出版社 2004 年版,第 173、179 页。

政治需要所催逼。因此，它必然带有时间较为紧促，政治革命、经济革命、社会革命三者之间时差较短，且不甚清晰、往往相互交错的特点。越后起的工业化国家，一般越是如此。尽管如此，我们在这里所讨论的一些理论观点与实证列举依然是同样有效的。

（4）德国工业化大约始于 1830 年前后，比英国晚半个世纪左右。作为德国工业化起始的象征，我们可以举出一系列标志，例如：铁路建造和相关制造行业的加速发展；净投资在国民生产总值中的比重迅速增长；德国市场一体化进程不断深入；现代工厂制度的建立；政权治理的统一——其中最具代表性的事件是 1834 年建立关税同盟、1866—1867 年建立北德意志邦联、1870—1871 年建立德意志帝国，这些"政治革命"行动，连同经营管理的改善、交通工具的扩张、市场体系的深化与扩充等等，极大地推动了德国的工业化进程。[①]

即使按照 W. W. 罗斯托的增长阶段理论模式所区分的德国工业化进程时期划分，也表明了德国的政治变革对其工业化的重大作用。罗斯托所划分的德国工业化第一个时期 1800—1850 年为准备时期；第二个时期 1850—1873 年是所谓爆发式增长阶段或称"起飞阶段"；紧接着的第三个时期 1873—1913 年的特征是增长浪潮扩散到整个经济体系。显然，特别是这后两个阶段工业与经济的迅速发展是同在此之前和期中所发生的政治变革紧密相连的。也许有人会说，1830 年前德国并没有发生过什么"革命"。诚然如此，但是毕竟应该注意到当时德国还是进行了一些重要的变革。例如，1806 年拿破仑在耶拿将普鲁士军队击败后，作为战败国的普鲁士受法国的影响趋于强化；战败还引发了政治与经济管理方式的改革以及一系列制度变革，最为重要的发生在农业领域，特别是 1807 年废除了农奴制，1807—1811 年间庄园土地关系向商业关系转换，土地被转移给农民，所有的贵族地主则获得了某种补偿性权利，这对后来德国农业生产的进步发展产生了重要影响。而农业在普鲁士工业化早期的地位与作用，虽然也许称不上是一个"主导部门"，但农业作为"必不可少者"确实起到

---

①　［德］于尔根·科卡：《德国工业化进程中的企业家与管理者》，刊于《剑桥欧洲经济史》（第七卷），王春法主译，经济科学出版社 2004 年版，第 624—625 页。

了显著作用。① 而在德国（1830 年）开始工业化大约半个世纪之后，为了缓解日益尖锐的社会问题和阶级斗争（1878 年俾斯麦公布的《反社会党人非常法》是这些矛盾的一个反映），德国自 19 世纪 80 年代开始颁布内含社会福利性质的各项社会立法，例如 1883 年的《健康保险法》、1884年的《事故保险法》以及《伤残和养老保险法》等，后来几经波折，直到第二次世界大战后达到相对全面。

（5）当然，政治革命、经济革命、社会革命三者之间的作用与影响绝不是单向的。事实上，随着欧洲主要国家工业化的深入发展，社会立法愈益进展，也反过来推动了政治的进步，集中表现为公民权力的加强和提高。例如，1831 年，在英国 1400 万人口中，只有 50 万人有选举权；1867年，有选举权的人数增至 220 万人；1884 年增至 500 万人；1918 年，凡年龄超过 21 岁的男子和超过 30 岁的妇女都获得了选举权，使选民增加了3 倍，人数达到了 2000 万人。②

（二）欧洲主要国家工业化时期，在资本与劳动关系方面，总体上长期不利于劳动；但从工业化后期开始（自 19 世纪 80 年代以后），分配公平与社会正义问题日益受到重视并逐渐见到成效，但其发展进程不是线性的

（1）考察一下社会经济关系的稳定性程度，我们可以这样说，工业革命前，社会经济关系稳定，但这是一种落后状态的稳定；工业革命实现后，社会经济关系重新归于稳定，这是建立在高一级层次上的相对稳定；而在工业革命本身过程中，这是一个特殊阶段，在这一阶段中，社会经济关系不大稳定，且总的来看对劳动者不利，工资趋近于保持在或接近于贫困生存线的水平。英国工业革命观察家普遍认为，工业革命以低工资和富余劳动力为特征，廉价且有弹性的劳动力供给本身在工业化进程中起着促

---

① ［德］R. H. 蒂利:《19 世纪德国的资本形成》，刊于《剑桥欧洲经济史》（第七卷），王春法主译，经济科学出版社 2004 年版，第 478—479、481 页。

② ［英］S. G. 切克兰德:《英国的公共政策:1776—1939》，刊于《剑桥欧洲经济史》（第八卷），王春法主译，经济科学出版社 2004 年版，第 541、549、552、561 页。

进作用。① 在工业革命迅猛发展的 19 世纪上半叶，欧洲主要国家工人的实际工资都呈下降的趋势。在 1799—1849 年 50 年间，从英国与机器生产相联系的工人工资下降中，人们可以清楚地看到这一趋势。法国工人的实际工资在 19 世纪 30 年代以后的 20 年中下降了 15%—20%。德国的资本家和容克地主阶级，为增强他们的产品在世界市场上的竞争力，把工人的工资压得特别低，1865 年德国工人平均工资比英国低 38%，比法国低 20%。

表 1 　　　1799—1849 年英国私人企业中的工资指数（以 1850 年为 100）

年代和商业周期	棉纺织工业	建筑业、贸易	机械和造船	农业
1799—1808	182	—	—	111
1809—1818	137	—	97	120
1819—1820	101	—	96	97
1820—1826	100	—	96	95
1827—1832	90	91	91	91
1833—1842	93	95	—	91
1843—1849	100	99	102	96

资料来源：转引自宋则行、樊亢主编《世界经济史》（修订版）上卷，经济科学出版社 1998 年版，第 129 页。

19 世纪中叶伦敦，在任何一个行业里，只有 1/3 的工人能充分就业，1/3 只能半就业，1/3 失业，总就业率为 50% 左右。即使自 19 世纪中期开始工人日益组织起来加入工会及其不断加强斗争，在 1810—1900 年近 100 年间，英国棉纺工人和建筑工人工资增长也不到一倍。②

（2）为什么存在这种长期不利于"劳动"的情况，我们首先可以举出一连串的实证性理由。例如总人口和就业人口的巨大增长，劳动力供给充裕。英国人口 1750 年时为 740 万人，到 1850 年为 2090 万人，英国工业化所需的追加劳动力，主要是通过人口的自然增长和爱尔兰人的大量移入来满足的，而直接来自从农业中转移出来的劳动力大约只占 1/5（绝对数约为 110 万人），被排挤出来的农业劳动力主要是向海外北美等地移民，

---

① ［英］悉尼·波拉德：《大不列颠的劳动力状况》，刊于《剑桥欧洲经济史》（第七卷），王春法主译，经济科学出版社 2004 年版，第 114—115、122 页。
② 同上书，第 164，152 页。

这一特点似乎是其他国家所没有的;① 妇女和儿童同成年男子争夺工作,例如,到 1839 年,在英国棉纺工厂 42 万名工人中,有 19 万人是 18 岁以下的未成年人,13 万人是妇女,另有不到 10 万人是成年男性;② 雇主、有产者、企业家权力日益加强,他们不仅掌握着广泛的社会和经济权力,而且政治权力也渐渐落入他们之手,加上政府强制,市场被人为地塑造成不利于劳动者的状态,而另一方面工人一盘散沙,工会力量开始时相当有限,一直到 19 世纪 40 年代,工会还“不过是熟练工人贵族反对非熟练工人大众的一种体制”③,是造成工人队伍内部争斗的工具;还有,工业部门对劳动力的需求,随经济周期而剧烈波动,“劳动”是经济危机痛苦后果的主要承受者;劳动力市场的形成用了数十年甚至上百年时间;此外,社会其他阶层(例如农民)对工人的看法,更使工人处于孤立无援的状态。恩格斯在《法德农民问题》一文中写道:“西欧的资产者,特别是在农民小块土地所有制占优势的地区,不用很费气力就能激起农民对社会主义工人的怀疑和憎恨,在农民的想象面前把社会主义工人描绘成侵犯农民财产的一群懒惰而贪婪的市民(就能使得农民把社会主义工人想象成 partageux,即‘均产分子’,想象成设法抢夺农民财产的一群懒惰而贪婪的城里人而怀疑和憎恨他们)。1848 年二月革命的朦胧的社会主义激情,很快就被法国农民的反动投票一扫而光⋯⋯”④

对欧洲主要国家工业化过程中资本与劳动关系的发展演变作出深刻理论阐释的也是恩格斯。对此,他在《反杜林论》中有一段极其精彩的描述。他说:“当一种生产方式处在自身发展的上升阶段的时候,甚至在和这种生产方式相适应的分配方式里吃了亏的那些人也会热烈欢迎这种生产方式。大工业兴起时期的英国工人就是如此。不仅如此,当这种生产方式对于社会还是正常的时候,满意于这种分配的情绪,总的来说,也会占支

　　① 〔英〕悉尼·波拉德:《大不列颠的劳动力状况》,刊于《剑桥欧洲经济史》(第七卷),王春法主译,经济科学出版社 2004 年版,第 172—173、180 页。

　　② 同上书,第 149 页。

　　③ 同上书,第 148 页、182 页。

　　④ 〔德〕恩格斯:《法德农民问题》,《马克思恩格斯选集》第四卷,人民出版社 1995 年版,第 484 页。

配的地位（会占支配的地位）；那时即使发出了抗议，也只是从统治阶级自身中发出来（圣西门、傅立叶、欧文），而在被剥削的群众中恰恰得不到任何响应。只有当这种生产方式已经走完自身的没落阶段的颇大一段行程时，当它有一半已经腐朽了的时候（当它多半已经过时的时候），当它的存在条件大部分已经消失而它的后继者已经在敲门的时候——只有在这个时候，这种愈来愈不平等的分配，才被认为是非正义的，只有在这个时候，人们才开始从已经过时的事实出发诉诸所谓永恒正义。"① 恩格斯的这段话告诉人们，每一种社会经济制度的发展过程都需要时间，并经历不同的发展阶段；而人们对它的认识，也会随着他们经历处境的改变而改变；社会经济矛盾的逐渐暴露、激化，导致阶级矛盾和阶级斗争的日益广泛和深入，而缓解这些日益激化了的矛盾也需要时间。到 19 世纪末，欧洲社会问题日益受到关注，资本与劳动关系慢慢开始调整，这绝不是偶然的。

（3）19 世纪末 20 世纪初以来，在欧洲主要国家中，相对的分配公平与社会正义开始日益受到普通关注，这并不是"资本"本性"改恶从善"的良心发现，而是经过 100 多年工业化发展已使社会经济条件发生了一系列巨大变化的结果。"欧洲现代经济"是以资本为基础的社会。这个"资本"，在工业化过程中得到了大规模的扩张。在这一扩张过程中，"恶"使资本的本性得到了露骨的体现。资本的"恶"性是它全部能动性的基础。但恰恰正是资本的这个"恶"，使人类跨进了一个新时代：它把劳动力变成商品，把货币变成资本，把榨取剩余劳动的方式和条件变得比奴隶制和农奴制"先进"，使之更有利于生产力的发展，有利于社会关系的发展，还有利于为未来更高级的新的社会形态创造要素。虽然如此，欧洲主要国家工业化时期资本与劳动之间内含的那种冷酷关系毕竟是不可能长久为人们所容忍的。1867 年英国顶富的 2% 最高收入者占据了全国国民收入的 40%。② 到工业化后期，调整这种关系已势在必行，且也具备了一些条件。在这些条件中，笔者认为最突出、也是最重要的表现是逐渐改变了此前的无组织

① ［德］恩格斯：《反杜林论》，《马克思恩格斯选集》第三卷，人民出版社 1995 年版，第 491—492 页。

② ［英］悉尼·波拉德：《大不列颠的劳动力状况》，刊于《剑桥欧洲经济史》（第七卷），王春法主译，经济科学出版社 2004 年版，第 195 页脚注。

的劳工对有组织的雇主的状态,形成了现在的有组织的劳工对有组织的雇主的新局面,这使两者的对立统一关系走上了更高的层次,使雇员和雇主的社会地位、力量对比发生了比过去稍稍有利于雇员的改变。在这方面,德国的例子最具代表性。自北德联邦于 1869 年颁布《工业法典》承认工会合法开始,一系列国家级工会组织迅速地得以组建成立。到 1895 年时,这些组织的成员才有 33.2 万人,只占非农业劳动力总人数的 3% 还不到;但自那时以后,工会组织得到了跳跃式的迅速发展,1900 年工会成员已超过100 万人,1914 年达到 300 万人,占非农业劳动力总人数的 15%,1922 年达到顶峰 920 万人,占到非农业劳动力总数的近 50%。期间工会会员人数虽有起伏波动,但工会组织的重要地位显然已经确立。例如,由工会与雇主协会通过谈判而达成的集体协议所覆盖的工业劳动力人数 1914 年时为140 万人,约占工业劳动力总人数的 15%;而到了 1931 年,相应数字为1200 万人和 75%。工会组织的作用不仅表现在工资问题上,更重要的是它们为雇员争得了改善工作与生活条件的权益;并且通过谈判,使劳动力市场管理也得到了改进,各行各业的雇员工资在地区之间、工种之间、技能差别之间的差距有所缩小。此外,还有助于维护社会公正。另一方面,工会组织也不只是为雇员谋取更多更大的权利,它们也十分重视教育工人要遵纪守法、承担责任、提高知识技能、帮助工人们把自己融入到工业社会当中去。工会组织的这些工作,对维护当年和后来德国社会的相对平衡起了重要作用——尽管不时地被危机、革命和战争所暂时中断。①

　　(三)工业化把欧洲主要国家的经济增长明显地分成了两大阶段,即产业革命前和产业革命后的"慢阶段"与"快阶段"、"迟滞增长阶段"与"持续增长阶段";并且欧洲主要国家的工业化进程以及与此相联系的经济加速和持续增长,基本上都是在日益提高资源利用效率的情况下展开和取得的

　　一是,工业化使欧洲主要国家的经济增长明显加速,并从此进入相对

---

　　① 〔德〕J. J. Lee:《德国工业化进程中的劳动力》,刊于《剑桥欧洲经济史》(第七卷),王春法主译,经济科学出版社 2004 年版,第 593—595 页、597 页。

持续增长的新时代。

罗斯托把经济增长分为 6 个阶段，即传统社会、为起飞创造条件的阶段、起飞阶段、向成熟推进阶段、高额群众消费阶段以及追求生活质量的阶段。经济学家们对罗斯托的 6 个阶段中的第 2、3、4 三个阶段存在争议。[①] 特别是究竟存在不存在"起飞阶段"？如果有，时间一般多长？罗斯托认为有，而且时间一般不那么长，二三十年之类的数十年。研究罗斯托的著作似乎可以得出结论，他的"起飞阶段"实际上是指欧洲主要国家开始产业革命，在英国大约是在 1750—1770 年之间或稍长些，在德国是在 1830—1870 年之间，在法国则从 1800 年前后开始，时间范围比较模糊。加上随后的"向成熟推进阶段"，即意味着初步实现工业化，对英国而言，这大概是在 1870 年左右；而实现真正"现代"意义上的工业化，则是在爆发第一次世界大战的 1913—1914 年前夕。这就是说，英国工业化用了将近一个半世纪的时间。而在整个西欧地区，如果包括意大利、西班牙、葡萄牙、希腊等南欧国家在内，实现真正"现代"意义上的工业化，则一直延伸到 20 世纪 50—60 年代，整个西欧工业化时间跨度大约在 1750—1970—1950—1970 年之间，历时 200 年。

罗斯托经济增长理念中的另一个重点是他的"经济增长动力论"。他认为由欧洲主要国家工业化开始的现代经济增长，本质上是一个部门的过程，即经济增长总是由"主导部门"带动的，在一连串的部门中高潮的继起并依次关联于主导部门的序列，正是现代经济史历程的标志。这与库兹涅茨强调"经济总量"的概念不同。

但无论存在什么争论，经济史料证明，工业化及由此开始的真正的现代经济，与传统社会经济相比，经济增长确实是明显加速了。这里，由于史料所限，我们把"传统"与"现代"的界线划在稍晚的 1820 年。在公元 1000—1820 年的长时期里，西欧地区的年均 GDP 增长率均在 0.3% 至 0.4% 之间；人均 GDP 年增长率则在 0.13% 到 0.15% 之间。而在整个西欧地区处于"工业化"的产业革命时期，年均 GDP 增长率

① ［美］W. W. 罗斯托编：《从起飞进入持续增长的经济学》，贺力平等译，四川人民出版社1988 年版，译序第 4 页。

1820—1870 年间为 1.65%，1870—1913 年间为 2.1%；人均 GDP 年增长率则分别为 0.95% 和 1.32%。就西欧主要国家而言，英国的人均 GDP 年增长率 1500—1700 年间为 0.31%，法国为 0.15%，意大利为零增长；而在 1820—1913 年间，英国、法国和意大利分别为 0.96%、1.13% 和 0.9%。这些时间跨度很大的数据未必都那么精确，但其趋势是不会误导的。

表 2　　　　　西欧 GDP 和人均 GDP 增长率（1000—1998）

（年均复合增长率%）

时间	GDP	人均 GDP
1000—1500	0.3	0.13
1500—1820	0.4	0.15
1820—1870	1.65	0.95
1870—1913	2.1	1.32
1913—1950	1.19	0.76
1950—1973	4.81	4.08
1973—1998	2.11	1.78

资料来源：［英］安格斯·麦迪逊：《世界经济千年史》，伍晓鹰等译，北京大学出版社 2003 年版，第 116 页。

表 3　　　　英国、法国、意大利人均 GDP 增长率（1500—1998）

（年均复合增长率%）

时间	英国	法国	意大利
1500—1700	0.31	0.15	0.00
1700—1820	0.34	0.18	0.01
1820—1913	0.96	1.13	0.90
1913—1950	0.80	1.12	0.85
1950—1998	2.10	2.77	3.44

资料来源：［英］安格斯·麦迪逊：《世界经济千年史》，伍晓鹰等译，北京大学出版社 2003 年版，第 82 页。

在西欧、西方衍生国（美国、加拿大、澳大利亚、新西兰等）、日本工业化发展进步导致经济增长加速的同时，广大亚洲（不包括日本）、拉丁美洲和非洲地区的国家基本上依然停留在"传统经济"阶段。这里我们不来考究其内外原因，而只是强调其结果：仅仅在 1820—1913 年 100 年左右的时间内就改写了世界经济的格局地图，自 19 世纪中叶之后，亚洲不再是世界经济重心所在。在 1820 年时，在世界 GDP 总额中，亚洲（不包括日本）尚占 56.2%，为西欧 23.6%、西方衍生国 1.9%、日本 3% 三者之和的 2 倍；到 1870 年，亚洲已降至 36%，而西欧上升到 33.6%，西方衍生国 10.2%，日本 2.3%，亚洲已被"西方"超过；到 1913 年（这一年可谓西欧主要国家和美国实现现代意义上的工业化的标志），亚洲的比重进一步减少到 21.9%，西欧和西方衍生国则分别增至 33.5% 和 21.7%，二者之和反过来已为亚洲的 2.5 倍。在随后的八九十年中，由于西方经济的长期持续发展（尽管不时被战争、危机和革命所打断），这个差距继续扩大，直至 20—21 世纪之交。令人注目的还有，从 1000 年到 2000 年，世界经济越发展，"最先进"与"最落后"地区之间的差距越来越大。如果把世界划分为西欧、西方衍生国、日本、亚洲（不包括日本）、拉丁美洲、东欧和苏联、非洲 7 个地区，在 1000 年时人均 GDP "最大地区间差距为 1:1.1，1500 年为 2:1，1820 年为 3:1，1870 年为 5:1，1913年为 9:1，1950 年为 15:1，1973 年为 13:1，1998 年则为 19：1"①。

二是，资源配置效率的提高，是欧洲主要国家工业化进程中经济增长的主要来源。

在 1820—1913 年间，英国的人均收入增长比过去任何时候都要快，大约为 1700—1820 年间的 3 倍。1820—1913 年间这个时期是英国和其他西欧国家发展的一个新纪元。这同工业化显然相关。经济表现突出的基本原因是技术进步的加速，以及它所伴随的实物资本存量的快速增长，劳动力教育水平的提高和劳动技能的改进。资源配置效率的提高还得益于劳动力国际分工的"改善"——西欧一些国家作为大面积殖民地的宗主国首先从中得益。在此期间，英国的出口年均增长率达到 3.9%，大约为 GDP 增

---

① ［英］安格斯·麦迪逊：《世界经济千年史》，伍晓鹰等译，北京大学出版社 2003 年版，第117 页。

长率的 2 倍。此外，在此期间未发生与其他国家的重大军事冲突也有利于英国的经济进步。与此形成鲜明对照的是，在此之前的 1688—1815 年期间，英国先后卷入了 6 次重大战争，共持续了 63 年，它们严重阻碍了经济的发展。[①]

上述促进经济增长加速诸多因素综合作用的结果，归结到一点就是资源利用效率的提高。这里我们仅以产业革命的先行国英国 1760—1860 年间的资料为例。英国在此期间初步实现了工业化。

表 4　　　1760—1860 年间大不列颠资本、人口和产出的绝对水平与增长率

		(1) 国内可再生资本（百万英镑）（1851—1860年价）	(2) 人口（百万）	(3) 实际产出（GDP）（百万英镑）（1851—1861年价）	(4) 人均资本（英镑）（1851—1861年价）	(5) 人均产出（英镑）（1851—1861年价）	(6) 资本/产出率（1÷3）
A 年末水平	1760 年	670	7.87	90	85	11	7.4
	1800 年	990	10.76	140	92	13	7.1
	1830 年	1510	16.34	310	92	19	4.9
	1860 年	2760	23.13	650	120	28	4.3
B 增长率（年均 %）	1761—1800 年	1.0	0.8	1.1	0.2	0.3	−0.1
	1801—1830 年	1.4	1.4	2.7	—	1.3	−1.2
	1831—1860 年	2.0	1.2	2.5	0.9	1.3	−0.4
	1761—1860 年	1.4	1.1	2.0	0.3	0.9	−0.6

资料来源：[英] C. H. 范斯坦：《大不列颠的资本形成》，刊于《剑桥欧洲经济史》（第七卷），王春法主译，经济科学出版社 2004 年版，第 101 页。

从上表可见，在 1760—1860 年这 100 年中，英国可再生资本（包括居住和社会设施、农用建筑与设备、工商业建筑与设备、交通线路与交通工具等），以大约每年 1.5% 的速度增长了 3 倍，而人口以大约每年 1% 的速度增长了 2 倍，因此，人均资本有一定增长，即从 1760 年的 85 英镑增长到了 1860 年的 120 英镑。而实际产出的增长每年的速度大约为 2%，共

----

① ［英］安格斯·麦迪逊：《世界经济千年史》，伍晓鹰等译，北京大学出版社 2003 年版，第 89 页。

增长了6倍多。结果是资本/产出率呈现出一种以大约每年0.5%的速度持续下降的趋势，资本/产出率从1760年的7.4降至1860年的4.3。同样的关系也可以用另一种方式来表示，上表中人均资本以每年0.3%的速度增长，而人均产出的年均增长速度为0.9%，后者为前者的三倍。对于英国初步实现工业化过程中的这些大致数字，如果用当今后起的新兴国家的经济发展速度来衡量，似乎是相当缓慢的。不过这也许大体上是真实的历史写照。因为作为世界上第一个开始产业革命的国家，英国的工业化是在自然而然、持续不断、没有内外压力、又无"往者"可鉴的背景下展开的。也正因为这样，出于私有资本的本性，英国的工业化从一开始就是与节约资源相联系的。

（四）在欧洲主要国家的工业化过程中，由于资本和劳动的大量投入并且流动，产业结构发生了巨大的变化：先是国民经济重点部门由第一产业（农业）转向第二产业（工业）；接着，伴随工业化的日益深入发展和更加现代化，第三产业（服务业）先后在各国成为占产值和劳动力比重最大的部门

（1）财富结构的变化：直至19世纪30年代初（1832年），在英国的国民财富中，土地依然是最大项目，尚占整整一半。但到了1863年，"可再生资本"（包括住房及其他社会设施建筑、工商业设备投资与建筑、运输系统线路与工具等）已为"土地"的两倍。土地在财富中所占比重下降到了不足1/3。

表5　　　　　　　　　**英国的财富结构**（1688—1863年，百万英镑）

	可再生资本	土　地	储备、金银具、铸币等	总　计
1688	112	180	28	320
1800	665	825	250	1740
1812	837	1079	211	2127
1832	1112	1438	293	2843
1863	3749	1864	500	6113

　　资料来源：［英］C. H. 范斯坦：《大不列颠的资本形成》，刊于《剑桥欧洲经济史》（第七卷），王春法主译，经济科学出版社2004年版，第35页。

导致财富结构变动的最重要也是最活跃的因素是"可再生资本"的大量投入及其积累。这特别表现在工商业和运输业部门。1760—1860 年 100 年间,英国可再生固定资本存量从 4.9 亿英镑增加到了 23.1 亿英镑,即增加了 3.71 倍,其中,居住与社会设施增加了 2.23 倍;农业建筑物、农场改良和农用设备增加了 1.04 倍;而工商业增加了 18.4 倍;运输业增加了 12.3 倍。结果,1860 年与 1760 年相比,英国可再生固定资本存量的部门结构几乎完全颠倒了过来:1760 年排位依次是农业、居住与社会设施、运输业和工商业;到 1860 年则为工商业、居住与社会设施、运输业和农业。值得关注的还有,到这一研究期末,英国国民经济上述四大领域的可再生固定资本存量大体上处于相对平衡状态:工商业为 6.97 亿英镑,居住与社会设施为 6.79 亿英镑,运输业为 5.04 亿英镑,农业为 4.03 亿英镑;与此适成对照,在一百年前的 1760 年,农业为 2.1 亿,居住与社会设施也为 2.1 亿英镑,而工商业只有 0.36 亿英镑,运输业仅及 0.38 亿英镑,这是当时英国农业社会的一幅典型图像。

(2)产业结构的变化:欧洲主要国家工业化过程中产业结构的变动,主要有下述四个特点:第一,第二产业(工业)在国内生产总值中所占比重超过第一产业(农业)大约花了四五十年至 100 多年时间。英国实现这一转变较快,用了约半个世纪时间(1760—1820 年);德国其次,用了六七十年(1830—1895 年);法国大致与德国相仿;意大利最慢,直至 20 世纪 50 年代初工业产值才超过农业。第二,在工业产值超过农业后,工业产值在产业结构中所占的比重继续提高,持续上升时间大约在 20—50 年之间,直至达到高峰,在欧洲主要国家中,其峰值在 40%—45% 之间,即在英国和德国之间。第三,工业产值在产业结构中超过农业,比劳动力比重的相应变化一般要早二三十年到四五十年,英国工业劳动力超过农业最早,大约是在 1851 年前后,德国在 1910 年左右,法国直至 1954 年工业劳动力才超过农业(参见下文)。第四,第三产业在产值和劳动力两方面均超过第二产业,即使是在走在最前面的英国,也大约只是发生在第一次世界大战前夕,即在英国开始产业革命 150 年之后;而西欧其他多数国家大都在"二战"之后才实现,即也是在它们开始产业革命 100 多年后才实现的。

表6   欧洲主要国家国民产值的部门比重（%）

时间	农业	工业	交通通讯	商业（一般不包括金融和其他服务业）
法国 1788—1789	48	18	—	12
1815	51	22	—	7
1835—1839	42	38	3	14
1870—1874	41	33	6	16
1885—1889	36	36	6	19
1910—1913	33	40	7	20
德国 1850—1854	45	21	1	7
1870—1874	38	32	2	8
1885—1889	36	34	3	9
1890—1894	32	37	4	9
1910—1913	23	44	6	9
意大利 1861—1864	57	18	2	15
1890—1894	51	19	4	17
1910—1914	44	24	6	16
1945—1949	42	33	5	15
1950—1951	30	37	7	14
英国 1788—1789	40	21	12	12
1820—1824	26	32	16	16
1870—1874	15	40	23	23
1905—1909	6	38	10	19

资料来源：［英］B. R. 米切尔编：《帕尔格雷夫世界历史统计欧洲卷 1750—1993》，第四版，贺力平译，经济科学出版社 2002 年版，第 982、984、986 页。

（3）投资结构的变化：投资的增加及其流向的变化，是导致财富结构和产业结构变化的最重要因素之一。在欧洲，最早开始实行工业化的英国1761—1860 年间将近 100 年内年均固定资本形成总额及其部门构成的变化直接反映了这一点。在 1761—1770 年间，10 年内年均固定资本投资仅为6.64 亿英镑，其主要投资对象按次排列为农业（2.18 亿英镑）、居住与社会设施（1.64 亿英镑）、运输（1.5 亿英镑）和工商业（1.32 亿英镑）；到了 1851—1860 年，名次完全颠倒过来了，在年均 57.99 亿英镑投资总额中，占首位的工商业据有 20.67 亿英镑，其次是运输业 18.12 亿英镑，再接着是居住与社会设施 12.3 亿英镑，最后是农业 6.9 亿英镑，即期间按不变价格计算的年均工商业投资增长了 14.7 倍，运输业增长了 11 倍，居住与社会设施增长了 6.5 倍，而农业才增长了 2.2 倍。投资增加及其流向的这些变化，其直接结果就是"财富"中"可再生资本"所占份额提高,以及产业结构中"工业"所占比重上升。

(4)劳动力结构的变化:除了投资之外,劳动力增加及其流动,是导致产业结构变化的另一个最重要因素。工业革命,农业转型,工业化,城市化,引起农业人口向工业流动,农村人口向城市流动。史料表明,在欧洲主要国家的工业化过程中,农业人口变化主要有三个原因:一是人口自然增长,二是其他产业(先是工业和后来的服务业)对农村增加人口和农业劳动力的吸收能力,三是向海外移民。在工业化期间,欧洲主要国家的人口总数都有了极大的增长:英国从1801年的889万人增加到了1911年的3601万人,德国从1816年的2238万人增加到了1938年的6946万人,意大利从1800年的1724万人增加到了1950年的4752万人,法国稍慢,从1801年的2735万人增加到了1911年的3919万人。[①]在英国,工业化所需劳动力得到满足,主要就来自人口增加本身,英国非农业就业增加,大约只有1/5来自农业部门劳动力的转移;英国1750—1850年间农业劳动力本身也增加了,德国大约到1907年、法国到1911年,农业劳动力绝对人数一直在增加。

表7　　　　　　　　欧洲主要国家产业部门劳动力结构(万人)

法国	1856 年	1896 年	1901 年	1911 年	1946 年	1954 年	1991 年
农业	731	850	824	857	748	520	125
工业	381	539	582	648	618	701	568
服务业	302	503	581	546	713	707	1281
德国	1882 年		1895 年		1907 年	1925 年	1939 年
农业	824		829		988	975	899
工业	624		806		1098	1321	1455
服务业	614		440		595	900	—
英国	1841 年		1851 年		1871 年	1911 年	1991 年
农业	154		205		182	161	57
工业	307		449		559	946	743
服务业	230		237		446	727	1861

笔者根据下述资料计算编制:[英]B. R. 米切尔编:《帕尔格雷夫世界历史统计欧洲卷1750—1993》,第四版,贺力平译,经济科学出版社2002年版,第157、158、168页。

---

①[英]B. R. 米切尔编:《帕尔格雷夫世界历史统计欧洲卷1750—1993》,第四版,贺力平译,经济科学出版社2002年版,第4、6、8页。

由上表可见，在欧洲主要国家工业化过程中，关于农业劳动力的变化大致上有以下几个共同特点：第一，除了英国例外，它在工业化初步实现之前的 19 世纪 40 年代工业劳动力已经为农业劳动力的两倍；而在法国和德国的工业化进行过程中，农业劳动力绝对数量一直还在增加，直到第一次世界大战前夕，即使在它们实现了工业化之后，农业劳动力队伍依然庞大，德国直至第二次世界大战前夕，法国甚至在第二次世界大战后初期，但是它们的农业劳动力比重确实在逐渐下降，尤其在第二次世界大战后农业劳动力的绝对数和相对数都急剧减少。第二，工业劳动力人数超过农业，英国大约用了半个世纪（从 1770 年算起），德国大约花了 80 年（从 1830 年算起），法国则拖了大约 150 年（从 1800 年算起）。第三，服务业（第三产业）在欧洲虽然发展较早，英国尤其，但最终稳稳地在产值和劳动力两方面都远远超过工业获得大发展则基本上都是在第二次世界大战之后，即使在德国，1939 年第一、二、三产业所占劳动力的比重还各为 27%、41% 和 32%。[①]

最后，我们还须附带提到，向外移民在欧洲工业化过程中作为缓解劳动力过剩压力的一个重要排气阀，所起作用不小。1821—1915 年欧洲外迁移民总计达 4360 万人，其中英国 1610 万人（占 36.9%），德国 490 万人（11.2%），意大利 800 万人（18.3%），等等；同期，主要接收欧洲移民的非欧洲国家总共接纳了移入移民 5150 万人，其中美国移入 3190 万人（占 61.8%），阿根廷 470 万人（9.1%），澳大利亚 430 万人（8.3%），加拿大 420 万人（8.1%），等等。[②]

（五）由英国率先进行的西欧地区工业化，使欧洲主要国家已经历时一二百年至今依然挺立在世界上少数几个"中心国家"的行列之中，其重要依托之一是这些国家在不同时期、不同领域的关键产业的核心技术方面

---

①　［德］J. J. Lee：《德国工业化过程中的劳动力》，刊于《剑桥欧洲经济史》（第七卷），王春法主译，经济科学出版社 2004 年版，第 553 页。
②　［澳］A. G. 肯伍德、A. L. 洛赫德：《国际经济的成长：1820—1990》，中译本，经济科学出版社 1997 年版，第 38 页。

据有优势。这种优势主要来源于它们的科技发现发明、自主创新,同时也重视引进模仿、吸收提高

一是,欧洲各国社会经济所处的不同发展阶段,对技术创新与扩散过程的影响巨大。

(1)英国工业革命领先世界,决定了英国在技术创新与扩散方面在全球范围内据有 100 多年的优势地位。与欧洲大陆国家相比,进入 17 世纪以来,英国在社会经济发展阶段方面处于明显的先行状态,这就决定了它在技术创新与扩散方面也必然走在前列。在英国工业革命进入中后期的 1851 年举行的水晶宫博览会,标志着英国作为"世界工厂"已进入其顶峰时期。英国当时以其只有法国一半的人口生产出了世界 2/3 的煤炭,一半以上的铁和布,其商品在世界所有市场上都居于支配地位。[①]

欧洲大陆国家落后的原因很多:除了市场分割、交通不畅、原料(羊毛等)依赖进口等因素之外,制度与人们的行为方式是更大的发展障碍。例如,欧洲大陆国家的收入与分配较之英国更加不平等,这里是一个被水平鸿沟分开了的社会,它不鼓励对标准化产品的模仿性消费,一些最重要的工业企业很大程度上是依靠少数富人的订单来维持生产的,大量仅能维持生活的消费者只能在另一个完全不同的市场上买得起假冒伪劣商品。这侵蚀了国家繁荣的基础。与英国相比,欧洲大陆国家的工商业者还受到等级社会的排斥,"高贵者"不屑从事工商业,"有才者"宁愿从政当官,"小人物"则没有机会进入这个领域。欧洲大陆国家的社会心理状态也不利于产生有影响的企业家。在法国、荷兰、比利时、德国,商业企业是一个个排他性的家族集团,他们技术保守,还反对利用外来资本,偏好于单位销售额的利润最大化,捞一把是一把,而不是通过更大量的产出获得较多的利润总额,因此他们普遍反对竞争,特别是价格竞争。此外,欧洲大陆国家都非常流行"关系",种种代价巨大的"关系"囊括所有方面,从有利可图的商业交易到"表示敬意"的婚姻关系。所有这些企业行为模式

---

① [美]戴维·兰迪斯:《1750—1914 年间西欧的技术变迁与工业发展》,刊于《剑桥欧洲经济史》(第六卷),王春法主译,经济科学出版社 2002 年版,第 333 页。

抵消了价格机制作为一种使企业行为合理化的力量，并且放慢了技术进步和扩散的速度。

（2）德国等欧洲大陆国家工业革命的迟滞，决定了它们在技术创新与扩散方面必定要经过一个起步落后，经过模仿，再由追赶直到超越的过程。

1850 年之前，欧洲大陆国家处于对英国的技术模仿时期。但在 1815 年以后的欧洲大陆整整一代人还是为减轻或消除上述种种障碍做出了极大的努力，这部分努力是由国家采取行动，但更多的是由私人企业做的。首先是人才问题。当时欧洲大陆国家最紧迫的困难是技术上的无知，为此，工业界既需要机器，更需要技师。但是借此实现的技术转移并不容易。除了欧洲大陆"学生"方面的缺陷，英国"老师"们也并不总是能够自由迁移并随身携带机具的。直到 1825 年，英国仍禁止工匠迁居国外，对于那些具有价值的机器特别是重要的纺织机械发明和零部件以及设计图纸的出口禁令一直维持到 1842 年。但到 1825 年，毕竟还是有 2000 多名英国企业家、商业管理人员以及技术熟练工人移居到了欧洲大陆。[①] 欧洲大陆国家的技术独立很大程度上是通过在工作中人与人之间的技能传授来实现的。除了引进人才之外，欧洲大陆国家的技术学校还日益重视培养自己的技工和工程师，虽然有时救不了急，却有重要的长远影响。其次，经济和制度环境的变化也对长期增长和生产要素供给提供了强烈的刺激。在市场方面，在西欧地区，一个个国家市场日益实现内部一体化，这一点特别重要；在劳动力市场方面，更廉价、更快捷的交通运输意味着便宜的原材料和流动性更强的劳动力以及更广阔的市场，而人口增长则创造出了更为丰富的劳动力及其更大的消费品市场；在资本供给方面，由于收入增长，工业中的迅速积累，英国资本的大量流入，以及信贷机构发展（特别是股份制银行的建立），有力地促进了资本的流动量和流动性。在这些背景下，19 世纪上半叶，以模仿英国为背景的欧洲大陆国家主要工业部门的技术演

① ［美］戴维·兰迪斯：《1750—1914 年间西欧的技术变迁与工业发展》，刊于《剑桥欧洲经济史》（第六卷），王春法主译，经济科学出版社 2002 年版，第 355 页。

进和其他创新也有了相当的进步。但直至 1850 年前后,当时欧洲大陆国家的主要工业部门棉纺织业依然保持着分散和地方风尚盛行的特点,技术落后于英国一代以上,其发展提高的主要阻碍因素是劳动力极为便宜以及来自英国的竞争压力。而在重工业部门,欧洲大陆国家 19 世纪上半叶也并没有像英国那样发生重大技术转变,而是新生产方法缓慢、间歇性地扩散与旧生产方法同时并存。

1850—1873 年,是欧洲大陆国家工业化的追赶准备期。在这个追赶准备时期,欧洲大陆国家在制度变迁方面又取得了进一步的重要进展。首先,人们获得了职业与创办企业的自由。其次,商业关系被大大简化。荷兰(1857 年)、比利时(1865 年)、普鲁士和北德联邦(1867 年)先后废除了对高利贷的禁令;外国公司也越来越被允许越过边界并可在与母国企业平等的基础上进行经营活动,而不必得到特别授权;诸如支票之类的新的商业工具合法化并进入普通人的家庭;对于债务和破产所采取的惩罚减轻了;专利法也作了修订,以便将商标和其他无形商业资产包括进来;过去积累下来的各种条例和法令都编制成为成文法典并严格执法,商业关系总体上被大大简化了。这个时期的法律变化,特别是那些确立了现代公司企业宪章的变化,对于欧洲大陆新建立起来的能够与英国竞争的经济能力作出了巨大贡献。再次,各国普遍降低了国际贸易壁垒。所有这一切的结果是,欧洲大陆国内工业并没有在英国竞争面前崩溃,而是在这个过程中进行了变革并且变得越来越强大,使 19 世纪五六十年代成为西欧国家准备追赶英国的时期。这不是从数量意义上来说的,在量上赶上英国还是以后的事,而且也只是在某些领域中赶上了英国。这甚至也不是从质的意义上来说的,不论是现有工业的生产规模和生产效率,还是整个国民经济的工业化程度,欧洲大陆国家都不如英国。但从经济增长的能力和势头来考虑,英国的领先优势已在逐渐丧失,作为一代人的剧烈制度变迁和选择性投资的结果,欧洲大陆国家此时已经拥有了在某些重要领域中与英国展开平等竞争的知识和手段,其中德国在 1870—1914 年间真正完成了工业化,而且在工业领域赶上并超过了英国。

二是，欧洲主要国家工业化进程已经表明，对关键产业的掌握及其核心技术的发现与发明，是技术创新与扩散过程的主要内容，也是这些国家自 18 世纪中叶以来至今一直得以确立其世界"中心国家"地位的主要依靠。

（1）英国在欧洲第一次工业革命时期（1750—1870 年）之所以能在技术创新与技术扩散方面长期据有优势地位，主要得力于英国是当时的关键产业（以棉纺织工业和制铁工业为代表）及其核心技术的先导。

在英国，工业革命首先发生在棉纺织业。这是因为棉纺织业在国内外收益大，比毛纺织业更加适合机械化，原料供应弹性大，产品销售市场弹性也大。1760 年，英国输入了大约 1250 万磅原棉以满足广泛分散在兰开夏乡村地区的棉纺织工业部门的需要；1787 年，原棉消费量增加到了2200 万磅；1830—1840 年，则增至 3.66 亿磅，[①] 按产品产值、资本投资以及雇佣人员计算，棉纺织业成为英国最重要的工业部门。其间，棉纺织业的发明创新具有两个重要特点：第一，它们是按照挑战—应战的顺序发生的。在这个过程中，一个制造工序阶段的加速发展会给其他一个或几个阶段的生产带来巨大压力，从而要求进行新的创新以校正这种不平衡。第二，许多小的技术改良与期间更为引人注目的技术进步同样重要。没有一项技术发明创造是一开始就尽善尽美地应用到工业之中的，它们往往都经过了无数次的调整和改良，直至逐步达到相对完美的地步。

随着用煤炭代替木材，炼铁业从一个高成本工业部门变成了效率最高的重要工业部门。18 世纪 80 年代，英国的铁产量尚不及法国，但到 1848年，英国的铁产量已高达 200 万吨，比世界其他地区铁产量的总和还要多。相应地，英国的煤产量从 1800 年的 1100 万吨增加到了 1870 年的 1 亿吨以上。技术环节是互相促进的。煤铁工业的发展大大提高了对动力的需求。1800 年，英国所使用的蒸汽机不超过 1000 台；假定每台平均功率为10 马力，当年英国蒸汽机的总马力约为 1 万马力。但到 1870 年，英国的

---

① ［美］戴维·兰迪斯：《1750—1914 年间西欧的技术变迁与工业发展》，刊于《剑桥欧洲经济史》（第六卷），王春法主译，经济科学出版社 2002 年版，第 260 页。

蒸汽机能量大约为 400 万马力，等于 600 万匹马或者是 4000 万个男人所能产生的动力。[①]但应强调指出的是，煤炭和蒸汽机的发现和发明并没有产生工业革命，而是它们的飞速发展与扩散引起了工业革命。将热能转化为功的第一个实用机械装置早在 1698 年就被发明了。只是在随后的 100 多年时间里，在对蒸汽机作了多次改进之后，蒸汽时代才取得了决定性的突破，因为这些改进开辟了一条继续提高效率的有效途径，最终导致蒸汽机进入国民经济的所有部门之中，并且使其成为主要的动力源，使第一次工业革命成为可能。

（2）德国在欧洲第二次工业革命时期（1870—1914 年）之所以能在工业实力方面赶上甚至超过英国，主要借助于德国在这一时期的关键产业（以钢铁、化学、电力为代表）及其核心技术方面据有的优势。

19 世纪最后几十年是出现集群创新的时代。它们使整个工业的普遍进步成为可能，而普遍进步是成熟的标志。这种"成熟"是指，把重大创新从作为工业革命核心的工业部门扩散到其他许多生产部门。德国在这一阶段里走在前面，而英国工业已经逐渐相对消耗了构成第一次工业革命的创新集群所蕴涵的效率。

德国对英国的赶超首先表现在新材料领域，即廉价钢材的发明与扩散，以及化学工业的转变。19 世纪最后 30 年，技术发展的主要特点是钢代替铁以及与此相伴而来的金属消费量的迅速增长。如果没有一个强大的炼钢工业的话，德意志帝国根本不可能在 19 世纪末期迅速发展成为欧洲大陆的经济霸主。而炼钢工业的迅速发展，不仅得益于已持续了 100 多年的技术进步，同时还受到了品质改良、价格下降以及出现新的需求的推动。贝塞麦、西门子—马丁以及托马斯炼钢法，使粗钢的实际生产成本在 19 世纪 60 年代初至 90 年代中期下降了大约 80%—90%，并使地下铁矿开采得到了更为有效的利用。英国、德国、法国和比利时 1861 年的钢产量合计约为 12.5 万吨，1870 年为 38.5 万吨，到 1913 年则达 3202 万吨，在

---

① ［美］戴维·兰迪斯：《1750—1914 年间西欧的技术变迁与工业发展》，刊于《剑桥欧洲经济史》（第六卷），王春法主译，经济科学出版社 2002 年版，第 307 页、309 页。

43 年内增长了 83 倍（年均增长 10.8%）。其中德、英两国相比，德国逐渐占据了上风。19 世纪 70 年代，英国所生产的生铁为德意志关税同盟的 4 倍，钢产量则为 2 倍；到 1910—1914 年，德国平均每年所生产的铁已为英国的 2 倍，钢为 2 倍以上。

在 19 世纪最后几十年中，化学工业的两项最重要的技术进步是苏尔维制碱法和有机化合物合成法，后者更为重要。奠定有机化学工业的理论与实验工作主要是由德国人和英国人完成的，但后来德国几乎占了垄断地位。在德国，到第一次世界大战爆发时，有机化学工业已占化学工业部门全部就业人数和投资的一半以上。人工染料、纤维素等技术发明具有不可思议的独创性，它们又不断地衍生出新的方向与产品，影响之大令人始料不及。

没有电，工业革命就不可能完成。在这里，如同在化学工业中一样，最惊人的成就也是在德国发生的。这两者之间有很多相似之处：开始较迟，后以技术卓越和合理组织为基础的迅速崛起，生产的集中，以及在世界市场上的强势地位。直到第一次世界大战前夕，英国在电力消费方面可能仍然领先于德国，但在此后不到 10 年的时间内，德国已经超过了其竞争对手并把它远远抛在后面——尽管由于战争而损失了大片国土。1925 年，德国主要原动力的日常产量已达到 2119 万马力，而英国 1924 年为 1681 万马力；两国的发电机装机容量分别为 1329 万马力和 851 万马力。更重要的是，德国发电站和输电网的平均规模大，其电流性质更为统一且性能效率更高。[①]

1870—1914 年，德国工业实现赶超英国的第二次工业革命，与第一次工业革命的不同之处，不仅在于它的深度与广度，而且还有其另外两项重要内容：一是，虽然当时仍有一些生产领域还依靠"灵感"的经验主义，但自 19 世纪下半叶开始，在重要的工业生产部门中已经出现了科学与技术活动的密切而系统的联系。二是，这个时期逐步出现了技术进步的制度化，

---

① ［美］戴维·兰迪斯：《1750—1914 年间西欧的技术变迁与工业发展》，刊于《剑桥欧洲经济史》（第六卷），王春法主译，经济科学出版社 2002 年版，第 462、471、476、491 页。

更多的先进工业企业不再满足于接受别人的技术创造并利用它们,而是通过精心地有计划的科研与试验来追寻自己的技术创新。德国就是如此。

三是,欧洲主要国家工业化时期技术创新与扩散过程的经验也给予证明。

第一,"中心国家"关键产业及其核心技术的"转移"需要时间,尽管从历史角度来看其时间是在缩短。这里所说的"转移",可能通过两条途径实现:主要是后起国家和外围国家自身也努力建立发展起类似的产业部门,从而使中心国家早先据有的优势被分散、削弱甚至赶超;其次是中心国家出于竞争和盈利考虑,把某些有关企业外迁或直接在国外新建工商设施。这些转移都需要时间。纺织业成为世界性产业用了 200 年。纺织业是第一次工业革命的主导部门,也是使英国曾经辉煌多年的关键产业之一。1860 年,英国的人口只占世界的 2%,却占有世界工业生产的 40%—45%。直到 19 世纪末,英国的工业大国地位仍然没有受到实质性的挑战,尽管有若干强大竞争对手。第一次世界大战前夕,竞争国家(这里是指法国、德国、奥匈帝国)的棉纺锭尚不及"中心国家"(这里是指英国和美国)的 1/3。几乎又过了一个世纪,直到 20 世纪 60—90 年代,亚洲等地的一批新兴国家才先后成长起来,有能力在纺织品服装生产领域与"中心国家"进行竞争。这就是说,纺织产业在英国工业革命之后约 200 年才成为世界性的产业。不过时至今日,这一产业早已不再是"中心国家"的关键产业了。

表 8　　　　　　　　　中心国家、竞争国家棉纺锭数的变化

中心国家＝100	1834 年	1852 年	1861 年		1867 年		1913 年
英国	87.7	76.6	72.9		81.0		64.5
美国	12.2	23.4	27.1	美国内战	19.0	普法战争	35.5
竞争国家	21.9	19.1	12.9	奥普战争	16.9		8.6
法国	5.5	3.8	5.3		4.8		12.6
德国	7.0	5.9	4.2		3.6		5.6
奥匈帝国							

资料来源:转引自[加]罗伯特·阿尔布里坦等主编《资本主义的发展阶段》,张余文主译,经济科学出版社 2003 年版,第 9 页。

钢铁工业地理格局的改变也至少用了七八十年。19世纪最后30年，世界经济开始进入新的重工业时代。在这个时期，钢铁工业成为"中心国家"的新的关键产业之一，并且具有政治意义。1880年，英国尚占有世界钢产量的将近一半。在接着的60年里，世界钢铁生产的地理格局发生了两方面的巨大变化：一方面，在"中心国家"之间，英国的地位迅速下降，美国的份额大幅上升（这同美国先是兴建铁路、后来开始发展汽车工业等有关），1880年英、美大体相当，1900年美国已为英国的2倍，1910年为4倍，1938年为3倍；另一方面，外围国家、竞争国家积极追赶，德国、俄罗斯、日本1880年钢产量仅及"中心国家"的1/3，1900年达到一半，1938年德国、苏联、日本钢产量已超过"中心国家"，这同第二次世界大战前夕的备战有关。但在第二次世界大战后，大约直至1957年，"中心国家"依然在世界钢铁工业中占有优势。至于在此后的几十年里，一批新兴国家追上来了，虽然钢铁工业依然重要，但在"中心国家"那里，它显然也已算不上关键产业了。

表9 中心国家、外围国家的钢产量

中心国家=100	1880年	1900年	1910年	1925年	1938年	1950年	1957年
				第一次世界大战	第二次世界大战		
美国	42.8	61.3	72.8	75.5	62.7	78.3	74.5
英国	44.2	29.5	17.8	12.3	23.5	14.4	15.6
法国	13.0	9.3	9.4	12.2	13.7	7.3	9.9
外围国家							
德国/联邦德国	23.6	38.2	36.0	12.0	51.8	10.5	18.2
俄罗斯/苏联	9.9	13.0	9.7	3.1	39.6	23.8	34.7
	日俄战争						
日本	□	□	□	2.2	14.3	4.3	9.4

资料来源：转引自［加］罗伯特·阿尔布里坦等主编《资本主义的发展阶段》，张余文主译，经济科学出版社2003年版，第10页。

第二，"中心国家"关键产业及其核心技术的更新和扩散速度确实在加速，但这些国家绝不会轻易地把核心技术转让给他国。自欧洲产业革命以来，历史的年历已经翻过去了 200 多页。期间，在经历了纺织业、重工业等发展阶段之后，而今"中心国家"及其关键产业两方面都发生了更新、更高的变化。在"中心国家"范围方面，除了早先的西欧大国和美国之外，特别引人注目是日本在最近半个多世纪里已经坚稳地进入了这个圈子；在它们的关键产业方面，而今人们公认的是一系列高科技部门，包括飞机和航空航天、电子、电信、计算机、制药以及医疗器械等。在这里，自 20 世纪六七十年代以来，少数几个并不属于"中心国家"的国家和地区大约用了 30 年时间在个别领域也有所突破。因此有人认为，通过商品、金融、生产性投资直至全部意义上的社会再生产过程的国际化，将对"中心国家"关键产业及其核心技术的转移发生重大影响。诚然，据说 4 万—6 万家跨国公司目前已占世界生产的大约 50%，国际贸易的 60%，直接投资的 70%，知识产权的 80%，它们不可能不对整个世界经济产生深广的影响。然而笔者认为，迄今为止这还并未导致"中心国家"关键产业及其核心技术的重大转移。这是活生生的现实，今后也不能对此寄予幻想。主要出路只能是自主创新开发。

第三，在技术创新与扩散过程中，制度和社会条件也许比技术本身更重要。英国和德国的上述经历已经表明了这一点。同时，企业（有时候甚至是个人）始终是技术创新和扩散的主角。无论是英国还是德国，技术成就主要都是企业家们和社会人才自己所创造的业绩，尽管政府政策有时在不少方面也起了重要的支持促进作用，包括有效的法律框架条件，有序的市场竞争规范，流动量适当、流动性好的金融市场机构机制，真正的现代公司企业制度，有组织的雇员对有组织的雇主，良好的教育培训系统，日益充实的社会保障制度，以及必要的财政资金支持，等等。

（六）在欧洲主要国家总体大约持续二百年（1750—1950 年）的工业化过程中，农业部门也发生了不小的变化，其中有两个问题具有重大的普遍意义，特别值得关注和讨论：一是农业工业化明显地落后于工业工业化，二是这种落后的决定性因素是当年欧洲各国的农业土地关系

其一，欧洲大多数国家的农业工业化进程严重地落后于工业工业化进程。

（1）落后的程度：列宁在其 1915 年写作的《关于农业中资本主义发展规律的新材料》一书中，对 19—20 世纪之交的美国农业中资本主义关系的发展程度作出了评估，他强调指出："如果把农业演进比作工业演进的话，那么，农业中资本主义现在所处的阶段比较接近于手工场手工业阶段，而不是大机器工业阶段。在农业中，手工劳动还占优势，机器使用相对来说还很不广泛。"① 如果说，对当时已经实现了工业工业化的美国农业来说尚且如此，那么，远比美国落后的欧洲大陆国家农业就更不必说了。事实上，在欧洲工业中，从工场手工业生产向机器生产过渡，发生在 18 世纪下半叶至 19 世纪。而在欧洲国家的农业中，这种过渡的发生至少要晚好几十年，它们一般都发生在不仅农业部门，而且整个国民经济体系中相应的社会、经济条件臻于成熟的时候。欧洲主要国家的农业工业化实际上是在第二次世界大战结束后的头二三十年内才实现的。美国、加拿大和英国，农业工业化开始于 20 世纪 30 年代下半期。而欧洲大陆国家，首先是丹麦、瑞典、荷兰、联邦德国和法国，农业加紧向机器生产阶段过渡则开始得更晚，大约是从 50 年代上半期开始的。大多数西欧国家的农业工业化都是在第二次世界大战后才开始的。这就是说，在机器体系的基础上对农业进行改造比工业延误了一百多年。②

（2）落后首先表现在农业生产力进步迟滞上：诚然，早在西欧封建社会的末期，即 14—15 世纪，欧洲农业生产已有明显进步，包括休耕已经完全转变为轮作，各种农具得到了改良，肥料使用量日益增多，由于车辆、挽具的改进而使运输效率大增，随着荒地得到开垦致使耕地面积不断扩大，园艺业出现了兴旺景象，畜牧业在饲养方法上大有改进，如此等等。在工业革命酝酿时期 16—18 世纪的欧洲，农业生产又有了新的进步，这首先突出表现在荷兰的围海造田、谷物种植逐渐向牲畜饲养转化、种植作物品种日益多样、引进殖民地农作物马铃薯等、把饲草和豆类纳入轮作周期中以维持土地肥力；在英国，有大量资本用于改进农田设施如兴修灌

---

① 列宁：《关于农业中资本主义发展规律的新材料》，刊于《列宁全集》，中文版，第 27 卷，人民出版社 1990 年版，第 235—236 页。

② ［保］托多洛维奇、［匈］希波什等著：《西欧国家的农业工业化》，裘元伦译，北京出版社 1979 年版，第 7 页。

溉河渠,为饲养牲畜建造牛棚马圈,从美洲引进新的农作物如芜菁、羽扇豆、三叶草等,实行多种多样的轮作制,等等。在由英国先导,始自 18 世纪下半叶的欧洲工业革命对农业的技术进步又有新的推动:一是农业自身的技术进步,包括采用良种、改进耕作技术、合理使用肥料、兴修水利改善灌溉等;二是工业技术革命为农业提供的物质技术,包括改良的农机具、蒸汽动力和化肥等。但总的说来,这一时期农业中还是手工耕作和使用畜力作动力,农业中的技术发展远不如工业和交通运输业。从农机具机械化、现代化而言,欧洲大多数国家的农业工业化是在第二次世界大战后

表 10　　　　　德国西部地区农业中畜引力和机引力的使用

	1935—1938 年平均	1950/51 年度	1960/61 年度	1970/71 年度
畜力 总计(千"特定牵引单位"*)	1934	1824	879	217
每百公顷("特定牵引单位")	13.2	12.9	6.2	1.6
拖拉机(千台)	20	139	857	1394
拖拉机的总功率	500	3267	16850	35420
总计(千马力)	3.4	23.1	118.2	262.3
每百公顷(马力)				

* 1 "特定牵引单位"相当于 1 匹马,或 2 头犍头,或 5 头奶牛,或拖拉机的 5 马力的牵引力。

资料来源:《(联邦)德国农业统计年鉴》,德文版,1968 年版,第 58 页;1972 年版,第 56 页;E. Rechtziegler:《资本主义国家农业发展新趋势》,德文版,1968 年版,第 29 页。

才全面开展并在 20 年左右的时间内完成的。在德国西部地区农业中的畜引力和机引力的使用状况中,人们可以看到,直至 1935—1938 年,畜引力还远远比机引力重要,比例大约为 4:1,这种局面到 1950—1951 年才开始改变。而这种过渡已经不是建立在 18—19 世纪欧洲工业革命时期的技术基础之上,而是密切地同 20 世纪中叶开始的新科技革命相联系,因此它的起点较高。其结果是使欧洲主要国家在 20 世纪五六十年代,大约仅用了 15—20 年左右的时间,就大大缩小了农业在经济—社会指标方面与其他产业部门的差距(参见表 10)。

　　上述情况大体上也适用于欧洲大陆的其他国家。从下表可以看出,即使到了 1950 年,在意大利和法国的农业种植业中,畜引力与机引力几乎

还同等重要。

表 11　　　　　　联邦德国等 6 国种植业中机引力与畜引力对比关系的变动

（每千公顷农地的马力数）

	1950 年		1960 年		1970 年	
	畜引力	机引力	畜引力	机引力	畜引力	机引力
联邦德国	121	231	57	1185	15	2533
法国	84	111	56	556	18	1328
意大利	79	84	58	394	31	1285
荷兰	90	224	66	760	22	2179
比利时	110	114	78	687	37	2136

资料来源：《苏联科学院通报经济类》1978 年第 1 期发表的伏·马尔蒂诺夫、斯·安德烈耶夫谈西欧国家形成农工综合体的特点的文章，转引自《经济学动态》1978 年第 7 期第 47 页。

（3）落后还表现在农业生产关系中资本主义因素相对不发达上。为了便于讨论，在这里，我们只选择了农业人口和农业劳动力在工业化始发期、工业化过程中以及工业化基本实现时的变动情况这样一项指标来加以考察。通过这一考察，可以大体上回答下述两个问题：一是在欧洲工业化过程中，随着城市工商业的发展，非农业部门究竟是在多大程度上吸收了新增的和既有的农业人口和农业劳动力，这是资本主义生产方式的基本特征——雇佣劳动制度发展程度的一个重要标志。二是在欧洲工业化过程中，农业部门本身的资本主义生产关系发展程度进展情况，如果资本主义性质的大农场、大庄园、农业公司和具有相当规模的"家庭农场"之类的组织形式发展迅速，科学技术又推动农业生产力的进一步发展，那么，农业人口和农业劳动力就必定会迅速地先相对、后绝对地减少，英国是这方面的一个突出例子。相反，在小生产长期占优势的地方，农业人口和农业劳动力流入城镇的速度必定比较缓慢，意大利和法国等国家则是这方面的例子。

为了阐释上述问题，我们得先从整个欧洲的农业人口说起。在欧洲，从事和依靠农业的人口绝对数量的变化由三个因素共同决定，即人口的自然增长、非农业部门吸收农业人口的能力大小以及海外移民出入。1700—1900 年间，欧洲人口（包括俄国）总数增长迅速：1700 年为 1.2 亿人，

1800 年增至 1.9 亿人,1900 年超过 4.7 亿人,第二次世界大战前夕更高达 5.7 亿人。18 世纪,欧洲大陆基本上仍然是农业社会。尽管城市发展迅速,终因规模太小而只能吸收农业人口增长总数中的一小部分。19 世纪初欧洲人口的变化趋势仍然以农村人口增长为特征。从以农村农业人口为主到以城市工业人口为主的大部分决定性变化开始于 19 世纪中叶。英国是较早完成这种转变的唯一国家(大约在 1840—1850 年间,这时英国产业革命已近后期接近基本完成阶段)。而在全欧洲,完成这一转变大约持续了整整 100 年(从 1850 年算起)。

更加明确一点地说,如果与工业化发展进程相联系,可以把欧洲农业人口的变动划分为三个阶段。第一阶段为工业化始发阶段,在欧洲主要国家大约先后分别持续了 50 年:英国自 18 世纪中叶至 19 世纪初期,西欧大陆主要国家德国、法国等则自 19 世纪初期至 19 世纪中叶。这一阶段的特点是农业人口的持续增长,城市工业发展只雇佣了一小部分农业劳动力,难以完全吸收新增加的农业人口。第二阶段为工业化进行中阶段,在欧洲主要国家大约也分别持续了约 50 年:英国自 19 世纪初期到 19 世纪中叶,西欧大陆国家则自 19 世纪中叶至 19 世纪末。这一阶段的特点是农业人口相对稳定。城市工商业的大规模发展吸收了较多的新增农业人口,但农业人口绝对规模本身依然很大,除了英国,欧洲大多数国家的农业人口直至 19—20 世纪之交依然多于工业人口——但程度不同。第三阶段为工业化接近完成或已经初步实现阶段,这一阶段的特点是农业人口开始逐渐加速地绝对减少,直至农业劳动力在各国劳动力总数中不再占有较大的比重。这一阶段在各国大约又先后花了 50 年时间:英国自 19 世纪中叶至 19 世纪末;西欧大陆国家则是从 19—20 世纪之交到 20 世纪 50 年代。这主要是工业进一步扩张和第三产业服务业大规模的普遍发展的结果。[①]

英国、德国和法国的国别历史统计资料印证了笔者的上述观点。在英国,早在 1851 年,农业劳动力(205 万人)已经远远少于工业(449 万

---

① 关于农业人口变动三个阶段划分的提法,参见〔美〕福尔克·道灵《欧洲农业的转变》一文,刊于《剑桥欧洲经济史》(第六卷),王春法主译,经济科学出版社 2002 年版,第 581—582 页。行文中的论述为笔者自己的观点。

人）和略低于服务业（237 万人）；到 19 世纪中叶为止，新增人口和农业劳动力的转移目标主要是工业，例如直至 1841—1851 年，工业劳动力从 307 万人增至 449 万人，净增了 140 多万人，而服务业劳动力只是从 230 万人增至 237 万人，只增加了几万人。但在此后的半个世纪里，工业和服务业劳动力大约各增了 500 万人，而农业劳动力开始绝对减少。至于第二次世界大战后，农业劳动力在英国劳动力总数中所占的比重一步步降至微不足道的份额（但这决不意味着农业本身已不重要）：1991 年，英国农业劳动力 57 万人，工业 743 万人，服务业 1861 万人，其含义是毋庸赘述的。在德国，直至 1895 年农业劳动力（829 万人）仍多于工业（806 万人），1907 年被工业超过（988 万人对 1098 万人），农业劳动力的绝对减少大约也从此时开始。德国与英国的不同之处在于，直至第二次世界大战结束时甚至战后初期，工业依然是国民经济中最重要的产业，服务业的大发展在德国乃是 20 世纪下半叶的事情。德国在这方面的发展节拍比英国大约落后 50 年。而法国则比德国还要落后约 50 年，直至 1946 年，法国农业劳动力（748 万人）还多于工业（618 万人），但自此农业劳动力也开始绝对减少，到 1991 年，农业劳动力人数（125 万人）已经根本不能与工业（568 万人）和服务业（1281 万人）相比了，但法国农业的重要性依然突出。[①]

其二，导致农业工业化远远落后于工业工业化，除了农业生产本身与自然条件的关系特别紧密等许多重要因素之外，决定性的因素是当时欧洲国家的农业土地关系。

（1）欧洲国家农业土地关系的演变：在西欧封建社会末期 14—15 世纪，各国的土地占有形式，一般都表现为封土制。封建主占有的土地称作封土，即领地。在封土制的形式下，土地分别属于国王（王领地）、贵族（一般领地）和教会（教产）。全部领地在形式上又可分两部分：一部分是封建主自己经营的自领地，使用农奴的无偿劳动进行耕作，面积一般在几十到几百公顷之间；另一部分是归农奴使用并且可以世袭转让的佃领

---

① 这一段文字中的数据引自 ［英］B. R. 米切尔编《帕尔格雷夫世界历史统计欧洲卷 1750—1993》，贺力平译，经济科学出版社 2002 年第 4 版，第 157、158、168 页。

地,即份地。每户农奴的份地往往由多块组成,面积随地区而不同,大约为 10 公顷左右。这两部分土地,共同构成封建主的庄园,并且形成了西欧国家所特有的庄园经济。土地归属封建主所有,农民被迫为地主耕种土地并服劳役,对地主处于人身依附地位。这就是西欧的封建农奴制度的基本特征。[①] 这种同时包含大土地所有制与小土地所有制的封建土地关系,从两方面都阻碍了农业的发展。大地主阶层对农民的残酷剥削以及通过税收、高昂的工业品价格和装进地主钱包的地租而把资本从农村吸引到城市或直接用于大地主们的寄生性消费,阻碍了农业部门生产性积累的增长;而农民缺少土地也是农业部门技术和经济进步的一个障碍。这一点,马克思早就提出过。"小块土地所有制按其性质来说就排斥社会劳动生产力的发展、劳动的社会形式、资本的社会积聚、大规模的畜牧和科学的不断扩大的应用。"[②] 然而,随着欧洲逐渐进入 16—18 世纪工业革命酝酿期,各国农业土地关系开始发生不同程度的变化。

16—18 世纪欧洲各地的农业土地关系差异很大:在欧洲大陆上,易北河以东地区(中欧和东欧)和易北河以西地区(西欧、北欧和南欧)不同;在英吉利海峡两岸,英国和欧洲大陆西部也各异。在这一时期,农业土地关系变动最大最烈的当然首推英国,其具体途径是通过"圈地运动"。英国中世纪的封建农奴制,到 14 世纪末期实际已经废除,15 世纪以后,在英国的封建领地上形成了一个广泛的独立小农阶层——自耕农,小农经济在英国农业中占了优势地位。而在"独立小农"中,又有自由持有农、公簿持有农和租佃持有农之分。除了独立小农外,在英国农村中还有不定期的小佃农、雇农以及贫苦的茅屋农。在当时英国,耕地承袭村社制度的陈规,实行敞田制,即领主的自营田和农民的份地都划成一块块的条田,领主和农民的条田彼此交错间杂;但在每年收割后,农民和地主的条田都须按惯例撤除篱围,敞开做公共牧场,共同使用。敞田以外的林地、荒地、沼地、草地等,称为公有地,名义上属于领主,但实际上为共有,拥

---

① 宋则行、樊亢主编:《世界经济史》(修订版)上卷,经济科学出版社 1998 年版,第 4 页。

② [德]马克思:《资本论》第三卷第四十七章"资本主义地租的起源",中文版,人民出版社 2004 年版,2008 年 2 月第 3 次印刷,第 912 页。

有份地的农民以及茅屋农按惯例都可在那里放牧、砍柴，这是农民生计的重要补充来源。在这种背景下，所谓圈地，就是领主用暴力或各种欺诈的手段强占农民的公有地和他们的份地，用栅栏、篱笆、壕沟圈围起来，变成领主私有的大牧场或大农场，迫使失去土地的农民沦为雇工或流往城市，或成为乞丐、流浪汉。早在14世纪，英国就出现了这种圈地现象。到15世纪末和16世纪，英国贵族领主加剧了圈地活动，不仅暴力剥夺农民土地，而且也在占有全国土地1/3的教会领地上进行。圈地运动在农民起义的打击下曾有所缓和，但到16世纪末和17世纪重又加剧起来。从18世纪开始，圈地变成由社会法令批准的"合法"行动。这种通过议会法令批准的圈地活动，到18世纪中叶以后，特别加强起来，直至19世纪初。这样，通过持续近400年左右的圈地运动，特别是长达一个多世纪的这种"合法"圈地，终于使曾在英国农业中占据优势的独立小农阶层在18世纪末基本消失了；同时，产生和发展起来的则是英国大租佃农场和英国农业的资本主义化过程。

在欧洲大陆易北河以东的现今德国东部和中、东欧国家地区，16—18世纪时期许多封建领主直接经营自己的庄田，使用农奴劳动，剥削严酷，农民生活艰难。而在易北河以西的现今德国西部、法国、荷兰、西班牙和意大利，封建领主一般将领地佃割，租给农民耕种，农民交纳货币地租或实物地租，承担程度不同的封建义务，小土地持有是这一时期这一地区农业土地关系的基本特征。① 这对后来这些地区的农业工业化进程有重大影响。

（2）欧洲国家不同类型的农业土地关系对工业化进程的不同影响。

如上所述，在欧洲主要国家，农业工业化进程都明显地落后于工业工业化（也许英国稍稍例外）。但这决不是意味着农业本身没有取得巨大进步。在英国，农业在18世纪上半叶已经向前跨进了一大步（在工业工业化前夕）；在法国，一些改良发生于19世纪上半叶（与工业工业化始发期大体同时）；在德国，至少在其部分地区在19世纪中期以前农业已经取得

---

① 宋则行、樊亢主编：《世界经济史》（修订版）上卷，经济科学出版社1998年版，第74—77页。

了引人注目的进步（也与工业工业化始发期大体同时），并且得以长期持续。这些进步主要来自逐渐传播开来的技术创新、交通系统的不断改善以及农业制度本身的变化。而农业制度本身变化的核心问题是，通过 18 和 19 世纪发生在欧洲的农业改革运动，使土地所有权结构发生了转变。这一转变是公社、农民和领主三方斗争的结果。其主要结果是，公社对农村土地的权力受到削弱直至消失；而在领主和农民之间，则是在 18 世纪以后一方面产生了大量的农业企业（英国农业中的租佃资本家等），另一方面是产生了更大量的小农（特别是在易北河以西、以南欧洲大陆地区）。所有这些变化的方向相当明晰：一是土地所有权日益明确，二是建立在非自愿合同关系基础上的劳动关系被消除，三是货币地租代替实物税负。显然，这些变化总的说来具有进步意义（尽管发生过"羊吃人"等等的残酷经历），但其程度却因各国农业土地关系的不同而有所差异。

经济史学家 M. 鲍塞洛普在其于 1960 年举行的一次讨论现代经济增长历程中的基本问题的会议上发表的论文中，把欧洲主要国家在经济"起飞"前①的土地所有制结构大致分为四类，即"不列颠"型，耕种者被解除租约变为工资劳动者，企业主是租地资本家；"东方"型，耕种者是农奴，"企业家"是领主；"法兰西"型，小农所有者占支配地位，耕种者和"企业家"二者集于一身；"地中海"型，耕种者是分成制佃户，实际上没有人可以被称为真正的"企业家"。这四种类型经常是跨国家的。

"不列颠"型，这种农业企业的技术优势来自两个方面：一方面，圈地和解除租约运动解决了土地分散、公共牧场权力和掠夺性地耕种等问题，于是，打开了实行机械化和推广农业新技术的道路；另一方面，企业主往往是有才学的人，银行愿意向他们提供信贷。这种类型的农业土地关系最盛行于英国，但在法国北部、德国西北部乃至意大利北部也有所发展。这些地区的城市在早期就已经开始发展，18 世纪末 19 世纪初以后则越来越快。城市化、工业化和农业结构变动互为因果关系。这种规模庞大并且面向市场的农业单位有助于农业生产增长。"东方型"主要存在于易

---

① 从鲍塞洛普的注释中，笔者认为：他们说的"起飞"基本上就是指"开始工业化"。例如英国在 1750 年前后，法国和德国在 1830—1840 年前后，俄国则是在 1860 年。

北河以东。在德国，废除农奴制发生在"起飞"以前的数十年间。农奴解放显然是经济发展的必要条件：农业生产率需要它来刺激，城市工业需要它来解放劳动力。农奴制的存在，几乎是成功起飞的决定性障碍。但是一旦搬走了它，这种"东方型"也可能成为一个有利的起点，因为大"领主"的耕作单位可以转换成为有足够生产能力的大农业企业，劳动力又是自由的。它们也许比不上"不列颠"型，却比"法兰西"小农所有制优越。这种"东方型"的大型农业企业在工业化开始时充当了正面角色。大庄园成为以工资劳动为基础的最早的大型企业（矿山以外），对于产生服从于现代工业纪律的最初劳动力，它们也扮演了重要角色。"法兰西"型即小农所有制。如果说上述两种类型，轮廓清晰，地域也比较确定，那么"法兰西"型可以说是散布于欧洲大部分地区。但它的典型是在法国和德国南部。小农所有制资本不多，难有多大技术进步，也缺乏走向市场的强烈愿望，他们生来就坐享其所有权，保守于传统的生产和工作方式。在欧洲，但凡小农所有制占支配地位的地方，经济发展普遍比较慢，这种说法一般不会错（当然，现今的"小农经济"已不可同日而语）。但它还稍强于"地中海"型的分成制。这第四种类型最为落后，它主要分布于南欧，特别是意大利南部和中部、西班牙及法国南部。南欧农业典型的社会结构，耕作单位面积不大，高度缺乏刺激，承租合同通常只为期一年，得过且过，没有发挥首创精神的余地，而且十分顽固。这显然可以解释，为什么与其他欧洲国家相比，南欧在19世纪没有农业进步的时期，成为也没有发生真正"起飞"即开始工业化的地区。上述对当时欧洲农业生产关系中存在的四种类型的分析表明，"起飞"前的农业社会结构与成功的"起飞"之间存在着紧密的联系①。

最后，笔者想强调指出，"工业工业化"的实现还并没有从社会经济与科学技术两个方面真正解决欧洲的农业问题。欧洲农业问题得到基本解决是在完成农业自身的工业化之后，即是在第二次世界大战后实现"农业工业化"之后。这时的农业才开始比较全面地日益具备了七个必要的发展

①　［美］M. 鲍塞洛普：《土地所有制结构和起飞》，刊于 W. W. 罗斯托编《从起飞进入持续增长的经济学》，贺力平译，四川人民出版社1988年版，第235—243页。

条件，即农民应是"拥有"主要生产资料的独立生产者（可靠的使用权也是一种"拥有"）；农业生产必须要有一定的经济规模效益；通过各类合作社为农民提供"产、供、销"等方面的方便和服务；普遍提高农民文化教育水平素质，以利促进现代农业技术的广泛应用和现代社会文明的深入传播；市场引导生产，推动农业产业结构与农畜产品质量的逐步升级；政府的主要任务是为农业发展提供良好的政策环境，不宜过多干预具体生产环节，但在第二、三产业已经相当发达的条件下，努力"反哺农业"是必不可少的（例如欧盟农业补贴占农业收入的32%）；另外，也是最重要的一点，是必须极大地减少农业劳动力，而要做到这一点，仅靠农业部门自身是绝对不可能的，因此，必须大力发展第二、三产业，提高它们大量吸收消化农村人口和农业劳动力的能力。欧洲过去 200 年的这番经历值得我们思考。

（本文首发于《中国社会科学院学术咨询委员会集刊》第三辑，
社会科学文献出版社 2007 年版）

第三编

德国在经济改革问题上的
若干观点与做法

联邦德国的小私有制经济

一　小私有制经济范围的界定

在联邦德国，"中小企业"一词随处可见。但究竟其含义何在，大都说不清楚。1970 年 12 月，联邦政府第一次公布了"中小企业结构的政策原则"。该文件直截了当地指出，给中小企业下一个统一的定义是没有意义的。虽说如此，它还是下了这样一个定义：中小企业应该是指在手工业、工业、商业、饮食饭店业、运输业等部门中的企业，它们一般不通过资本市场筹集资金，所有者直接参加管理领导企业，并由他们自己承担风险。显然，这也只是一个相当含混的定义，其范围远远超出本文的题目，对联邦德国小私有制作定量分析来说，并无多少助益。

对于联邦德国这样一个高度发达的资本主义国家来说，所谓小私有制，主要是相对于私人垄断所有制和非垄断性的资本主义所有制而言的；也就是说，相对于大资本主义和中资本主义来说的。因此，在那里，小私有制既包括私人小企业即小资本家经营的小企业，也包括小业主经营的小企业，又包括个体经营者的经济，且以后面二者为主体，而不是以小资本家为主体。它们三者之间有重叠，又有区别。私人小企业一般比小业主资本多，以雇佣劳动为主，但自然远远不及大、中资本；小业主一般又比个体经营者资本多一些，部分也经常使用少量雇佣劳动，但不及私人小企业；个体经营者则主要依靠从业者本人及其家属的劳动，个别也偶尔使用雇佣劳动，但不及小业主。

按照上述理解，我们可以运用联邦德国 1987 年 5 月 25 日"全国工作场所普查"统计资料（为整理直至最后公布这次普查资料，联邦统计局工作了整整 18 个月），以及其他有关资料，对联邦德国小私有制的规模作一个大概的计算。1987 年的普查对象包括 1 人和 1 人以上的所有工作场所，不论是公、私部门，还是赢利性、非赢利性单位，统统有义务呈报。结果的数字是，全国共有工作场所 258 万处，其中工业部门 36 万处，占 14%；商业 71 万处，占 27.4%；（广义的）服务部门 151 万处，占 58.6%。[①] 为了弄清该年联邦德国小私有制的规模，我们认为有必要首先从上列工作场所总数中剔除当年全国所有的股份公司 2262 家和股份有限公司 36 万多家。[②] 这是因为，在联邦德国的现实经济生活中，股份公司多是私人与国家垄断所有制的主要组织形式，它们拥有 1200 亿马克股本（实际运用的资本自然比这大得多），平均每家达 5289 万马克。虽然我们不能断然说所有股份公司都是垄断组织，但说它们是大资本的核心与骨干是不会错的。至于 36 万家股份有限公司，它们总共拥有股本 1573 亿马克，平均每家 44 万马克，仅及股份公司的大约 1/120，这些股份有限公司是非垄断性的资本主义所有制的基础，是中等资本活动的主要组织形式。其次，我们认为还应剔除非赢利性组织 7.9 万多个，它们主要是教会、工会和雇主联合会三大系统所属的机构。最后，还得剔除国家机关和社会保险机构 11 万多个。[③] 如果从全国工作场所 258 万个中剔除上述的 55 万个，剩下的 203 万个，我们大致上可以把它们看做是小私有制的营业单位，它们占全国工作场所 78% 以上。

如果再考虑到农业部门，那么，全国小私有制的规模还要更大一些。因为，在 1987 年的全国工作场所普查中，只涉及农业部门中的一小部分单位，即只包括那些按企业方式经营的，与农、林、渔业生产有关的单位，例如为农、林、渔业生产服务的企业、专业苗圃、饲养场、远洋捕捞企业等，并没有包括农户本身。1987 年，联邦德国共有农户 70 多万户，其中大约只有 5600 户雇佣劳力超过家庭劳力（平均每户雇佣 3 人、家庭劳力 2 人）。[④] 即使是这些大户，以整个国民经济的标准来衡量，充其量也

---

① ［联邦德国］《经济与统计》（德文版），1989 年第 7 期，第 421 页。
② ［联邦德国］《德意志联邦共和国 1988 年统计年鉴》（德文版），第 117 页。
③ ［联邦德国］《经济与统计》（德文版），1989 年第 7 期，统计资料部分，第 232 页。
④ ［联邦德国］《德意志联邦共和国 1988 年统计年鉴》（德文版），第 139 页。

不过是私人小企业或小业主，至于其余的将近 70 万户农民则都是个体经营者（平均每户家庭劳力 2 人，每 5 户使用一个雇工，包括短工）。这样，倘使把农户也计算在内，1987 年联邦德国工作场所总共有 328 万个（258万＋70 万），从中剔除股份公司、股份有限公司、非赢利性组织、国家机关和社会保险机构共 55 万个，小私有制营业单位总数为 273 万个，占83%（表 1）。

表 1　　　　　　　　　　**联邦德国小私有制营业单位数目估算**

1. 1987 年 5 月 25 日普查，全国工作场所总数	258 万个
2. 1987 年 12 月 31 日，全国所有经济部门股份公司家数	2262 户
3. 1987 年 12 月 31 日，全国所有经济部门股份有限公司家数	36 万户
4. 1987 年 5 月 25 日普查，各种非赢利性组织总数	约 8 万个
5. 1987 年 5 月 25 日普查，国家机关和社会保险机构合计	11 万个
6.（＝1－2－3－4－5），联邦德国小私有制营业单位总数	约 203 万个
7.（＝6÷1），联邦德国全国工作场所总数中，小私有制所占比重	约 78%
8. 1987 年农户总数	约 70 万户
9.（＝8＋1），联邦德国全国工作场所总数（包括农户）	约 328 万个
10.［＝（6＋8）÷9］，联邦德国全国工作场所总数中，小私有制	占 83%

资料来源：作者根据前文脚注中的资料来源计算。

　　以上所述还并没有给读者提供一个明确的尺度，以回答"究竟怎样判定小私有制"这一难题。这是自然的，因为从整个国民经济广度来说，不可能存在划一的标准。如果哪位经济学家为了研究的需要，提出某种划一的标准（例如"就业人数 10 人以下为小企业"之类），那肯定也是一个相对的设定。实际上，在各种经济部门之间，用来确定各自小私有制范围的标准，彼此差异是很大的。

　　根据 1987 年全国工作场所普查资料，联邦德国采掘和电力部门工作场所平均每处拥有就业人员 63 人，在各个经济部门中位居榜首；往下依次是加工工业部门 23 人，交通部门 13 人，建筑部门 10 人，商业部门 5.7人，服务部门 5.6 人。显然，由于经济、技术和社会等因素，用来确定商业和服务部门中小私有制的标准，不可能用于能源和加工工业部门，因为这些部门企业的平均规模大约相差 4—10 倍。[①] 换句话说，商业和服务部门中的小私有制规模要比工业部门更小一些。

　　然而，为了研究问题和制定政策，毕竟还是需要有一些具体的标准。在联邦德国，1975 年，波恩中小企业研究所受联邦政府委托，进行了广泛的调查，并在此基础上提出了一个划分大、中、小企业的标准，其中"小企业"的标准如下：工业部门，就业人数 50 人以下，营业额 200 万马克以下；手工业 2 人和 10 万马克以下；批发贸易 9 人和 100 万马克以下；零售商业 2 人和 50 万马克以下；交通、通信和新闻传播业 2 人和 10 万马克以下；服务行业和自由职业 2 人和 10 万马克以下，等等。但是，对于"小私有制"经济来说，其中有些标准似并不那么妥当。在联邦德国这样的国家中，有些标准看来是偏高的，特别是把工业部门中 50 人以下的企业统统划为小企业，这就把不少较大的企业主（尽管相对于大、中资产阶级来说他们也许只是小资本家）同真正的小私有制的代表划在一块，使人难以对整个社会经济结构——作出精确的阶级分析。划分小私有制比较恰当的界限应当明显低于各个经济部门企业的平均规模。

　　但是，囿于统计资料，在下面的叙述中，我们仍将不得不沿用粗线条标准；同时，只要有可能，我们将分别列出较为详细的分类资料，表 2 是关于若干部门经营单位的平均从业人数。

表2　　　1987 年 5 月若干部门平均每个工作场所的就业人数比较（人）

采掘业	370	批发贸易	9.7
化学、石油加工等	121	零售商业	5.2
保险业	42	饮食饭店业	4.4
国家机关等	34	洗衣、美容、个人服务	3.8
纺织、服装工业	12	参考数字：全国所有部门平均	10.5

　　资料来源：［联邦德国］《经济与统计》（德文版），1989 年第 7 期统计资料部分第 232 页。

---

① 根据［联邦德国］《经济与统计》（德文版），1989 年第 7 期第 424 页资料计算。

二　一些部门中的小私有制经济

在发达资本主义国家的各个经济部门中，小私有制的地位与作用是不甚相同的。一般而言，在资源密集型、资本密集型和技术密集型部门，小私有制所占的比重通常比较小一些；在劳动密集型部门和其他适合小规模、分散经营的地方，小私有制活动的地盘则要大一些。具体说来，在工业部门，尤其是在能源、动力与重化工业部门，小私有制所起的作用相对小些；在商业部门，尤其是零售贸易，小私有制的分量则明显大些；在服务部门，小私有制的作用最大。这些带有普遍规律性的现象，同样适用于联邦德国。

（一）工业部门

在说到加工工业之前，我们在这里先介绍一点关于能源、动力部门的情况。联邦德国 1986 年共有供电、煤气、供热和供水企业 3295 家，其中 20 人以上企业 771 家，占 23%，但它们却占了就业人员的 95%；20 人以下的小企业 2524 家，占 77%，但它们的就业人员总共才占不到 5%。显然，在这一部门，小企业所起的作用不大，尽管对局部地区而言也许仍有一定的意义。至于采掘工业，在总数为 283 家企业中，20 人以下的小企业仅占 34 家（12%），它们的就业人员总共不过 336 人，占该部门全体就业人员 21 万人的千分之一。小私有制在这里的作用可以忽略不计。

在加工工业部门，情形则有所不同。为了说明小私有制在加工工业部门所占的地位，这里用三种方法来分别加以说明。

1. 剔除公司计算法

按照 1987 年全国工作场所普查资料，加工工业工作场所共有 360463 处，就业 8352400 人；[①] 同年年底，该部门共有股份公司 676 家，股份有限公司 73814 家，合计 74490 家。[②] 我们可以把这两项数字之差 285973 处粗略地视为小私有制，占加工工业工作场所总数的大约 80%，这种计算方法的

---

① ［联邦德国］《经济与统计》（德文版），1989 年第 7 期统计资料部分，第 232 页。
② ［联邦德国］《德意志联邦共和国 1988 年统计年鉴》（德文版），第 117 页。

缺点是比较含混笼统，主要是"股份有限公司"这一块，其中既包含有少量资本规模不小的公司，也包含有一些其实还够不上大、中企业的单位。但是，如上所述，从总体上把握，把这些股份公司和股份有限公司分别看成是大、中资本的群体是不会错的。因此，从全国工作场所普查资料中剔除这些公司，大致计算出小私有制的规模，这种方法仍具有一定的参考价值。

2. 剔除大、中企业计算法

1987年全国工作场所普查资料表明，加工工业工作场所共有36万处，就业835万人；另据联邦统计局（国家统计局）工业企业统计资料，1987年全国共有20人以上的工业企业4.4万家，就业711万人。[①] 两项相减，我们可以从中计算出小私有制约占加工工业工作场所的87%，就业的15%。这种计算方法的缺点是多多少少夸大了小私有制的作用。因为在联邦德国的工作场所普查中，本身就有夸大的因素，它把"部分时间工作的"和"副业性劳动的"场所也都作为一个单位统计；此外，如果一个从业者同时在几个场所工作，在统计中可能被重复计算几次。一句话，联邦德国的实际工作场所和就业人数要比普查数字少一些；小私有制的实际规模也要比据此计算的数字小一些。

3. 借助手工业资料计算法

1987年联邦德国共有手工业企业49万家，就业382万人，销售额4387亿马克。[②] 在这些手工业企业中，将近一半是从事加工工业生产的，即大约有24万家；而在加工工业部门的手工业企业中，又有10%是20人以上的企业，它们已被列入上述的联邦统计局工业企业统计；其余的90%为20人以下的企业；总共约21.6万家。如果把这21.6万家加工工业部门的手工业企业同工业企业统计中20人以上的4.4万家工业企业相加，那么我们就可以得到全国加工工业企业总数约为26万家，其中小私有制约占83%。

在就业人数方面，手工业企业就业总数382万人中加工工业占38%，[③]

---

① 德国经济研究所：《德意志联邦共和国经济发展数字》，1989年德文版，第63表。

② 同上书，第89表。

③ 参见《德意志联邦共和国1988年统计年鉴》（德文版），第208页。

即大约为 145 万人，而其中在 20 人以下的加工工业部门的手工业企业中就业的人数约占一半，即将近 80 万人。考虑到 20 人以上 4.4 万家工业企业的就业总数为 711 万人，据此我们可以计算出小私有制在加工工业部门的就业人数中约占 10%；即使再加上工业企业统计所涉及的 4.4 万家企业中还有 5600 家 20 人以下的小企业，也不过 11%。但是，由于这 5600 家 1—19 人的小企业都是 20 人以上企业的下属工厂，因此，我们完全可以不把它们看成是真正的小企业。

在销售额方面，手工业企业销售总额 4387 亿马克中加工工业占 45%，[①] 即大约为 2000 亿马克，而其中 20 人以下的手工业企业约占一半，即 1000 亿马克。考虑到 20 人以上 4.4 万家工业企业的销售总额为 14451 亿马克，据此我们可以计算出小私有制在加工工业部门的销售总额中所占的比重约为 7%；即使再加上工业企业统计中的那 5600 家 1—19 人的企业，也不过 8%。

小结：在工业部门，小私有制（1—19 人）虽在数量上也占绝对优势（80% 以上），但它们的经济地位与作用是相对不大的；如果同总共只有 1002 家的千人以上大企业——它们在就业数和销售额中各占 40% 左右——相比，那么，总数达二三十万家的小私有制总共只占就业的 11% 和销售额的 8%，其地位对照之强烈是不言自明的（表3）。

表3　　　　　　　　　**小私有制在联邦德国加工工业中的地位**

1. 按剔除公司计算法	
小私有制占全国加工工业工作场所总数的	80%
2. 按剔除大、中企业计算法	
小私有制占全国加工工业工作场所总数的	88%
就业的	15%
3. 借助手工业资料计算法	
小私有制约占全国加工工业工作场所总数的	83%
就业的	11%
销售额的	8%

资料来源：《德意志联邦共和国 1988 年统计年鉴》（德文版），第 208 页。

---

① 参见《德意志联邦共和国 1988 年统计年鉴》（德文版），第 208 页。

（二）商业部门

为了了解联邦德国商业部门中小私有制的地位与作用，我们也应当通过几种途径进行比较研究。

（1）按照1987年普查资料，该年全国共有批发贸易工作场所129741处，就业1254491人；零售贸易相应为500715处，2608944人。从中剔除批发贸易股份公司131家和股份有限公司56150家；零售贸易股份公司28家和股份有限公司36979家。据此我们可以计算出小私有制占批发贸易工作场所的57%，零售贸易的92%。

（2）据联邦统计局与法兰克福/曼海姆大学合编《1987年统计报告》一书资料，1985年联邦德国全国共有批发贸易企业101089家，其他中介商65822家，零售贸易企业339318家，总计506220家（这里的"企业"有的有1个以上分号）。该书对这50多万家企业作了分类，结果表明，1—9人的小私有制占企业总数的90%，销售额的23%（表4）。

表4　　　　　　　商业部门小私有制占企业数和销售额的比重

1—2人企业占企业总数的	51.1%	占销售额的	5.2%
3—9人	38.4%		18.0%
10—99人	10.0%		35.6%
100人和100人以上	0.6%		41.3%

资料来源：联邦德国联邦统计局与法兰克福/曼海姆大学合编的《1987年统计报告》（德文版），第277页和279页。

（3）根据典型调查资料，1985年联邦德国共有批发企业41215家（有的企业有1个以上分号），就业人员965900人，销售总额8466亿马克，其中1—9人的小私有制占企业总数的52%；就业人数的11%；销售额的16%。由于该项调查只包括年销售额100万马克以上的批发企业，一下子撇开了就业总数达30万人的、年销售额不到100万马克的一半以上批发企业，因此，上述数字在一定程度上低估了小私有制的意义，也就是说，实际上小私有制在企业数、就业数和销售额中所占的分量要比这里所列举的数字大一些（表5）。

表5　　　　　　　　批发商业中的小私有制企业的比重

1—2 人批发企业占企业总数的	9.8%	占就业的	0.7%	占销售额的	3.7%
3—9 人	42.3%		10.2%		12.6%
10—99 人	44.3%		47.2%		40.2%
100 人和 100 人以上	3.6%		41.9%		43.6%

资料来源：［联邦德国］《德意志联邦共和国 1988 年统计年鉴》（德文版），第 227 页和 228 页。

在零售贸易中，典型调查涉及的企业为 142184 家（有的有分号），就业人员 1931500 人，销售额 4337 亿马克。据此计算，1—9 人的小私有制约占企业总数的 78%，就业人数的 26%，销售额的 23%。由于典型调查只包括年销售额 25 万马克以上的零售企业，撇开了总数将近 70 万人的大量的小零售企业，因此，上述数字也低估了小私有制在零售贸易中的地位（表6）。

表6　　　　　　　　零售商业中的小私有制企业的比重

1—2 人零售企业占企业总数的	14.7%	占就业的	20.0%	占销售额的	2.7%
3—9 人	62.8%		24.1%		20.0%
10—99 人	21.6%		32.2%		30.2%
100 人和 100 人以上	0.9%		41.7%		47.1%

资料来源：《德意志联邦共和国 1988 年统计年鉴》（德文版），第 233 页和 236 页。

小结：无论在企业数，还是在就业数和销售额中，小私有制（1—9人）在商业部门特别是零售贸易中所占的地位（企业约占 90%，就业和销售占 25% 以上），显然都要高于工业部门。但是即使在商业部门，也决不能过高估计小私有制的作用，例如，在零售贸易 34 万家企业中，100 人和 100 人以上的大企业仅有 1200 多家，但它们的销售额却占了将近一半。

（三）服务行业（以饮食饭店业为例）

按照 1987 年普查资料，全国饮食饭店业共有工作场所 220302 处，就业 972475 人；剔除 16 家股份公司和 7348 家股份有限公司之后，小私有制约占工作场所总数的 97%。

另据 1985 年典型调查资料，饮食饭店业企业共 114167 家，就业 651600 人，销售额 427 亿马克。据此计算结果，1—9 人的小私有制占企业总数的 89%，就业的 53%，销售额的 53%。由于此项典型调查只包括年销售额 5 万马克以上的企业，一下子撇开了饮食饭店业将近一半的工作场所，因此，它低估了小私有制的意义（表7）。

表7		饮食业中的小私有制企业的比重			
1—2 人饮食饭店业占企业总数的	37.6%	占就业的	11.2%	占销售额的	13.8%
3—5 人	36.5%		23.8%		13.1%
6—9 人	14.5%		18.0%		16.5%
10 人和 10 人以上	11.4%		47.0%		46.6%

资料来源：《德意志联邦共和国 1988 年统计年鉴》（德文版），第 237、238 页。

小结：在服务部门，总的说来，小私有制的重要性显得比工业部门突出得多，也超过商业部门。小私有制（1—9 人）在企业总数中占 90% 以上；在就业数和销售额方面则各占一半左右。但是，服务部门行业众多，各个次级部门的状况差别很大。例如，近些年迅速发展起来的专业化清扫企业（为企业清扫、为市政部门清除垃圾等），平均每个工作场所拥有就业人员 33.4 人，超过加工工业企业平均数（23.2 人）的将近一半，为饮食饭店业（4.4 人）的 7.5 倍。

三 小私有制经济的作用的估量

对小私有制在发达资本主义国家的经济与社会生活中所起的作用问题，近几年来，国内外学者有估计偏高的倾向。这里，有范围界定方面存在差异等原因，也有各自的政治（政策）需要等因素。在像联邦德国这样的发达资本主义国家里，小私有制在整个国民经济中的地位与作用是为历史与现实所确定了的，不是随意可以贬低或抬高的。这种地位与作用可以概括为"重要的"、"补充的"和"从属的"九个字。

所谓"重要"，主要是指小私有制对于国民生活和国民经济而言的确是相当重要的。现实表明，小私有制的主要活动领域是在各种手工业、零售商业以及服务行业（这里我们不再来讨论农业）。由于他们的存在和活动，给广大居民生活提供了极大的方便。其实这是毋庸赘言的。如果拿1987年的全国工作场所普查资料与1970年的普查资料相比，也许可以多少反映这一点。在两次普查期间，工业部门的工作场所减少了8万个，就业人数减少了180万人；商业部门工作场所减少了两万多个，但就业人员增加了30万人；服务部门的工作场所则猛增了40万个，就业人数扩充了407万人。考虑到在服务部门小私有制在数量上要比工业部门占更大优势，因此，可以说，服务部门大发展必定伴随有小私有制的新发展。诚然，在这里，"服务部门"是广义的，例如也包括了国家机关、社会保险机构、非赢利性组织等等；同时，即使是真正的服务部门本身，也是既涉及狭义的生活服务部门，又包含了发展更为迅速的生产性服务部门。但是数据表明，即使是狭义的生活服务部门，总的说来，发展也是很快的（表8）。自然，衡量小私有制的重要性，不仅要根据它们对国民生产总值的直接贡献，和为居民生活提供方便，而且还要根据它们作为竞争者和分包商之类对较大公司的生产效率和整个国民经济的效率所作的直接和间接的贡献。此外，小私有制的存在和发展还有利于社会安定。

表8   **服务部门[①]就业人数增长情况**

	1970 年	1987 年	1987 年比 1970 年增加人数
饮食饭店业	707400	972500	+265100
疗养院等	13600	51400	+37800
洗衣、美容、个人服务	396800	409600	+12800
清扫建筑物、清理垃圾等	150900	599300	+448400
教育、科学、文化、运动、娱乐	153800	345900	+192100
出版行业	87500	141400	+54000
卫生保健	317500	697800	+380300
为企业提供的生产性服务	505500	1350500	+845800
其他	113100	216100	+103000
总计	2446000	4784500	+2338500

①这里仅指服务行业企业和自由职业者向居民提供的生活服务和向企业提供的生产性服务。

资料来源：［联邦德国］《经济与统计》（德文版），1989 年 7 月，第 423 页。

所谓"补充的",主要是指小私有制对于整个国民经济来说,乃是它重要的组成部分,起着一种不可或缺的补充作用。如上所述,如果把农户也包括在内,联邦德国小私有制在整个国民经济的工作场所总数中所占的比重达83%(不包括农户则为78%),数量上占明显优势。但它们在国民经济运行中并没有占相应的地位。在就业人数方面,小私有制约占全国的1/5到1/4;在生产、销售和投资等领域,小私有制所占的比重还要低一些。但各部门之间差异很大。

所谓"从属的",主要是指小私有制在私人和国家垄断所有制面前从总体上来说处于从属地位。小私有制当中,自然也有不少真正的"独立者",但为数颇多的则是大、中型企业的零部件供应者、受托加工者、二三级分包商、连锁商店的小成员等,例如为西门子公司提供材料、零部件的企业就有4万多家,同奔驰汽车公司有协作关系的企业有两万多家。[1]100人以下的中小企业合计只占西德私营企业研究与发展经费支出的0.2%,[2]地位低微。即使不处于直接依附状态,也不得不生活在大公司、大银行和政府机构设定的经济与社会环境之中,说不上有多少自由自在的活动天地。

四 小私有制经济的发展趋势

(一)联邦德国政府鼓励中小企业发展,但实际上主要是支持"中产阶层",而不是本章所讨论的真正的小私有制

在联邦德国,人们经常强调鼓励中小企业的生存与发展。在那里,"中小企业"是一个十分广泛而又混杂的概念,例如它包括500人以下的工业企业,50人以下的手工业企业,200人以下的批发贸易企业,100人以下的零售企业,如此等等。显然,鼓励中小企业政策的主要受惠者,决不会是我们这里所指的个体经营者之类的小私有制。

诚然,在联邦德国,政府和企业主组织本身,的确采取了一系列措施

---

① 朱正圻等:《联邦德国的发展道路》,中国社会科学出版社1988年版,第245页。
② 张彦宁主编:《西欧企业管理》,人民出版社1986年版,第116页。

促进中小企业发展。在那里，据说中小企业的活力较大，生存与发展的基本条件也较好。英国专门研究市场和经济情报的一家研究所曾发表过一项报告，联邦德国《经济周刊》1984年第3期曾予以转载。该报告就劳动条件、法律环境、筹资条件、纳税状况、原料供应、经济地位等项指标，比较了西欧10个国家中小企业的活力和生存发展条件，结果评分联邦德国第一，希腊、法国、荷兰、丹麦、比利时、卢森堡、爱尔兰、英国和意大利分别列在第二至第十名。

联邦德国鼓励中小企业是有其深刻的政治、社会和经济考虑的。政治上，"中产阶层"通常是现存社会秩序的坚定支持者；在社会方面，中小企业发展有助于社会安定，同时，资料表明，在中小企业中，工会组织程度低，罢工机会少，因此毫不奇怪，工会喜欢大公司；在经济方面，大量中小企业的存在与发展，有助于保持有效的竞争气氛和环境，有助于为大企业和居民服务。

清楚的目标指导有目的的行动。联邦德国政府和企业主协会在组织措施方面确实是比较有序的。主要是从以下三个方面支持中小企业：第一，严格要求，坚持标准，务使中小企业的产品和服务保持应有的质量和效率。政府在原则上不向中小企业提供特殊的优待，而是着力于取消对大企业或国营企业的照顾，使大家都面对一种"平等的竞争环境"。在小企业的开业批准手续之类方面，严格坚持行业、职业的资格要求，不是随便什么人都可以任意干什么行当的。在职业培训方面，长期持之以恒，徒工、工匠、师傅各有标准，考试合格，才可任职。考试不是走过场，而是确实实行淘汰制；徒工资格考试中，落选率约在20%左右；工匠、师傅资格考试中，落选率约在30%左右。政府对接受徒工培训的企业予以资助。第二，提供信息、咨询和研究开发方面的服务和资助。为此，联邦德国一方面特别致力于把中小企业组织起来，通过行业公会等形式开展活动。目前全国有42个手工业和其他行业公会，仅科隆一地就有会员7.2万人。该地的中小企业利用咨询率达到50%左右。出版《手工业报》，发行50万份（全国手工业企业共49万家）。另一方面，政府也直接提供支持。巴符州经济部专门为中小企业建立了信息情报服务中心，设备先进、资料齐全、服务周到。该中心设有专利文献室、情报室、图书馆，收藏了700多万份国内外专利文献和标准资料，3.5 万册专业图书，480 多种国内外专业杂志。为推动中小企业进行联合研究，成立了慕尼黑工业研究协会联合会，为它工作的有 63 个研究所和 150 个高校研究所①，政府给予补助。第三，重视为中小企业服务的金融机构，为中小企业提供贷款、利息补贴和担保。一般说来，中小企业，特别是小企业，是很少问津大的私人商业银行的。为此，他们较多地求助于储蓄银行、合作银行和国民银行，它们比较了解中小企业的需要。不过它们毕竟也得按市场、赢利原则经营。因此，中小企业有时更需要政府的直接贷款。其中一条重要的渠道是通过"马歇尔援助对等基金"。此外，政府往往还为上述银行向中小企业贷款提供利息贴补，幅度在 2%—3% 之间；还为这些银行贷款提供担保，承保损失可达 60%（但实际上真正发生的损失率只有 1%—2%），1950—1980 年30 年间，总共大约提供了 7.5 万项政府担保，平均每项 14.5 万马克②。

那么，联邦德国上述鼓励中小企业的政策措施对小私有制究竟起了什么作用呢？应当说，它们并没有能够完全阻止小私有制在整个国民经济中地位相对下降的发展趋势。就全国范围而言，如果我们拿 1987 年和 1970 年两次工作场所普查的结果资料进行对照，那就可以看到，在此期间，虽然全国工作场所从 1970 年的 228 万个增加到了 1987 年的 258 万个，即增加了将近 30 万个，但增加的主要是股份有限公司，它们从 7 万多家猛增到了 36 万家，即增加了将近 29 万家。与此同时，在全国就业人员中，雇员人数从 2173 万人增加到了 2446 万人，即增加了 270 万人；而雇主（或业主）的人数却从 204 万人进一步减少到了 203 万人，他们在全国就业人员总数中所占的比重从 8.4% 进一步下降到了 7.6%。减少的主要是一些部门的小私有制，在那些传统的小私有制生存的地方，无一例外地小私有制的地盘都在相对缩小。1960 年到 1987 年，1 公顷以上的农户户数从 139 万户减少到了 68 万户，即整整减少了一半。③ 手工业企业（其中 90% 以上为 20 人以下的小企业）从 1960 年的 73 万家减少到了 1988 年的 49 万

---

① 转引自杨祖功主编《西欧的中小企业》，中国展望出版社 1987 年版，第 72 页。

② 参见［英］西黑尔·利维基编《西欧小企业》，唐雪葆、罗润芝译，中国社会科学出版社1988 年版，第 114—117 页。

③ ［联邦德国］《德意志联邦共和国 1988 年统计年鉴》（德文版），第 136 页。

家，即减少了1/3。^①在商业部门，1985年比1960年企业减少了1/3，减少的主要是小零售商店。^②但是，在非传统部门，如服务业中，小私有制的地盘在扩大。

（二）小私有制本身的结构发生重大变动

小私有制在整个国民经济中的地位相对下降，这一结论并不能简单地套用于所有部门。确切地说，小私有制地位整个说来确实是下降了，但受打击的主要是那些传统的部门和行业；而随着经济与社会的发展，也有一些部门和行业，在那里，小私有制将到了新的发展。这就是说，小私有制本身的结构发生了重大的变动。

就联邦德国整个国民经济而言，1987年的全国工作场所普查资料表明，工业部门的工作场所比1970年减少了将近8万处，商业部门也稍有减少，而服务业部门却猛增了28万处；就业人数的变动方向大致相同。在此期间，全国工作场所和就业人员的增加，主要靠服务业部门的发展。由此我们完全有理由推论，小私有制的生存与发展领域也发生了大致相应的变化（表9）

表9　　1970—1987年联邦德国工作场所和就业人员结构变动情况

	工作场所				就业人员			
	1970年		1987年		1970年		1987年	
	绝对数（万）	百分比	绝对数（万）	百分比	绝对数（万）	百分比	绝对数（万）	百分比
工业	44.1	19.3	36	14	1012.5	41.5	835.2	31
商业	73.2	32	70.7	27.4	372.7	15.3	402.9	14.9
服务（赢利性）	57.7	25.3	85.9	33.3	244.6	10	478.5	17.7
其他	53.5	23.4	65.5	25.4	810	33.2	980.7	36.4
总计	228.5	100	258.1	100	2439.8	100	2697.3	100

资料来源：根据［联邦德国］《经济与统计》（德文版）1989年第7期第421页资料汇编。

---

① 科隆德国经济研究所：《德意志联邦共和国经济发展数字》（德文版），1989年版，第89表。
② ［联邦德国］联邦统计局与法兰克福/曼海姆大学合编的《1987年统计报告》（德文版），第277—278页。

　　其次，在各个经济部门中，小私有制结构也发生了不小的变化。例如在手工业部门中（这里有120多个行业），虽然肉食加工业和面包业能够勉强守住自己的阵地，但许多手工业行业却失去了他们原先的地位，因为他们毕竟敌不过机械化大生产的价格优势，皮革、纺织、服装手工业1987年只剩下6.1万就业人员，比10年前又减少了2/5；有的手工行业则由生产改为修理，鞋匠和钟表匠即属此例；在建筑行业，泥瓦匠、混凝土建筑工、钢筋混凝土建筑工、筑路工人等等，由1970年的89万人减少到了1986年的55万人；同时，经济与工业的发展又产生了一系列新的手工业活动领域，较为典型的有汽车机械师、电气安装工、家庭装饰工、电器修理工、五金工等等。在服务部门，结构变动也许更为显著。传统的洗衣店之类的行业，发展缓慢，而为企业提供生产性服务的行业发展极快，包括数据加工、信息、誊印、职业介绍、财产管理、法律咨询、审计等等。原先由经济部门自己承做的工作，有些现在已日益分离出来包给专业化队伍去完成，例如工作场所清扫、垃圾清除等工作，这支清洁队伍已从1970年的15万人猛增到了1987年的60多万人。此外，为个人文化、娱乐、保健等较高档次服务的行业也大大发展了。在零售贸易中，汽车商、汽车零部件推销商、汽车轮胎推销商之类的企业和从业人员明显增加了；相反，食品、饮料和烟草行业的商店和从业人员都大大减少了。

（三）在小私有制内部，集中化过程在不断发展

　　小私有制不仅要同大、中资本作殊死的生存竞争，而且还面对着来自它们内部的相互激烈竞争。在这种无情的竞争中，大量的小私有制覆灭了。当然同时也在不断地涌现出许多新的小私有制（有的地方甚至新生的比死亡的还多），但它们的存活能力毕竟是脆弱的。英国学者曾作过一项研究，结果表明，1960年存在的企业，10年后，到1970年时，资产在25万英镑以下的小企业存活率仅为42%，而资产在3500万—6500万英镑的大企业存活率却为80%[①]。这项研究至今仍具有普遍意义，这里还应当顺

---

　　① ［英］西黑尔·利维基编：《西欧小企业》，唐雪葆、罗润芝译，中国社会科学出版社1988年版，第52页。

便指出，有时，新的小私有制的出现，并非总是经济过程积极发展的结果。80年代一些发达资本主义国家小私有制减少的速度有所放慢，这肯定同失业问题严重、寻找工作困难有关。在这种形势下，有些人不得不"自立"谋生，成为没有什么坚实基础的"小私有者"。一些未被雇佣的人手往往被迫进入手工业行业等等暂时"栖身"。

与大、中企业相比，小私有制自身的脆弱，更经不起激烈的竞争。为生存计，他们往往承受双倍的辛劳，寻觅新的生产与服务方法，例如遭到排挤的小零售商改变"守株待兔"的传统经营方法，改用送货车登门服务，目前联邦德国全国已有这类个体流动货车6万辆。虽经如此这般努力，大批小私有制仍难免破产或遭被接管的厄运。集中化过程在不断发展。小私有制本身的平均规模在明显扩大。这意味着今后要想进入这一行列，将需要有更多的资本、人手和智力。例如手工业企业数1950年到1988年从89万家减少到了49万家，就业人数从331万人增加到了382万人，平均规模由3.7人扩大到了7.8人；零售商店的平均规模由1970年的2.9人扩大到了1987年的4.5人；农户的土地规模平均则从1949年的8公顷扩大到了目前的16公顷，如此等等。

（本文首发于林振淦等《小型经济概论》，湖南出版社1991年版）

德国中小企业政策

一　德国中小企业的重要性

（一）德国中小企业范围的界定

1. 定性的界定

在德国，"中小企业"一词随处可见。但究竟其范围何在，大都说不清楚。1970 年 12 月，联邦政府第一次公布了《中小企业结构的政策原则》。该文件直截了当地指出，给中小企业下一个统一的定义是没有意义的。虽说如此，它还是下了这样一个定义：中小企业应该是指在手工业、工业、商业、饭店饮食业、运输业等部门中的企业，它们一般不通过资本市场筹集资金，所有者直接管理领导企业，并由他们自己承担风险。显然，这只是一个定性的定义。按照这一界定，在德国六大类企业组织形式中，有四类大致上都可划为"中小企业"，即独资企业，无限公司和两合公司（二者都是人员合作公司），以及合作社。独资企业、无限公司和两合公司都不是独立纳税主体。在独资企业盈利时，独资企业家有义务交纳所得税；在无限公司和两合公司赢利时，每一股东有义务交纳所得税。合作社则是法人，作为独立纳税主体有义务交纳公司税和财产税，社员也有义务交纳所得税和财产税。以上四类企业组织形式，占德国企业总数的80% 左右。另外两类企业组织形式是股份有限公司和股份公司，二者都是资本公司，一般多为大中型企业，其中股份有限公司多为中型企业，而股份公司基本上都是大企业。1992 年 12 月 31 日德国共有股份有限公司近55 万个，约占德国企业总数的 15%—20%，它们合计拥有股本 2461 亿马克，平均每家 44.7 万马克；股份公司 3219 家，约占德国企业总数的

0.1%，它们总计股本 1738 亿马克，平均每家 5400 万马克，为股份有限公司的 120 倍。[①]正是这 3000 多家股份公司，加上其他五类企业组织形式中的几百家重要公司，构成了德国经济的核心和脊梁。德国六大类企业组织形式在建立（开业）、经营管理、利润/亏损、责任、资金以及纳税等六项指标方面，分别具有不同的特征。综合列表 1 如下：

表 1　　　　　　　　**德国六大类企业组织形式及其特征**

企业类型 特征	独资企业	无限公司	两合公司	有限公司	股份公司	合作社
1. 建立	一个业主，自己筹集资金，并在商业登记中注册	两个或两个以上股东缔约成立，并筹集资金，登记入商业登记册	至少有一名无限责任股东和一名有限责任股东缔约成立，在商业登记中注册	具备资本公司的特征，有限公司的成立须签订经公证人公证的合同，在商业登记注册中注册，注册资本不得低于 5 万马克	公司的创立者必须在 5 人以上，创立者先需要认购全部股票，注册资本不得低于 10 万马克，资本分割面额不得低于 50 马克	创立至少须有 7 个成员每个社员有义务承担章程中所规定的合作社资金份额，并先缴纳不得低于最低限额的社金。在合作社登记表册中注册
2. 经营管理	独资企业家单独作出决策。在这里是企业家兼投资人	所有股东都有经营管理的权利和义务，对外有平等的代表权，在这里也是企业家兼投资人	经营管理只由无限责任股东负责，有限责任股东有监督权，在这里，企业家与投资人有时分离，但往往同一	有限公司有一名或多名经理。经理由股东大会聘任。职工人数超过 500 人的有限公司设监事会。在这里，企业家与投资人有时分离，但往往同一	股东大会选举监事会，由监事会选举董事会，董事会在监事会监督下自主领导公司。在这里，企业家与投资人分离	社员大会为最高机构。在社员大会上一人一票。社员任免董事会和监事会，董事会在监事会监督下负责日常的经营管理
3. 利润/亏损	独资企业家独得利润，独负亏损	如有利润，先按资本额的 4% 提取，余下的按人头分配	如有利润，先按资本额的 4% 提取，其余按合同约定分配。一般说，无限责任股东因其责任风险高而获利比例也高	利润的分红主要按股份大小进行。但公司对此也可另行规定	股东有权获取其所认额的股息（分红），在亏损额被弥补之前不得分红	利润在未超过规定的社员份额之前计入合作社的资金，亏损也从合作社的资金中扣除

[①]　本文作者根据《德意志联邦共和国 1994 年统计年鉴》第 138 页资料计算。

续表

企业类型 特征	独资企业	无限公司	两合公司	有限公司	股份公司	合作社
4. 责任	无限责任。独资业主以其全部公司财产和个人财产为公司的债务负责	无限责任。公司的每个股东均以其个人财产和公司财产为公司的债务负责	对公司的债务，无限责任股东以其企业资产和个人财产的全部担保，而有限责任股东仅以其投资额担保	责任为有限责任，仅限于公司资本。股东们仅对公司负有补款和追加投资的义务	认股者只以入股资金承担责任。对公司的债务为有限责任。不连带股东的个人责任	合作社的债务责任为有限责任，以合作社的资金为担保，社员本身不承担责任
5. 资金	独资业主的资产构成企业资本的基础。资产的扩大可通过利润的积累，也可以通过匿名投资者的投资（纳入业主资产名下）。还可通过个人贷款获取外来资本	扩大注册资本的途径有：增加股东投资额，利润积累为投资，吸收新股东，得到银行贷款	扩资的可能性：增加无限责任股东和有限责任股东的投资，吸收新股东，银行贷款	注册资本的扩大可以由原股东追加投资或补资，也可以吸收新股东，还可以吸收银行贷款	资本扩大可通过未分配的利润，也可通过股票发行，股份公司吸收外来资金的途径是银行贷款和发行长期债券	合作社自身筹集资金只能靠吸收新社员。向银行申请贷款的前景要看合作社的社员人数和财务状况
6. 纳税	独资企业不是独立纳税主体。只有当公司赢利时独资业主才能缴纳所得税的义务	无限公司不是独立纳税主体。在公司赢利时，每个股东有缴纳所得税的义务	两合公司不是独立纳税主体。在赢利时，各股东依照个人的所得缴纳应交的所得税	作为法人的有限公司是独立的纳税主体，有缴纳公司税和财产税的义务。公司股东则有交纳所得税和财产税的义务	作为法人的股份公司为独立的纳税主体。公司有缴纳公司税和财产税的义务。认股者有缴纳所得税和财产税的义务	合作社作为独立的纳税主体，原则上有缴纳公司税和财产税的义务。但由于国家鼓励合作社的自助性质，所以对合作社的纳税有一定优惠条件。社员有义务缴纳所得税和财产税

资料来源：本文作者参照《社会市场经济图示》辽宁人民出版社 1995 年版，第 9—15 页资料整理汇编。

2. 定量的界定

由于国别、部门和衡量指标选择的不同，迄今为止，世界上还没有哪一位经济学家或统计学家，有能力提出一种公认的数量指标，可以用来从量的方面对中小企业范围做出界定。在德国，1975 年，设在波恩的中小企业研究所受联邦政府委托，进行了广泛的调查，并在此基础上提出了一个划分大、中、小企业的标准，其中"小企业"的标准如下：工业部门，就业人数 50 人以下，营业额 200 万马克以下；手工业部门，相应为 2 人和 10 万马克以下；批发贸易部门 9 人和 100 万马克以下；零售商业部门 2 人和 50 万马克以下；交通、通信和新闻传播业 2 人和 10 万马克以下；服务行业和自由职业 2 人和 10 万马克以下，等等。对于"中企业"和"大企业"也提出了分门别类的标准。这些按部门区分的不同的衡量标准，虽然在同一指标上差距可达 20 倍（例如销售额）至 25 倍（例如就业人数），仍不失有其合理性。但是，德国多数人在作"中小企业"问题的经济分析时，一般还是习惯于把界线粗粗地划在 500 人和 1 亿马克这两点上，即凡是雇佣职工不到 500 人，年营业额在 1 亿马克以下的工业、商业、手工业、服务性行业中的企业以及自由职业者均属于"中小企业"之列。据此，1992 年全德大约有 260 万家中小企业，1996 年年初已将近 300 万家，它们占了全德企业总数的 99.6%，企业总营业额的一半左右，雇佣了全部职工的 2/3 以上，培训了全部学徒的 80%，创造了 GDP 的 40%。[①]

（二）德国中小企业的重要性

1. 在日常的国民经济运转中，中小企业无疑是起着重要的作用，上述数字已经表明了这一点；但也不宜过分夸大中小企业在德国经济中的实际地位。相对于大企业来说，中小企业虽然也是重要的，但毕竟是补充的、从属的。1990 年 10 月德国统一前在西部地区所做的最后一次"工作场所普查"资料显示，1987 年 5 月 25 日西德共有工作场所约 258 万处，其中企业近 210 万家。而在西德全部企业中，500 人以下的中小企业占了 99.8%，其中 1—9 人的企业占 87.2%（就业人数占 24.8%），10—19 人

---

① 德国外交部：《德国》杂志（中文版）1996 年 6 月第 3 期，第 45 页。

的企业占 7.4%（就业人数占 9.4%），20—499 人的企业占 5.2%（就业人数占 31.4%），它们合计占了就业人数的 65.7%。同时，这次普查也表明，在西德的最为重要的经济部门中，500 人以上的大企业无疑是占着决定性的优势：例如，在加工工业中，仅占企业总数 0.5% 的大企业占了该部门就业总人数的 47%；在信贷和保险业中，0.3% 的大企业占了该部门就业总人数的 53.4%；在交通和通信部门中，仅占企业总数 0.1% 的大企业，占了该部门就业总人数的 63.9%；在供电、供水以及采掘业中，3.7% 的大企业占了该部门就业总人数的 83.2%，如此等等。中小企业主要在服务业、商业和建筑业中从事活动：在这次普查的将近 210 万家企业中，服务业占了 80 万家，商业近 59 万家，建筑业 18 万家，在这三个大部门中，中小企业的就业人数分别占了该部门就业总人数的 80%—90%（详见表 2）。最后还应强调，中小企业在各经济部门所占的比重，大致都是按照下列指标依次下降的：企业数、就业人数、销售额、产值、投资、科研经费。仅举一例：1985 年中小企业用于研究和开发的支出，占经济界用于研究和开发的全部费用的将近 17%，而 1994 年下降到了大约 13%。①

2. 中小企业的存在与发展，还有其"制度政策"的重要含义。衡量中小企业的重要性，不仅要根据它们对国民生产的直接贡献，和为居民生活提供方便，而且还要根据它们作为私有制的重要体现者，作为竞争者和分包商之类对大公司的生产效率和整个国民经济的效率所作的直接和间接的贡献。此外，中小企业的存在与发展还有利于社会安定。

3. 中小企业的积极活动，是改善国家经济的部门和地区结构的重要力量。在这方面，鲁尔地区部门经济结构的转换和巴登—符腾堡州地方经济的发展都可以作为例子。素以煤钢著称的鲁尔地区，采煤工人从 1957 年的 60 万人减少到了 1996 年的 9 万人，钢铁工人从 40 万人减少到了 7 万人，加上该地区劳动密集型工业部门（如纺织工业）的相对衰落，曾使鲁尔区面临巨大挑战。鲁尔区之所以经受住这场考验，在很大程度上得益于贸易和服务业的发展。如今服务部门雇佣的职工已多于生产性行业，1996 年在鲁尔地区就业的人员中有 3/4 在服务领域工作，其中大部分在中小企

① 德国外交部：《德国》杂志（中文版）1996 年 6 月第 3 期，第 45 页。

业。战后巴登—符腾堡州的经济得到了极大的发展。它以工业和手工业著称。该州的出口总额超过瑞士，这不仅得益于设在这里的戴姆勒—奔驰、博施等大公司，而且还要归功于数以百千计的中小企业生产着世界各地所需的特殊产品。

表2　　　　　　　　　　**按就业人数划分的企业组别**

（1987 年 5 月 27 日德国西部地区普查结果）

经济部门	企业数	就业人数	企业组别							
			1—9 人		10—19 人		20—499 人		500 人和 500 人以上	
			企业数	就业人数	企业数	就业人数	企业数	就业人数	企业数	就业人数
农、林、渔业①	28195	137958	25223	73483	2023	26370	948	37422	1	683
该部门（组）企业平均规模（人/企业）	4.9		2.9		13.0		39.8		683	
在该部门中各组企业所占比重（%）	100	100	89.4	53.2	6.9	19.1	3.3	27.1	0.0	0.4
供电、供水、采掘业	3010	485183	1843	5701	331	4554	723	71332	113	403596
该部门（组）企业平均规模（人/企业）	161.2		3.1		13.7		98.7		3571.6	
在该部门中各组企业所占比重（%）	100	100	60.2	1.1	11.0	0.9	24.0	14.7	3.7	83.2
加工工业	336561	8581947	248576	871591	43707	585243	42433	3095577	1854	4029536
该部门（组）企业平均规模（人/企业）	25.4		3.5		13.4		72.9		2184.0	
在该部门中各组企业所占比重（%）	100	100	73.8	10.1	13.0	6.8	12.6	36.1	0.5	47.0
建筑业	181598	1864592	137816	526131	27150	362263	16527	810524	105	165674
该部门（组）企业平均规模（人/企业）	10.3		3.8		13.3		49.0		1577.8	
在该部门中各组企业所占比重（%）	100	100	75.9	28.2	14.9	19.4	9.1	43.5	0.1	8.9

续表

经济部门	企业数	就业人数	企业组别							
			1—9 人		10—19 人		20—499 人		500 人和 500 人以上	
			企业数	就业人数	企业数	就业人数	企业数	就业人数	企业数	就业人数
贸易 该部门（组） 企业平均规模 （人／企业）	585073	3878928	530051	1459904	33419	438276	21201	1197232	402	783516
在该部门中各 组企业所占比	6.6		2.7		13.1		56.5		1949.0	
重（％）	100	100	90.6	37.6	5.7	11.3	3.6	30.9	0.1	20.2
交通与通信 该部门（组） 企业平均规模 （人／企业）	81039	1513583	69436	191832	6677	89234	4826	264628	100	967889
在该部门中各 组企业所占比	18.7		2.7		13.3		54.8		9678.9	
重（％）	100	100	85.7	12.7	8.2	5.9	5.9	17.5	0.1	63.9
信贷与保险业 该部门（组） 企业平均规模 （人／企业）	80052	979435	75017	138248	1485	20647	3271	297177	279	523363
在该部门中各 组企业所占比	12.2		1.8		13.9		90.8		1875.8	
重（％）	100	100	93.7	14.1	1.9	2.1	4.0	30.3	0.3	53.4
服务业② 该部门（组） 企业平均规模 （人／企业）	802325	4474212	741928	2178037	41461	530161	18424	1116397	512	649617
在该部门中各 组企业所占比	5.6		2.9		12.8		60.6		1268.8	
重（％）	100	100	92.5	48.7	5.2	11.8	2.3	24.9	0.1	14.5
所有部门总计 企业平均规模 （人／企业）	2097853	21915838	1829890	5444927	156253	2056748	108353	6890289	3357	7523874
各组企业所占	10.4		3.0		13.2		63.6		2296.6	
比重（％）	100	100	87.2	24.8	7.4	9.4	5.2	31.4	0.2	34.3

①只计算与农、林、渔业有关的营业性企业，不包括农户。

②不包括私人住宿处。

资料来源：本文作者根据《德意志联邦共和国 1994 年统计年鉴》第 137 页资料计算整理。

二 德国中小企业政策

（一）德国中小企业面临新的挑战

德国政界、商界、学界历来重视中小企业。自从进入 90 年代以来，中小企业问题更是格外受到关注。据设在波恩的中小企业研究所专家说，目前，德国联邦和各州提出的扶持中小企业的政策措施大约有 600 项之多。中小企业问题之所以声浪日高，自然有其背景，这里包括：全国失业问题日益严重，已经连续几年突破 400 万人大关，失业率超过 10%；人们把中小企业视作制度政策和结构政策的一项重要内容；重建东部地区经济迫切需要大力发展中小企业，等等。除此之外，德国中小企业本身面临着新的挑战，也驱使各界加强了对中小企业问题的关切。这些挑战是：

1. 经济全球化日益影响到中小企业。迄今为止，全球化进程几乎还没有触及大多数中小企业，它们往往只是局限在一个地区从事活动。但最近几年，情况正在发生变化。大公司企业推行全球竞争战略，正在重新部署零部件供应企业、服务设施以及产前产后有关业务的网络。1993—1996 年，德国对外直接投资合计 1436 亿马克（德国吸引的外国直接投资为 338 亿马克）。① 在这一过程中，跨国公司将其一部分生产转移到国外，如果本国的零部件供应企业不随着"跟进"的话，那么这些大公司企业将同投资目标国的零部件企业建立新的网络。同时，跨国公司都在尽力挖掘降低成本的潜力，其途径之一，是要求零部件供应企业提供更廉价的产品，分担大公司企业的部分费用。这样，跨国公司的新的战略安排，正在直接或间接地影响到为它们提供零部件的大量供应厂家。在德国，为一家大公司提供零部件的中小企业往往达二三万家之多。通过一级一级的承包、分包、再分包形成的大中小企业之间的老关系，正面临着新的考验。

2. 欧洲内部统一市场也使中小企业感到竞争加剧的压力。1993 年初开始运行的欧洲内部统一市场正越来越成为对中小企业的一个挑战。首先在欧盟成员国之间的边境地区，一方面是企业合作在发展，但另一方面企

---

① ［德］《明星》周刊 1997 年第 33 期。

业竞争更在加强。其次，在欧盟成员国国家之间，德国中小企业也面临着新的强有力竞争者，首当其冲的是建筑业、运输业、部分零售商、旅馆饭店业以及其他服务性企业。最后，向中欧、东欧国家开放边境，不仅给德国经济带来了新的市场，而且也为中、东欧年轻的市场经济国家提供了德国的市场。竞争加剧是不可避免的。德国中小企业正在采取对应措施。据《商报》报道，德国已约有40%的中等企业参与国外市场。他们中一大部分是由于对德国经济及税收框架条件的失望，而在中欧、东欧及亚洲以有限公司或子公司的形式建立了新的立足点。德国中小企业联邦联合会所作的调查显示，49%的人选择中、东欧国家进行生产和销售，21%的人选择亚洲市场。[①]

3. 过去的那种"质量取胜"战略，已未必再能行之有效。日益加剧的国际竞争，对德国某些中小企业来说本来并不是什么了不得的事情，因为这些企业早已在国际市场积极从事活动，并牢牢地站稳了脚跟，占有相当的世界市场份额。他们的成功之道，首先是依靠优质产品，同时还得益于与客户的密切关系和提供良好的服务，价格因素倒在其次。在这些市场上的竞争首先是质量竞争。如今在国际市场出现了新的竞争者，他们能以优惠的价格提供同样质量的产品。这就使习惯于质量竞争的德国出口商面临一种新的局面，迫使他们非减低成本不可。

4. 德国许多中小企业主面临着"换代"问题。今天，"重建的一代"，即50—60年代创业的一代人已经到了退休年龄，他们需要安排接班人来管理领导企业。据估计，到2000年，总共拥有职工300万—400万人的大约30万家中小企业存在着领导人"换代"问题。其中大约81000家还没有物色到合适的接班人，可能将要关闭。这涉及大约50万个工作岗位。[②]即使是那些事实上已经转入新手的企业，根据经验，在新手的领导下，企业都需经过一段稳定和巩固的时间，在这一阶段里企业往往暂时不考虑发展，许多企业甚至还要收缩。这意味着，即使在那些由继承人或新的业主领导的企业中，在一定的时间里也创造不了工作岗位而且甚至还会削减。

---

① ［德］《商报》1997年11月21—22日合刊。
② 德国外交部：《德国》杂志（中文版）1996年6月第3期，第48页。

（二）德国中小企业政策

考虑到中小企业在德国经济中所占有的经济地位，加上中小企业本身所面临的新的挑战，近几年来中小企业问题得到了德国各界的更大关注是完全可以理解的。为了适应新的形式，中小企业由于其规模相对较小，只能部分地依靠自己的力量。为此，国家、协会和银行三者肩负着特殊的责任。国家作为中小企业政策的制定者，联合会、协会、同业公会作为中小企业的最重要的服务机构设施，银行作为资金上确保中小企业转变和适应过程的不可或缺的支柱之一，它们三者构成了中小企业生存和发展的基本的外部条件。事实上，它们也正在从以下五个方面进行努力：

1. 鼓励开业

德国认为，为了更多的就业和增加新的工作岗位，决定性的问题是，要让人们具有风险勇气和主动精神，社会应对这些精神予以高度评价。德国政府鼓励人们自主自强，创业开业。高等学校和其他机构在为人们提供这方面的知识技能，鼓励毕业学生独立自主地从事经济活动。全国都在提倡一种自主自助的文化，学校教育和职业培训中也都把这作为一个重要项目。加上政府和银行提供各种具体资助，联合会、协会、同业公会提供各种具体咨询、信息和专家服务，其结果是 1990—1995 年间，在全德有 190万"新人"独立开业，其中西部 140 万人，东部则为 50 万人。在西部，年均约有 0.8% 的有劳动能力的人自己开业，其中 62% 从事工商业，33%从事自由职业。在东部，年均约有 1.2% 的有劳动能力的人自己开业，其中 71% 从事工商业，26% 从事自由职业；在所有的新开业者中，12%—13% 为原来的失业者。政府不仅鼓励失业者独立开业，而且也鼓励正在从业者、正在接受培训者以及过去不从业者独立开业。在西部的上述独立开业者中有 55% 为正在从业人员，有 31% 为正在接受培训者和过去不从业者；在东部，相应数字为 74% 和 13%。[①]

根据（柏林）德国经济研究所的资料，在西部，新开业者在一年后能站住脚的比率为 81%，两年后为 72%，三年后为 64%；在东部，相应数

---

① ［柏林］德国经济研究所《周报》1997 年第 47 期，第 749 页。

字为 82%、81% 和 75%。[①] 在德国最近每年新建立的中小企业大约为 45
万家，关闭大约 34.5 万家，开业与关闭的差额 1985 年（西部）为 4.3 万
家，1995 年（全德）则为 11.3 万家。[②] 据德国联邦政府报告，1987—
1994 年间德国新建中小企业总共雇佣了 200 万人，平均每家 4 人。最近几
年，新的就业岗位几乎全部是由中小企业创造的。[③]

为了鼓励创业开业，德国政府实施了多项资助计划，例如"自有资本
援助计划"；联邦和州政府"共同任务"项下的改善地区结构计划；复兴
信贷银行的贷款计划；德国清算银行的新开业计划；劳动促进法项下的各
种援助，例如对新开业的企业招用职工予以补贴，等等。这里我们仅以联
邦政府的"自有资本援助计划"为例加以说明。该项目资助计划始于
1979 年；1991 年 12 月由于采纳了"五贤人"专家委员会的建议在西部地
区予以暂停，1994 年又重新恢复。据慕尼黑经济研究所（ifo）资料，得
到该项计划资助的新开业者每年大约为 9000—10000 人。自 1987 年到
1992 年得到资助的新开业者为 46164 人，其间减去关闭者，到 1992 年底
"存活者"大约为 45300 人。从长期来看，其中还可能会出现一些关闭者，
最后能站稳脚跟的估计为 40600 人。对中小企业"自有资本援助计划"所
需的资金直接来自联邦预算，资助主要通过利息贴补和失败损失赔偿。每
年实际支出大约不到 2 亿马克，平均对每个新开业者的资助大约 2 万马克
（这一平均数为本文作者自己的计算）。Ifo 研究所模式计算表明由于该项
计划的实施结果，得到资助的新开业者的投资额大约为 1987—1992 年间
西部地区投资总额的 1.5%，由此增加的产值年均约为 40 亿马克，新增就
业岗位每年摆动在 54000—93000 人之间（包括独立开业者本人），最终国
家财政也得利，年均增收和节支（社会保险费用）30 亿马克。专家的结
论是：这项计划的成果是积极的。[④]

2. 帮助筹资

德国一直重视为中小企业服务的金融机构，为中小企业提供贷款、利

---

① ［柏林］德国经济研究所《周报》1997 年第 47 期，第 752 页。
② 德国外交部：《德国》杂志（中文版）1996 年 6 月第 3 期，第 45 页。
③ 《德国联邦政府 1996 年经济报告》，第 66 页。
④ ［德］慕尼黑经济研究所《服务快讯》1995 年第 20 期，第 10—13 页。

息贴补和担保。一般说来，中小企业，特别是小企业，是很少问津大的私人商业银行的。为此，他们较多地求助于储蓄银行、合作银行和国民银行，它们比较了解中小企业的需要。不过它们毕竟也得按市场、赢利原则经营。因此，中小企业有时更需要政府的直接贷款。其中一条重要的渠道是通过复兴信贷银行的资金，即"马歇尔计划援助对等基金"。此外，政府往往还为上述银行向中小企业贷款提供利息贴补，幅度在2%—3%之间；还为这些银行贷款提供担保，承保损失可达60%（但实际上真正发生的损失率只有1%—2%），1950—1980年30年间，总共大约提供了7.5万项政府担保，平均每项14.5万马克。①

尽管如此，德国中小企业的筹资问题依然存在。波恩中小企业研究所专家说，中小企业自有资本比重平均已从1985年的18.5%下降到了1994年的17.5%。②

为了帮助中小企业筹资，德国各界正在从各方面作出努力。例如，德国政府正在考虑由一个专家小组提出的一些建议，使新建的和现有的中小企业便于进入资本市场，具体措施如下：在现行的法律规范范围内，在德国的各交易所中，专门为此实行一些新的市场办法；对需要从事有价证券业务的企业，通过规定不同等级的自有资金的办法，便于它们进入证券发行市场，并使这种市场活跃起来；在交易所挂牌上市的投资公司，不承担必须回购一部分所发行股票的义务，以使它们能更好地向中小企业投资；活跃参股市场，以使资本参与公司更多地为新建中小企业和未在交易所挂牌上市的企业筹资；采取税收优惠措施，以冲淡在交易所活动中所征收的税项，并平等对待外来资金和自有资金；在财产政策方面也要采取优惠措施。联邦宪法法院在一项判决中强调，允许对中小企业的财产继承以较低税率课税；在修订继承税法和赠与税法时，联邦政府将广泛考虑到中小企业的要求。再如，对一部分中小企业业主"换代"所需资金问题，人们也很重视。据中小企业研究所估计，将近30万个中小企业（它们雇佣了300

---

① ［英］西杰尔·利维基编：《西欧小企业》，唐雪葆、罗润芝译，中国社会科学出版社1987年版，第72页。

② 德国外交部：《德国》杂志（中文版）1996年6月第3期第45页。

万—400万人），在2000年前要更换业主，其中43%将由家庭成员接替，30%被"外人"接收，27%可能停歇。接收现存企业需要一笔为数不小的资本。因此，必须让较大的中等企业能够通过资本参与公司筹集资金。同时，国家也应考虑到这些公司的筹资问题和它们的特殊风险，并给以帮助。

3. 促进创新

德国经济在高技术中的竞争地位在很大程度上取决于中小企业的创新意愿。因此，应更好地利用中小企业在结构上的强点，例如灵活性，善于发现新市场要求；同时，弥补它们的弱点，例如信息，管理，国际联系，与科学界结合，自有资本等方面的不足，办法是加强联合研究，特别是工业部门的合作研究，技术转让等。在德国，对高科技的中小企业，1995年开始已在实行一项资本参与计划，联邦政府准备为此在2000年前拨款9亿马克。这些资金还可以用来抵御高科技中小企业的创业风险。政府还决定实施另一项促进中小企业的创新计划，其资金来自复兴信贷银行的资金（即马歇尔计划援助的对等资金），目的是开发新产品、新工艺和为服务行业与市场营销工作提供资助。

与此同时，对全德创新工作的普遍促进，也将惠及到中小企业。这涉及许多方面。例如，通过扩建科研网络，人们正在把德国的高等学校和研究机构连成一个高速运转的整体网络，大大改善科研工作的信息基础设施条件；大力加强科学界和经济界之间的合作，以加速技术转让、专业信息沟通和专利信息面众，提高国家科研结构的灵活性，为"另立门户"者提供方便；在联邦总理领导下，成立"德国研究、技术和创新委员会"，其任务是弄清当今世界和本国运用最新技术的情况、存在问题和可能采取行动的领域，并提出相应的建议，这一委员会目前正在进行的研究题目是"信息社会"，完成后，下一个题目是"生物科学和生物技术"；1997年年底以前，联邦政府优先考虑的是使电信市场自由化，以促使投资、创新、经济增长和就业等方面的进步。流动通信部门在1990年自由化之后，就业人员已从当时的1600人增加到了1996年初的3万多人。通过对电视电缆网的投资，1991年以来已有12万人在电气企业、规划部门、服务行业、德国电信股份公司、私人电缆企业以及零部件供货工业企业找到了新的工作。

4. 改进法规

德国政府认为，它的最重要的使命在于为企业创造制度政策和法制条件，并不断改进规章制度。下面我们仅以中小企业活动的三个主要领域来加以说明。

在零售商业中，商店营业时间已经予以放宽：星期一到星期五营业时间可在 6 点至 20 点之间自由掌握；各州可以变动星期六商店关门时间，直至下午两点至 6 点均可；圣诞节前 4 个星期六商店关门时间保持不变；在商店关门时间方面成立卡特尔式的协议是许可的；"面包糕点行业工作时间法"予以废止，允许面包糕点食品生产与销售在星期六和星期日各营业 3 个小时。

在手工业中，人们呼吁放宽限制的声浪也在日益变大。德国目前有手工业企业约 59 万家，就业人数约 637 万。[①] 人们认为，如果六七百万手工业从业人员中有 1% 强的人能独立开业，每一新开业者又能雇佣 3—4 人，那么全德就可增加就业人员 40 万。但是目前德国手工业行会制度规定得太严。例如，只有 127 种行业中的某一种，具有考试合格证书，并至少雇佣一名"师傅"者，才准予开业；在相近行业、专业接受的培训，往往不被承认，不准开业；有 22 年职业经验的铺瓷砖工，因为没有"师傅"证书，不准开业；给汽车装收音机的工人，因为没有"师傅"证书，技术再好，也不准在手工业行业开业，否则要处罚金 2 万—10 万马克，"让人想起宗教法庭"。但手工业同业公会的领导人却反驳说，只有坚持标准，包括徒工、工匠、师傅的标准（徒工考试落选率为 20% 左右，工匠、师傅考试落选率为 30% 左右），才能在国内外维护德国手工业的声誉；何况，在德国目前的数十万家手工业企业中，已有 4%—6% 是"例外批准"，他们的业主没有"师傅"头衔，另有 3 万人是通过"工程师"资格考试进入手工业的。[②] 但是无论如何，源自 20 世纪 30 年代、1953 年时被原则上接受沿用至今的德国手工业制度看来是需要作些适应性调整了。

---

① 科隆德国经济研究所《1997 年德国经济发展数字》第 77 表。
② 参见［德］《经济周刊》1997 年第 22 期，第 38—42 页。

　　在建筑业中，首先必须简化和便利计划和审批程序。这方面正在取得进步。以萨尔州首府萨尔布吕肯办理建筑许可证为例。过去，每一个与此有关的部门，如测量局、城市规划局、文物保护局、城市公用事业局以及排水厂等，都是只管其职权范围之内的事情，没有人把这些程序当作一个整体来看待，没有人把建筑许可证的颁发视为需要各方协作完成的共同任务。结果是：1993 年时跑下一个建筑许可证要花 8 个月时间，而经过改进之后，到 1996 年只需要 3—6 个星期就够了。[①]　其次，要为降低住房建筑费用创造条件。在德国，用 1.0% 的 GDP 平均只能为每千人增加 1.5 套单位住房，大约只及法国、丹麦、荷兰的一半，相当于英国的 1/3。[②] 德国目前每套单元住房成本费用大约为 14 万美元。各项研究表明，这项成本费用可以降低 40%。为此，联邦政府 1996 年初已经作出决定，内容包括建筑过程的所有阶段，从建筑用地计划、实施开发、设计、施工直至投入使用。具体做法是：扩大提供建筑用地；改善计划与施工部门合作；简化和便利技术标准和其他标准规定；给建筑师、工程师和其他有关人员提供物质刺激，以鼓励他们降低建筑成本；规定成本费用上限；实行一揽子费用总包；在折旧方面提供优惠等。

　　5. 加强培训

　　德国政府认为培训和再培训特别重要。为了使企业中的专业人员有晋升机会，使人们能够开始独立从事经济活动，联邦政府已经专门为此提出了一项法律草案，给全时或部分时间参与培训者以资助。如果有关人员日后独立开业，政府据此项法律所已经提供的借款可以免予归还。

　　德国目前依然重视保持双轨制的职业培训传统，并力求充分利用它的潜力，同时在内容上和结构上加以改进。同社会伙伴（工会、企业主组织）一起，联邦政府正在致力于创设新的职业工种，以适应已经大大变化了的形势。多家研究所对此进行了调查研究，提出建议，新设 30 个职业工种，并在 1996 年进行试点，看看它们是否适用。一旦试验结果有成效，就从 1997 年开始对这些职业进行培训。此外，对于能力差的年轻人，要

---

　　①　[德]《世界报》1996 年 9 月 20 日。
　　②　《德国联邦政府 1996 年经济报告》，第 62 页。

帮助他们掌握企业需要的技能，以改善他们的处境。

对职业培训的规章制度比过去更加严格了，一般培训不得超过两年，专门培训不得超过 1 年。在培训工作上，德国特别重视在政府、工会、雇主和实际执行者（职业学校和企业）之间尽量达成共识，1995 年，他们已就此签订了有约束力的协议。

（本文首发于中国社会科学院世界经济与政治研究所

《世界经济》（月刊）1998 年第 7 期）

德国社会市场经济理论特点

　　最近几年，战后世界经济中长期的优等生德国及其社会市场经济模式，突然受到了一些人的怀疑，似乎在与盎格鲁—撒克人的自由市场经济模式的竞争中，德国人正在败下阵来。人们举出一系列数据和事实来证明这一点。例如德国经济增长缓慢，失业日趋严重，市场份额缩小等。德国社会市场经济模式，它的理论，以及由此而来的宏观经济管理的基本原则和基本方法，果真在渐渐走向失效？笔者不同意这种观点。为了回答以上问题，本文认为首先需要深入讨论德国社会市场经济理论本身的主要内容和特点。

　　一国宏观经济管理的基本原则和基本方法，是决定和影响该国经济体制的核心内容，而宏观经济管理的基本原则和基本方法问题的关键所在，则是如何处理"国家"与"市场"之间的关系问题。这一问题已经争论了几十年甚至几百年。由于问题本身变动不止，因而也就始终得不到最后的解决。然而，在某些特定条件下，在某一特定时期内，总还是能找到一种适合自己国情的相对较好的解决办法。在这类带有根本意义的问题上，德国人都有自己的答案，有其自己的一套理论和方法，既不同于凯恩斯主义，又有别于古典经济学，也不简单地等同于新自由主义。德国已经奉行了将近 50 年的是著名的"社会市场经济"。社会市场经济的根本特点在于给市场经济冠以"社会"二字，这决不只是用词各异的问题，而且还是牵涉到若干重要的内容区别的问题。虽然这一术语是德国经济学家缪勒—阿尔马克第一个使用的，但路德维希·艾哈德却真正称得上是德国现行社会市场经济的主要奠基者（由他主持的 1948 年货币改革是奠基石）和长期执行人（1949—1966 年间他担任联邦德国经济部长和总理）。因此，研究德国宏观经济管理的理论和实践，从简要分析艾哈德社会市场经济理论的主要内容和特点入手，应当是相宜的。

艾哈德的社会市场经济理论有五个特点，即多元性、实用性、开放性、连贯性和系统性。

一　多元性

研究德国的社会市场经济，首先会遇到这样一个问题，那就是，即使是德国的经济学家，他们对社会市场经济内涵的理解和对其定义的表述往往也因人而异。例如，缪勒—阿尔马克认为，社会市场经济乃是"一种秩序政策思想，其目标是，在竞争经济的基础上，把自由主动精神同正在通过市场经济成就得到保证的社会进步结合起来"[①]。在1949年基督教民主联盟—基督教社会联盟于杜塞尔多夫通过的指导原则中所作的阐述是："社会市场经济是与社会相关联的工商经济的法典，本着这一法典精神，自由的和颇有作为的人的创造成就，最大限度地满足了所有人对经济利益和社会公正的要求。"[②] 原联邦卡特尔局局长卡特教授等人则指出，社会市场经济是第三条道路，是介乎资本主义经济与社会主义计划经济之间的第三条道路。原汉堡世界经济研究所所长古托夫斯基教授却说他不认为这是第三条道路，而是对过去（传统的自由资本主义）经济体系的改善[③]。至于艾哈德本人，则把社会市场经济归结为"自由＋秩序"。他写道："社会市场经济建立在自由和秩序原则的基础上，它们结合成为一个不可分割的整体，因为，自由不可能存在于那些没有稳定秩序的地方，在那里，自由有堕入混乱的危险；而秩序也不可能存在于那些没有自由的地方，在那里，秩序很容易导致残暴的强制"[④]。尽管对德

---

① ［德］A. 缪勒—阿尔马克：《社会市场经济》，刊于《社会科学词典手册》第9卷，斯图加特、图宾根和哥丁根，1956年德文版，第390页。

② 参见德国联邦经济部部级官员H. 迪特迈尔1982年6月1日所作的题为《德意志联邦共和国的社会市场经济》的报告（德文版）。

③ 参见中国经济学家代表团《西德社会市场经济考察》，企业出版社1983年版，第17、27和122页。

④ ［德］L. 艾哈德：《德国的经济政策·社会市场经济之路》，杜塞尔多夫和维也纳，1962年德文版，第399页。

国社会市场经济的说法有如此这般的差异，但是，在根本问题上他们都还是一致的。这些根本之点，在艾哈德的社会市场理论中得到了明确的反映，构成了他的理论核心内容。这主要包括：经济自由、社会公正和社会安全，经济政策的具体目标以及达标的工具，社会市场经济是一种含义广泛的经济和社会制度等。仅仅从刚才所列举的几项主要内容中，我们就已经可以作出初步判断：艾哈德的社会市场经济理论植根于古典经济学，直接的理论来源则主要是德国弗莱堡学派的新自由主义，同时还从基督教社会学说中吸取了营养，最后，它也并不排斥以市场经济为基础的国家干涉主义的某些思想。因此，完全有根据说，艾哈德的社会市场经济理论来源是多元的。

艾哈德本人是弗莱堡学派的一员。他的社会市场经济理论虽然不同于老自由主义，也不完全等同于新自由主义，但在思想脉络上毕竟无疑是属于自由主义的。所有的自由主义学说——从魁奈的重农学派到瓦尔特·欧肯的新自由主义，同艾哈德的社会市场经济理论都有一个共同点，那就是，他们的学说都不只是局限于经济理论和实践的范围，而且还描述了一幅全面的社会和经济图像，并力图使之成为现实。他们的思路之所以如此，是因为，作为这些学说的基础的个人自由原则不可能只是局限于某一领域。自从启蒙运动以来，人们一直赋予这一原则以特别重要的意义，把它奉为整个社会和经济的基本原则，从而教导人们不应对经济和社会进行孤立的观察。把握这一点，对了解艾哈德的社会市场经济理论的内容和实践活动十分重要。

那么，艾哈德社会市场经济理论的多元性究竟具体表现在哪里呢？

艾哈德的社会市场经济从重农学派那里吸取了许多重要思想。首先，艾哈德同魁奈相似，都认识到有必要建立"人为秩序"，而不满足于"自然秩序"。魁奈认为，自然界和人类社会存在着"自然秩序"，亦即客观规律。人类社会现有的政治制度和法律规章等"人为秩序"必须同"自然秩序"协调一致，否则社会就不可能健康地发展，而且会产生种种弊病。因此，魁奈反对妨碍竞争（在他看来竞争也是一种"自然秩序"），主张国家有责任通过法律规章制度给竞争原则以保证。这也正是后来艾哈德社会市场经济的思想和实践。其次，在社会安全和社会公正方面，艾哈德和魁奈都认为，让社会每个成员都得到最最必需的生活保证，乃是社会的责任；但他们都反对在财产占有等方面的绝对平等，因为这将"麻痹"个人的积极进取精神和创造成就的意愿。

从斯密那里，艾哈德的社会市场经济主要吸取了"天赋人权"的基本思想，主张人人天生享有生存、自由、平等、追求幸福和财产等权利。他们都认为，受个人利欲的驱使，通过市场竞争那只"无形之手"，能使整个国民经济达到最佳成就；价格机制起作用的竞争制度具有自行调节能力，至今仍被人们奉为基本的信条。同魁奈一样，斯密也强调私人财产自由，同时还必须有契约自由、劳动自由、开业自由、营业自由、行动自由等，所有这些都反映在艾哈德的有关经济自由的要求之中。其次，同斯密一样，对于艾哈德的社会市场经济来说，消费者乃是对经济进行监督的最高当局，通过他们的购买选择，实际上决定着各个企业的盛衰。此外，斯密担心经济中出现垄断，也担心有一个"太强"的国家，建议推广学校教育等等思想也在艾哈德的社会市场经济理论中受到了注意。

艾哈德的社会市场经济理论从基督教社会学说中吸取了两项基本原则，即"援助"和"团结"。再加上德国早在19世纪，特别是在魏玛共和国时期就已经出现的强大的社会改革运动，无疑是后来构成艾哈德在社会安全和社会公正问题方面思想和实践的重要基础。

艾哈德的社会市场经济并不完全排斥以市场经济为基础的国家干涉主义的某些思想。例如，艾哈德想用适当的工具来和谐地达到他的社会市场经济目标。为此，他采取这样一种经济政策：这种经济政策只是影响和决定市场经济的某些"框架条件"，而尽量不干预市场机制本身。在经济结构必须进行改组的情况下，艾哈德也想通过国家干预来使经济加速发展并使之易于适应市场力量所引起的变化，而不是通过干预来维持现状和进行组织。

然而，艾哈德社会市场经济的主要理论原则还是来自德国自己的新自由主义。德国新自由主义可以有条件地称为新自由主义中的"左翼"，它有别于以哈耶克、米塞斯为代表的"右翼"（后者的观点接近于老自由主义的"不干涉主义"，他们认为"最好的政策""就是不要政策"）和弗里德曼、费尔德斯坦等人的"中派"（前者偏重于以适当的货币量增长率来管理经济，后者则侧重于刺激供给）。但是，艾哈德赞同哈耶克等人关于把个人自由视为国家和社会最高价值的原则。他们都以极其怀疑的态度来对待任何计划经济的趋势。然而，艾哈德不像哈耶克那样坚决要求实行一种形式上的平等——例如实行按统一比率而不是按累进制原则征税的制度，艾哈德主张的社会公正使他不能坚持这种要求。艾哈德同德国著名的新自由主义者威廉·洛普克也有许多共同之处，例如他们都要求建立一种真正的竞争秩序和在一些具体问题上推行一种"积极的经济政策"。艾哈德从德国新自由主义最突出的代表欧肯那里吸取的东西最多。[①]欧肯有关实现竞争秩序的结构原理和为维持这一秩序的机制原理，都可以在艾哈德的社会市场经济理论中找到。欧肯不赞同古典经济学的自由放任政策，他认为这种政策把经济的秩序形态基本上委之以私人手中，结果招致了失败；而以后出现的企图由中央机关来控制日常经济过程的做法，也同样遭到了失败。他认为过去的这两种经济形态都有缺陷，最好的秩序形态是由国家来维持的一种"竞争秩序"，以保证竞争得以充分实现，这样就可以在充分竞争中形成价格，使各企业的生产过程得以相互配合，能达到最适当地满足人们的需求。这种竞争秩序可以防止垄断，保障个人的首创精神，还有利于国际经济关系。在这种竞争秩序政策中，自由与秩序二者得到了均衡，而这个"自由＋秩序"，正是艾哈德社会市场经济理论的核心。总之，艾哈德的社会市场经济理论完全可以归到新自由主义，一个重要的差别只是在于，艾哈德主要不是一位理论家，他的理论没有像新老自由主义大师那样系统地写在一本本专著中，他的理论是在他作为政治家的活动中，在对付种种现实经济问题的过程中逐渐形成的，因而他的理论同时具有明显的实用性特点。

二　实用性

　　艾哈德社会市场经济理论来源的多元性，同它的实用性有着密切的内

---

　　① 参见［德］C. 霍斯根《艾哈德的社会市场经济理论》，波恩和斯图加特，1981 年德文版，第243—244 页；《当代外国著名经济学家》，中国社会科学出版社 1984 年版，第 380—386 页。

在联系。而他的理论之所以具有强烈的实用性，这在很大程度上又是同他本人战后所处的地位与环境分不开的。正如其他经济理论一样，艾哈德的经济思想也具有其个人的特色和时代的风貌。他自己作为一个身负治国安邦之任（而且又是在第二次世界大战之后的德意志联邦共和国）的政治家，他的新自由主义"派"友在他担任最高经济领导工作期间也肩负政府要职，例如欧肯和缪勒—阿尔马克分别担任联邦经济部的首席顾问和负责官员，福克和舍费尔曾出任联邦银行行长和财政部长，这使他们每时每刻都感觉到，他们的工作并不是在"纯经济学"的范围内完成的，而是在"政治经济学"的范围内完成的。艾哈德力求在"科学认识、经济理智和政治甚至党派政治愿望之间找到一个尚好的结合点"，他不得不比纯理论家和经济学家更加注重经济的社会政治目标①。

三　开放性

艾哈德社会市场经济理论的实用性还要求它同时具有开放性的特点。缪勒—阿尔马克的学生瓦特林教授在他的《社会市场经济纲要提示》中指出，这一"纲要"是试验性的，它反对一切幻想式的和一劳永逸的解决办法，它永远看不到最终阶段。瓦特林写道："社会市场经济作为一个纲领性的构想，永远是一个开放性的体系，它不断经受新的思想和新的知识的检验，它能够而且必须被不断地加以改进。"② 这一点，我们可以通过简要地分析下述三个差别加以说明。

首先是新自由主义和老自由主义的差别。如上所述，艾哈德的社会市场经济理论虽然植根于自由主义，但是它并不拘泥于此。他不赞同老自由主义所主张的自由放任原则，而是要求在自由的基础上建立合理的"人为秩序"。

其次是实践中的社会市场经济理论和弗莱堡学派的新自由主义的差

---

① ［德］L. 艾哈德：《大众的福利》，杜塞尔多夫和维也纳，1964年德文版第8版，第329页。
② 参见德国联邦经济部部级官员 H. 迪特迈尔 1982年6月1日所作的题为《德意志联邦共和国的社会市场经济》的报告（德文版）。

别。弗莱堡学派虽然为艾哈德的社会市场经济提供了主要的理论来源，但艾哈德在实践中所推行的社会市场经济也并不完全拘泥于通常所说的新自由主义。第一，弗莱堡学派的新自由主义侧重强调"经济自由"，而艾哈德社会市场经济理论在实践中提出的口号则是"自由、公正、安全、进步"，经济自由固然仍是基本原则，但同时也强调国家社会政策和经济增长与发展本身的重要性。第二，在经济政策上，弗莱堡学派的新自由主义把货币政策作为基本的经济政策；而艾哈德的社会市场经济模式中，固然也首先强调必须重视通货的稳定，甚至把它看成是实现基本人权的条件之一，但在实践中他同时也相当重视增长政策、行情政策和收入分配政策等。第三，在竞争制度上，弗莱堡学派新自由主义设想建立完全竞争的市场模型，而艾哈德在实践中的社会市场经济的竞争思想是：必须保证技术和经济的进步尽可能地不受阻碍。只要有助于达到这些目的，就允许各种各样"例外的"卡特尔存在与大企业的合并和兼并。

最后是艾哈德时期（1948—1966）的社会市场经济和社会民主党为主要执政党时期（1969—1982）的社会市场经济的差别。这里所涉及的问题似乎超出了艾哈德的社会市场经济理论的开放性特点这一范围，其实不然。原本由基督教民主联盟党人艾哈德奠基的德国社会市场经济模式，后来却为社会民主党人的一系列思想和政策所补充——这集中表现在经济部长席勒的"总体调节"的理论和实践中，这恰恰反映了艾哈德社会市场经济理论的开放性。

四　连贯性

艾哈德社会市场经济理论具有多元性、实用性和开放性，这决不是意味着，他的理论是出自策略家之手的一堆七拼八凑的实用主义的大杂烩。恰恰相反。艾哈德社会市场经济的核心部分具有清晰而又坚实的连贯性。四十多年来，不论是哪个政党在波恩掌权，实际上都没有发生过联邦政府基本经济政策来个"大翻个"的情况。诚然，在走向这一"连贯性"的道路上，早期也有过一小段曲折经历。

战后初期，在当时的形势下，即使是基督教民主联盟（艾哈德后来是该党的成员），也曾提出过要求实行国有化和国家干预的口号。著名的阿伦纲领（1947 年 2 月）就反映了这一点。该党初期的社会主义化主张认为，马克思主义不再适合于 20 世纪的德国现实，而社会主义则远不是同基督教相对立的，社会主义能使社会真正趋于完善，并能在人与人之间建立真正的团结，这些"社会主义的"基督教徒要求大工业国有化和扩大"公共所有制"等。但是不久，保守主义的和自由主义的倾向即占了上风。1949 年通过的杜塞尔多夫纲领虽然并没有全部否定阿伦纲领所确定的目标，但已经撇开其中所谓社会主义化的所有观点。因此，可以这样说，对于基督教民主联盟来说，自 1948 年艾哈德实行货币改革以来，一直不动摇地走着社会市场经济的道路。

社会民主党开始时的立场和态度则有所不同。该党 1945 年 6 月发表的一项纲领中，明确地表达了要建立一个反法西斯的和民主的德意志共和国的意愿。这个共和国的社会和经济，将按照社会主义的原则构成。这个纲领还打开了同共产主义者合作的大门。1945 年 10 月在汉诺威附近的韦尼格森举行的来自整个德国的社会民主党的干部会议上，虽然放弃了同共产党人结成统一战线的想法，但并没有放弃实现社会主义的主张。但是到了 1959 年，由于社会民主党大多数人接受了哥德斯堡纲领，该党的政治路线发生了改变方向的变化。自那以后，即使是处于反对党地位的社会民主党实际上也接受了社会市场经济的基本原则。这样，德国就形成了在经济指导思想上举国一致的局面（当然不是说不存在无数的具体矛盾甚至重大争吵）。这种局面，在 1969 年社会民主党成为主要执政党之后也没有改变。担任经济部长的社会民主党人席勒提出的"总体调节"，始终没有离开社会市场经济的基础，它主要只是使针对短期经济需要的市场行情政策变得更加充实、更加突出一些。总之，社会民主党自 1959 年以来（其实也许还要早一些），不管在台上还是台下，也都是遵循社会市场经济的基本原则的。

1982 年 10 月基督教民主联盟接替社会民主党作为主要执政党重新入主绍姆堡宫之后，更是明确地强调要回到艾哈德时代比较"纯正"的社会市场经济轨道上去。它批评社会民主党似乎有点偏离社会市场经济，但其根据无非是指责社会民主党当政时国家多收了一些（税收），国家多花了一些（支出），国家多管了一些（法规）。后来的事实已经表明，基督教民主联盟为"纠偏"所作的努力，大凡也只是在这些方面。它们都没有涉及社会市场经济的核心内容。这就保证了艾哈德社会市场经济理论和实践的连贯性。

这里我们还想附带说说，在战后发达资本主义国家的经济发展过程中，德国和日本比其他国家在经济政策方面的左右摇摆较小，这是它们两国经济之所以能够相对稳定均衡发展的基本条件之一。而德国能够做到这一点，比日本更加不易，因为日本至今基本上是一党执政，而德国的执政党组合分离已经发生了好几次变动。在这种情况下，德国经济政策还能做到"大方向"一直稳定，这在很大程度上是得益于各政党及其主要领导人都信奉和推行明确一贯的社会市场经济理论原则。

五　系统性

艾哈德社会市场经济理论不仅是连贯的，而且是系统的。这种系统性主要不是表现在一大套抽象的所谓理论体系上，而是表现在目标层次分明有序、达标工具成龙配套上。社会市场经济的目标及其为达到目标所运用的工具，大致上可以分为四个相互联系的层次：第一层次是社会政策目标；这就是所谓"个人的自我实现"和"社会和谐"，这一目标可以称为最高目标；第二层次是经济政策的一级目标，这里包括经济自由、社会安全和社会公正；第三层次是经济政策的二级目标，这是指通货币值稳定、充分就业、经济适度增长、国际收支平衡和分配公平；最后，第四层次是经济政策工具系列，这里包括竞争政策、货币政策、财政政策、增长政策、对外经济政策、社会政策和经济心理引导政策，等等。虽然层次越高的目标显得越是难以度量，但由于较低层次的目标和工具既具体又系统，因而也就为实现较高层次的目标创造着实际的条件。

在简要地介绍了艾哈德社会市场经济理论的主要内容和特点之后，现在还要来回答这样一个问题：在上述社会市场经济理论原则之下，德国国家在宏观经济管理中究竟"管"些什么？怎样来"管"？笔者认为，如果归结为一句话，那就是：为使整个宏观经济得以正常运行，调节为此所必要的某些"秩序条件"。具体说来，主要包括以下四个方面：（1）维护制度条件（私有制、竞争等），主要通过行政机构和法律规范；（2）创造基本条件，主要通过由国家参与投资建设和维持各种为整个社会经济生活正常运行所必需的经济基础设施和社会基础设施；（3）校正经济过程的日常运转条件，主要通过各项市场行情政策、增长政策、稳定政策和结构政策等，以免经济大起大落和结构失调；（4）稳定社会条件，主要着力方向是尽量处理好雇员与雇主以及"弱者"与"强者"之间的关系问题，以期实现相对的社会公正和社会安全，为经济稳定发展创造必需的社会和平条件。总的来看，在联邦德国战后几十年的历史中，所有这些方面都是相当成功的。世人对德国社会市场经济模式长期以来所怀抱的钦佩之情是有道理的。

从德国社会市场经济理论及其宏观经济管理实践中，我们可以得出一个结论：在德国模式中，对"经济"、"市场"和"社会"三者是同时和同等重视的。纵观资本主义数百年发展史，在市场经济中如此重视"社会"，应当说，乃是人类社会的一大进步。德国经济近些年出现的问题和困难，其原因不在于社会市场经济原则本身，而在于用来贯彻这些原则的某些具体政策、措施和办法未能及时调整，以适应已经大大改变了的内外环境条件。这些已经大大改变了的环境条件包括：科学技术的巨大进步，经济全球化和区域化的迅速发展，欧洲大变局和德国统一所带来的暂时沉重负担，为实现欧洲统一货币所作的紧张努力，非西方力量的蓬勃兴起，整个西方和其中的西欧经济从 1950—1960 年、1960—1973 年、1973—1989 年到 1989—1996 年的增长速度普遍趋缓等，所有这些变化，都迫使包括德国在内的所有国家及时作出调整，以适应新形势。德国社会市场经济理论的多元性、实用性和开放性等特点本来也是要求他们这样做的。而近些年来，德国正是在"及时"这一方面反应不够敏捷，做得也不够有力。但是我们也应当看到，德国毕竟是在行动；同时对德国来说，内外环境条件虽然依旧相当严峻，却都在呈现改善。只要德国人能有更坚强的政治意志和达成更广泛的社会共识，同时和同等重视推进欧洲联合和国内改革，恰当地应时调整国家与市场、社会与个人、政府与企业、雇员与雇主等等关系，德国的社会市场经济模式定将再度辉煌。相信德国人能够做到这一点，德国人终究是德国人。

（本文发表于周茂荣等主编《德国社会市场经济与中国经济改革》，武汉大学出版社 1999 年版；发表时题目是《德国社会市场经济模式长存》）

德国社会的收入分配与再分配

国民收入的分配是否公正，是世界各国社会经济生活中不断受到质疑的一个问题。它之所以普遍受到关注，不仅是因为收入分配问题关系到一个国家的政治稳定、社会公正和经济公平，而且也由于分配的公平性既不能从科学的层面上、也不能从政治含义中加以界定，它首先同一个国家的价值目标相联系。在德国，这种价值目标来源于作为其基本政治制度决定性构成要素的"社会市场经济"，它重视效率与公平兼顾。下面，笔者试图用具体资料来考察一下这一价值目标，究竟是如何在德国社会的初次收入分配和二次收入分配中得到实际体现的，以及目前德国在收入分配问题上所面临的挑战。

一　初次收入分配

为了通俗易懂，我们把对德国社会的初次收入分配问题分列在下述三个要点中来加以讨论。

（一）"初次收入分配"含义的界定

收入是指在一段时间内，通过不同渠道流向个人、家庭或企业的货币收入和实物收入。收入产生于国民经济的生产过程中，是对投入生产要素（劳动、土地、资本）的回报。人们得到的这些生产要素收入，包括工资和薪金、租金和赁金、利息和利润。工资和薪金是对付出劳动的报酬；租金和赁金是对提供地产或者一段时间内转让其他实物资本的回报；提供货币就能得到利息，利润或亏损则是对企业家的风险奖惩。这种按照各生产要素对国民收入的贡献大小而实现的收入分配称为职能收入分配，也被称为初次收入分配。

（二）初次收入分配的客体和主体

可供初次收入分配的客体是"国民收入"。按照德国国民经济的核算体系，"国内生产总值"在经过一些项目的增、减计算之后，最后得出的可供初次收入分配的"国民收入"总量大约相当于"国内生产总值"的75%左右，例如1988年（1990年德国重新统一前的西部地区）为77%，2004年（全德地区）为74%。2004年"国内生产总值"为21782亿欧元，在减去了"与外国的转移支付结算"的逆差94亿欧元之后"国民总收入"为21688亿欧元，再减去"折旧"总额3219亿欧元，即为"国民净收入"18469亿欧元，接着还要减去扣除了"补助金"之后的"间接税"总额2306亿欧元，最后剩下的16164亿欧元即是可供初次收入分配的"国民收入"总量。

参与初次收入分配的主体是两大社群，即"独立劳动者"和"非独立劳动者"。所谓"独立劳动者"包括雇主、农民、手工业者、自由职业者等，他们不必依靠出卖自己的劳动力为生，其中核心部分是雇主；所谓"非独立劳动者"包括官员、职员、工人和失业者，他们都被称为雇员。这两大社群是国民经济生产的直接参与者，即在职就业者。"非就业者"不参与初次收入分配，他们主要是老弱病残者，其核心部分是退休人员，他们主要通过二次收入分配得到收入为生。

（三）初次收入分配的结果

为了叙述方便，这里把初次收入分配视为国民收入在"雇主"与"雇员"之间进行分配。我们仍以2004年为例。在16164亿欧元的国民收入中，雇主得4840亿欧元，占30%；雇员得11323亿欧元，占70%。考虑到在就业者中，雇主占10%，雇员占90%，经过简单的计算，从整个国民经济角度来看，雇主的人均收入为雇员的3.89倍。但是这样的计算肯定是夸大了雇员的工薪收入，低估了雇主的利润收入。因为这里把农民、手工业者、小摊贩等都列入了"雇主"社群，而这些人的收入未必都高于"雇员"中的官员、职员等，同时，由于官员、中上层职员的进入又抬高了全体雇员的平均收入；如果再考虑到在计算国民收入的初次分配时，列入雇员工薪总收入项下的金额中，有 1/3 以上是雇主为雇员缴纳的各项法定保险费等等，其中一大部分只是在将来才能用到（例如养老保险），因此，倘使仅以雇员实际拿到的净工薪来与雇主的收入相比，2004 年分别为 5978 亿欧元和 4766 亿欧元，雇主人均收入为雇员的 7.2 倍。

国家在国民收入的初次分配中所起的作用，虽然不及二次收入分配中那么重要，但其影响也不可小视。这些影响主要通过三条渠道：一是通过发布宏观经济指导性信息，对劳资谈判协议施加间接影响。在经济形势欠佳的背景下，这种信息往往起着抑制工资增长的作用。二是政府征收的间接税即消费税，总的说来一般对低收入者相对不利（就占其收入的百分比而言）。三是通过某些有关政策，例如加速折旧政策，对居民的各类住房和企业的各种经济建筑允许实行不同的折旧率。2004 年，德国整个国民经济折旧率为 14.8%。一般说来，折旧率越高对企业越有利。

二 二次收入分配

如果说，初次收入分配主要是发生在雇主与雇员之间，极而言之，主要是发生在资本与劳动之间，那么，二次收入分配则主要是发生在就业者（包括雇主和雇员）与非就业者（包括已经失去劳动能力者和作为就业者边缘群体的失业者）之间。在下面关于二次收入分配即收入再分配的讨论中，我们集中关注两个问题。

（一）为什么必须进行二次收入分配

与被称为要素收入（即功能收入、职能收入、初次分配收入）相对应的是再分配收入。再分配收入是指经济主体不必直接通过劳动而可依法获得的收入，如退休工资、（官员的）退休金、失业补贴等；也可以是国家或其他经济主体自愿的资助。把功能收入中的一部分拿出来通过税收和社会保险系统进行重新分配，构成了初次收入分配之后的二次收入分配。之所以必须进行二次收入分配，主要有两个原因：一是在人口和家庭中，除了就业者以外，还有大量的非就业人口和家庭，他们也需要有收入生活。

目前，在德国的 8165 万人口中，就业人口为 3840 万人，失业者为 437 万人，非就业人口为 3888 万人，其中除了就业人员抚养的子女外，真正的非就业人员家庭有 1390 万个，他们多数为老人家庭。在德国 3793 万个家庭中，就业者家庭 2403 万个，其中"独立劳动者"（其核心部分是雇主）家庭 225 万个，"非独立劳动者"即雇员家庭 2178 万个，包括官员、职员、工人和失业者；非就业家庭 1390 万个，占全国家庭总数的 36.6%，加上失业者家庭合占 42%，他们主要依靠官方的转移支付为生。二是国家需要筹资提供"公共产品"，例如提供各种社会服务、维护国家内外安全等。

（二）二次收入分配的过程及其结果

二次收入分配的过程其实并不太复杂，它主要是通过国家财政机构向就业者征税（特别是个人所得税）和通过社会保险系统向就业者收费（首先是养老保险费），其所得款项，通过许多项目（养老保险金、医疗保险金、病假工资、劳动促进、公务员退休金、有子女家庭补贴、社会救济、住房补贴等等），由国家转移支付给各个社群。统计数字表明，就业者各类家庭，除了其边缘群体"失业者"之外，从整体上看都是缴给国家的税、费大于从国家得到的转移支付，因此，他们是二次收入分配的"出资者"；而非就业者家庭和失业者家庭都是从国家得到的转移支付远远多于向国家缴纳的税、费，他们是二次收入分配的"得益者"。这里我们以非就业者家庭和就业者中的职员家庭（他们占了就业者家庭总数的 46%）为例来具体说明这一过程。2003 年上半年，非就业者家庭平均月总收入为 2217 欧元，其中自己创造的收入仅 498 欧元，得自官方的转移支付 1516 欧元（其中养老金 1076 欧元），得自非官方的转移支付 203 欧元，然后减去他们所缴的各项税、费合计 142 欧元，最终净收入 2075 欧元。与此相对照，职员家庭平均月总收入为 4740 欧元，其中自己创造的收入为 4136 欧元（相当于非就业者家庭的 8.3 倍），得自官方的转移支付 440 欧元，得自非官方的转移支付 164 欧元，然后减去他们所缴的各项税（711 欧元）、费（629 欧元）合计 1340 欧元，最终净收入为 3401 欧元，相当于非就业者家庭的 1.64 倍。笔者在这里根据德国官方统计资料所作的计算，看来也许是夸大了一些通过收入再分配所达致的收入差距缩小的程度。德国有的经济学家在两德重新统一前对西部地区所作的一些计算可能更符合实际。它们的结果是，即使收入差别由于再分配措施而缩小了，例如"独立劳动者"家庭的收入在再分配前为全国所有家庭平均收入的 3.2 倍，经再分配后缩小为 2.7 倍，差距依然很大。如果再考虑到 2002 年德国尚有 16% 的人口生活在贫困之中，即他们的收入低于全国人口平均收入的 60%，那么我们说，即使在经过二次收入分配之后，德国"上端"的 20% 家庭与"下端"的 20% 家庭的收入差距仍在 4—5 倍之间，应该是不为过的。不过，我们还应该强调指出，在德国，国家在二次收入分配中所起的主要作用，不在于一定要把高低收入差距从多少倍缩小到多少倍，而在于通过收入再分配，为广大非就业者和失业者提供了基本生活保障（诚然，"非就业者"并非都是穷人），这具有巨大的政治、社会和经济意义。

三　目前德国在收入分配问题上所面临的挑战

虽然长期以来德国在收入再分配方面取得了一些举世公认的成绩，但在已经大大变化了的国内外新条件下，目前德国在收入分配问题上还是面临着诸多挑战。

（一）德国未能及时适应经济全球化的新形势

经济全球化使作为德国经济模式根基的社会福利制度面临严峻考验，资本、劳动、政府三者无不如此。在经济全球化资本自由流动的条件下，如果国内政策威胁到资本利益，它可以马上转移。由于在德国国内企业利润状况欠佳，同时也为了巩固和加强德国大公司在国外市场上的竞争地位，德国资本大量外流。而流失资本等于流失繁荣、流失福利、流失就业。在劳动方面，与战后的"黄金"年代（20 世纪 50—60 年代）相比，经济全球化、快速的技术变迁、后福特主义和自由市场政策的广泛采用所带来的最终结果就是弱化了劳动的交易权利，使雇员承担起失业的风险和工作条件变化的压力，增强了生活的不安定感，工资增长普遍减缓。在政府方面，为了留住本国资本，吸引外国资本，各国竞相进行"减税竞争"，德国也不可能置身局外。这意味着极大地限制了政府利用财税政策调节收入分配、提供社会保障的能力，也使社会福利制度面临不可抗拒的巨大改革压力。

（二）经济不振，财政拮据，社会福利制度难以为继，改革步履维艰

2001—2005 年，国内生产总值分别只增长了 0.8%、0.1%、−0.1%、1.8% 和 1.5%；年度财政赤字率（财政赤字÷国内生产总值）则各达 2.8%、3.7%、3.8%、3.8% 和 3.5%。在这种背景下，要继续维持占去国内生产总值 33% 的社会福利网络（仅养老保险一项就占了国内生产总值的 10.6%，医疗保险占了 6.5%）日益困难，以削减社会福利支出为目标之一的各项改革势在必行。德国总理施罗德说："我们的社会福利国家的基本制度的基础是如下这些已经长期表明有效的假设：我们绝大部分的福利是在一个民族国家的工业社会中获得的，而这个社会本身能在有规则的正常劳资关系中接近实现充分就业。但是，在全球化的时代，在知识和资本自由流通、劳动市场和人口结构发生激烈变化的时代，我们已不再能运用这些假设了。"在这种情况下，德国如果不实行现代化，不使社会市场经济现代化，它就会被市场的不可抑制的力量"现代化"，而对这种力量来说，自由始终是少数人的自由。在这些思想影响下，德国确实是在为变革而努力。2004 年尤其突出。在民意调查支持率最低时仅及 20% 多的情况下，德国政府坚持实行"哈茨 4 计划"的规定，大约有 27% 的失业者将因此而不再能享受失业救济，48% 的失业者将减少收入，今后每个失业者的收入每月平均将减少 200 欧元（超过养老金的 20%）。这引起了德国社会的强烈反应，数以万计的人群走上街头抗议。真是言易行难。虽然改革将会有利于国家的长远前途，然而一旦触及人们眼前的既得利益，那就困难重重了。

（三）国家税收和国家债务的自我限制性

在市场经济下，私人决定权优先，这必然会间接限制国家税收。而经济不景气，又会影响到国家收入：德国的国家收入在国内生产总值中所占的比重已从 1999 年的 47.3% 下降到 2005 年的 43.2%，其中税收收入从

24.2%减到21.8%，社会保险费收入从19.0%减到17.8%。加上全球范围内的"税务竞争"，促使德国税率连连调低：公司所得税已从1998年的45%降到2005年的25%，个人所得税最高税率从53%降到42%，起始税率由25%降到15%，基本免税额则从6322欧元增至7664欧元。虽然国家支出在国内生产总值中所占的比重也已相应从1999年的48.7%降至2005年的46.7%，毕竟一直是入不敷出，国家债务日益积累。如果当代人获得了国家债务融资的好处，而债务的偿还却要由下一代来承担，那样的国家债务将来会出问题。这在德国已隐约可见。

（四）　收入再分配的"适度性"难以确定

收入再分配的程度一般取决于当时各种社会力量的对比关系。近些年，在世界范围内资本对劳动占有相对优势的背景下，在德国，人们也在日益说道"欠适度"的收入再分配和累进制所得税可能会带来某些副作用，例如减少工作刺激，把社会经济进一步引入"灰色经济"的歧途等等。于是，德国也调低了个人所得税的累进率。按2005年税法，年收入7665—12739欧元按15%—23.97%的税率纳税；年收入12740—52151欧元的税率为23.97%—42%；年收入52152欧元以上则为42%。这对收入分配的影响尚需拭目以待，而涣散人心的激烈争论却有增无减。

总之，德国社会的收入分配与再分配正处在新一轮的调整过程之中，值得关注。

主要参考文献

1. ［德］吉·格拉纳多斯、埃·古尔克斯蒂斯著：《社会市场经济的理论与现实》，冯文光译，中央编译出版社1996年版，第81—83、88—89、111、120、123、139、142、146—148、155页。

2. ［德］阿明·波奈特：《德意志联邦共和国的国家分配政策和社会政策》，张仲福、洪中译，经济管理出版社1994年版，第67页。

3. 裘元伦：《稳定发展的联邦德国经济》，湖南人民出版社1988年版，第202页。

4. ［德］H. 罗尔夫·哈塞等主编：《社会市场经济辞典》，卫茂平、陈虹嫣主译，复旦大学出版社2004年版，第101—103、107、223、225、226—272页。

5. *Deutschland* 杂志（中文版），2005年2—3月第一期第10页。

6. ［德］*Wirtschaft und Statistik*（德文版）2005年第1期，第21—22页、第2期第156

页。

7. ［德］*DIW* "*Wochenbericht*"（德文版）：2004 年第 6 期第 68 页、第 16 期第 201 页、第 28—29 期第 424 页、第 43 期第 659、681 页。

8. ［德］格哈德·施罗德：《塑造未来需要变革的勇气》，载德刊《新社会/法兰克福杂志》2003 年第 5 期。

（本文首发于《求是》半月刊 2005 年第 12 期，发表时题目被改为《德国社会的收入分配及其对社会福利政策的影响》）

德国在欧债问题上的立场

　　德国在欧债问题上所持的六点立场事出有因。欧元区国家，包括"危机国"和"施援国"，都将不可避免地经历数年艰难的时日；但是德国的立场有利于欧洲的未来，其前提条件是欧元区国家必须成功地实现重大的改革和积极有效地达到进一步的联合。欧洲依然有希望。

一　问题的提出

　　自从2009—2010年之交肇始于希腊的欧洲主权债务危机爆发以来，至今已经持续将近两年未见缓解，反而有进一步蔓延与恶化之势。这场欧债危机又一次显露了大西洋两岸欧美关系的间隙和欧洲内部的分裂。它让人想起了2003年。当年伊始，美国发动了入侵伊拉克的战争。时任美国国防部长拉姆斯菲尔德的几句话一下子把欧洲劈成了两半："新欧洲"与"旧欧洲"。西班牙、波兰、匈牙利、捷克、意大利、丹麦、葡萄牙与英国八国元首秘密签署《八国文件》，明确表态支持以美国为首所采取的行动，[①] 被人称为"新欧洲"；而包括德国、法国在内的另一批欧洲国家则持反对态度，被人叫做"旧欧洲"。与此同时，德国哲学家哈贝马斯和法国哲学家德里达联名于2003年5月31日在德国《法兰克福汇报》上发表了题为《2月15日，欧洲人民的团结日；以核心欧洲为起点，缔结共同外交政策》的文章，倡导建立以法国、德国为轴心的"核心欧洲"，自强自立于美国。他们的文章加上几乎同时发表的其他人的一系列文章，把欧洲

---

　　① ［德］尤尔根·哈贝马斯、［法］雅克·德里达等主编：《旧欧洲、新欧洲、核心欧洲》，邓伯宸译，中央编译出版社2010年版，第3—4页。

精英界也分成了两个营垒。这场由伊战引起的欧洲内外分裂，随着时间的流逝，后来渐渐得到了修复。

而今的欧洲主权债务危机又一次使欧洲内外面临新的分裂。在外部，美国总统奥巴马公开责怪欧债危机拖累美国经济，美国还有高官称"世界经济75%的困难"是由欧元区造成的；[①] 而欧洲人则反唇相讥，说"美国没有资格给欧洲上课当教师爷"，"虽然欧洲处于危急中，但欧洲比美国要稳固得多"[②]。虽然这一次大西洋两岸的争执不及2003年激烈，然而欧洲内部的分裂却比上次更为深刻。欧债危机把欧元区成员国分列两队：一边是"危机国"希腊、爱尔兰、葡萄牙，可能还有意大利、西班牙等；另一边则是"施救国"，以德国为首，还有法国、荷兰、芬兰、奥地利等。由于利益和处境不同，它们在救助问题上的立场自然各异。欧债问题愈演愈烈，有人或多或少地归咎于德国所采取的立场。德国的立场主要可归结为下列六点：起初坚持"不救助"原则；后来同意参与救助，并承担"大头"，但要"危机国"接受严格的条件；主张私人投资者也应参与救助行动；反对发行欧元区共同债券；建议实行金融交易税；倡导加强欧元区中长期经济治理，甚至建立欧元区经济政府。德国的这六点立场事出有因。其实它们对欧元区国家中长期健康发展有利，但在当前不可避免地要为此付出某些痛苦的代价，包括严厉的财政紧缩及其所带来的种种不适。不过依然可以相信，这场由欧洲主权债务危机引起的欧洲内外的新一轮分裂，也将会随着各方所作出的巨大努力而渐渐归于平息。

二 德国在欧债问题上的立场事出有因

（一）德国立场1：欧债危机爆发之初，德国反对对"危机国"施以援手

理由有四：第一，德国认为这样做违背欧共体章程。欧洲一体化进程

---

① ［英］布伦德·沃特菲尔德：《美国将世界经济困境归咎于欧元区》，英国《星期日电讯报》2011年9月11日。

② ［法］马克·菲奥伦蒂诺：《中国与美国：教师爷》，法国《论坛报》2011年9月19日。

中的一系列基础性条约都没有这类规定：无论是 1958 年初生效的《罗马条约》，1992 年的《马斯特里赫特条约》，还是 1997 年的《阿姆斯特丹条约》。德国认为，既然欧盟、欧元区成员国各国财政独立，当然责任自负，别国没有救助义务。第二，德国自身的财力也相当有限，本国的债务负担也并不轻松。西德的财力已因统一东德而受到削弱，迄今已向东部地区投入了 1.3 万亿欧元，2017 年前还需每年投入 1000 亿欧元左右。德国 2010 年政府财政赤字也高达 GDP 的 4.5%，公共债务则相当于 GDP 的 83%。第三，德国人最近十几年确实生活不易，可以说是节衣缩食：据国际劳工组织（ILO）报告，德国从 2000 年到 2009 年实际工资下降了 4.5%；① 而出口制造业每小时附加值在 1995—2007 年 12 年间提高了 45%，大约为意大利 6.6% 的 7 倍；1999 年引入欧元前，意大利工资水平低于德国，而今意大利单位劳动力成本已比德国高出 25%；欧元启动前夕，欧洲国家福利水平，以意大利为 100，希腊为 69，葡萄牙为 74，西班牙为 82，法国为 104，德国为 109，卢森堡最高为 174②，而今希、葡、西等国的福利水平已经赶上德国。第四，在这些背景下，德国民意自然不愿意本国掏自己腰包为那些"不负责任"的危机国提供援助，牵制了政府的决策行动能力。德国执政联盟在最近多次重要的地方选举中连连失利表明了这一点。

（二）德国立场 2：出于自身和共同的利益考虑，德国还是不得不出手救助危机国家，且承当"大头"，同时对受援国提出严厉的条件

德国的这种态度也是有缘由的。第一，欧洲主权债务危机涉及欧洲的重大政治利益。如果希腊、爱尔兰、葡萄牙等国真的因此而导致国家破产，或个别成员国退出欧元区，虽然这决不意味着欧洲就"死定了"，但无疑会给欧元、欧元区、欧盟及至整个欧洲带来沉重的打击，不仅是经济的，更重要的是在政治方面。欧元是欧洲一体化半个多世纪奋斗的核心成果；欧洲统一货币 1999 年的诞生、2002 年的投入使用，也经历了欧洲人

---

① 德国之声 2010 年 12 月 15 日。
② ［德］罗尔夫·哈赛、赫尔曼·施奈德等主编：《社会市场经济辞典》，卫茂平、陈虹嫣主译，复旦大学出版社 2004 年版，第 196 页。

整整 30 年的艰辛付出：从 1969 年的魏尔纳计划，经 1979 年的欧洲货币体系，再到 20 世纪 90 年代为实现欧洲货币联盟分三阶段所作出的巨大努力，最终问世的欧元提高了欧洲的地位，改善了欧洲的形象，有利于欧洲的发展；对于德国而言，为了得到欧洲国家包括法国对两德统一的支持，宁愿放弃德国人所十分珍爱的本国货币马克，这首先是一项重大的政治决策。所有这一切，决定了德国必须参与救助行动，包括 2010 年 5 月第一次由欧盟和国际货币基金组织，还有欧洲央行合作向希腊提供的 1100 亿欧元，2010 年 11 月为救助爱尔兰提供的 850 亿欧元，2011 年 5 月向葡萄牙提供的 780 亿欧元，2011 年 7 月第二轮向希腊救助 1090 亿欧元。在迄今为止的欧洲金融稳定基金 4400 亿欧元中，德国出资 1230 亿欧元，占 25% 以上（法国占 20%）。2011 年 9 月 29 日德国议会以绝对多数票通过议案，把德国所承担的份额从 1230 亿欧元增至 2110 亿欧元。第二，救助危机国实际上也是在救助德国自己。欧元区和欧盟大约分别占到德国对外贸易和对外直接投资的 40%—60%。在希腊的国债买主中，德国银行占了 9%。德国的银行是爱尔兰的最大债权人，给爱尔兰的贷款总额达 1130 亿欧元，占用了德国银行总资本的 1.8%。[①] 第三，德国对受援国提出严厉的条件，特别是整顿财政，这还同德国一贯坚持的经济政策指导思想有关。就财政货币领域而言，德国一直追求财政平衡、货币从紧（虽然它自己在少数年份因故也未达标）的政策，并收到举世公认的良好效果。德国自然不愿容忍那些不遵守财政纪律、不量入为出、滥用国债、滥用福利等等不轨现象。为此，希腊迄今已经提出了七个财政紧缩计划，要求公务员等削减 30%—40% 工薪，其程度不可谓不激烈，但实在也是既无奈又必要。

（三）德国立场 3：要求私人投资者参与救助

这里所指的"私人投资者"主要是欧洲的大银行、保险公司和大基金机构组织等。德国之所以主张要私人投资者也参与救助行动，一方面固然是要它们也出力出钱，另一方面更主要的是在保护它们，同时着力提前警

---

① ［德］《明镜》周刊网 2010 年 12 月 18 日。

告它们，要充分做好思想与物质准备，以应对希腊等危机国发生严重的债务违约，防范出现危及整个欧洲金融体系的大危机。关于前者，在欧元区特别峰会于 2011 年 7 月 21 日举行的会议上，决定从 7 月开始对希腊进行第二轮救助，总额 1090 亿欧元，其中 730 亿欧元来自欧洲金融稳定基金，360 亿欧元来自国际货币基金组织；新贷款期限由原来的 7 年延长至 15—30 年，外加 10 年宽限期；新贷款利率由目前的 5.5% 下调到 3.5%，同样也会降低向爱、葡提供的贷款利率；扩大欧洲金融稳定基金的灵活性和使用范围，允许其介入欧元区政府债券二级市场，可以购买欧元区所有成员国的政府债券，包括希、葡、爱等。与此同时，鼓励私人投资者今后 3 年（2011—2014）自愿贡献 500 亿欧元救助希腊，其中净出资 370 亿欧元，债务回购 126 亿欧元，2011—2019 年私人参与救助计划总"贡献"应达 1060 亿欧元。关于后者，人们提醒欧洲银行不仅面临主权债务危机的冲击，而且还面临着更大的非主权债务违约的风险。截至 2011 年 3 月，欧洲银行持有希、葡、爱、西、意等国债务总共将近 2.2 万亿美元。①其中，欧洲银行 2010 年底持有 982 亿欧元的希腊国债，522 亿欧元爱尔兰国债，432 亿欧元葡萄牙国债，这些国债的 60% 左右为本国银行持有，其余则由外国银行购买；在非主权债务方面，欧洲银行对上列危机国的机构和个人发放的商业和零售贷款数量非常庞大。如法国 4 大银行和德国 12 家银行在上列 5 国发放的这类贷款（房屋抵押贷款、小企业贷款、公司债券、商业房地产贷款等）总额分别达到 3000 亿和 1740 亿欧元，远远大于对上列国家的国债持有额。德国主张私人投资者参与救助，其动机之一是要欧洲银行作好应对各种债务违约的准备，其方法可以考虑是短期债券转为长期、到期债务展期、新债券换旧债券以及银行资产减记（欧洲银行 2011 年 7 月 22 日声明，将自愿减记所持希腊债券价值的 21%，目前欧洲 90 家大银行所持希腊债券达 980 亿欧元）。此外，考虑到欧洲银行总资产占全球的 53%，②一旦出事，后果不堪。为此，欧盟已要求欧洲银行业大规模

---

① ［美］罗伯特·萨缪尔森：《另一场金融危机即将爆发?》，美国《华盛顿邮报》网站 2011 年 9 月 16 日。
② 法新社布鲁塞尔 2011 年 7 月 20 日。

增资，率先执行《巴塞尔协议Ⅲ》，到 2019 年前增资 4600 亿欧元，将其核心资本充足率提高两倍，例如德国中小银行的资本充足率将由 2% 提高到 7%。

（四）德国立场 4：反对发行欧元区共同债券

尽管几经周折努力，欧债危机仍在恶化。于是，有人提出了一系列新的建议，主要是两条：一是大幅度地扩容欧洲金融稳定基金，如英国广播公司 2011 年 9 月 26 日援引 IMF 的消息称，一个庞大的拯救欧元区方案正在成形，按照计划，欧盟救助基金的可动用资金可能将从目前的 4400 亿欧元提升到 2 万亿欧元；二是发行欧元区共同债券，意大利总理最近讲话认为，欧洲如果能联合发行债券，可以有效地使个别国家的政府债务由大家共同分担，这是一个解决欧债问题的总体方案。然而德国对此至今依然持反对态度。原因是：第一，认为目前条件不具备。欧洲理事会主席（即"欧洲总统"）范龙佩的观点对应了德国的立场。他认为，只有等欧洲经济和预算得到更好的调整，预算赤字真正得到改善，各国都处于收支平衡或几近收支平衡的时候，我们就可以发行欧元债券了。而目前，各国负债情况迥异，从爱沙尼亚的国债占 GDP 的 6.6% 到希腊的 142.8%，因此现在不是发行欧元区共同债券的恰当时机。[1] 第二，德国也未必承担得起。德国政府则表示，引入欧元债券会将欧盟变为"转移联盟"，陷入国家间相互援助的恶性循环；加上大幅度增加救助基金，德国也未必承担得起。因为欧洲金融稳定机制所需资金需要 3A 信用级别的担保，因此扩容的负担将落到欧盟 6 个享有 3A 信用评级的成员国（德国、荷兰、芬兰等）头上，这意味着这些国家提供的贷款担保金额会达到该国 GDP 的 1/4 左右，一旦危机国"拆烂污"，反过来也会对这些国家的财政状况和信用评级产生不利影响[2]。第三，如果引入欧元债券，会直接损及德国的利益。对德国来说，引入欧元债券意味着高利息，意味着加重德国纳税人的负担。信

---

① ［美］詹姆斯·诺伊格：《范龙佩反对发行欧元区共同债券》，彭博新闻社网站，2011 年 8 月 20 日。

② 严恒元：《欧盟经济前景不容乐观》，《经济日报》2011 年 8 月 15 日。

用好的国家必须为"欧元共同体"支付更高的利息，而像希腊这样的高负债国家可以支付比以前低的利息。据德国媒体估算，如果引入欧洲债券，德国支付的利息将比之前多2.3%，每年将多付470亿欧元利息。① 第四，关于发行欧元区共同债券问题依然存在妥协余地。德国基尔大学世界经济研究所教授托马斯·卢克斯就提出了一个折中的办法：欧元区国家可以在暂时限定的5年或10年期限内以"欧元债券"形式发行新国债；与此相结合的是为财政赤字和负债率向可承受水平发展设定有约束力的目标，并达成协议。德国政府也没有把话说死，它已经提出把"欧洲金融稳定基金"（EFSF）转变为永久性的"欧洲稳定机制"（ESM）从原先规定的2013年提前到明年2012年，以利于制订更有力的危机应对措施；总理默克尔也并没有绝对拒绝，而只是说欧元债券将是最后关头动用的"最后手段"。她在2011年9月13日接受采访时强调，要不惜一切代价保卫欧元区。②

（五）德国立场5：主张征收"金融交易税"

德国的这一主张早已有人提出过，但今日重提，却有其针对性：第一，为了遏制世界经济的过度金融化。2007年始发于美国的次贷危机，2008年、2009年演化为国际金融危机和世界经济衰退，接着又发生欧债危机，一连串的灾难警示人们，世界经济的过度金融化是祸根之一。这种"过度"首先表现在规模实在太大，长期不受监管的金融衍生品市场规模约达450万亿美元，③ 相当于世界一年GDP的6—7倍；其次是投资、投机产品过于庞杂，难以监管；再次是在现实金融生活中，从最初债务人到最终债权人，链条越来越长，只要其中一环出事，就可能引起一串皆乱；最后是在金融自由化气氛中，银行等金融机构把大量贷款发给了那些根本还不起钱的机构和个人，结果巨额坏账拖垮了银行，后果严重。金融机构理应对这些危机承担部分责任，缴纳"金融交易税"就是履行这种责任的一

---

① 梁愈：《"危机峰会"能否化解欧债危机》，《学习时报》2011年8月22日。
② ［德］《世界报》网站2011年9月13日讯。
③ 路透社华盛顿2010年4月26日。

个工具。第二，希望借此巩固欧洲银行。与美国一样，在欧洲资本市场融资，也有直接与间接两条渠道。虽然通过有价证券的直接融资在欧洲也相当发达，但欧洲人毕竟更倚重通过银行的间接融资。德国人的货币资产结构表明了这一点。至 2010 年年底，德国私人账户上的货币资产总额为4.88 万亿欧元，人均 6 万欧元，其中 38% 存在银行，金融产品（股票之类）占 28%，保险 29%，养老金计划 6%。① 银行家们本来应该是一群谨慎行事的人，但这些年也日益变成贪得无厌、胆大妄为之徒，结果信贷发放不当，危险资产增加，威胁银行安全。据欧洲央行统计，欧元区内银行坏账 2.2 万亿欧元，其中政府债务 5670 亿欧元，向遭遇金融危机、现金流短缺的银行发出的贷款 1 万亿，私人借贷 5340 亿欧元。② 征收"金融交易税"的倡议也含有强化对银行的监管的意思。第三，提醒美国更严格地管理好自己的金融业。欧洲人不是不知道，美、英是反对德、法这一倡议的，因为庞大的美国国债市场——9.3 万亿美元的可交易长期、中期和短期国债——允许大货币管理公司几乎可以毫无障碍且迅速地出入这个市场；美国国债的日均交易额达 5800 亿美元，而英国的债券市场日均交易额为 340 亿美元，德国为 280 亿美元。③ 显然，美国不会接受因征收"金融交易税"而限制自己的金融市场自由、优势地位及其巨大利益。但德、法仍将会坚持自己的立场。事实上，欧盟委员会已于 2011 年 9 月 28 日正式提出了关于征收金融交易税的建议（对股票与债券交易税率为 0.1%，对金融衍生品交易税率为 0.01%），通过后，拟于 2014 年 1 月 1 日开始在欧盟范围内实行，然后力争向全球推广。

（六）德国立场 6：德国和法国共同倡建"欧元区经济政府"

在 2011 年 8 月 16 日举行的德、法首脑会议上作出的这一决定，主要着眼于欧元区中长期的经济治理。这次会议的成果，像过去一样，遭到美国、英国和其他一些国家媒体的贬低，其实，倡建欧元区经济政府这一决

① ［德］《焦点财经》2011 年 1 月 6 日。
② ［美］《纽约时报》2010 年 6 月 4 日。
③ 美联社纽约 2011 年 8 月 8 日。

定具有相当重要的意义。第一，它表明德、法两国在这一问题上的立场正在趋于一致。建立"欧元区经济政府"的建议，法国在上世纪末就已经提出，但当时德国表示反对，其间几经周折，如今终于水到渠成。它将逐步引导整个欧元区走向经济融合。第二，它正在努力纠正欧元体制设计上的重大缺陷，即在欧元区内，货币政策是"中央集权"的，而财政政策是各国各自为政的。建立欧元区经济政府的倡议要求，所有成员国必须通过实行平衡的国家预算的法律，并在 2012 年年中前完成。法国总统萨科奇说："这不是可以选择的规定，而是没有人能免除的责任。"[①] 第三，它象征着欧元区成员国合作正在进入一个新阶段，尤其是在德、法两国之间。首脑们要求欧元区必须更有力地协调金融和经济政策，包括推进共同的金融交易税，并责令各国主管部长下个月即制定出具体计划。德、法两国则将在 2013 年出台统一的企业税；此外，两国内阁会议必要时将联合召开，包括协调双方财政预算。第四，德国的经济政策思想甚至其整个社会市场经济体制正在日益深入地向欧洲其他国家渗透。确定预算赤字强制性上限的计划旨在使欧元区所有成员国遵循德国通过宪法规定平衡财政的模式。德国《基本法》（等于宪法）规定，其联邦纯债务当年不得超过 GDP 的 0.35%。当然，人们感到的担忧也并非全然无理：让欧元区所有 17 个成员国同意这项规定可能有困难，甚至包括法国；人们眼下更需要的是扩大欧洲金融稳定基金，以及发行"欧元区共同债券"，使德国等国为经济疲软的成员国的债务提供担保，而德、法这次首脑会议对此却表示"暂时不动"。他们还需要时间观察，但这些事情不是不可改变的。

三　德国立场的积极作用与消极影响

积极作用：总的说来，德国在欧债问题上所持的立场有助于促进欧洲的改革与联合，而正是改革与联合乃欧洲前途之所系。

欧洲目前的困境，固然同最近三四年西方世界的国际金融危机、世界经济衰退和欧洲主权债务危机直接相关，但它还有更久远、更深刻的原

[①] 英国《泰晤士报》2011 年 8 月 16 日。

因。首先，最近 20 年，欧洲对国际形势发展的战略判断严重失误：自从东欧剧变、苏联瓦解之后，西方欧美，洋洋得意，认为从此西方可以一统天下，傲视世界，"放纵"自己，大搞经济自由化，过度金融化，一心追求享受安逸生活，大大低估外部世界的巨大发展潜能，最终是导致自己国际地位的明显相对下降。其次，是对经济全球化的严重后果估计不足。诚然，西方从经济全球化中获益匪浅，包括制度性利益（市场经济制度推广到了全世界）、规则性利益（基本上按西方主导的国际规则行事）、典范性利益（公司企业以西方为样板）以及经济性利益（通过经贸交往等），但却在许多部门丧失了最最重要的经济竞争力：西方无力与 20 亿"新"进入国际经济竞争的来自新兴国家和发展中国家的廉价而又吃苦耐劳的劳动力竞争，而且这种竞争正在迅速地由低端经中端向高端扩展，严重影响到欧洲一些工业部门企业和产品的生死存亡和就业。再次，欧债危机实质上也是欧洲的"低增长危机"和"高福利危机"。过去半个世纪，欧洲经济增长越来越慢，GDP 20 世纪 60 年代年均增长 5.3%，70 年代 3.7%，80 年代 2.8%，90 年代 2.5%，2000—2007 年年均增长 2.6%，[①] 最近 5 年不到 2%。而"国家率"（政府支出÷GDP）却不断上升：法国由 1950 年的 28% 攀升至 1999 年的 52%，德国从 30% 升到 48%，[②] 2008 年欧盟 27 国平均为 46.8%，其中的一个重要原因是福利"过度"支出，欧盟各国目前约占 GDP 的 30%—40%（比较：美国 16%，日本 19%）。这种"低增长"和"高福利"是难以长期配对的。

因此，欧洲必须改革，也必须进一步推动联合（一体化）。就目前而言，在改革方面，欧洲人须着力先做两件事：一是千方百计推动经济增长和增加就业，为此必须在新的高度上进行结构改革。在这方面，2011 年春季欧委会提出的"向低碳经济转型路线图"是一个很好的例子，它目标高、分解细、措施实、前景好。二是改革现行福利制度，基本思路应该是保留其合理的核心部分，避免滥用福利，改授人以"鱼"为授人以

---

① ［英］约翰·卢埃林：《我们的经济未来已经由过去决定》，英国《观察家报》2011 年 8 月 28 日。

② ［美］罗伯特·萨缪尔森：《经济艰难时期的背后是对新秩序的担忧》，美国《华盛顿邮报》2011 年 7 月 23 日。

"渔"，提倡公民自强自立。为此，欧洲首先需要有可靠的、健康的经济体制和财政货币。这就是德国人为什么坚持上述立场的原因。在联合（一体化）方面，欧洲人也需先做两件事：一是要赋予欧元区经济政府以更多的实质性的、可行的内容，哪怕是从一批"核心国家"做起；二是按规定日程落实 2009 年 12 月 1 日起生效的新版《里斯本条约》，提高欧盟效率，欧盟目前的机构、机制、法律、规则实在是太庞杂、太费神了，非改革不可。所有这一切，阻力一定不小，但笔者一直相信欧洲人长期历史积累的智慧和大多数欧洲人的理性。人们可以发觉，欧洲领导人的政治勇气和共识，欧洲公民们的改革意识（尽管有点无奈），总的看来，是在向积极方向演变。他们一定能把这场危机转化为又一次推进欧洲事业的新动力。

消极影响：德国在欧债问题上的立场，给一部分人的印象是德国对救助"危机国"似乎不大热心，这可能会暂时影响到欧洲某些国家之间的关系；也可能会使有的"危机国"因严厉的财政紧缩而面临很多困难；因此还会暂时有损于欧洲的一点形象。但如果真的按德国所主张的一整套经济政策思路去做，再考虑到世界的未来将主要取决于可持续、高水平、优质化的发展，欧洲的未来最终未必会处于劣势。

总之，德国在欧债问题上所持的六点立场事出有因。欧元区国家，包括"危机国"和"施援国"，都将不可避免地经历数年艰难的时日；但是德国的立场有利于欧洲的未来，其前提条件是欧元区国家必须成功地实现重大的改革和积极有效地达到进一步的联合。欧洲依然有希望。

（本文首发于中共中央党校《学习时报》（周报），
2011 年 10 月 17 日、10 月 24 日连载）

德国经济历来注重稳定增长

　　尽管德国联邦政府总理默克尔夫人近来郑重提醒欧洲和世界不要过高估计德国的实力，世上还是有不少人比较看重这个欧洲头号经济强国的经济潜能，把它视作目前欧洲的明星，欧元的救星。不过，在德国国内，早就有一批精英在研究一系列更为深刻的问题，例如德国的优势到底在哪里，德国经济目前面临着哪些重大忧虑，欧元、欧元区和欧盟的未来究竟会是如何，等等。笔者拟在这篇短文里，在先简明介绍一下在欧债危机中德国经济的表现之后，着重想与读者讨论与上述德国一些精英正在研究的几个方面相关的三个问题，即德国经济相对稳定增长一直是由它的一种特殊的"稳定文化"指引着，而今这种"稳定文化"似乎正在受到全球化、一体化和现代化的某些侵蚀；德国经济相对稳定增长长期是由它的一个先进发达的工业制造业部门支撑着，但这一最大台柱子显然正在遭遇日益加剧的国际竞争压力与挑战；德国经济相对稳定增长从来是由一张德国人精心编织、细密结实的"社会网络"守护着，然而这张以社会伙伴、福利保障为核心的"社会网络"已经被戳出许多洞点。人们普遍关心德国经济的现状与未来是自然的，因为德国经济的表现不仅仅直接涉及德国自身，而且还深度关系到欧洲的前途。

一　在欧债危机中德国经济表现总体正面积极

　　正当美国和欧洲一些国家的家庭财富在纷纷缩水之际，德国人却比以往任何时候都要"富有"，这实在有点令西方世界人士羡慕。根据德国联邦银行（中央银行）2012 年 5 月 25 日发布的数据，德国公民在储蓄账户、养老金计划以及股票市场中的总资产达到了 4.7 万亿欧元（只是货币资产，不包括不动产）。尽管欧元区面临种种困难，但德国人的货币资产在过去一年中还是增加了 1490 亿欧元，[①] 即大约增长了 3%。

　　德国人财富的增长是德国经济长期（包括最近这几年）的发展结果。第二次世界大战后，自 1949 年德意志联邦共和国建立至今的 63 年中，德国经济只有两年负增长（1975 年）GDP 比上年下降 1.16%，[②] 2009 年萎缩 4.7%、[③] 1 年零增长[④]（1967 年），其余均为增长年份，诚然，年均增速在按顺序排列的各时段呈减缓趋势。即使是在 2007 年由美国次贷危机引发的国际金融危机、世界经济危机以及 2009 年开始的欧洲主权债务危机的猛烈冲击下，德国经济在熬过了第二次世界大战后它最严重的衰退年份 2009 年之后，2010 年就迅速复苏回升 3.7%，2011 年继续增长 3%，2012 年难得保持增长 1%，2013 年预测将进一步上行 1.5%—2.0%。在这些相对有利条件下，据德国联邦政府预测，德国人可支配收入预计在 2012 年和 2013 年将各增长 3% 以上，这是在这一指标上十年来从未有过的强劲增长。与此相应地，据德国联邦统计局数据，国家财政赤字占 GDP 的比重将由 2009 年 3.2%、2010 年 4.3%，经 2011 年 1%，下降到 2013 年的预计 0.2%。[⑤] 失业人数 2012 年 280 万人，2013 年将进一步降至 260 万人，失业率略高于 6%，在欧盟大国中表现最佳。

　　在这种背景下，德国成了拯救欧债危机的最大"金主"：在 2012 年 7 月正式启动的"欧洲稳定机制"（ESM）最高可提供 5000 亿欧元的援助贷款中，德国承担了 1900 亿欧元，占 38%；连同此前的"欧洲金融稳定基金"（EFSF）中德国的出资额，德国共为缓解欧债危机已经答应掏出 4000 亿欧元，[⑥] 约占这两项有效资金总额 8000 亿欧元的一半。自然，德国对此也提出了一系列主张与条件。德国在欧债问题上所采取的立场主要可归结

① ［英］《泰晤士报》网站 2012 年 5 月 26 日报道，题：《"水泥黄金"为德国人带来财富》。
② 笔者根据下述资料计算：［德］Jahresgutachten：*Weiter auf Wachstumskurs*（1986/87），第 195页。
③ IMF, World Economic Outlook Database.
④ Ibid.
⑤ 德国慕尼黑经济研究所、世界经济研究所、埃森经济研究所、哈勒经济研究所联合发布的 2012 年春季经济形势评估报告。
⑥ ［德］《世界报》2012 年 3 月 31 日。

为下述六点：即起初坚持"不救助"原则，认为它违背欧盟条约（事实确实如此——笔者注）；后来同意参与救助，并承担"大头"，但同时要求"受援国"接受必要的严格条件，包括紧缩财政和改革经济；主张私人投资者也应参与救助行动；反对发行欧元区共同债券，即反对欧元区所有成员国债务共担；主张开征金融交易税；倡导加强欧元区中长期经济治理，深化一体化，建立财政联盟甚至政治联盟。德国的这些主张与条件，总的说来是合理的，但某些重债国对此颇为不满、反感甚至憎恶。面对来自西班牙、意大利等国的外部压力，德国被迫在2012年6月29日欧盟峰会上作出了几项重大的让步，例如，允许ESM救助基金用来向"问题银行"直接注资，而无须所在国政府财政担保；允许EFSF和ESM资金用来直接购买"问题国家"的国债，而这在以前是不许可的。但与此同时，却引起了日益增大的德国国内压力，例如，160位德语国家的经济学家2012年7月5日发表公开信，反对最近这次欧盟峰会的决议；7月3—4日"明镜在线"委托进行的一项民意调查显示，54%的德国人认为，一次又一次地投入数十亿欧元救助共同货币已经不再有意义，大多数德国人赞同布鲁塞尔应进一步加强对各国财政的监管。不过无论怎么说，欧元区幸亏有德国这个"金主"与其他国家合作，否则事情恐怕真的就更难办了。

二　德国经济增长由一种特殊的"稳定文化"指引着

德国经济表现较好的主要标志是它的长期相对稳定增长。这是在德国人所特有的"稳定文化"指引下所取得的成果。德国人对经济"稳定增长"有他们特殊的感受和理解。这些感受主要来自20世纪两次世界大战德国战败后所经历的痛苦遭遇。第一次世界大战后，1923年发生的天文数字的通货膨胀，让德国人从此染上了几乎是永久性的恐胀症；第二次世界大战后1948年货币改革所引起的价格大涨，进一步强化了这种心态。加上德国奉行社会市场经济制度，强调经济增长必须与共同富裕、社会公正同行；德国主流经济学家一致主张财政收支平衡与货币币值稳定是国民经济健康运行的必要条件与前提，有人甚至认为通货膨胀是对人权的侵犯；德国从20世纪70年代开始在环境保护方面一直走在世界前列；德国人一二百年来一直是技术发明创新的领先者，同时又越来越关注技术安全。所有这一切，使德国的"稳定文化"几乎囊括了经济社会生活的所有各个方面。在经济稳定方面，德国致力于避免经济发展增长过程大起大落，不允许经济体制"大翻个，底朝天"；在社会稳定方面，既要努力创造财富，也要公平分配财富；在货币稳定方面，首先是要保证国内币值的稳定，保持物价稳定，对外则尽力适当调节汇率，但主要是提高本国对汇率变动的适应能力；在财政稳定方面，坚持总体达到国家财政收支平衡，严控赤字，以"丰年"补"歉年"；在环境稳定方面，既要经济增长，又要环境改善；在技术稳定方面，既要不断发明创新，又要确保技术安全，例如磁悬浮铁路，德国早在 20 世纪 70 年代就已经在汉堡建成运行，但一直没有推广，因为有人提出存在放射性问题，与此相类似，在前苏联、美国和日本先后发生核电站事故之后，德国已决定要在今后十多年里分期分批关闭目前尚在运行的 17 座核电站（它们占到德国发电量的大约 1/4），不惜工本开发费用昂贵的可再生能源。对于经济"增长"，德国人也有自己的衡量尺度。作为一个老牌工业国，在德国人看来，他们不可能、不需要像当今某些"新兴"国家那样去追求 GDP 年均 10% 的增速，在目前，2% 的年增长率也可接受，3% 更好，4%—5% 以上那已是高速度了，在 1950—1973 年二战后经济复兴时期曾经有过，而今恐难企求了。德国人更看重经济增长的质量和效益。

　　然而实际上，德国的"稳定文化"并没有像设想的那样贯彻得好。这里仅以经济增长速度起落为例。1951—1955 年间，GDP 年均增长 9.4%，1956—1960 年为 6.6%，1961—1965 年为 4.9%，1966—1970 年为 4.5%，1971—1975 年为 2.1%，1976—1980 年为 3.6%，1981—1985 年为 1.2%，1991—1988 年为 1.8%，1999—2008 年为 2.6%，2009 年为 −4.7%，2010 年为 3.7%，2011 年为 3%，2012 年为 1%，2013 年预测为 1.5%—2.0%。[①] 显然，德国在过去的 63 年中，经济增速呈明显下降趋势：由 20 世纪 50 年代的 8%，60 年代的大约 5%，70 年代的接近 3%，下降到 80

---

① 上述资料数据来自《德意志联邦共和国统计年鉴》相关年份、世界银行和国际货币基金组织相关年份的报告。

年代至今 30 年的年均 GDP 增速仅在 2% 上下。其中还有三个经济绝对萎缩的年份：1967 年比上年 -0.001%（可称零增长），1975 年 -1.160%，2009 年 -4.7%。20 世纪 50 年代德国经济的高速增长除了战后复兴因素之外，还深受时任总理阿登纳所推行的政策影响：经济增长优先，资本累积优先，社会公平排后。20 世纪 70 年代以后德国经济增速的明显减缓，与经济全球化、欧洲一体化和重新现代化三者密切相关。2007 年肇始于美国的次贷危机演变成为 2008 年的国际金融危机和世界经济危机，由于欧美经济金融关系紧密，经过危机传导，让德国承受了大约 5000 亿欧元的负担，以救市（救银行）和"刺激经济"（救企业）。这是经济全球化负面效应的一个实例，且不说"新兴"国家 20 亿劳动力开始参与国际市场竞争所带来的影响。欧洲主权债务危机则体现了一体化内在的机制漏洞和其他缺陷，使德国承受空前的压力。欧洲的经济结构、社会状态中有许多方面都已不合时宜，需要重新现代化，包括德国。欧洲人长期沉溺于安逸生活的时代恐怕是该结束了，他们必须捋起袖子干活。

不过人们对德国经济的总体印象还是比较稳定的。这特别表现在德国在应对汇率变动的高度适应力与调控能力上。德国的货币政策大致可分为三个阶段：1952—1973 年，在布雷顿森林体系下，德国实行固定汇率政策，由于外部世界对马克升值预期高涨，不可控的货币流入激增，德国联邦银行的货币供应量有时都几乎失去控制；1973 年以来，随着布雷顿森林体系垮台，德国开始实行灵活汇率政策，德国联邦银行通过调节汇率、调节货币供应量来保证价格水平稳定，做得相当成功，直至欧元问世；1999 年欧元诞生，2002 年欧元正式投入流通，欧洲央行的政策以德国联邦银行为典范，推行低利率政策，可惜未被一些成员国恰当利用，最终可能反而成为如今欧债危机促成因素之一。但是不管怎么说，美元兑马克汇率由 1960 年的 1:4.17，下降到 1970 年的 1:3.65，1975 年的 1:2.46，直至 1995 年的 1:1.43①；欧元兑美元汇率由 1999 年初的 1:1.18 降至次年 10 月的 1:0.82，再由 2002 年 7 月 15 日的 1:1，升到

---

① 科隆德国经济研究所：*Zahlen zur wirtschaftlichen Entwick lung der Bundesrepublik Deutschland* 1997，表 46.

2008 年 7 月的 1:1.6038，接着又回落到 2010 年 6 月 4 日的 1:1.20，2012 年 7 月 10 日的 1:1.23，德国货币（马克与欧元）对美元汇率的如此大幅涨涨跌跌，德国经济总的说来却依然正常运转，它的适应能力是显而易见的。之所以能够做到这一点，因素很多，其中德国工业制造业高度的国际竞争力与适应力功不可没。

三　德国经济增长由一个先进的工业制造业部门支撑着

在德国的经济结构中，工业制造业部门迄今依然占着举足轻重的地位。据德国联邦统计局发布的数据，2010 年德国公共和私人服务业占其 GDP 的 23.6%，加工制造业占 20.7%，金融、租赁和服务于企业的服务业占 30.4%，商业、酒店业、交通业 17.2%，建筑业 4.1%，农、林、渔业 0.9%，其他生产性行业 3.1%。考虑到金融、租赁和服务于企业的服务业相当大一部分服务对象是工业制造业，因此可以确定，在德国经济中工业制造业所占比重均为 30%—40%。这一点与美国、英国、法国不同。据经合组织统计，2008 年加工制造业在美国 GDP 中所占的比重为 13.3%，英国为 12.3%，法国为 11.9%。显然，德国比美、英、法更注重发展实业。

在德国工业制造业中，支柱产业部门的领先地位长期突出。这有历史原因。当年在英国工业化时，蒸汽机、煤炭、纺织机是领头羊，德国工业化比英国大约晚了一个世纪，它的领头部门则是更为先进的电力、钢铁和化学医药（特别是有机化学产品塑料、人造纤维等）。它为德国工业制造业中的四大支柱产业部门——机械（机器）制造、汽车制造、电器工业（后来又加上电子）以及化学工业——奠定了历史基础。这四大支柱产业部门在过去 100 年中不断地得到现代化，并且为其他新兴产业部门所补充、促进，它们至今仍代表着、象征着德国的进步和力量。

德国工业制造业中的支柱产业部门具有极强的国际竞争力与适应力。2011 年德国每两个工业就业岗位中有一个是与出口型企业相关的，70% 的机械工业产品、75% 的汽车工业生产和 80% 的电子产品用于出口[①]。20 世纪

①　德国联邦外贸与投资署，2012 年 6 月公布的数据。

60 年代以来，德国占世界出口一直在 10% 上下。[①] 2011 年德国企业出口商品首次突破万亿欧元，达 1.06 万亿欧元。[②] 德国工业制造业的强大国际竞争力来自何处？首先是德国人倡导把劳资关系变为社会伙伴关系，对抗少，妥协多，社会和平。其次是创新能力强。德国有创新、发明传统。1796 年发明顺势疗法，1817 年发明自行车，1854 年白炽灯泡，1861 年电话，1876 年奥托发动机、冰箱，1855 年汽车，1891 年滑翔，1897 年阿司匹林，1905 年相对论，1930—1931 年电视，1939 年喷气式发动机，1941 年电脑，1957 年锚栓，1963 年扫描仪，1969 年芯片，1976 年液晶显示屏，1979 年磁悬浮列车（首驶于汉堡），1986 年扫描隧道显微镜，1994 年燃料电池汽车，1995 年 MP3，2005 年空客 A380，2007 年硬盘革命，2008 年 STED 显微镜，目前德国是世界上拥有发明专利最多的国家之一。而所有这些发明、创新都来自德国拥有一支优秀的工程师和熟练工人队伍。德国训练有素的工程师来自优质的大专院校，目前德国劳动者中 13% 拥有大学水平；德国的熟练技术工人来自二元制教育体系，他们在高中毕业后，必须再经过 2—3 年专业培训才能进入工厂。德国现有 370 所高校培养着 200 万名大学生，占同龄人的比例为 43.3%；取得博士学位的，占同龄人的 2.3%。为了培养人才，德国用于教育与研发的费用合占 GDP 的大约 10%。第三是区位优势，包括交通物流业发达，企业税费负担低于 OECD 国家平均水平等等。第四是德国的经济组织形式值得重视：德国最重要的经济中心各有所长，优势突出，例如鲁尔区是高科技和服务中心，慕尼黑与斯图加特大区专长于高科技和汽车，莱茵—内卡地区化学领先，莱茵河畔的法兰克福是金融中心，科隆、汉堡的强项是港口、空客飞机制造以及媒体等等；德国企业还重视集群效应，生产商、零配件供应商和研究机构彼此比邻的网络，沿着一条价值创造链构成，成功的集群中有巴符州的汽车工业、图林根的医学技术企业的汇聚、环德累斯顿的芯片区、柏林—勃兰登堡的生物技术集群等等；德国国际竞争力的基石是在德国证交所 DAX 上市的 30 家大公司，同时还有数万家中小企业（500 人

---

① ［德］托尼·皮伦肯珀尔：《联邦德国货币政策与经济增长》，刊于《德国马克与经济增长》一书中译本，胡琨等译，社会科学文献出版社 2012 年版，导论第 5 页。

② 德国联邦统计局，2012 年 2 月 8 日公布的数据。

以下）各自拥有特长技术，世界其他一些国家往往非买它们的产品不可。德国地区之间贫富差距相对较小，超过100万人口的特大城市只有4座（柏林343万人，汉堡173万人，慕尼黑135万人，科隆101万人），人口超过10万即被称为"大城市"，全德有81座。

但是还须强调指出的是，目前德国的工业制造业也面临着空前的压力与挑战：首先是"新兴"国家的崛起所带来的严峻的国际竞争压力（当然也有不少合作机会）；其次是国际经济环境正在发生巨大变化，例如贸易保护主义抬头，这对德国不利；最后是德国产品的最大买主欧元区和欧盟国家处境困难，它们分别占了德国出口的40%和60%。

四　德国经济增长由一张细密的"社会网络"守护着

德国经济之所以能长期相对稳定增长，还得益于这个国家有一张细密的"社会网络"守护着。这个"社会网络"的主要内容包括两个方面：一是劳资关系是一种社会伙伴关系，二是社会福利保障制度几乎惠及全体公民。

劳资关系本质上是对抗性的，但在德国它却是一种社会伙伴关系，劳资之间的矛盾和诉求，尽量通过谈判协商得到妥协解决。德国实行"工资自治"制度，政府一般不加干预，让代表雇员（劳方）的工会和代表雇主（资方）的联合会，双方共同商定下年度工资增幅、假期长短和其他劳动条件。双方达成的劳资协议，会影响到国民收入分配，在大多数年份都有利于雇主。雇员有时考虑到经济形势不佳，保全就业岗位第一，往往不会提出过高的工资增长要求。例如，加入欧元区以来，法国、意大利、西班牙、葡萄牙、希腊的工资涨幅比当地劳动生产率增幅高出25%—35%，其中法国25%，希腊近40%；而德国加入欧元区10年来，工资涨幅仅比劳动生产率增幅共高出5%，在2000年到2008年期间，德国的工资涨幅甚至一直低于劳动生产率增幅。2000—2010年，德国劳动力成本年均涨幅仅为1.7%，欧元区平均为2.8%，欧盟为3.3%。[1] 这有利于维护德国产

---

① ［德］《明镜》周刊网站，2011年12月16日。

业部门的国际竞争力。在最近两年经济困难时期，政府建议企业缩短工时而不要解雇员工，政府对因缩短工时而减少的工资给予部分补贴；同时，对转岗的员工由政府出资进行培训；政府所设的职业介绍所，努力为下岗工人寻找新职业。在这些背景下，德国劳资对抗很少出现，因罢工而造成的工时损失和社会混乱极少。

德国的社会福利保障制度是举世闻名的。目前，每年 GDP 26.7% 用于公共福利支出（比较：美国 15.9%，OECD 国家平均 20.5%），主要用于医疗、养老、失业、工伤和护理老人。90% 的人口从中受惠，但为支撑这一全民福利体系的资金问题已日益难以为继。

德国的"社会网络"正面临着日益加重的困难。主要有三大难题：一是德国本国的人口发展状况十分不利，出生率太低，寿命越来越长，人口老龄化问题严重，劳动人口与养老人口之比不久将接近 2：1。二是外来移民问题，德国有外来移民 670 万人，已占人口总数的 8.2%。"外国劳工"可能成为问题：这些低素质劳动力有利于简单劳动、计件工资和三班倒制度，但不利于合理化与现代化；外国劳工初看起来廉价，其实并不廉价，为了这些人，需要大量公共投资以建设经济与社会基础设施；大多数外国劳工不愿回国，德国渐渐成为移民国家，而这些移民又很难融入德国社会①。三是社会分化加剧，收入低于全国平均水平 60% 的贫困家庭已经占到家庭总数的 1/4，他们的月净收入只有 780 欧元左右②。

德国经济历来注重稳定增长，1950—1973 年间成绩优秀，进入 20 世纪 80 年代以来迄今 30 年间总的看来也表现尚可，但未来却面临着不少新的考验。为了应对，德国需要进一步加紧努力改革和创新。

（本文首发于中共中央党校《中国党政干部论坛》（月刊），
2012 年第 8 期，发表时题目被改为《德国经济
为什么能够保持长期相对稳定增长》）

---

① ［德］托尼·皮伦肯珀尔：《联邦德国货币政策与经济增长》，刊于《德国马克与经济增长》一书中译本，胡琨等译，社会科学文献出版社 2012 年版，第 18 页。

② 德国外交部：《德国概况》（中文版），德国社会文献出版社 2010 年版，第 131 页。